アドルノ

後期マルクス主義と弁証法

LATE MARXISM

フレドリック・ジェイムソン Fredric Jameson

論創社

アドルノ――後期マルクス主義と弁証法　目次

第二部　船の漕ぎ手の寓話

第三部　モナドの生産性

凡例

・原著の引用符は「　」で示した。

・原著の斜体字は書名・作品名については『　』で表わし、強調の場合には傍点を付した。

・著者による原語の挿入を表わす（　）［　］はそのまま使用した。また、著者による原語表示をルビによって表示した箇所がある。

・大文字で始まる用語は〈　〉で示した。

・索引は人名・作品名のみを取り上げた（ただし注と「使用した版と翻訳に関するノート」の部分は除いている）。

ペリー・アンダーソンへ

使用した版と翻訳に関するノート

本書では、ところどころで（とくに明記してはいないが）アドルノの著作からの引用を訳し直している。現在手に入るさまざまな翻訳は、控えめに言っても、不ぞろいなのだ。たとえば、E・F・N・ジェフコットの『ミニマ・モラリア』と、最近出版されたロドニー・リヴィングストンの『ワーグナー試論』が、優雅なアングロ・イングリッシュで訳されているのに対して、ジョン・カミングの『啓蒙の弁証法』は比較的ドイツ訛りの強い英語で訳されている。私としては、こうした訛った英語による翻訳を歓迎すべきだと思っている。というのも、私もパンヴィッツと同意見で、翻訳者たるもの、「みずからの言語が外国語に強く影響されることを認め……［かつ］その外国語によってみずからの言語を発展させ、深めるよう努める［べきだ］」[1]と考えるからである。とりわけ、アドルノの文章は、ラテン語の語形変化に特有の複雑に拘束された空間的自由、すなわち目的語が堂々と主語に先行したり、有性名詞同士の戯れぶりが適切に修飾された関係詞によって理解される過程を再現しようとしている。こうして、交差対句法によって、文のある部分が時間的にも空間的にも隔たった別の部分の構造的反響となり、そうした内部作用の結果、アフォリズムの収束が起こるのである。すなわち、断定的でありながら、沈黙ではなく別の行為と身ぶりへ進んでいく率直な行為が生みだされるのである。とすれば、アドルノは、英語において強力な新しいドイツ語的文構造を作りだす契機になるはずである。したがって、『美の理論』の英訳者であるクリスチャン・レンハルトの戦略は完全な心得違いだと言わざるをえない。レンハルトは文と段落を細切れにし、原文とはかけ離れた、教養の香り漂う上品な英国的テクストに作り変えてしまったのだ（が、この点に関しては、レンハルトとボブ・ヒューロット＝ケンターのやり取りを参照されたい)[2]。

したがって、残念なことに、『美の理論』に関しては、この記念碑的な仕事を全面的にやり直さなければならないことになるだろうし、E・B・アシュトンによる、さらに残念な『否定弁証法』の訳についても同じことが言える。というのも、アシュトンの訳ではもっとも基本的な用語が誤訳され、(それでなくても難解な)文章がまったく理解不可能なものになってしまっているのだ。どうしてもアシュトン版を使わざるをえないというのであれば、以下に示すもっとも致命的なまちがいに注意する必要がある。まず、Tauschverhältnisは「物々交換」(barter)ではなく、(「交換価値」[exchange value]で使われる場合の)「交換体系」(exchange system)に他ならない。次にVermittlungはアドルノでは「伝達」(transmission)という意味ではほとんど使われておらず、あの有名な「媒介」(mediation)を意味すると認識されるべきである(mittelbarとunmittelbarは——通常、「媒介された」[mediated]と「直接の」[immediate]と訳されるのが——ここではなぜか「間接的な」[indirect]と「直接的な」[direct]となっている点にも注意していただきたい)。最後にAnschauungは、「心象」(visuality)ではなく、カントの翻訳がだされて以来、「直観」(intuition)と訳すのが決まりになっている。(カール・コルシュの名前が削除されている箇所が一カ所あり、これもまた暗示的でもあり不可解でもあるのだが、それとともに)偏執症者が一番目と二番目の誤訳例だけを見れば、この翻訳はまさに「現代の」ポスト・マルクス主義的アドルノ、非マルクス主義的アドルノを生みだそうとしているのではないか、などと考えてしまうかもしれないが、三番目の誤訳から判断すれば、アシュトン訳には哲学の伝統に関する知識が完全に欠落しているのだと言わざるをえないだろう。とはいえ、これまでの翻訳にも見事に訳出されている部分があり、そうした翻訳を参考にできたのは私にとっても幸運なことである。

頻繁に引用した作品の引用箇所に関しては、先にドイツ語版、そして次に(その訳を使用していない場合も含めて)英語版の該当するページを本文中に記し、以下の略語を付した。

AT(『美の理論』)
Aesthetic Theorie, *Gesammelte Schriften*, vol. 7 (Frankfurt: Suhrkamp, 1970)
Aesthetic Theory, transl. Christian Lenhardt (London: RKP, 1984)

DA（『啓蒙の弁証法』）

Dialektik der Aufklärung（Frankfurt: Fischer, 1986, original 1944）

Dialectic of Enlightenment, transl. John Cumming（New York: Herder & Herder, 1972）

MM（『ミニマ・モラリア』）

Minima Moralia（Frankfurt: Suhrkamp, 1986, original 1951）

Minima Moralia, transl. E.F.N. Jephcott（London: Verso, 1974）

ND（『否定弁証法』）

Negative Dialektik（Frankfurt: Suhrkamp, 1975, original 1966）

Negative Dialectics, transl. E.B. Ashton（New York: Continuum, 1973）

NL（『文学ノート』）

Noten zur Literatur（Frankfurt: Suhrkamp, 1981）

PNM（『新音楽の哲学』）

Philosophie der neuen Musik（Frankfurt: Europäische Verlagsanstalt, 1958）

Philosophy of Modern Music, transl. Anne G. Mitchell and Wesley V. Blomster（New York: Seabury, 1973）

W（『ワーグナー試論』）

Versuch über Wagner（Frankfurt: Suhrkamp, 1952）

In Search of Wagner, transl. Rodney Livingstone（London: Verso, 1981）

序　論　時の流れの中のアドルノ

アドルノは、その生涯のさまざまな時期に、三冊の主著を書いている。一九四七年に出版された『啓蒙の弁証法』、一九六六年の『否定弁証法』、そして死後に出版された『美の理論』である。この三冊には、共著も含まれるが、本書はおもにこれらの著書を詳細に読み解く試みである。ただし、これら三冊に加え、『文学ノート』、『ミニマ・モラリア』、『ワーグナー試論』、さらには、他の関連した著作も広範囲に取り上げていく。私は、これらの著作それぞれを、単一の体系が全貌を現わしていくその一部として、共時的にあつかうことにした。あたかも（『二〇〇一年宇宙の旅』よろしく）若きアドルノ、年老いたアドルノといった何人ものアドルノが「大英博物館のテーブルで一堂に会した」かのように。

歴史編纂においては――ひとつの形式を対象としようが、国民全体や単一の生産的精神を対象にしようが――それを連続しているものと見るか連続していないものと見るかは、経験的に決まるものではない。以前にもどこかで述べたことだが、どちらの見方を取るかは、一種の絶対的な前提条件として前もって決まっており、これはわれわれが（ときには「事実」と呼ばれる）資料をどう読み、解釈するかをも決定するのである。このことは、現代のわれわれには明らかなはずだ。フランス革命やロシア革命とは、さんざん血を流したあげく、すでに順調に軌道に乗っていた平和な経済的発達を妨害しただけだと「証明」しようとした、反革命的な歴史編纂の大きな波を思い起こすだけでいい。だが、こうした「歴史」は、真のブレヒト的異化効果を提供してくれるとも言える。常識（すなわち、われわれの受容された観念）にぶつかってきて、新たな議論のたねを提供してくれるからだ。もし、時代区分から考え直してみようということになるのなら、この議論も非常に生産的なものになるだろう。なぜなら、歴史に無関心でありながら歴史的な物語や、ありとあらゆる種類の物語による再解釈に貪欲な時代にあって、時代区分をどうするかという問題は、理論上の中心的問題のひとつになっているからだ――こうした貪欲さは、いわば、歴史を捨ててはみたもののあまりにも軽くなりすぎて、（より新しい、複数の歴史を含む）ポスト構造主義的ゴシップにその代用を期待するのに似ているが、この代用もどうも長もちしそうにはない。

この代用品――大戦中のヨーロッパと北アメリカでの逃避行と終戦後の荒廃したドイツへの帰国（さらには、その後の六〇年代に勃発した学生運動）を欠くべからざる背景として、アドルノの生涯のさまざまな時期をハリウッド映画やテレビのドキュメンタリードラマ風に物語ることがこれまでなされてきた[1]――は概してアドルノの哲学的・美学的側面を無視して、安易にも政治に関連した部分だけを取り上げてきた。アドルノが生涯を通じて哲学と美学に関わったことを容易に示しうるのに、である[2]。言い換えれば、アドルノがマルクス主義を信奉することをやめたのはいつか（あるいはむしろ、ここでは学問的にも財政的にもホルクハイマーとその「学派」を抜きにして考えるわけにはいかないため、「彼ら」がマルクス主義を信奉することをやめたのはいつか）という問題のみを取り上げているのだ。私は、政治的関与、イデオロギーの選択、そして哲学的・文学的生産の本質に対する、このようなかなり浅薄な見方に対抗して論を進めるつもりだ。たしかに、変節行為があったことは事実であり、ドラマの材料としてはかなり魅力的なのだが、それは冷戦中のアドルノ、またアデナウアー時代の復興ドイツに戻った後のアドルノに起こったこととはまったく違うのだ。事実、本書があつかう主著のうちの二冊、今世紀のマルクス主義哲学者の中でももっとも偉大なひとりという名声を確立することになる二冊をアドルノが執筆したのはこの時期なのである。本書を執筆したのは、その題名が示唆するように、現代のマルクス主義に対するアドルノの貢献を記すためなのである。

変わるのは、人間ではなく状況なのだ。こう考えると、私の中でアドルノの評価が変化してきたことも説明できる。というのも、時代の節目とともに、彼の仕事の意味も私の中で変わってきたからである。アイゼンハワー時代の衰退期に、アドルノは私にとって方法論上の決定的発見であった。当時、北アメリカの文脈では弁証法そのものについての何らかの発想を案出することが急務に思われていた。そこで私は、かつて「社会・歴史的背景」と呼ばれたもの――実は階級的・イデオロギー的背景――が形式分析に外在的にではなく、きわめて内在的に関係していることを実際的に示すために、アドルノの音楽に関する分析を用いたのである（ただし、本書ではこれに立ち戻ることはほとんどない）。

しかしながら、拙著『マルクス主義と形式』の読者の中には、この本がようやく出版された一九七一年までに、ソビエト連邦、第三世界、そして（だれもがそうしたように、彼のジャズ論から軽率にも読み取った）アメリカの黒人運動に対するアドルノの敵意と考えられるものから、私がしだいに距離をおくようになっていたと感じる方もおられるかもしれない。しかし、現在では回顧的に六〇年代と呼ばれる新しい時代は、これらすべてに対する共感を（少なくとも私にとっては）意味していたのである。ナショナリズムに基づく解放運動の時代には、アウシュヴィッツの記憶にこだわり、「全体的体系」――「不可能はない」という言葉が端的に示す脳天気な「前革命的」時代には、近い将来にアドルノの予言が当たると予想する者はほとんどいなかった――の運命と破滅的魅力に取りつかれたアドルノの黙示録は、実に後退的に思われた。

七〇年代――少なくともアメリカにおいては〈理論〉と理論的言説、また、構造主義からポスト構造主義、毛沢東主義から物語分析、さらにはリビドー備給からイデオロギー的国家装置にいたる〈快楽〉の時代――は本質的にフランスの時代であった。アドルノは（ベンヤミンとブレヒトは著しい例外として、ルカーチや他の多くの中央ヨーロッパの思想家たちと同様に）邪魔者とは言わないまでも、当時の戦いでは足手まといに思えた。それでも熱烈に彼を信奉する者たちは、アドルノと正調デリダを「融和」させようと困難な翻訳作業に必死で取り組んでいた。こうした動きがアメリカで起きているころ、海の彼方ではフランスの知識人たちがまさに完全な脱マルクス主義化を押し進めていた。こうして、八〇年代が開演してみると、そこには裕福で悦に入った、脱政治化したヨーロッパが、まさにヨーロッパ的哲学の伝統の埋葬をすませ、偉大な理論家たちの亡骸の上に登場していたのである。（ちなみに、アドルノと今日のドイツ連邦共和国における弁証法の盛衰に関しては、本書の結論でさらに詳しく論じるつもりである。）こうしたヨーロッパに、分析哲学を学びながら、さらには独自のビジネス・マネージメントと国際貿易を開拓しながら、ポストモダンのアメリカは応答した。旧来の諸産業をあたかも蚤のように振るい落としながら、新しい世界経済システムを牽引してアメリカは応答したのだ。そして、かつての東側でさえ、なんとかこの新しい世界経済システムに入れてもらおうと躍起になっているようだった。

終わりを告げたとはいえ、いまだわれわれのものと言える八〇年代になってようやく、「全体的体系」に関してアドルノが口にした予言が、まったく予期せぬかたちで現実のものとなった。明らかに、アドルノは三〇年代の哲学者ではなかったし（振り返ってみれば、それはハイデッガーということになってしまうのだろう）、サルトルのように四〇〜五〇年代の哲学者でも、マルクーゼのように六〇年代の思想家でもなかった。また、すでに述べたが、哲学的にも理論的にもアドルノの時代遅れの弁証法的言説は七〇年代とは相性がよくなかった。しかし、アドルノが現代の分析家となる可能性がないとは言えない。彼が見ることのなかった現代という時代、つまり後期資本主義が、自然と〈無意識〉、転倒と美学、個人的実践と集合的実践の最後の逃げ道を完全にふさぎ、そしてさらには、パチンという音とともにそれ以降のポストモダンの風景から失われてしまったすべてのものの記憶の痕跡を消し去ることに成功した現代という時代の分析家となる可能性があるのだ。たしかに、これまではたいした役には立たなかったアドルノのマルクス主義が、今日のわれわれがまさに必要としているものとなるのではないかと私には思えるのだ。アドルノとポストモダンの関係は本書の結論で論じるつもりである。

　しかしながら、マルクス主義に目を向ければ、アドルノがマルクス主義者だと言われて驚くようなひとはだれしも、たしかに難解ではある彼の著作をそれほど読んではいないし、比較的読みやすい解説書の類は、あたかもそれがある時代特有の奇妙なマンネリであって、もはやポスト現代《コンテンポラリー》の議論の対象とはなりえないとでも言うかのように、マルクス主義を省略する傾向にあることは、あまりにもあからさまで、ことさらここで言いたてる必要もないかもしれない。しかし、もしもアドルノのマルクス主義がどの程度までマルクス主義的なのか、どれほどの正統性をもったマルクス主義なのかを再考すべきだ（たとえば、結局アドルノはポスト・マルクス主義者とまではいかなくて、ヘーゲル派だったのではないかなどと）と言う人々が——マルクス主義者だけでなく、マルクス主義者ではない人々やマルクス主義を敵対視する人々の中にも——いるのであれば、その方々にはこう申し上げたい。ほんのわずかな時間でかまわないから、他の多くのものと同じように今やすっかり評判を落としてしまった、科学とイデオロギーのあの違いを思い起こしてみる価値はあるかもしれないと。「マルクス主義者たること」は必然的に、マルクス主義がとにかく科学であるという信念をもつことを含んでいる。つまり、マルクス主義とは公理系、方法論的原理、特有の知識や手続きからなる体系であるという信念である（この点をさらに深く考えてみるなら、マルクス主義は哲学や他の書き物の言説とは異なるひとつの言説として特有の位置を占めるとも言えるだろう)。

しかしながら、科学の名に値するものはみな、ひとつのイデオロギーのみを提示するのではなく、可能なイデオロギーの集合体を提示するのだ。そして、このことは肯定的な意味で理解されてしかるべきである。特定の実践の作業仮説、すなわちその「哲学」としてのイデオロギー、あるいはその作業仮説を動かして倫理性と政治性(さらにはひとつの美学)を提供する価値や想像力の集合体としてのイデオロギーを、科学は提示するのだ。そして、さまざまなマルクス主義とは——というのも、よく知られているようにマルクス主義にも複数あって、お互いに仲がいいとはとても言えないからだが——歴史と具体的な歴史的状況における、マルクス主義的科学のさまざまな局所的イデオロギーであるのだ。補足するなら、具体的な歴史的状況はそうした複数の局所的イデオロギーの優先事項のみならず限界をも規定するのである。したがって、レーニン、チェ、アルチュセール、そしてブレヒト(さらには、私自身は言うまでもなく、ペリー・アンダーソンやイーグルトンを含めて)それぞれのマルクス主義がイ・デ・オ・ロ・ギ・ー・的だというのは、このように見ると、イデオロギー的という言葉の批判的な意味において、それぞれのマルクス主義がその支持者たちの階級決定という文化的・国家的地平を包含する程度まで、固有の状況によって限定されていることを意味しているにすぎない(また、この地平には、たとえば、当該の時期の労働者階級の政治意識の発達が含まれる)。

当然、アドルノのマルクス主義もまたそうしたさまざまな、かつては「要因」と呼ばれた要素によって決定(すなわち、制限)されている。唯一奇妙なのは——歴史状況の重要さを身をもって知っているはずの——歴史唯物論的な立場が、「ブルジョア哲学」と同じように、マルクス主義における「イデオロギーの複数性」に直面すると困惑することである。アドルノのマルクス主義をこうした精神でとらえることは、必ずしも彼の立場をひとつの政治綱領として認めるということではない(実際、アドルノの哲学的著作の多くはまさに、すでに過去の遺物と化した思考を、いかにして生きたものとして取り込むかという問題を軸にしている)。とりわけ、政治的芸術に関するアドルノの見方は、ある種の人々には厄介な障害物と映ってきたのだが、このような人々にはこうした見解が、今や季節外れの概念となってしまったモダニズムの、より深いレベルでの政治的使命を、なんとか生きながらえさせようとアドルノが払った犠牲であることが見えていないのである。「現実に存在する社会主義」に対するアドルノの態度が、(第三世界の革命に理解や共感を示さないことと同様に）階級的に決定されていることは明らかである。たしかにこうしたアドルノの態度は、冷戦時代の左派知識人たちがかかえていたジレンマの歴史的証拠とはなるが、社会主義国自身が重大な変貌を遂げつつある現在、もはやわれわれがそれにこだわる必要はない。ちなみに、アドルノは、本人が公言していた以上に、六〇年代の学生運動に共感をもっていたようである[3]（大学に警察権力を呼び入れてしまったという永久にぬぐいきれない醜態によって少なからず汚れた共感ではあるが）。

しかしながら、まがりなりにもアドルノの政治的立場を評価しようというのであれば、彼の学問上の実践それ自体――のちにドイツ連邦共和国となった地域での戦争を生きのびた知的な世界（ヒトラー治下の大学を生きのびた有能な知識人たちを含む）への彼の体系的介在および、とりわけ社会学の再生のために彼が積極的に引き受けた重責――を無視するわけにはいかない。これは、かつては唯美主義者であり、音楽に関する問題の権威であったアドルノにとって運命の転換でもあった。社会学の本質と機能に関する、アドルノの精力的かつ饒舌な論争術と焦点化（これは欠落した第三項として『否定弁証法』と『美の理論』を補うものでもあり、本書の第一部で考察することになる）は、二つの段階、あるいは同時に発生する二つの命題を含んでいたように思われる。いわゆるフランクフルト学派はアメリカの経験主義的研究の権威――正統的なものかそうでないかは別として――に包囲されたドイツに帰ったわけだが[4]、アドルノは、一方でドイツの社会哲学における、より形而上的な敵を叩き切るのにこれを利用しながら、他方、返す刀で経験主義それ自体（および実証主義）を追いつめ、弁証法による批判に委ねた（アドルノはこの弁証法という言葉を、哲学を論じる場合よりも社会学を論じる場合に多用している）。われわれは、今日になってようやく、例の、さまざまな職業であり、かつ学問分野でもある「イデオロギー的国家装置」の意義と客観の動力学を、これまでよりもずっと鋭敏にとらえられるようになったと言えるが、こうした道筋を通して、われわれはこの領域におけるアドルノの実践の純粋なかたちと今呼ぶことのできるものを、より正しく認識することになるのだ。

西ドイツにおける弁証法のつかの間の勝利は、新しい非弁証法的な潮流――明らかにアドルノとホルクハイマーの遺産を受け継ぎながら、だれからの遺産だったのかまったくわからなくなるほどに遺言を書きかえてしまったハーバーマスの潮流[5]――および、例外なく断固として弁証法的思考を敵視するさまざまなアングロ・アメリカの潮流――にあっさりとその座を譲ってしまったが、こうした教訓は別に流行遅れになったわけではない。しかし、私にまちがいがなければ——人類学を除けば（なぜならレヴィ＝ストロースの構造主義による全世界的な衝撃が学問分野を一変させるのに担った役割がかろうじて比較の対象になるからだ）——他の社会科学は弁証法に匹敵する内的「革命」を経験しなかったように思われる（遅きに失したとはいえ、社会学におけるピエール・ブルデューの独力による途轍もない偉業は、彼の全般的な影響がいまだ評価できないため除外する）。弁証法は社会科学にとって方法論上の時限爆弾であり続けているし、社会主義諸国のきわめて異なる伝統をもついくつかの社会科学において、重要な役割を演ずるとの期待もある。というのも、弁証法は社会主義諸国において、西洋の偶像を崇拝するというような愚行にそう熱心でもない知識人たちに対して、新たな思考と可能性を提供するかもしれないからだ。

いずれにせよ、ここで特筆すべきは、社会学を強調することによって、アドルノの著作において独特なかたちで変奏されている真・善・美という哲学の伝統的な三位神が完成するということである。倫理学を（歴史に近い色合いの）社会学に転調するというのは、きわめて巧みな戦略であり、あからさまには目立たない形式上の介入の仕方なのだ。したがって、マルクス主義それ自体においては再統合の機会を逸した学問上のさまざまな体系が、アドルノの中で表面的には仲むつまじく、しかし内的には問題をはらんだかたちで同居することになったのである。

しかし、これがどれほどマルクス主義的かということに関しては、理論的レベルでは、私が『政治的無意識』で主張した区別がこの種の判断にも有効であるという主張にこだわりたい。つまり、政治的なもの（直接歴史的な出来事）、社会的なもの（階級と階級意識）および経済的なもの（生産様式）の階層が、逆説的にも、相互依存的に独立している（相対的に自律しているという表現の方が好ましいかもしれないが）と考えた私とアドルノは、そう遠くはなかったと思う。こうした認識は、かりに解決策にはならなくても、「資本主義への移行」といった領域においてまちがった問題提起や無意味な論争と思えたものを、少なくとも無効にしてくれると思われたのだ。この領域では、労働者階級こそ形成的な役割を積極的に担うべきであると唱える人々が、資本の非実体な力と論理が作用していると感じる人々と対立しているように見えた。しかしながら、この対立する二つの陣営は、結局、根本的に相容れないレベルの抽象に基づく「説明」とともに、研究対象を分析・構築するまったく異なった二つの方法を提供しているように思われた。それゆえ、不一致ないし相矛盾し両立しがたい「さまざまな解釈」がここに含まれているのだと主張すること自体さえもが、問題をはらむことになる。

アドルノ的マルクス主義の精神、とりわけ悪名高くもそこに欠如していると言われる階級判断に関する私の主張自体が、こうした「解釈」のようなものでもある（事実、問題となるどの契機を取ってみても、アドルノにも局所的な階級イデオロギー的判断が十分できているし、それはきわめて決定的で破壊的な種類の判断でもある）[6]。しかし、マルクス主義の伝統に対するアドルノの貢献は、社会的階級の領域、つまり私が考える三つの階層のうちの第二の階層に求められるべきものではない。第二の階層は、（たとえば、E・P・トンプソンといった）他のひとに任せておけばよい。

アドルノが彼自身にしかできない貢献をするのは、私の考える第三の「レベル」、つまり経済システムもしくは生産様式に関する分析においてであり、このようなものは他のどこにも見いだされないであろう。実際、アドルノの哲学作品（本書では第一部において、『否定弁証法』への注解というかたちで論じられる）の独創性は、彼の美学（同じく本書の第三部は『美の理論』への注解であり、第二部は、部分的に『啓蒙の弁証法』に基づきながら、芸術に対するアドルノの社会的観点それ自体を特徴づけようと試みている）においてと同様、全体性としての後期資本主義が、まさにわれわれの概念形態と芸術作品それ自体の内部に存在するという、その独特な主張にある。普遍と特殊、体系と細部とのこうした関係を一心にかつ広範な関心でとらえたマルクス主義理論家は、アドルノをおいて他にない（いずれにせよ、こうした哲学的洗練と美学的な感受性を結合させた現代の思想家はほとんどいない。クローチェとサルトルだけが頭に浮かぶ。ルカーチは、多くの点でクローチェとサルトルよりもはるかに偉大な存在であるが、この点に関しては戯画のような存在に映る）。なるほど、もはや「概念」をもたないポスト構造主義の時代――「芸術作品」をもたないポストモダンの時代――にあって、アドルノが提供してくれるものは一見無駄な贈り物のように思えるかもしれない。しかし、少なくとも、この種の思考や解釈の意義と機能における「全体性」という概念に敵対する者を教化してくれるという意味において、アドルノの貢献は無駄ではないし、この点に関しては、以下で詳細に検討するつもりである。いずれにせよ、アドルノのライフワークは「全体性」という概念と運命をともにするのである。

最近のアドルノ株の相場を見てみると、彼の天敵とも言えるハイデッガーと比較されることが多くなっていることに驚かされる[7]（アドルノ本人がかつて、ハイデッガーの哲学は「骨の髄までファシズム的だ[8]」と述べていたのにである）。

こうした講和がなされる基盤は、現存の消費社会にとって脅威的なものすべてを中和してしまおうというある種の一般的傾向に加えて、アドルノ哲学におけるいわゆる「非同一性」ないし〈自然〉がもつ神秘的傾向が関係していることは明らかである。さらに、フランクフルト学派が支配のモチーフを強調したことによって、ほんの一時期ではあるがアドルノとフーコーとの類似性が取り沙汰されたこともあった（いずれにせよ、フーコーは、自暴自棄のときに最晩年になるまで読んだこともなかったフランクフルト学派と自分が「密接な関係」にあるとほのめかしたのであった）[9]。また、『否定弁証法』が議論を進める中で、〈概念〉を歪ませつつきわめて巧妙に「零落」させたこともまた、デリダと脱構築との親戚であるかのような錯覚を多くの者にもたらしたのである。（私の見解では、脱構築とマルクス主義との根本的相違に目をつぶったとしても、両者の間に「対話」が成り立つための確固たる土台を据えることはできないであろうし、以前にも書いたことであるが、アドルノの根本的問題はいくつかの点でデリダよりもむしろド・マンに近いと言える[10]。）

　アドルノとさまざまな思想家とのこうした比較に抗して、私は次のように主張したい。アドルノにおける自然史の根本的な役割が把握されるならば、〈自然〉に関するかなりハイデッガー的な観念の研究――ここでは〈存在〉が〈非同一性〉に置換される――に見えるものは、まったく異なる景色の中に繰り広げられているのだと。さらに、こうした見方をすれば、フランクフルト学派の科学のとらえ方（批判的であったと一般的には考えられている）に対するわれわれの固定観念も変わるであろうし、フーコーとアドルノは深いところで似ているという印象も消えることになるだろう。なぜなら、フランクフルト学派の自然史という発想それ自体が、フーコーの「権力」という主題にまつわる人類学的・イデオロギー的なものを一掃するからである。また、アドルノと脱構築が似ているという誤解のもとは、脱構築がハイデッガーから借用した、いわゆる「西洋形而上学の歴史」の曖昧さにあるのだが、その壮大な神秘性と非歴史性は「啓蒙の弁証法」そのものに似てなくもないように見える。しかし、形而上学ないし同一性と呼ばれる〈誤謬〉は、ハイデッガーではある根源的真理からしだいに遠ざかることからくる効果であるのに対し、アドルノではしだいに強大化する社会システムがもたらす効果なのである。とはいえ権力は、ラテン語やローマ帝国といった形態において、根源的真理を歪曲・破壊・抑圧するのに一役かっているとハイデッガーは考える。ハイデッガーが言う権力が、現代の技術において回帰することは言うまでもない。しかし、アドルノの場合とは異なり、ハイデッガーが誤謬の形式ないし形而上学的思考の内的束縛の内部に、社会的なものが遍在することを強調したとは言い切れない。いずれにせよ、主観的誤謬を、みずから行為をなしうる力として強調するなら、例外なく観念論に陥ってしまうことになる。

さて、哲学上の比較に対するこのような態度をふまえて、アドルノの哲学的テクストに対する私自身の立場をそろそろ提示しようと思うが、物語分析ではアドルノのテクストの性格を十分に明らかにすることはできないであろう。たしかに、哲学的論考の中にそこで作用している物語を探り当てることができれば――ある概念の「冒険」、主人公たる概念と敵なる概念との戦い、数々の試練を乗り越えていくプロップ風の旅、結婚による二つの概念の哲学的合体といった通俗的な物語構造を想像することは比較的容易である――その物語構造をよりモダニスト的ないし、より「反省的」(reflexive)な表現で――すなわち表象の危機という観点から――上演するのは興味深いやり方になるであろう。しかし、その時点で、哲学的テクストについて関心の的となるのは、テクストの中のある「概念」がいかにして困難を乗り越えるかということに加えて、その「概念」はそもそもいかにして言葉として表現されうるのか、そしてそれにはどれほどの犠牲を伴うのかということである。こうした意味で「モダニズム」とは、表象の可能性――すなわち最終的には、いやしくも何かを語ることについての可能性――に対する深遠な懐疑であるはずだが、このような懐疑は、ものごとが実際に語られたり表象されることもあるという明白な事実を前にすると、そのような表象をそもそも可能にした構造や前提、すなわち選挙違反、詐術、不正操作、比喩の足さばきなどを詮索めいて探求しようという方向に流れてしまうのである。またそこでは、表象にいたる過程で何が捨象され、語られないままに残され、ごまかされ、また歪められたのかについても冷静な分析・評価が下されることになる。

しかしながら、問題を含みながらも、指示対象それ自体はモダニズムの中に生き残っている。結果として、語る主観の可能性（ないし、その構造的不可能性）もまた客観の構造との相関関係において、上演される機会を与えられるのである――この場合には、アドルノのモダニズムと私が提唱しようとする方法との間に存在する、ある種の「予定調和」ということになる。言い換えれば、アドルノ自身が言語学的実験としての、つまり「表出」(Darstellung)と「形式の創造」としての哲学的著作物の本質を目ざとくも意識していたわけだから、アドルノ本人が書いたものを同じ視点で分析することは興味深くもあり、また適切でもあるということだ。しかし、今度は、事態のこうした定式化を修正し、次のことを主張する必要がある。つまり、アドルノにもまちがいなくひとつの「文体」があるにせよ（他の「現代の巨匠たち」も文体をもっており、彼らにとって「文体」は客観的かつ歴史的なカテゴリーなのである）、また、私自身がときにアドルノの文体について語るにせよ、これから私が提示する読みが、限定的かつ些末な意味において「文学的」な読みとなりうるかどうかは疑問であると言明する必要があるのだ。

アドルノのモダニズムは、ポストモダンのテクスト性に特有の、偶然性に依存した自由な戯れに同化することをよしとしない。つまり、ある種の真理が、いまだこうした言葉と形式の問題に大きく関わっているという立場を取るのである。実際、美学的モダニズムに見られるように、われわれが言語において構築できるものにはある種の真理が存在するのだが、この真理は、沈黙そのものからばかりでなく、主題化と物象化の危険といった命題形式に固有の有害な特性から、また、ある点で開始しある時点で終了させなければならないとか、論拠や証拠に関わるあれこれの慣習的基準に訴えなければならないとかの必然的（かつ形而上学的）な幻想と歪曲から、言語をもぎ取ってくるというまさにその事実から生まれてくるのである。それゆえ、本書の深層に、すなわちアドルノ自身がその特異性において弁証法そのものと区別がつかなくなるレベルに存在するメッセージは、弁証法そのものへの賞讃と関わってくる。少なくとも今日の文脈では、これはある種の新しいものを喚起するという利点があるのではないだろうか。

本書の題名は永きにわたって用いられてきた「後期マルクス主義」という意味のドイツ語表現（der Spätmarxismus）を、英語圏の人々に紹介しようとするものでしかないのだが、これもある種の目新しさを喚起するかもしれない。この題名はこれまで私が暗に述べてきたこと、すなわち、他の文化的現象と同じようにマルクス主義も、社会経済的状況に応じて変化することを強調するという意味で、とりわけ有効だと思われる。第三世界が必要とするマルクス主義と、多国籍資本主義の「先進」諸国は言うまでもなく、すでに後退過程にある社会主義国のマルクス主義が異なることは、今さら驚くべきことではないであろう。多国籍資本主義の「先進」諸国のマルクス主義でさえ本当は「不均一」で「非同期的」であるし、別種のマルクス主義がきわめて密接に関連しているのだ。しかし、本書がとくに問題にするのは、等しく独特なわれわれ自身の「後期」資本主義ないし資本主義の第三段階内部における、アドルノ的マルクス主義とこれに固有な可能性がもつ妥当性である。「後期」という言葉はそれ以上に劇的な事態を何ら意味するものではないが、それでもなお、来ないよりは遅れてでもやってくる方がましなのである。

コネチカット州キリングワース
一九八九年八月

第一部　概念の破滅的魅力

一　同一性と反同一性

　アドルノについてのきわめて影響力の強い二つの誤読——アドルノをポスト・マルクス主義者ととらえるものとポストモダニストととらえるもの——のうち、後者は本書の結論において論じられることになるであろう。しかしながら、アドルノをポスト・マルクス主義者としてとらえるというのは、彼のライトモチーフのひとつである「非同一性」（non-identity）を誤って解釈しているところに原因がある。以下で詳しく論じることになるが、そうした誤解によって、アドルノとは関係のない哲学綱領へと主題化・物象化された、あらゆる種類の結論が導出されるという事態が生じているのである。

　しかしながら、アドルノはかなり特殊な意味においては〈同一性〉の哲学者なのである。『啓蒙の弁証法』も『否定弁証法』も、その特殊な意味における同一性を出発点にしている。というのも、この「同一性」という言葉は、「啓蒙」や「科学」と同じように「概念」と「体系」を十分に包摂しうるからである。しかしながら、同一性の哲学を書くからといって、同一性を讃美しそのイデオローグとなることにはならない。フランクフルト学派の「〈理性〉批判」と俗に呼ばれるものは、実は「西洋科学」と同じ程度にまで経済システムにつけ込まれている世界の規格化を体系的に探究しようという試みなのである。『否定弁証法』を考察するにはこうした概念を根本的な前提条件にしなければならないが、この前提は、『否定弁証法』の各章で舞台に上げられる小さな論戦と小競り合いだけでなく、哲学それ自体が示す、絶対的かつ矛盾した状態を構成しているのである。しかしながら、『否定弁証法』以前に、『啓蒙の弁証法』は媒介というかたちで、とりわけ（大衆文化に同一性の形式を押印するあの有名なものに加え）日常生活の「実存的な」素材を含む媒介というかたちで、同一性の概念を利用可能にすることによって、この概念の豊かな展開を保証していたのである。意図的に不連続なかたちで書かれた著作であるということを考慮して、本書でも一貫して『啓蒙の弁証法』を挿話的にあつかうことにし、そこで論じられている文化のとらえ方、反ユダヤ主義の分析、自然史の見方については、この後ところどころで触れていくことにしたい。

同一性の哲学的な分析を始めるにあたって、さしあたり同一性が日常生活においてどのような様相を呈するのかにこだわるのが適当であるように思われる——言うなれば、それは反復そのもの、すなわち、精神的荒廃と退屈の中にいくどとなく回帰する同じもの、つまり神経症である。アドルノが行ったフロイト的な概念化作用の限定的利用(このようなやり方は、他のケースと違って新しい分析の層やレベルを開示しない場合には、生硬で時代遅れに見える)においては、神経症はたんに自己の自己自身への退屈な幽閉であり、自己は新しく予期せぬものに対する恐怖心で手足の自由を奪われ、どこにいくにしてもつねにその同一性を携えていくのであり、その結果、自己には感情の防御がかかり、何かに触れようと手を伸ばしても、決して未知のものに触れることにはならないのだ。しかしながら、このように述べることは、新しいものに立ち向かい、それを「受け入れる」力はいったいどうしたら手に入るのだろうかと——たんに「心理学的」にではなく——いぶかり始めることでもある。しかしそれだけではない。その新しいものとはいかなるものか、どのような外見か、定義上まだ想像も予見もできないはずの対象を、つまり、現今の経験ではそれに相当するものがない新しいものを、どのように概念化したり想像したりすればよいのかといった疑問がわいてくるはずである。

この時点で、自己の「同一性」に完全に閉じ込められた神経症的な自己の逆像、逆幻影がしだいに出現してくる——言うなれば、絶対的に新しいもの、反復されざるものの絶え間のない流れという表象不可能な光景、再帰することのない、ドゥルーズが問断なき変化の「流れ」と呼んだ大きな流れであるが、ここでは、いまだ主観も客観も想像できないばかりか、道標も標識もなく、つかのまの休息も、控えに戻った闘牛のように傷口をなめ、安らぐ逃げ場もない、ただ徹底的な差異の恐怖と消耗が存在するのみである。救命胴衣を脱ぎ捨て、非同一性の恐るべき激流に身を委ねるのは、もちろん、ポストモダンの偉大な倫理上の幻想のひとつであり、まさに「精神分裂症の英雄」の姿でもある。ポストモダンの社会空間——〈他者〉と他者性の排除にもっとも成功し、「管理社会」の中でもいちばん標準化されたもの――が、なぜこのように精神分裂症的な差異の原初の流れとして想像されることになるのかは別の厄介な問題であるが、それは社会学的にのみ解答が可能であろう（ここで社会学的という言葉を用いるのはあくまで便宜上のことであり、アドルノが詳細に説明してくれる弁証法というはるかに複雑な発想が使えるようになるまでのことである）。

しかしながら、閉じた自己と原初の流れという二つの絶対化した恐ろしい光景をこのように垣間見ることは、より身近で日常的なさまざまな形態で人類の歴史のいたるところに存在する妥協形成の機能を理解するのに有益である。妥協形成の例としては、ありふれた「心的同一性」があげられるが、これは、過激な新しいものを濾過して経験が耐えうるものだけを残す一方、われわれは時を経てもなお一貫した同一性をつねに保ち続けるものであり、伝記的な冒険の予期しない急展開があっても、私の個人的意識はなぜか「同じ」であり、新しい夜明けを迎えるたびに目の前に展開されるのは、どれほど居場所を変えようとも昔の名前を名乗り、いかに希薄になったとしても親しい仲であり続ける世界や広大に拡がる対象であると、倦むことなくわれわれに訴え続けるのである。こうして自我は、個人の同一性という広い意味において、一種の防衛機構となり、実践と延命のための手段であり武器ともなる。

しかし、アドルノは人類学と社会心理学をごくわずかにしか取り上げておらず、しかもこれらのレベルと心的主観のレベルを他の概念化作用の形態へと開こうとするのだ。この点に関してはこの後すぐに論じようと思うが、その前にここで足をとめて、思考それ自体がこれまでの議論で用いた用語と対峙せざるをえない状況、すなわち、アドルノの実践におけるある種の哲学的理想のみならず、アドルノにとってある特定の美学的制限がもつ意義を説明してくれる状況（ないしジレンマ）の特徴を考えてみるのも無駄ではないであろう。

かりに概念が同一物として、すなわち精神に同一性――認識可能な実体の回帰――を刻み込むばかりでなく事物を同一化するものとしてとらえられたとすると、思考の（少なくともその歴史上のある時点での）苦闘は、同一性が排除するあらゆるものにたどり着くために、回帰と同一性の論理を根底から崩さなければならない。このような言い方をするのは、同一性が排除するもの――「非同一的なもの」――を他者性と新しさという用語で記述するためである（もしここで、実在や指示対象といった慣習的な用語を使えば、これらすべてを二元論に再還元してしまうことになる。なぜなら、アドルノにとっては概念も他のあらゆるものと同様に実在だからである）。しかし、新しいものと他者の経験にたどり着くためには、概念化作用を経なければならない。アドルノにおいてハーバーマス的な非合理的哲学批判にもっとも類似するこの作用の矛先は、さまざまな直観主義（ベルクソン、フッサール、そしてある意味ではハイデッガー）に向けられているが、直観主義には概念化作用そのものを捨象し、「実在」とのより直接的で直観的な接触を図ろうとする傾向があるという汚名が着せられているのである。はたして、差異と新しさに接近するためのひとつの様式として用いるために、われわれを同一性の内部に幽閉する傾向をもつ「概念」に対して、何かを行うことは可能なのであろうか。

思考はその論理的規則性に安住する必要はない。思考はそれ自身を完全に廃棄することなく、おのれに抗して思考できるのだ。たしかに、もし弁証法を定義することが可能なら、この提案こそふさわしいものであろう。（ND 144/141）

したがって、「概念」に対して何かを行おうと試みることは、哲学が受け継いできたカテゴリーを放棄することではない。いずれにせよ、そういったカテゴリーは常識的現実主義に身を包み、日々の生活に浸透し続けるのだ。直観的直接性をもってしても無理なように、新しいユートピア的概念や新造語を考えだしたからといって、概念とその同一性の「鉄の檻」からは逃れられない。いかにしたら概念をその本性に逆らって利用できるかというのは、たしかに複雑な問題であり、この点は後で論じることにしたい。

とりあえず、概念が抑圧するものの他の側面――〈新しいもの〉――を考えてみると、こうした状況、こうしたジレンマがある意味では美的なものであること、および、とりわけいわゆるモダニズムと呼ばれる領域においては、明確に美的ないし芸術的な相当物をもっているということがわかるが、この点に関しても、後でじっくり考察するつもりである。現時点では、いく分、より伝統的に美的ないし言語学的な構築物、すなわち叙事詩に対してアドルノがいだく関心の意義を考える方が有益であろう。これまであまり注目されなかったことだが、アドルノが叙事詩に関してある理論をもっているということは、彼の著作のところどころにうかがえる。それほど明確でないかたちでは、神話の延々たる同一性から叙事詩的な言語と物語が出現してくる様子を上演する、『啓蒙の弁証法』に収められた「オデュッセウス」論に見られるし、明確なかたちでは、『文学ノート』に収められた二つの重要なエッセイ、ヘルダーリンについて論じた（かの有名なハイデッガー的ヘルダーリン解釈に対して義務的な激しい攻撃を行っているだけではない）「叙事文学の素朴さ」と、傑作「並列語法《パラタクシス》」に認められる。

アドルノは、自分と同じように並列語法のカテゴリーを使った、あの有名なエーリッヒ・アウエルバッハの叙事詩分析を知らなかったようである（同じといっても、アウエルバッハは、ひとつの強力な形式およびホメロスに匹敵する原型として旧約聖書を用いながら、「そして……」を多用する叙事詩特有の加法的時間と、彼が「従位語法《ハイポタクシス》」と呼ぶところのより統辞的・掉尾直線的・因果的時間性との間の不安定な二元論の一部としてそれをあつかっているだけであるが[1]）。もちろん、アドルノもアウエルバッハも、叙事詩的時間の停滞状態を伝統的な見方で――叙事詩的時間の「静穏」を孤立した瞬間とタブローに見られるような催眠下に置かれた静寂を備えた「中心化された」文の連続体として――とらえている点では共通している。しかし、アウエルバッハが、こうした叙事詩の文は並列的な流れの規則性を決して逸脱することなく継続すると考えるのに対し、アドルノがこれまでわれわれが見てきたような問題を提起したとしても、まったく不思議ではない。すなわち、神話的反復と同一性から新しい瞬間や時間的変化を生みだせるかといった問題である。ここでのひとつの焦点は共義的な用語と不変化詞、すなわち、安定してモナド然と振る舞う文と文とを連結する接続詞であり、それにより文はテクスト的な時間の大きな流れの中で、太陽系のように周回を続けるのである。もうひとつの焦点は、独立した複数の文をある大きな時間的広がりへと必死に紡いでいく、前方照応的反響表現と反復詞である。

しかしながら、アドルノが読み取るのはこうした接続詞――「そして」――の穏やかな論理ではなく、文を無理やりつなぐ際の暴力と、「しかし」、「しかしながら」、「話変わって」、（ヘルダーリンが好んだ）「すなわち」（nämlich）といった、本来は機能的な言葉の意味に加えられる叙事詩的非論理性である。こうした用語法は、連続性を確立すると同時に否定することによって、叙事詩的な操作それ自体の特異性を前景化したり、叙事詩と関連づけられることが多いとはいえ、実際には叙事詩が抹消し超越しようとする神話的世界により深く関わる、同一性や反復の安定した再生産の内部に、新しいものや亀裂を気ままに書き込むものとしての「並列語法」を舞台に上げるのである。この独特な古典的統語法が、近代のより明確な形式上の創作や解決策よりも、アドルノの哲学上の実践を象徴的に表わす場合がある。具体的に言うならば、死がホメロスの言語の静謐な冷静さの中に書き込まれるときの特筆すべき仕方――『啓蒙の弁証法』の「オデュッセウス」の章を締めくくる注釈に現われる女たちの残忍な処刑――は、『否定弁証法』そのものが目指す究極の目的のいくつかとの、興味深い平行関係を示唆しているのである。

「しかしながら」、われわれはここで概念の問題、とりわけアドルノが展開する「同一性」という用語の、多重で変幻自在の意味に戻らねばならない。この用語の機能的多義性は、歴史的・哲学的にアドルノ以前から問題にされてきたことである。

> 近代哲学の歴史において、「同一性」という言葉は複数の意味をもっている。たとえばそれは、個人の意識の統一性を意味していた。つまり、「私」という存在が、その経験のすべてを通して同じであるということである。「われ思う、このことは私の表象［Vorstellungen］すべてに付随するはずである」とカントが言ったのは、まさにこのことであった。次に同一性は、あらゆる理性的存在の中に、規則的ないし法的［gesetzlich］に存在するもの、換言するなら論理的普遍性としての思考を意味した。その場合、思考と思考の対象には単純なA＝Aの関係が成り立つ。最後に、同一性は認識論的な意味、どのように媒介されようとも主観と客観は同時に同一であるという意味をもった。これらの意味のうち、始めの二つのレベルは、カントにおいてさえ、厳密には区別されていない。これは言葉を軽率に使っているからというわけでもない。同一性が、いわば観念論それ自体の中の心理と論理の間の中立地帯として現われるからである。（ND 145注／142注）

概念の意味の著しい変化は、ここですでにレベルとして――つまり、新興の学問分野と特化されたコードの認識論的空間として――表わされている（それゆえ、法的という用語――文字通りには「合法的な」という意味であり、ここでは〈理性〉の概念的規則性および統一性を表わしている――を、まさに司法的もしくは法的なレベル――アドルノ本人がそう詳しく説いているわけではないが、今日のわれわれが非常に関心をもっている法的主観の同一性――の出現を暗示し、ほのめかす言葉としてとらえるのもおそらくそう無責任なことではないであろう）。究極のレベル――経済的レベル――も、ここでは引き合いにだされてはいないが、しかるべき時にしかるべき場所に出現することになろう。

とにかく、ようやくわれわれは、同一性の精神的なレベル、つまり主観の統一性から、完全に論理的なレベルへとたどりついたが、ここにいたって初めて、アドルノが同一性と非同一性を配備する中心的空間、すなわち概念・

(concept)（ドイツ語ではIdeeよりはむしろBegriffに相当する）という空間が視野に入ってくる（一方、「観念」（Idee）はヘーゲルにおいて、またヴァルター・ベンヤミンの『ドイツ悲劇の根源』に付された偉大な「認識批判的序論」においてもまったく異なる意味で使われている――『ドイツ悲劇の根源』は、哲学に関わりだしたころのアドルノにとっても、また『否定弁証法』においても、きわめて重要な意味をもっているが、この点は後で論じようと思う）。

それゆえ、哲学的枠組みにおいては、概念は同一性の強力な形態であり、種々雑多な、実際に存在する対象（対象はみなそれぞれ別個に存在しているため、定義上それぞれに異なるものである）を同一の用語や思考のもとに包括する。それゆえ、概念の優位とは、普遍的存在が誕生する瞬間、すなわち前概念的思考を特徴づけると思われる純粋な名辞の原初の流れから抽象概念が無理やりもぎ取られる歴史的瞬間が、概念に含まれるということを意味する。しかしながら、前概念的思考を知覚科学ないし質的科学（野生の思考）と考えたレヴィ＝ストロースの分析や、アドルノによる啓蒙の動力学（これはアドルノにとっては始源が存在しない過程である）の解釈を並べてみると、（西洋哲学における）概念の優位とは結局のところ、機能的に見れば、入念な魔術的名辞の制作と大した違いはないのである。なぜなら、自然に対する支配を確保し、自然状態の「異常発生する、耳障りな混乱」を編制して多くの抽象的な解釈の格子《グリッド》に仕立て上げるという意味では、両方とも「啓蒙」の形式であるからだ。

ところで、概念は――概念である限りは――それが事物と、つまりその対象と照応するという確信を主張し、これを強化しようとする。概念と対象の関係のとらえ方は、概念は対象の内なる真実を表象するという考えから、概念が対象とどこか「似ている」という感覚的なものまで、多様な認識論的な空想世界を駆けめぐる。「あいつにノアに浮かんでるブイを見せに連れて行って……どう思うか聞いてみたとしたら、ウォルター君よ、やつはきっと、てめえのおじさんのボタンほどにもブイなんかにゃ似ても似つかねえ蘊蓄をお見舞いしてくるだろうよ」と語るディケンズの小説の登場人物のように、対象とまったくかけ離れた概念を生みだす哲学者の能力を讃えようなどというひとは本当に稀なのだ。この意味において過激な非同一性論者の立場からの認識論を唱えていたアルチュセールが、「砂糖という概念を口にしても甘い味がするわけではない」と執拗に警告していたことは事実であるが、この警告の治療効果が長続きするはずもないし、思うに、甘さという特性を概念化しようとすると、だれしも最終的には、甘さをその思考の一部としておのれの内に組み込めるような心こそが勝利を収めると、みずからを納得させることになるのである。
概念と事物との照応がうまくいかないのは、知的能力の問題ではないし、時代遅れの哲学的イデオロギーや認識論に固執しているからでもない。むしろ、失敗することが概念それ自体に刻み込まれているのだ。なぜなら、主観と客観を再統合し、その統合を再演するのは概念であるという感情を、概念の動力学が護持し恒常化しようとするからである。依然としてイデオロギーと虚偽意識の言語を用いてはいるが、アドルノはときに、概念と事物との同一性というこのような原初の幻想がイデオロギーそれ自体の強力な形態であると示唆することもあるし、イデオロギーに関するまさに定義そのものを次のように語ってもいる。

イデオロギーは必ずしもあからさまに観念論的哲学の形態を取るわけではない。イデオロギーは、最初ないし始源的（内容はともあれ）と認められるもののまさにその下部構造［Substruktion］の内部で、つまり、概念と事物との暗黙の同一性の内部で秘密の作業を行うのであり、同一性は、意識が存在に依存しているということがただちに説かれるときでさえも、世界をあるがままの姿で正当化するのだ。（ND 50/40）

この「最初ないし始源的」に関しては、アドルノが哲学的表出（Darstellung）ないし著述形式をどうとらえているのかという問題を考察する際に、あらためて論じよう。少々ねじを回転させて直前の引用を補足するならば、概念と事物を同一化するということは、われわれが概念を事物と信じてしまう、つまり、あたかも概念が現実世界に実際に存在する物であるかのように、われわれがさまざまな概念の間で生活してしまうという結果をも暗黙のうちに（明示的な場合もしばしばあるが）生じさせるのである。この時点で宣言されなければならないのが「物象化」という言葉であることは明らかである。ここで、同一性というアドルノのライトモチーフが、（マルクス以降）今や伝統的とも言える物象化批判装置を彼なりに変形したものと見なしうる点は明白であると同時に、アドルノが概して俗流ないし図式的マルクス主義を、また具体的には物象化の理論を否定する場合が珍しくないことを考慮に入れるならば、矛盾しているようにも思える。しかしながら、このような一節は二つの異なる種の不安、いわば、形式に関わる不安と内容に関わる不安を含んでいるようである。アドルノの唯物論は、具体的には対象や事物の間に生の場を確保しようとするものであるが、物象化のスローガンを非難に用いることにある種の道徳かぶれした精神主義を感じ取っている——あたかもおのれからありとあらゆる物質的装具を剥ぎ取るのが望ましいかのように！　とりわけ、近代芸術における物象化の衝動は欠くべからざるものとして認められ、肯定的に評価されることになる。しかし、それは、ヘーゲルは疎外と客観化を混同したというマルクスの批判を転倒したというよりも、それをさらに複雑化したものとなっている。なぜなら、アドルノの視点はこの問題を歴史化し、(商品生産の増強された効果として) 物象化それ自体を、疎外とは無縁の今日的な客観化の内側に含めさえするからである。

しかし、形式的に言えば、「物象化」という言葉が提示する問題はこれとは異なる類のものであり、後でより詳しく考察するように、いかに局所的に有効であるにしても、単発的なモチーフ、ないし説明の不必要な「主題化」を中心に展開する。ならば、この問題はそれ自体で本質的にイデオロギー的ないし人類学的な「理論」となるのであり、理論と化してしまえば、そもそも自律的なメッセージを伝えるという働きにより、形式はその内容と対立してしまう。ようするに、アドルノが (往々にして) 批判的なのは、物象化の概念それ自体が物象化されてしまうことがきわめて頻繁である、あるいは、少なくとも容易に物象化されうるという点にあるように思われる。ならば、彼に特徴的なことではあるが、アドルノは物象化理論が真理と化すまさにその瞬間に「物象化」を批判しているのである。

しかしながら、同一性に関して言うならば、これが機能的に支配や抑圧の観点から特徴づけられる限り、代替的ないし相補的記述は否定のかたちで、つまり同一性が排除するものの方向に出現する。それゆえ (いまだに同一性を中心に編制されている) 古典的弁証法でさえ、「経験の質的多様性を犠牲にするという高い代償をまちがいなく支払わねばならない」(ND 18/6) のである。ヘーゲル自身もいまだに、「非概念的なもの、個別的なもの、特殊なもの、そして、プラトン以来、はかなくて純粋に哲学の主題とするに足らない［unerheblich］と片づけられ、ヘーゲル自身も〈怠惰な存在〉というラベルを貼ったもの」(ND 20/8) に対する無関心のゆえに、昔ながらの同一性論者の哲学的伝統にどっぷり浸かっているのだ。ここには、概念性におけるある種の禁欲主義の響き、つまり、拒絶自体へのルサンチマンを伴う拒絶の響きがたしかに聞き取れるし、これはアドルノの態度 (同一性の抑圧的機能に対するものに限らず) とも首尾一貫している。別のところでアドルノは、「言葉の身体というものを罪深いものと見なす」(ND 66/56) 伝統的哲学者たちが修辞法を忌み嫌うのを揶揄している。

だが、このような欲望と抑圧の言語の響きが示すように、この瞬間――われわれが「非同一性」という特徴づけを通じて同一性の本質に迫る瞬間――が、今やわれわれになじみのポスト構造主義の主題群の多くときわめて近接する、アドルノの思考の領域をきわめて明白なかたちで開示してくれるのである。ドゥルーズ的な流れをすでに引き合いに出しておいたのは、ひとつの戦略であった。ここで「異類混交性」という言葉が、アドルノをポストモダニズムやポスト・マルクス主義と再結合しがちなイデオロギー的道具一式を背後に隠しながら、しゃしゃりでてくるのは避けがたいが、われわれは本書の序論でこの連想に反対する議論を行っておいた。アドルノの他者性や非同一的なものといった発想に関するかなり異なる視点が、のちに『美の理論』の議論の中に出現するであろうし、そこでは、自然と自然美についての主題が、これまた予期せぬかたちでアドルノをかなり伝統的な種類の美学哲学者に連れ戻すことになるのだが、この姿でもアドルノは、ポスト構造主義的な部類の美学哲学者に劣らず、弁証法やマルクス主義とも折り合いが悪いのである。理性と概念が質的なものを（知覚的なものや身体的なものさえをも）漸進的に排除する仕方を強調するアドルノを、今ここで論じるのもいいかもしれないが、一般による特殊の抑圧や普遍による個別の抑圧を考えるのであれば、アドルノの反同一性（anti-identity）の理論とははっきりと区別されなければならない、あの反「全体主義的」かつ反「ユートピア的」な立場へと断固として立ち返らざるをえない（アドルノの反同一性の理論が、近代芸術における唯名論的傾向を認知・前景化しながらも、これに対する歴史的批判をも含んでいることは、のちに『美の理論』を論じる部分で明らかになるであろう）。

しかしながら、『否定弁証法』の冒頭近くに現われる何気ない一節を読めば、これまで取り上げてきたすべての主題が、真っ先にもうひとつの伝統、すなわちマルクス主義の伝統の内部でとらえられるべきものであることが明らかになる。それは、「同一性のもとに包摂しえないもの」――言うなれば、差異と異類混交性という概念のもとに、これまでさまざまなかたちで呼びだされてきたあらゆるもの、つまり、他者性、質的なもの、徹底的に新しいもの、肉体的なもの――を「マルクスの用語では使用価値と呼ばれるもの」（ND 22/11、強調筆者）と同定する一節である。これは、アドルノの同一性と非同一性という発想を規定する根本的な哲学的議論――『資本論』の第一巻、第一部、第一篇――のみならず、「同一性」それ自体の究極的な正体を探るための決定的な手がかりとなるものであるが、交換と商品という経済的領域で（少なくとも一時的に）落ち着く以前には、「同一性」が心的同一性という形態、あるいは論理と認識論という形態を取ることはすでに観察した通りである。この議論は、弱い論法としては、こうした過程の間に（経済的抽象作用は心的抽象作用と似たかたちで構造化されているが、心的抽象作用はと言えば、哲学的抽象作用ないしは統一性と似たかたちで構造化されているのである、といった言い方で）相同関係を想定するのみであるが、強い論法としては、同型の思考を生産するよりも、商品に同型と捺印したり、同型の商品を生産する方がより複雑な機能的活動であるという意味において、「経済的」なものの優位性を主張するのである。

マルクスのこの古典的な章は、実質的には、（われわれが当然のことと考えて問題にしようともしない）同一性の神秘についての考察である。つまり、いかなるものであれ、ある特定の対象の消費（ないし「使用」）のされ方は一期一会のものであり、われわれの生活においても独特かつ比類なき時間の中で生起する出来事を構成しているというのに、われわれがこれらを「同じもの」と考えることができるのはなぜかとマルクスは考えていたのだ。ここでの〈同じであること〉はこの特定の対象が属すカテゴリーという概念である（それぞれに異なりながらも、ステーキであり、車であり、リンネルであり、本である）ばかりでなく、そしてとりわけ、それらの価値の等価性、つまりわれわれが歴史的に構築してきた（車一台はステーキ何ポンド分であるといった）比較可能性の問題なのである。だが、経験や消費――換言するならば、使用価値――という点からすれば、これらは比較不可能なままであるし、ある特定のステーキを食べる経験と郊外をドライブする経験を秤に掛けるなどということを思弁が行えるはずもない。ならば、交換価値、つまり本来は比較不可能な二つのものの間に何らかの抽象的な第三項（この章でマルクスが語る歴史的弁証法を通じて究極的には貨幣という形態を取る、ひとつの抽象概念）が出現したということが、同一性が人類の歴史に現われるための原初的形態を構成するのである。

「交換関係」［Tauschverhältnis］はアドルノの著作のいたるところで響くもうひとつの偉大なライトモチーフであり、われわれがここまでたどってきた、「同一性」と呼ばれる、より哲学的な主題と厳密に「同一」である。同一の概念に内在する支配への意志を哲学的かつ人類学的に喚起することは、今や、同一性それ自体のあらゆる顕現にひそかに内在する（商品生産、貨幣、労働力といった）経済システムの制約という、より生き生きとした意味に道を譲ることになる。他方、概念のこのような基礎構造は、概念の効果（先に見たように、「イデオロギー」と呼ばれることもある）を払拭することが、より優れた思考を思案することによっても、新しいかたちの哲学的思考やより適切な（あるいは、さらにユートピア的な）概念によっても、不可能な理由をも明らかにする。歴史は思考する主観をすでに思考しているのであり、そもそもその思考を可能にする形式の中に刻みこまれているのだ。

「主観以前に社会が存在する」（ND 132/126）。いわく、思考のカテゴリーは集合的かつ社会的である。いわく、同一性とはひとつの選択肢ではなく否応のない運命である。いわく、理性とそのカテゴリーは文明や資本主義の誕生と一体であり、後者が変化しない限り、前者が変わることはほとんどない。とはいえ、ハーバーマスの結論、すなわち、アドルノのすさまじいまでの理性批判（理性［Vernunft］というよりは悟性［Verstand］批判）は、非合理主義という絵画の片隅にみずからを描き込んでしまったのであり、今やなじみ深いものになったポスト構造主義的な断頭（l' acéphale）、つまり、かつては合理的であった存在の耐えがたい超インテリ頭を叩き切る以外にすべがなくなってしまっているという結論は誤りである。ハーバーマスがそう考えた理由はたんに、非弁証法的な「西洋的」理性の限界と失敗——実に破壊的な結果——が広く知られている状況のもとで、異なる種の解決法を与えてくれるような、何か新しい、純粋に弁証法的な思考の可能性ないし現実を承認しえなかったからにすぎない。

二　弁証法と外在的なもの

それゆえすべては、そのような根本的に異なる、既存のものに取って代わる思考法ないし思索法が、われわれ自身に実践可能かは言うまでもなく、それが想像可能かどうかにかかっている。これまで弁証法的思考は、反省性（reflexivity）、自意識、「第二の力への思考」、「思考自体がその過程を意識するように、思考が注目する範囲を拡大する［ために］」[2]、通常の思考「過程」を遠ざけることと記述されることが多かった。たしかに、これはこれで弁証法的思考を言い表わしているかもしれないが、こうした表現が有効なのは、あくまでも自意識という言葉を使った修辞法が新鮮である限りにおいてである。したがって、「意識」それ自体がひとつの概念ないしひとつのカテゴリーとして疑問視されるときには、自意識という言葉を使った修辞法もまた意味をなさないということになる。反省性（という表現がよろしければ）とは、ポストモダンの時代にはあまり権威をもたないモダニスト的思考の装備のひとつにすぎないのだ。

『否定弁証法』では、（少なくともアドルノに関する限り、ヘーゲル的観念論を一掃した）弁証法的過程の特徴が異なる仕方で表現されている。今や（以下の比喩は私自身のものであるが）、概念の裏側、外側、向こう側を思考することがわれわれに要請されているのだが、これらは、月の場合と同じように、決して直接に見たり経験したりすることはできない。だが、旧来の仕方で概念の内部に留まり、これを使用したり思考したりするときでも、用心を怠らず、われわれの概念に対する感覚の中にこの側面を含めなければならない。「無意識」という考えがときに顔を出そうとしても、これが何らかの究極的な哲学的解答であるなどとは思わずに、このような考えは一種の速記体、つまり、数多い比喩のひとつと見なすべきであるし、これらの比喩は、少なくともラカンとレヴィ゠ストロースのフロイト理解では、いつも構造的にわれわれから逃れ、永遠に手の届かないものであり続ける根源的な他者性という次元を、思考する心に与えようとしているのである。天文学者のように（これはレヴィ゠ストロースの喩えである）[3]宇宙の彼方に何らかの巨大な不可視の天体や重力源を想像することはできても、これらは――何ものにも媒介されない意識的思考を非難し治療学的に無効にするためにその仮説が利用できるにしても――決してわれわれの経験の一部とはなりえないのである。

しかし、無意識をこのようにとらえると、われわれのアドルノ解釈にも誤解が生じることになる。フランクフルト学派によるフロイトの用い方が斬新なのは、フロイトのカテゴリーを、決して中心的な編制作用をもつ何らかの概念としてではなく、（交換の過程と資本主義の動力学の指標ならびに結果としての抑圧と傷ついた主観という）一種の補足的社会心理学として利用したところにある[4]。

どのようにすれば思考を「おのれに抗して思考する」ものと想像しうるのかをたしかめるためには、前章の出発点まで戻らなければならないが、そこでの目的とは、アドルノにおける二つの根本概念、つまり、同一性と全体性に関する固定観念的な（ポスト・マルクス主義的な）解釈を書き直そうというものであった。同一性について言うならば、これが実は交換関係（これもアドルノが頻繁に用いる用語である）に関するマルクス的概念を表わすアドルノの言葉であることを、われわれは確認した。だから、アドルノの功績は、マルクス主義ないし弁証法的な伝統に根ざした思想家のだれよりも、豊かな細部にわたって、交換価値という教説の共鳴や含意について積極的に一般化し、哲学というより高尚な領域へと押し上げたことにあるのだ。全体性についていは今や、アドルノはたんにこの四面楚歌の観念の敵対者かつ批判者ではないということ、そして、全体性とはまさに、先に提起された――概念を用いいつつこれに抗して思考するという――問題に対する解決策として出現するのだということを述べておきたい。概念を保持しつつ脱物象化も行うなどということを一挙に可能にするような根本的操作には、（もうひとつの速記体を用いるならば）概念を全体性ないし体系《システム》へと再挿入する過程が不可欠である（ほどなく検討することになるが、この体系という言葉が哲学的体系と社会経済的体系との間を示すずれは重要であり、決定的でさえある）。全体性について言うならば、それは、その特徴に関する以下のような予備的説明（クローチェに対する反論）が示唆するように、概念の「呪縛」からわれわれを解放するための、戦略的な役割を担うものなのである。

意識がその組成上、統一へと突き動かされていく限り、つまり、意識が自己と同一でないものを全体性への要求にかなうか否かという基準によって判断する限り、差異があると見なされたものは多様で、不協和的で、否定的なものとして現われることになる。弁証法が矛盾として意識に提示するのは、まさにこれなのだ。(ND 17/5-6)

だが、この一節が暗示しているのは、全体性に向かう衝動(ルカーチが全体性志向［Totalitätsintention］と呼ぶもの)にはどこか怪しいところがあるかもしれないということ、つまり、安心して支配ができるみずからの領域にすべてを引き込もうと、観念論と概念の帝国主義が、手ぐすねを引いて待ちかまえているということである。たしかに、アドルノにも、また「全体性」という観念の中心性と緊急性を執拗に主張するがために「全体主義的」というラベルを貼られた他の思想家たちにも、こうした胡散臭さがいく分かは感じられる。だが、全体性というカテゴリーは必要不可欠であると哲学的に強調すれば、全体性を賞讃することになってしまうとか、あるいは、より強力な反ユートピア的議論においては、全体性を哲学の領域の外に存在する現実や指示物として暗黙のうちに恒常化することになってしまうと結論するのは誤解である。その場合、いかなる批判も諷刺も見せしめのための糾弾も不可能になってしまう。なぜなら、そうしたやり方は、烙印を押すために取り上げている対象を再確認することになるからである。

こうした誤解の中に見える一瞬の真実は、全体性という観念を、より純粋に哲学的に調整して、哲学体系という観念ないし体系的思考の理想という観念に目を向けると、より明瞭になる。『否定弁証法』が表面上は、哲学体系(ヘーゲルのものさえをも含む)の観念と実践に対する拒絶であることはまちがいない。すでに述べたように、『否定弁証法』は、ポストモダンとしか言えない哲学が賞讃する類の、まさに暫定的、断片的、自己消費的な概念運用の著述形態をその外縁において公認するような、ひとつの思考実践を薦めているように見える。[5]

しかしながら、今やこれらすべてのものと逆のこと、すなわち、こうしたポストモダンの哲学的で自由な戯れがいかに望ましいにしても、今はこれを実践できないこと、つまり、哲学的美学としていかに認識可能で想像可能となったにせよ(だが、こうした理想形態が生じたり、この形式が想像可能になったりする歴史的前提条件を問うことは重要である)、反体系的な著述は所詮「体系」の内側に留まる運命にあることが強調されなければならない。さて、この逆説を検討するためには、まず、いわゆるポスト・マルクス主義と呼ばれるものと結びつけられる反ユートピア的な議論に戻るべきかもしれない。なぜなら、哲学的体系を拒絶し、根本的に非体系的な弁証法を提唱し、体系そのものへの反対論を展開する際に、アドルノは「体系」の概念を維持しているばかりか、批判の標的かつ対象として、彼自身の反体系的思考の中心に据えてさえいるからである。アドルノが体系それ自体の優先性を恒常化していると断言されるる——そして、されなければならない——のは、この意味においてなのである。ようするに、アドルノのもっとも強力な哲学的で美学的な介入のすべては（ときにはヴェーバー的な、またときにはフーコー的な調子で）、われわれが体系に囚われているということを執念深く知らしめ続けることにある。このような事態を忘却したり抑圧したりすることでわれわれは、同一性の幻想を想起させるような仕方で、よりいっそう体系に拘束されてしまうのであるが、このとき体系はもちろんある意味では同一性と実質的に同義と言える。

だが、同一性は閉塞した体系のようなもの、忘却されるか抑圧された全体性のようなものであるが、そのためにこそ、なおいっそう効果的に体系の仕事を遂行するのである。だからこそ、体系や全体性を意識的に再導入することが同一性の閉塞を打ち破る鍵となる。そうしたところで、われわれが同一性の幻想や蜃気楼から解放されないのは、たんなる思考にはそのような力が備わっていないからである。だが、体系や全体性を意識的に再導入すれば、幻想や蜃気楼は突如として可視となり、現代生活の首根っこをつかみ身じろぎさえ許さない偉大な魔法の「呪縛」［der Bann］を一瞬垣間見られる。（本質的にロマンスのものであるこの比喩は、現代の思考では逆説的な原動力をもつ。というのも、啓蒙や世界の非神聖化——ヴェーバーの「呪縛からの解放」——こそが、まったく新しい物神化——マルクスが十八世紀の人類学から借用した用語であることは明白である——の領域の特徴を示すからである[6]）。

先に喚起したように、体系こそが概念の外面であり、永遠に理解不能な外在である。それでもなお、なぜそうなのかを知るためには、同一性という概念における指示作用のさまざまなレベルに関して説明を行う場合と同じ精神で、体系・全体性という双子の観念の内なる変形ないし弁証法的多義性を、実験的に記録する必要がある。そうすることで、理想的な哲学的体系と見えるものが、次の瞬間には、理性や普遍性に対する要求——つまり、抽象作用そのものに対する要求——にすぎないことが暴露されるのである。概念の内部で抽象作用がもつ体系化の働きを記録するには、形式と内容の弁証法を考えるのが便利かもしれない。概念形式を見れば、きわめて孤立し自立した「概念」の内部にさえ、横溢した体系の存在が察知されうるが、その局所的内容がいかなるものであろうと、形式は抽象的かつ普遍的であり続ける。しかし、このようにすれば、われわれが提起した、概念のもうひとつの「面」ないし「外側」という比喩が明らかになる。なぜなら、ある概念の形式と内容を同時に、あるいは同様に思考することなど不可能だからである。ある思考形式に注目した瞬間、ある種のゲシュタルト的知覚によって、思考内容――すなわち、思考がもつ公式の意味ないし指示作用――を疑うことになり、換言すれば、思考内容を括弧に入れることになると思われるが、その結果、思考内容は必然的なものではない、選択の余地のある事例のレベルへと落ち、思考内容の本来的な「信念」は蒸発するか、もしくは虚構と化してしまうのである。

しかしながら、通常の流儀で概念を思考することは、形式の知覚が些末な邪魔ものとなり気を散らす障害物となるような仕方で概念を「信じ」、その内容に仕えることを意味する。それゆえ、創案される必要がある――また、私見では、アドルノの弁証法が提唱している――のは、新種の立体的思考法である。このような思考法においては、概念は哲学的に思考され額面どおりに現金化され続けるものの、心のどこか別のところでは、その概念の形式が速記体によって記録および登録されるとともに、このような過程の前提となる財政・銀行制度が何らかのかたちで計算に入れられているような、ひどく異なる類の知的風土、すなわち、より無骨で社会学的な一連の用語とカテゴリーが統治権を有しているのである。

それというのも、同一性を論じたときに見たように、抽象作用そのものが――もちろん、論理における、また普遍というかたちでの、もっとも洗練された哲学的等価物をも含むものだが――もうひとつのレベルでは等価と交換の論理、言うなれば、資本の論理と一致することが明るみに出されるためである。交換関係、つまり、同一性を原初的なかたちで了解する抽象的な価値形態は、規則的な出来事としても、偶発的な事象ないし孤立的、選択的、不規則的な行為としても存在しえない。交換関係は交換体系そのものと一致するのであり、その結果、「体系」という哲学的用語はこの時点で、本質的に社会的ないし社会経済的な全体性の概念（アドルノがしばしば官僚的ないし「管理」社会［die verwaltete Welt］という社会学的な、またヴェーバー的でさえある用語法を用いて、しかしより頻繁に、また迂言法的表現を排して単純に「後期資本主義」として喚起するもの）へと転調することになる。体系的なものの本質をこのように徹底的に暴露すると、「体系」を放棄するだけでそのままに放置するわけにはいかない理由、さらには、「全体性」が今日の理性と抽象思考の基礎構造の次元を表わす――あたかもその別称ないし姓でもあるかのように――必要不可欠な名称であり続けている理由が、明らかになるのである。

普遍と特殊の間の弁証法的媒介作用を考えれば、特殊的なものを擁護して、普遍がただのシャボン玉であるかのように論じるという立論は許されない。そのようなことを認めれば、理論は、現状のような普遍の堕落した優位を登録することは不可能であるし、個々人をその本来のあるべき姿［すなわち、Besonderheit、言うなれば、まさに特異性、特殊性、個別性］に戻すことさえできれば、普遍からその悪しき特殊性を剥ぎ取れるような事態が生じるだろうという理念を提示することもできないであろう。他方、超越論的な主観、つまり社会を欠いた主観、善きにつけ悪しきにつけ社会が統合する個々人を欠いた主観といった発想も認めることができない。(ND 199-200/199-200)

しかし、ここでのアドルノの言語は少し誤解を招く。というのは、この一節で彼が操作する哲学的な諸概念（普遍性や特殊性など）は、あたかもそれらの概念を「総合的判断」の中でひとまとめにして思考することが可能であるかのごとく、互いに同じレベルに存在するように思わせるからであり、その際には、主部と述部からなる哲学的かつ論理学的な序列を転倒させることが、いかなるものであれつねに望ましいように思わせてしまうからである。しかし、アドルノのヘーゲル批判の眼目は、ヘーゲルが普遍と特殊という二極の関係を普遍性の視点から思考したということに他ならない。「弁証法が展開する普遍と特殊との相違とは、結局、普遍それ自体が語る相違なのである」(ND 18/6)。こうした歪曲は、普遍化を行う哲学的言語というまさにその形式がもたらす効果なのであり、哲学的言語は、普遍以外のものをどうにか明示しようと躍起になりながら、抽象的な用語法や、論理的対立ないし二元論といったまさにその形式を――そのような言語やそのような論理的形態の操作に対する抗議を伝えるために――使い続けるのである。この二つの概念をどのように用いようとも、「特殊」を口にすることは「普遍」を強化することになってしまうのである。(7) 私がこの時点でこうした効果を強調するのは、先に論じた哲学的でありかつ普遍化をもたらす体系的形式が、内容を側方から歪曲するという例を示すためだけでなく、アドルノの警告がその趣旨とは反対に、彼が実践する二重基準の過激さを弱めてしまう傾向にあるからなのであり、ここにその説明を加えていこうと思う。

つまり、哲学的思考ないし著述（アドルノは、これらが実際には同じであるというポスト構造主義的な立場にすでに近づいている）における純粋性、つまり純粋なものないし「本来的なもの」は、望ましくないばかりか不可能であるということである。これは個々の概念にも、そしてさらには——アドルノをこの分野では唯美主義の権化であると考える人々にとっては逆説的なことであるが——芸術作品にも当てはまることである。概念が語りえないものを、その概念の不完全性を逆手に取ることで、どうにかして概念の内部に書き込まねばならないのである（モナド的な芸術が、装飾的な浮薄さに陥るという苦痛を被りながらも、その外部や指示対象をなんとか「包摂し」なければならないように）。さもなければ、同一性の圧倒的な力がいかなる抑制も受けずに君臨することになってしまう。一般に弁証法的思考が、また具体的に言えばアドルノの著作が肌に合わない人々の方が、共感を示す人々よりも、こうした「不純性」の動きに敏感であった。弁証法の支持者たちが長ったらしく、頭でっかちで、精妙すぎる「弁証法的」議論を展開し、その結果、要約的なかたちの俗流マルクス主義的解釈に、つまり、あらゆるものを解決する後期資本主義による「解説」に陥ったのは避けがたいことなのである。

後期資本主義、「管理社会」、市場独占の時代における心的主観の断片化などの「解釈されるべきもの」は、その時代に先行し、その時代によって一種の終止符を打たれた偉大な哲学の時代に存在していた驚異的な知性が対象としていたものとは決して同種ではないと言ってもまちがいではない。だが、ここでの二重基準は、弁証法にとって恰好の獲物である問題と、触れてはいけない真理との間に、境界を設けることを意味するのではない（なぜなら、この二つは、他の操作を行うのに必要な根本的視点、あるいはアルキメデスの点を構成しているからである）。むしろ、この二重基準は、思考自体が本来的には支配できないはずの思考の外側を、同じ思考の内部で示すことを意味しているのである。

後期資本主義、体系、交換、全体性などについて軽く触れて直示的に要約しながら指摘してきたが、これは（グロスマンやポロックの後期資本主義理論[8]、あるいはヴェーバーの官僚主義理論といった）他の思考系列ないし概念系列への言及を意図したものではないし、これらは、一貫性および妥当性、またイデオロギー的役割を基準として、独自に批判されうるものである。上記の指摘はむしろ——体系それ自体が合理化というかたちを取るにせよ、支配と搾取という社会経済的メカニズムとしての全体性であるにせよ——思考の外側へと向かう身ぶりを示しているのである。思考の外側とは個々の思想家や個々の思想による表象を逃れるものなのである。ならば、こうした不純で非本質的な指示の機能とは、解釈するというよりはむしろ、解釈それ自体を阻止する点にあり、思考そのものが、思考を逃れ、かつ思考を永続させている体系による不可避な結果であるということを思い出させる契機を、思考内部に包摂することにある。そしてこの状況は、思考を浸している要素へ対応する場合にも、すなわち、その説明対象と同じぐらい思考の主観的過程にさえ浸透し、これを決定づけている要素を把握し、これと果敢に対峙しようと対応する場合にも、変わらないのである。

それゆえ、気づいてみると、われわれは真剣に内容と取り組むためには、形式も考慮に入れないわけにはいかないことになる。というのも、アドルノの後期資本主義の「諸理論」は、彼の著述や表出（Darstellung）における「全体性効果」とわれわれが呼んでもよいものと不可分だからである。この効果は、ドゥルーズの偉大な（ライプニッツ的な）映画的近代に関する理論を思い起こせばわかりやすいだろう。[9] たとえば、イメージないしショットの現在性——その背後に存在する世界的全体性から見れば、現在はひとつの様相にすぎないが、世界的全体性はそのような様相を通してみずからを表現するしかない——と、ショットが次から次へと続く（そしてショットの彼方に存在する全体性に対する修正をも伝達する）連続的な動きとの間の絶え間のない円環として、その「効果」をとらえればよい。だから、アドルノの文章はまさに、そのような個々の「ショット」が、ひとつの大きな形式的な動き（ほどなく見ることになるが、星座配列やモデル）、すなわち、規模の大小を問わないにしても、そこを通じて不在の全体性によって絶え間なく送りこまれる領域へと編集されたものなのである。（事実ドゥルーズは、アインシュタインを引き合いに出しながら、このモダニスト的で「全体化」に向かう体系が取るひとつの形態の特徴がまさに弁証法であると記述している。）

それゆえ、このような形式の思考や著述に対してなされうる哲学的反論は本質的に、言語のレベルにおいて「解釈学的循環」という観念を生み出した問題と何ら変わらない。つまり、もしわれわれが個々の文を、あるいは、局所的に上演される、より大きな議論や知識構造を通過しなければならないのであれば、そうした文の特殊な意味の他の側面を開示するはずの全体性という発想は、そもそもどこから生じるのだろうか。特殊を通過しなければならない運命にあるとすれば、われわれはそもそもいかにして普遍ないし全体的体系といった発想を獲得できるのであろうか。現に手にしているのだから、どこかで普遍の概念を獲得したことは明白であるというような見え透いた答えは、ポストモダンの状況では相手にされない。そこでは、特殊がその意味のよりどころとする超越的な普遍や全体性がまったく存在しない場合でも、特殊をひとつひとつ読むことは可能であるように見えるし、いまだ生き残っているかもしれない普遍が、実際には新しい情報内容を何ら含まない固定観念にすぎないのではないかという、深い疑念を拭い去ることができないのである。

問題自体を解決策にしてしまえば、（決して満足できるものではないが）もう少しまともな答えが見つかるかもしれない。つまり、普遍と特殊との間に存在するこの矛盾こそがアドルノが近代世界に対して下した診断なのであり、その意味において、この矛盾は解消などできず、ただ、それ独自でひとつの症状として主題化し前景化するしかないということである。アドルノのポスト・ヘーゲル的な哲学的言語を借りて言うならば、和解［Versöhnung］——哲学的、実存的、社会的、美学的のいずれに理解されるにせよ——こそが、まさに普遍と特殊との間の緊張と矛盾の解消ととらえられなければならない。したがって、客観が大きな社会秩序を指し、主観が個別や特殊を指すという場合は別だが、和解には主観と客観との和解も含まれるとする一般的な理解はまちがっているのである。ならば、こうした視点に立てば、解釈そのもの——不在の普遍に照らして特殊を読むこと——が弁証法的に変形され、「止揚」されることになる。その結果、特殊を普遍に照らして読むのではなく、むしろ、そもそも特殊と普遍との矛盾に照らして読むという新しい解釈様式が生まれる。今や解釈は、テクストを裏返し、それを解釈それ自体がかかえる問題が示すひとつの症状にしてしまうことを意味するのである。

しかし、こうした哲学的解決策——解決策になっているとして——は、ごく普通の解釈行為および操作につきまとう局所的な不快感を取り除く役にはほとんど立たないし、読者がときにアドルノ自身の解釈に対して感じてきた不安に、きちんと取り組んでもくれない。アドルノ自身がこの問題を強く意識していたことは、より具体的に文学的ないし美学的な文脈での解釈に関する以下の引用からも窺える。

哲学的にきわめて信頼できるものをも含め、あらゆる種類の芸術解釈に関して致命的［das Fatale］なのは、衝撃的で目新しいことを表現する際、〈概念〉によって表現せざるをえない限りは、すでになじみのものによって表現するほかはないという点である。そのため、芸術解釈は、説明が必要なものに限って言葉巧みにごまかすのである。芸術作品が解釈を激しく希求すればするほど、あらゆる解釈は同じ激しさで、みずからの意志さえ反して、順応主義を露呈してしまうことになる。[10]（NL 101）

その結果、「順応主義」——この場合、既存の観念ないし固定観念への順応主義だが——が解釈に姿を変えて回帰し、作品中で——純然たる同化不能な特殊性や独自性として——順応主義に抵抗しようとするものの牙を抜き飼い慣らそうとするのだ。アドルノを敵視するある批評家が、アドルノ自身の「方法」をかなり不気味に戯画化しつつ、プルーストに関するアドルノの主要論文の「収穫物」を（『文学ノート』の全集版での該当ページへの言及をも含めて）列挙しているのはまさにこの精神においてなのである。

全体とは真ならざるものである（二〇三頁）、既定の不調和の閉鎖系としてのブルジョア社会（二〇六頁）、自我の非同一性（二〇六頁以下）、疎外における経験の崩壊、表面的なものにすぎない美の継続的存在（二〇七頁以下）、機能に支配された全体性における愛の不可能性（二〇九頁以下）、などなどである。[11]

文章を締めくくっている格好のこの「などなど」には、『否定弁証法』の最終章でのプルーストに対する卓越した注意喚起が考慮に入っていない。つまり、完全に新しいかたちの啓発的な「解釈」をまちがいなく作りだしているプルーストへの言及が欠落しているのである（たしかに、当該の論文ではアドルノの批評能力にいく分かげりがあることを認めないではないが、ここに含意されているアドルノの方法論そのものに対する批判に賛成する気にはなれない）。

アドルノの方法は、もっとも凝縮された瞬間に、解釈学的循環に対する一種のゲシュタルト修正として機能する。特殊が普遍に対して示す論理関係はいずれにせよ、種が類のもとへ包摂されるという伝統的なアリストテレス的関係ではまったくない。それでもなお、読者が習慣的に判断を規範的な大前提と小前提とに分類することをやめないのであれば、アドルノが企画したこととは、われわれの並行的知覚という曖昧な領域を知覚的に弄ぶことによって、これらの前提を意図的に逆転することであったと言えるだろう。特殊、つまり解釈されるべきテクストないし現象に体系的に注目すれば——この場合解釈されるものは開けた視野のもとへと召喚された、特殊の前提をなす全体性であるが——述べられてきたことが、思いがけず、そもそも全体性の口実であった特殊ではなく全体性そのものへと向かい、これを修正することになる。他方、あれこれの孤立した歴史的な特殊をたんなる見本や事例としてもちだしてくる全体性――たとえば、独占資本主義というように――を主題化することは、あくまでも推測にすぎない例を人目を引くかたちに修正したり、衝撃や新奇さによって解釈するためのごまかしであったことがわかる。アドルノ自身、形式としてのエッセイがもつ、文化的事象と関わる選択的親和力との関連で、こうした過程――いかなるものについて語るにせよ、「直線的」な議論に与するものでないことは明らかである――を記述している。

［エッセイは］それ自体が、第二の自然、第二の直接性に染み込むように、文化的事象に浸透していくが、それは、そうした事象を「還元」するためではなく、エッセイの執拗な内在性によってその幻想を表出させるためである。エッセイは、「起源の諸哲学」のように、文化と文化の根底にあるものの差異について惑わされることはない。それよりも、エッセイにとって、文化は存在の上にある根絶すべき何らかの付帯現象ではなく、むしろエッセイの批判の対象、つまり形成されるもの［thesei］であり、根底にあるそれ自身、つまり偽りの社会なのである。だからこそ、エッセイにとって起源は上部構造と同様に、なんら意味をもつものではない。エッセイに対象を選択する自由があるのは、つまり主題ないし理論がもつあらゆる優先性に対してその主権を行使できるのは、エッセイにとってはある意味であらゆる対象が中心から等距離にあるという事実、すなわち、あらゆるものがエッセイに魅せられているという原則のおかげなのである。（NL 28）

ならば、修辞的には、次のように言えるかもしれない。アドルノ的解釈術も、アドルノが経験という特殊に再付与しようとしている外在および不在の体系という次元もともに、特殊と普遍の間で絶え間なく位置を移動できるかどうか、普遍と推定されるものを不意打ちで特殊に変換できるかどうか、本物の羊の皮を被ろうがお婆さんに化けようが、特殊と言われてきたものの変装を剥ぎ、実は普遍なのだと示せるかどうかにかかっているのだ、と。こうした位置の自由な動きは、実のところ文それ自体の統語構造にたどることができるのだが、この件に関しては、主語の位置にある名詞を予告もなしに目的語に変えることが非常に好まれているという特徴をすでに指摘しておいた。

三　社会学と哲学的概念

　ここでついでに、アドルノの中で機能していることを観察した弁証法的立体知覚ないし「二重基準」と混同されてはならない、少なくとも二種類の思考法を特定しておくのが有益かもしれない。今や、自意識と反省性の修辞法に関してわれわれが感じるとまどいに立ち返って、「徹底的な同一性批判が客観の優位性を明らかにする」（ND 184/183）仕方を、より明示的に特定する（アドルノの美学を考察するときにもそうするつもりである）ことが急務になりつつあるのだと言ってもいい。

　これまで論じてきたような、思考の外部といった種類の意識が、現象学的なかたちの、強化された、より隙のない反省によって可能になるなどと考えるならば、これは大きなまちがいということになるであろう（アドルノが根源的なフッサール批判で哲学界にデビューしたことを思いだす必要がある）。心の主観的過程がわれわれをふたたび観念論に封じ込めようとするのを防ぐ唯一の方法は、そうした過程が予期せぬかたちでみずからの客観的本性を現わす発作の瞬間を見逃さないことである。この客観的本性は、論理学者たちがつねに形式と統語論に関して提示しようとしてきたものなのだが、いかんせん（ヘーゲルの『論理学』においてさえ）彼らは、一歩進んで、そうした客観的な「精神構造」[12]の派生や、より大きな客観性（ないし現実）の領域との関係を特定しようとはしなかったのである。もちろんアドルノは、この領域を自然的なものではなく社会的なものと考えていた（ただし、ダーウィンに対するマルクスの関係――自然史の一部としての人類史――を手本としてアドルノもまた自然史に関して興味深い発想を展開しているのだが、この点に関しては後で論じようと思う）。

　新たな弁証法的客観性を達成する困難さが、主客の間で非対称的であることは明白である。なぜなら、媒介という概念に含まれる不平等性のために、客観の中での主観は、主観の中での客観とまったく同等ではない。客観は主観によってのみ思考されうるが、この主観に対してはつねに他者としてその存在を維持する。他方、主観はそれ自身の性質からいって、初めから客観でもある。客観を観念として主観から除外して考えることは決してできないが、主観を客観から除外して考えることはできる。(ND 184/183)

ここで注釈が必要だとすれば、引用の最後に言及される非対称性は、アドルノが一貫して客観の優位性を讃えたことと、実証主義的(ないし経験主義的)に主観の地位を切りつめたこととは、まったく無関係であることを思い出させてくれるということである。

アドルノが客観性をスローガンとして掲げるのは、自己抑制、自己嫌悪ないしルサンチマンの精神で主観的な次元を辱めようとする、かなり異なる種類の反主観性の兆候でもない。それどころか、アドルノが客観性を称揚するのは、主観そのものを解放するための新たな空間を創造しようとしたためであり、その一方で、客観性の実現それ自体も、この主観の解放がうまくいくかどうかにかかっているのである。

頻繁に口にされる言い方で、現在の歴史的段階では人々の判断はあまりにも主観的すぎると言われる場合ですら、主観はたいてい「全員の合意」を自動的に復唱しているにすぎない。主観がこのできの悪い模倣物に満足せず、客観の真価を認めるときがもしくるとしたら、それは主観がそうした客観性の平均値を拒み、主観としてのおのれを解放するときであろう。今日、客観性というものは、主観の飽くなき抑圧にではなく、主観の解放が行われるかどうかにかかっている。現在のところ、個々の主観の内部では客観化されたものが優勢を占め、その抑圧的な力は個々の主観が主観となることを妨げているが、それはまた客観的なものの認識をも妨げている。これが、「主観的要因」と呼ばれてきたもののなれの果てなのである。今日では、むしろ主観性の方が媒介されて客観性となり果てているが、こういう媒介こそ、従来の媒介よりももっと緊急に分析する必要があるのである。超越論的主観も含め、あらゆる種類の主観がそこに括りつけられている客観においては、みずからの媒介機構に対して主観的な媒介機構が、それを伸長させるべく働きかけてくるのだ。(ND 172-3/170-1)

だが、ここまで概略を描いてきたのは、まさに、こうした主観性の内部に隠された客観化の形式の分析がアドルノの中に出現したということである。つまり、概念という形式そのものの内部における同一性の隠蔽と、抽象作用ないし普遍化に向かう思考の本質そのものによる外的体系の恒常化の分析である。アドルノがこれをみずからの弁証法的実践のもっとも独創的な特徴だと考えたのも当然であろう。ただし、アドルノの特徴は抽象的思考の社会的側面を暴くことであるなどという言い方をすれば、社会的なものの物象化されたあらゆる発想の内部および社会学そのものの内部で作用する、説明対象と複雑な事情との弁証法を無視することになってしまう。ヴェーバーを論じて、アドルノはこう述べている。

> 事実、物それ自体［Grund der Sache］をあつかうのにもっともふさわしい領域は哲学的概念性であるが、それは社会研究が少なくとも、その領域内部でその対象を基礎づけているさまざまな依存関係のみをあつかい、それが全体性によって決定されているという面を無視したときに、その研究が少なくとも虚偽になってしまう場合の話である。すべてを包含する［哲学的］概念がなければ、こうした内的な相互依存によって、社会に対する依存というもっとも現実的な依存は隠蔽されてしまうし、みずからの「下」に概念をもつ個々の物のもとで社会を適切に整理することもできなくなってしまう。しかしながら、社会は特殊なものを通してのみ現われるため、［哲学的固有の］概念を特定の知識に即して変換することが可能になるのである。（ND 166-7/164-5）

私が危惧するのは、この難解な文章を読んだ方々が、結局アドルノは社会学者の一団に対して、哲学者を招いて、究極の理論的枠組みを提供してもらえと言いたいのではないかと考えてしまうことである。これでは話が逆である。われわれはこれまで、いかなる「哲学的概念」も十分ではないこと、あらゆる「哲学的概念」はそれが排除するもの、ないし語りえないものに基づいて分析されなければならないことを示そうとしてきたのだ。アドルノが社会学者たちを非難するのは概して、社会学者たちが社会の研究にまじめに取り組みもせず、むしろ、より大きな、あるいはより抽象的な――社会そのもの、自由、官僚主義、支配といった――諸概念を思考の終着点や解釈の究極の枠組みであると勝手に決め込むからである。これもまた話が逆である。こうした諸概念こそが弁証法的な分析をもっとも緊急に必要としているのであり、そして、社会的なものを思考しようとするわれわれに社会的なものが課す究極の鎖が（外せないにせよ）明らかになるのは、そうした概念がもつ形式上の似非《えせ》普遍性および「科学的」抽象を通じてなのである。

ここで、社会学者としてのアドルノの役割と業績をもう少し詳しく論じるべきであろう。しかし、思い起こされるのが、『権威主義的パーソナリティー』という題名の、アドルノが戦後のドイツに帰ろうとしていたやさきに合衆国で出版された、反ユダヤ主義について書かれたあの有名な一冊だけだとすれば、社会学者としてのアドルノの役割と業績は容易に誤解されてしまうであろう。実際、私のこうした書き方自体が誤解を生じさせ、アドルノは、それが「偏見」について語るべき内容ゆえに「権威主義」に関心があったのであり、その逆ではない、と仮定することになってしまうのである。『啓蒙の弁証法』で公式に反ユダヤ主義をあつかった章においてさえ、この権威主義という現象（『偏見の研究』プロジェクトに対する資金提供に何の動機もないなどということが想像しえないのとまったく同じように、それがアドルノとホルクハイマーにとって利害関係のないたんなる好奇心の問題ではないことはまちがいない）は、リベラリズムに関して言うなら、「後期資本主義」と切り離して検討することが可能な、たんなる特異性格に関わる経験的問題などではなく、むしろその機能の内部にあるのだ。また、心的症状としての意義について言うなら、権威主義は「後期資本主義」の基本構造すなわち社会的全体性と一致するのである。そして、この基本構造こそが研究の主たる対象であり続けるとともに、局所的分析が意味をもちうるための、唯一の弁証法的枠組みであり続けるのである。

ならば、犠牲者たちが表象するように思われる古風な収奪様式、および自然との関係を利用した暴力的な催眠作用とともに、産業化と合理化のもとでの精神の退行を露呈させる反ユダヤ主義は、文化的羨望のひとつの形式ととらえられるが、この羨望は（後で別の文脈で論じようと思うが）近代化へと向かう時代における主観と社会的全体性との関係を、とりわけ特権的な仕方で明らかにするのである。だから、アドルノの社会学的視点の特徴は、特殊と一般を交差させ、両者を対立する緊張状態におくことにあるのだが、この緊張関係は、経験的なものがさらに別のたんなる研究プロジェクトへと堕してしまうその瞬間に失われるのである。

しかしながら、異なる視点、つまり「特殊」ではなく「一般」の視点から見てみると、アドルノの社会学的な主題は碑文にも似た簡潔性に傾斜しており、この傾向は、

「社会」という簡素な題がついた根本的な論文[13]のような短いエッセイ群を、さらに小さくなった小人のように、きわめて濃密な言語的対象物へと変換してしまうのである。このことを理解するには、主観と客観の間に存在する根本的な非対称性と、この非対称性によって、「社会」、つまり普遍であり体系そのものであるものが、現実的であると同じほどに「架空」のもの、非経験的なものになっている事実を考えてみればよい。社会的全体性とは、「どうやっても、直接に把握することはできないし、徹底的に実証することもできないものである」[14]。実践面で考えると、これが意味するのは、アドルノの社会学的な理論化はつねにメタ批評的であり続けるということである。というのは、それが必然的に不完全なものでしかない概念使用を、その概念が解決しつつあるように見える素材から分離し、さらには、社会学者たちが作りだした概念が、彼らが収集していると考えるデータと同じくらい、歴史的にも、社会的にも意味深いものと見なすからである。だが、これは正確には社会学者たちの社会学の問題ではない。たとえ、社会学という学問分野の出現と機能という問題が、とりわけ社会学が観念化の力による現状の再生産に陥り、無批判かつ弁解がましいものと化した瞬間に、アドルノの心にあったにしても。問題はむしろ、そもそも社会学の概念があつかう対象自体が矛盾をはらんでおり、対象に忠実であろうとすれば、社会的な矛盾をある程度は思考に取り込むことになるため、知的にもっとも活発なときでさえ、社会学の諸概念はひび割れ、裂け目だらけだということなのである。

だからこそ、まさにこうした主観と客観の緊張──「想像上」の社会秩序にとらえられた現実の「個人」という状況や、実存的事実を抹消する同一性の普遍的体系によって生産される実存的事実そのもの、また、その孤独、没価値的状況《アノミー》および不合理な衝動がなぜか徹底的に社会的で集合的であるような精神──が、ヴェーバーとデュルケームという同時に正でもあり誤でもあり、真でもあり偽でもある対照的な双子の姿を借りて、新興社会学的な学問領域の歴史それ自体の中で、みずからを再生産ないし具体化することになるのである。ヴェーバーの「理解」の諸形式──手段と目的の割合についての精巧な類型学──には、デュルケームが強調した社会的「事実」の疎外的客観性が対応するが、その理由は、「社会が、内側から知られるものでもあり、また知られないものでもある」[15]からに他ならない。また、これは非対称的であるが、合理化によって覆い隠されるその瞬間に主観性を把握するヴェーバーには、デュルケームの（現代では不可視となってしまった）集合的なものの優先に対する固執に加え、社会的現象の心理学的説明はいかなる場合でも誤りであるとの偉大な宣言が対応する。しかし、真理がこの二人の間のどこかにあるとも言えないだろう。これは、主観と客観の緊張が、何らかの概念統合によっても、「第三の方法」を捻りだすことによっても解消しえないのと同じであるが、その理由は、真理が社会的客観性そのものに対応するからである。こうして、アドルノの社会学は、矛盾の概念の生産を含むのでなければ、矛盾を理解ないし直覚すること自体が矛盾ではないのかという、厄介な問題を提示することになる。

このすべては再生産され、社会学と心理学（ないし精神分析）との関係において、より現代的なかたちで表現されることになるが、「知的分業を研究対象にまで広げたいという誘惑に屈する」[16]ことが社会学と心理学には許されないように、この両者を「統合」することもできないのである。公と私、すなわち社会的なものと心理的なものとの反目は、「統一されていないことに統一性があるような社会」[17]がもつ認識論的矛盾を、ドラマ仕立てに具体化したものなのだ（これしかないというわけでもないし、このかたちしかないというわけでさえないが）。社会学上の使命を果すには、援用可能な他の知的活動よりも、こうした偽推理《パラロジズム》を読者に突きつける方がよいとアドルノが感じることもあったのは明らかである。つまり、読者自身の足で、そうした偽推理の中でさまざまな媒介を構築しながら、弁証法的に歩かせるということである。媒介が存在することはジレンマや矛盾によって実質上既定のことであるが、こうしたジレンマや矛盾が、表面上は心理的なものを何の前ぶれもなく社会的所与へと転向する一方、社会的「諸事実」は、絶え間なく解体し、イデオロギー素へと還るのである。

このような次第で、ヴェーバーは「自己保存の合理性」という直感によって、この難問に対処するが[18]、この合理性とは、実存的なものを社会秩序に接続しながら、つねにこの両者を互いに敬遠状態にしておくのである。事実、アドルノの定式化を見れば、『啓蒙の弁証法』の構築には、この著作のフロイト・マルクス・ニーチェ流の装備から推測される以上に、ヴェーバーとの関連が深いことがわかる。ところで、心理学は衝動の起源（「社会に負わされた数々の傷跡」[19]、「支配的合理性を補完する、分離された非合理性の領野」[20]）においてのみならず、衝動を表現したり充足したりする社会的な可能性において「社会学的」なものになるが、

> この可能性は、今日、完全に利害関係のひとつの機能になり果ててしまった……。保証された利益をすべてきちんと生みだす計算高い合理性を備えたひとでさえ、その利益によっては真の幸福をつかむことができず、

他の客と同じように、生産を支配する者たちにふたたび屈服し、差しだされるものをありがたく頂戴しなければならないのだ[21]。

しかし、こうした「媒介」でさえ、根本的な矛盾を再現しただけであり、せいぜい二つの視点を手直しするぐらいしかできず、この矛盾を解決する方法などないと言えるかもしれない。

社会学と心理学との分離は正でもあり誤でもある。誤だというのは、この二つを分離してしまうと、専門家たちがこうした分離にさえ要求される全体性を知ろうとしなくなるのを奨励してしまうためである。また、正だというのは、分離した方が理論のレベルでこの二つを拙速に統一しようとするよりも、現実に起こった分裂を妥協せずに記録できるからである。社会学（マックス・ヴェーバーも含めて）には、つねに社会的プロセスを主観化しようという傾向があるにもかかわらず、厳密な意味での社会学とは社会的プロセスの客観的契機を決して見失わないものである。だが、主観と主観の自然発生的な衝動をかたくなに無視すればするほど、社会学は物象化された、疑似科学的蒸留残滓のみを相手にすることになってしまう。社会学が科学的理念と科学的方法を模倣しようとする傾向はここから生じているのだが、これらによって、本質的に社会的な現象を解明することは永遠に不可能なのだ。厳密な客観性を誇りつつ、科学的な理念や方法は、科学的手順の最終製品、つまり諸分野や要因を備えた、すでに媒介されている最終製品があたかも現実の無媒介の対象であるかのごとく、これらに甘んじなければならない。結果として生じるのは、社会なき社会学、すなわち人々が疎外された存在となる状況のレプリカということになる[22]。

ここで、アドルノの社会学は本質的に哲学者の社会学——言うなれば、社会学の伝統に対する、いく分異なる概念的ないし学問的レベルからの批判——なのだという反論が考えられる。実際、アドルノがこうした主張をしていることはすでに見てきたことだし、『美の理論』の末尾でも、同様に芸術批評に対する哲学の優位が唱えられることになるだろう。しかし、確信をもって言うが、ここで取り上げた議論の力こそが、結局はこの種の非難に暗に含まれる、社会学的実践と理論との区別、あるいは生産とたんなる批評との区別、つまり社会学的なフィールドワークを行うことと根本的なカテゴリーや概念を机上で再考することとの区別を突き崩すのである。というのも、ここでの前提は、社会を概念化することは、社会が客観的に存在することに対して現実的かつ実質的に重要な意味をもつというような、明示的なものばかりでなく、とりわけ、この命題の裏返し――社会と社会的体系という概念の抑圧は、この概念の支配を恒常化させるのに重大な役割を果すということ――でもあるからである。「理論が大衆をとらえるとき、理論の存在だけでなくその不在までもが物質的な力と化す[23]」という警告の意味は、それが発せられた六〇年代よりも今日において時宜を得たものであるのだ。

　こうして、戦後の改革途上のドイツ社会学の内部でアドルノが行った論戦に典型的に示されるように、社会学批判はそれ独自で実践《プラクシス》の一形態となる。これまでも見てきたように、また、社会学的矛盾の構造そのものからしても、この論戦が同時に二つの前線をもった戦いとなることは必然であった。そこで目的となっていたのは、相矛盾する諸カテゴリーを、それらがあたかも分類上の概念であるかのように、無反省に、また操作的にのみ使用することを批判することであり、さらには、ともすれば形而上学的で純理論的になりがちな伝統の内部で、ある種の経験的研究を奨励することであった。しかしながら、形而上学と経験主義はしょせんひとつのイデオロギー硬貨の弁証法的な表と裏であるという指摘（もっとも有名なのはアルチュセールによるもの）がたびたびなされ、その結果、いわゆる実証主義論争[24]、すなわちアドルノが自分の社会学的使命のあり方であると考えた、実証主義に対する容赦ない攻撃は、批判の二つの対象をともに回復させるというかたちで終結したのである。アドルノが遂行しようとした任務が今日の知的状況においてもつ妥当性については、本書の最後でもう一度論じるつもりである。

　しかしながら、「主観批判」と一体でもある「客観批判」は、こうした「主観批判」と同じくらいの実践上の妥当性をもっているし、また同じくらい意外な現実性をもつ市場に対する糾弾のかたちで定式化することができる。

> 最初の客観的抽象化は、科学的思考においてではなく、交換体系そのものの普遍的発達において起こる。この客観的抽象化は、生産者および消費者の質的な態度とも、生産様式とも、欲求とさえ無関係に生じるものであるが、欲求についていえば、これは社会的メカニズムがある種の二次的副産物として満たす傾向にあるものなのである。最初に現われるのは利益である。消費者という巨大なネットワークへと仕立て上げられた人

> 類、実際に欲求をもつ人間は、素朴に想像しうるいかなるものよりも社会的に予備形成されている。しかも、この状況は産業の発達段階のみならず、経験的に観察することははるかに困難であるとはいえ、人間が関わる経済的関係そのものによってもたらされているのである。あらゆる社会的分化の形式を超越して、市場システムに暗黙に含まれる抽象化は、普遍による特殊の支配、社会による捕囚の支配を表象するのである。[25]

こうして、この引用は、同一性と抽象化に関するアドルノの哲学的診断における交換の優位を再確認するものとなるが、同一性と抽象化は、今や以下のような主題群として要約できる。

　抽象化は何よりも集合的なものであり、個別的なものではない。つまり客観性は社会によって生産されるがゆえに、社会を前提とする、集合的な言語形式ないし概念形式というかたちで主観の内部に存在しているのである。このことは分業と、とりわけ抽象思考そのものの前提条件となる肉体労働と知的労働の原初的な分離とおおいに関係がある。しかし、これが生産諸力の発達という古典的なマルクス主義の概念ともおおいに関連するということも、のちに――とりわけ、『美の理論』での驚くべき定式化のいくつかをあつかう際に――明らかになる。生産諸力もまた、社会的かつ歴史的現象として「概念」の中に書き込まれており、概念にその力を与えるため、この意味での資本主義は機械装置《マシナリー》による究極的抽象化の成果ということになる。最後になるが、こうした社会的言語は概念と概念形式の生成に関わる歴史自体の存在に置き換わるべきものではない。なお、この場合の歴史とは見たところ自立し、何ものにも帰しえない新造語法の内部に隠され、包み込まれている哲学の歴史であるだけでなく、哲学的抽象化作用が本質的に作動する原材料――言語――と軌を一にする歴史を指している。[26]この歴史はそうした原材料が、原型をとどめないほど変形されて〈観念〉へと姿を変えるその瞬間にその存在を刻み続けるのだ。

> それが実質的な務めを果す場合にはいつも、哲学は歴史的に存在するものに加え、非概念的なものをその対象として処理してきたのである。これは何もシェリングやヘーゲルに始まることではなく、すでにプラトンにおいて心ならずも（à contrecœur）そうであったのだ。プラトンは、一方で存在するものを存在しないものと命名しつつ、永遠の〈観念《イデア》〉が等価交換や分業といった経験的諸規定と、血族のように似通い親

密な関係にあるような国家論を書いたのである。(ND 141/137)

四　文化批判の効用と誤用

しかしながら、このように、社会的なもの、集合的なもの、交換、分業、歴史の動力学――すなわち、抽象思考における「客観の優位」――を強調するのであれば、そのような強調が意味するもうひとつの側面にも注意を払い、用心する必要がある。また、アドルノの複雑な立場を正当に評価しようというのであれば、アドルノの方法論と、それとの共通点が少なくはないようにも思われる方法論上の代案、つまり知識社会学とを明確に区別しなければならない。なぜなら、アドルノ本人がみずからの弁証法と知識社会学との区別を断固として要求し、知識社会学をこれまた公然と非難しているからである。そもそも、知識社会学の中心的指導者たち――マンハイム、ヴェブレン、そしてシュペングラー――はアドルノの仕事の中でも社会学、とりわけ観念と文化の社会学を鋭く論じた著書、『プリズメン』において槍玉に挙げられているのである。

アドルノが「知識社会学」の外在的な分類体系そのものを忌まわしいものと考えたのはたしかだが、これはむしろ別のあることの兆候であった。マンハイムは次のように料理されている。「知識社会学は、ホームレスの知識人たちの収容所となり、そこで知識人たちはわれを忘れるように教化されるのだ[27]。」すでにこの光景には、カッチャーリとタフリがとくにフランクフルト学派から学んだ「イデオロギーの終焉」、すなわち技術専門主義《テクノクラシー》が円滑な計画と「開発」のための地ならしをする際に示す関心、つまり「啓蒙」型の批判と信仰の「脱神秘化」、また、実践的イデオロギーに示す関心が垣間みられる[28]。掘り起こしてみたところ偶然に見つかり、地ならしのために技術専門主義が取り除こうとする障害物とは、過去の遺物――受け継がれてきた有機的形式、迷信、集合的習慣、特定の文化史や社会精神学の抵抗――すなわち、啓蒙が普遍化と同一化という使命を全うして〈理性〉にいたる際に障害となる根深い信念である。これらの信念はポストモダニズムにおいて主観と客観が完全に代替可能になることを妨害するものであるが、この観点からすれば、ポストモダニズムとは、近代を通じて長い闘争を繰り広げてきた、残存物と生存者、遅延と残留物に対する官僚的技術専門主義の勝利として立ち現われる。

しかしながら、このように述べてみると、知識社会学と「文化の社会学」の間の深い関係が見えてくる。「文化の社会学」は知識社会学と相同であり、何をおいても、両者がかかえるかなり深刻なアポリアは「文化の社会学」において、より劇的に開示されるのである。というのも、アドルノの「文化の社会学」批判は、文化の社会学がもっとも強力なものとなる際に、その知覚の機動力を与えるものを批判することに始まるからである。この機動力を与えるものとは、まさに文化そのものに対する嫌悪、あらゆる形式の美学的「補足」に対するルサンチマン、あるいは、みずからの自律と正当な機能を主張する文化がぼろをだす契機を見逃すまいと必死に目を凝らす疑いの眼差しである。そして、「文化」という物象化された言葉それ自体を使うときが、まさにその最初の契機となるのであるが、この「文化」という言葉は、「生活」や「現実」とみずからの間に距離があることを長々と立証しなくてすむように、あらかじめその対象を分離し平凡化するのである（この弁証法は、マルクーゼが「文化の肯定的な性格について」という優れた論文における哲学的なレベルでの分析によって示している）。こうして、彼らなりの仕方においてではあるが、シュペングラーとハクスリーばかりでなく、とりわけヴェブレンが反文化的・反美学的衝動に駆られることになる。この衝動は（みずからを他と切り離すことによって）その研究対象を形成するのだが、研究対象の自律がまさに粗悪で不能であるため、結局は自分で自分の首を絞めることになる[29]。だが、偉大な「文化批判」がもつこのような力は、個人の特異性の結果ではなく、歴史的な特殊性を有している。

美的価値観に関しては、消費はただの見せびらかしにすぎないというヴェブレンの結論は、アドルフ・ロースがほぼ同時期に定式化した機能主義［新即物主義］に関する結論にきわめて近いものである。また、実用的なものに関しては、ヴェブレンの結論は技術専門主義の結論に近い[30]。

「装飾」と「装飾的なもの」を、犯罪そのもの、または「倒錯」と呼ぶことで、強く否定したロースの激しい姿勢は、空疎で「芸術的」な「美」の規範《カノン》を追放する盛期モダニスト的な戦略であると同時に、ル・コルビュジエの衛生学的な精神を迎える準備でもあった。だが、こうした装飾性に対する批判を禁欲主義という理由のみで断罪するのは、心理学的診断の名のもとで、分析の中のもっとも興味深い部分を私物化することでもある。最初に注目すべきなのは、アドルノがヴェブレンと同時期に、プラグマティズムの中にこうした態度の哲学的延長を記録していることである。こうして、ヴェブレンの（今日では「理論」そのものと烙印を押される場合もある）「超越的」な諸観念や抽象物に対する嫌悪は、装飾に対する反発――つまり純粋な内在に補足を加えるものや哲学的な贅沢ないし道楽の一形式であるものに対する反発――に同化される（ここでは、抽象的ないし「大陸的」な哲学および体系が、もう一方のレベルで装飾的「文化」の役割を演じることになる）。

さて、このような（文化批判、プラグマティズム、機能主義といったものの間の）同時代的な同一性や血族的類似性を見れば、それらの中でわれわれが哲学的に異なる選択肢をただ選ぶだけでは抑制できない歴史的衝動に遭遇するのは明らかである。われわれがこの反美学的衝動を単純に「論破」できないのは、そうした衝動がまさに芸術作品の内部とモダニズムの作品の中心で作用しているからである。そして、これは次の章で論じようと思うが、モダニズムに見られる芸術の罪というモチーフ（たとえば、トーマス・マンの『ファウスト博士』）や、芸術の「嘘」に対する唯名論的不寛容、また、時代遅れの美的仮象（Schein）に対する自己満足などは、近代を理解するためには欠くことのできないものである。それゆえ、文化批判を単純に拒否し、美学の仮面をかぶって脳天気に文化を讃え続けることはできないのだ。われわれは、文化批判をどうにかして通り抜け、反対側に突き抜けなければならない。（アドルノがここで提示する「解決策」が、まさに、これまでわれわれが哲学的レベルでとらえようとしてきた「不純な」思考様式のパラダイムとなる。）

事実、文化がかかえるジレンマは――アドルノが『ミニマ・モラリア』の「角を矯めて（風呂の湯と赤ん坊）」という題のきわめて優れた「断章」において示しているように（MM 48-9/43-5）――しばしばマルクス主義の伝統における根本的作業原理のひとつと言われる、下部構造と上部構造の区別にきわめて重要な影響を与える。ときには、そうした区別などなくしてしまえといった過激な意見も飛びだすが、この問題に対する強い懸念や遠慮は、事実上エンゲルス本人から始まって今日にいたるまで、マルクス主義の伝統の中で繰り返し現われてきたことだ。したがって、上部構造と下部構造の区別の教義に対するレイモンド・ウィリアムズのあの包括的で有力な批判も、今日提示されるさまざまな提案——かつてペリー・アンダーソンがマルクス主義の伝統的で主要な主題に関して使った表現を借りれば、「丁重な埋葬」をすべきという提案——のひとつにすぎないということになる。ポスト・マルクス主義者たちは、まずマルクス家の埋葬許可を得なければならないなどとは考えもしなかったのだ。しかし、ある問題を黙殺することと、ウィリアムズがグラムシ的なヘゲモニーの概念を提案したように、より満足できる代案を考えることとはまったく違う。たとえば、ある新しい観念がふさわしい代案ということになり、それまで使われていた観念の諸機能をきちんと満たすような場合は、それまで古い概念に向けられていたすべての反論が新しい観念を目がけて大挙して押しかけてくるということになるし、これとは逆に、その観念がなかなか付け入る隙を見せないような場合には、実はその観念が代案などではなく、まったく新しいものだったということが、しだいに見えてくる場合もある。(イデオロギーという棚ざらしになった古びた概念の代わりに、言説、実践、あるいは、エピステーメーといったさまざまな新しい用語や観念を代案として提案しようとする場合にもこれと同じことが起こるのである。)私としては、下部構造・上部構造という考え方を完全に自律した理論としてとらえるのではなく、ある問題の名称ぐらいに考えれば、その問題の解決策はつねに一回限りでその場しのぎのものになるわけで、状況はまったく違ったものになると考えている。

しかし、われわれは下部構造・上部構造という用語の形態から、この形態に包含されると思われている効力、あるいは、因果法則とを区別すること——これはこの問題の第一段階にすぎないのだが——から始めなければならない。たとえば、ドイツ語の Überbau(上部構造)と Basis(下部構造)という言葉を聞くと、家とその土台をイメージするひとが多いが、もともとこれらの言葉は鉄道用語で、鉄道車両と線路を意味するものであったようだ。とすると、われわれがイデオロギーとその影響に対していだくイメージも、突然に違ったものになってくる。一方、エンゲルスの「相互作用」という概念は、当時の実証主義科学の教科書のような響きをもっているし、グラムシの「ヘゲモニー」という戦闘的・戦略的な発想は、かつての第二インターナショナル的な住居とその土台というおだやかな景色からはるか遠く離れたところにあるように思える。『パサージュ論』の中でベンヤミンは、上部構造とは下部構造を表現するものと考えていいだろうと言っているが、これは一種の言語学的モデル(構造主義以前のものではあるが)ということになる。また、サルトルの（彼が多次元的な階級的・精神分析的意味において用いた）「状況《シチュアシオン》」という語は、「自由な」選択行為が上部構造的な反応や解決をもたらす下部構造を意味すると考えても、彼の思想をねじ曲げることにはなるまい。だが、もしも、状況の限定力をことさら強調し、この内部において自由がみずからを案出する創造的側面を過小評価するならば、このサルトルの用語は違った意味をもつことになる。つまり、イデオロギーの主唱者と階級内分割の関係について、マルクスが『ルイ・ボナパルトのブリュメール十八日』で記したことに近いものになるのだ。ちなみに、ルカーチが『歴史と階級意識』において練り上げたイデオロギー的認識論の体系は、この『ブリュメール十八日』に負うところが大きい。

ところで、われわれがこれまで本質的に注目してきたのは、アドルノが、普遍と特殊が同時に存在するという立体鏡的な発想によって、上部・下部両構造の対立を独特な仕方でとらえているということであった。アドルノの考え方が独特なのは、普遍（概念、体系、全体性、交換体系そのもの）を直接は知りえない下部構造として、また特殊を、意識や文化の行為ないし出来事ととらえるところにある。このため、行為や出来事は、われわれが個として経験する唯一の現実のように見えながら、その普遍との等価性が力の場のように、これを支配することになるのである。

だが、これまで見てきた形態（他の形態もまちがいなく同じだろうと思うが）の中に、必然的な因果法則や決定法則の作用を決定的に示すものはない。マルクス主義のかかえる問題が際立っているのは、まさにこの問題、つまり「文化」（あるいは意識、または「存在」）とその社会・経済的文脈である「下部」とをどう関係づけるかという問題が、もっとも差し迫った根本的な最重要課題になっている点にある。ひとたび問題が実際に問題であると承認されると、いろいろと局所的な解決策がでてくる。もっとも合法的な解決法――すなわち、イデオロギー的な行動様式と堕落した集合的な信仰を、もっとも通俗的で、脱神秘化したかたちで登録すること――から、ある特定の状況（文化が先行し文化自体がつかの間の「決定因」となる状況も含めて）における文化的なものの神秘的な自律といった局所的な仮説まで、実にさまざまである。もしも、この上部・下部構造の関係という問題は、もはやわれわれの興味を引くものでもなければ重要でもないと最初から決めてかかるのであれば、それはまさしく、アドルノが言うところの風呂の湯といっしょに赤ん坊を流してしまうことに他ならない。

ヴェブレン分析の核心において、アドルノがこの比喩をまったく逆の意味でも使っていることはまちがいない。つまり、文化を「上部構造」と見なした時点ですでに赤ん坊を流してしまっているというのだ。なぜなら、そうした考え方は、文化をつねに機能的偽りのようなものととらえ、「人類にふさわしい社会というありもしない幻想」を生みだすからである。さらに、こうした見方に立てば、そうした一切の幻想を捨て、「そこに参加している人々の利益となるように、無情にそして公然と形成された物質的起源へと、そうした諸関係を還元するよう要求する」のが望ましいということになる。こうして、幻想の破棄という（まったく的を射ているはずの）行為によって、新しい幻想が生みだされることになる。つまり、「偽りに対するあらゆる忠告がそうであるように、そうした考えは、それ自体がイデオロギーになるという胡散臭さをもつのである」。そして、マルクス主義的唯物論は、みずからがつけた弾みによって、反美学的な反文化主義に向かい、奇妙にもそこでファシスト的な敵のルサンチマンに出会うことになる。

> 偽りである精神に対するものとして物質的な要素を強調すれば、内在批評の対象であるはずの政治的経済との間に、ある種の怪しい関係を結ぶことになる。その関係は、警察と地下組織が共謀するのに等しい。（MM 49/44）

想像に難くないと思うが、「否定弁証法」は、まさにこうした典型的な状況と自家撞着のジレンマのために考案されたのであった。

> もしも、物質的現実が交換価値の世界と呼ばれ、そのような世界の支配を拒否する文化があるとすると、その場合、現実の体制が存在する以上、そうした拒否は幻想であると言える……［しかし］商品世界の偽りという事実に直面したときには、それを否定する偽りさえも矯正策になるのである。これまでの文化がずっと失敗だったからといって、さらに失敗を重ねてよいということにはならないのだ。（MM 49/44）

ならば、ここで得られる方法論的結論――「文化批判」だけでなく他のすべてのレベルにおける思考に当てはまる結論――とは、われわれは文化を永続化しながら、つねに同時に（観念としてだけではなく現象として）文化を弾劾しなければならないということ、そして、永久に弾劾しながら永続化しなければならないということである。哲学が「生き長らえているのは、われわれが哲学を実現する契機を逸したからなのだ」（ND 15/3）と書かれた有名な一節は、文化についても当てはまる。すなわち、これに関しては後で論じるが、（文化を生みだすのと同じように）哲学的に思考するという不可能な観念を維持し続けるならば、たとえそれが今日において必然的に失敗するということを仮借なく示すことになろうとも、そこにはユートピア的な力が宿るということである。（同じように、私は、たんに忘れ去ることによってではなく、他のもっと適切なやり方で克服しなければならない亀裂の存在を忘れないためにも、上部構造という呪われた項を維持する必要があると考えている。）なぜなら、哲学と同様に、文化もまた知的労働と肉体労働を分離したという原罪を背負っているからである。

しかしながら、文化批判が、文化はみずからを売りものにし、末期にはその精神の純粋な自律を侵害すると鋭く非難できるのは、文化が知的労働と肉体労働を徹底的に分離することによって生まれるものだからである。文化がその活力を得るのは、まさに原罪とも言えるこの分離からなのだ。たんにこの分離を否定し調和の取れた統一を装うとき、文化はみずからの概念に後れを取ることになる[31]。

アドルノが、このように文化理論へと脱線したのは、これまでの「概念」分析においてわれわれが強調してきた哲学的思考における矛盾と同じ矛盾が、文化においてもそのジレンマの中に存在しているということを強調するためであった。「概念」を額面通りに、概念とはまったく異なったある〈現実〉を把握するための自律した装置ととらえることはできないし、知識社会学や通俗的なイデオロギー批判の方法によって、われわれの社会の中の概念に内在する偽りや幻想の仮面を剝がすこともできない。いまだ明らかになっていないのは、それ自体がその形式において「偽り」である概念によって思考するということが、具体的な状況で何を意味するのかということである。また、知識社会学と社会学的な文化批判がとらわれている固有の矛盾は、（後で考察することになるが）批判それ自体の他律という、より深い哲学的観念——すなわち、ある部分、つまり精神を、その一部分である全体から引き離すことがそもそも可能かどうかという逆説——に基づいて考えるべきことであろう。

五　ベンヤミンと星座配列

かつてヴァルター・ベンヤミンは、現在の文脈においてわれわれにとってきわめて重要なものとなるであろう発言の中で、「思考を一歩進めるごとに、あらためて表出（Darstellung）の問題に直面するというのが、哲学的著述に固有の特性である[32]」と述べている。この問題――すなわち、哲学的な提示（presentation）や表象（representation）の問題、テクストの時間において哲学的概念性を展開する際にどのような形式を用いるかという問題、また、その形式の伝統的ジャンルの問題（ベンヤミンは、スピノザの疑似ユークリッド的「証明」、十九世紀の偉大な体系、神秘的な教義を伝える難解なエッセイ、そして、スコラ哲学的論文を挙げている）――は、あまたの真実と偽りをかかえる哲学的概念を（マルクスが表出に間接的に言及したときの言葉を借りれば）「動きださせる」契機および鍵として、アドルノにおいて舞い戻ってくるのである。

表出の問題は「全体性」の地位に関する何らかの最終的な洞察を提供してくれるだろう。「全体性」については二つのことをすでに述べた。ひとつは、ある意味では「全体性」の奴隷とも言える概念が、「全体性」の非真理と支配形式を再生産するということ。もうひとつは、「全体性」それ自体は、とりわけわれわれが現在用いている意味においては、思考することも表象することもなぜか不可能であることである。だが、対象が何であれ、孤立した思考（ここで、また一貫して大仰にも「概念」という名で呼ばれてきたもの）は――他の点ではいかに正確で適切なものであっても――まさにその（同一性および交換という）形式の内部に、見えないかたちで非真理をかかえ込むことになる。つまり、思考について語ることは思考内容について語ることを意味し、両者の調整は、形式が実質上その定義によって姿を現わさないような、ニュートン的世界の内部に留まるのである。それゆえ、あらゆる個別的概念がかかえる形式上の非真理は、それぞれのつながりや相互関係を明らかにする過程によって可視的なものにできるのではないか、と考えてみたくもなる。だが、そうすることによって出現するであろう体系――ヘーゲルの「客観的精神」のようなもの、すなわち、人類史のいかなる瞬間にも人々に信じられ語られる、あらゆる誤り、妄想、情熱的な確信が合体した偉大で究極的なクモの巣――もまた（客観的全体性の残像として、これに正当性を与えることを拒絶するところから始めるとすれば）表象に類する何か、せいぜいのところ、現代のエピステーメーをあつかう構造社会学的研究の対象程度のもの、ということになってしまうのではないだろうか。

　いずれの構想――われわれの諸概念の体系、もしくは、これらの概念が対応しようとする事物の体系――も主観性と客観性の間のおなじみの反定立《アンチテーゼ》は言うまでもなく、体系それ自体の蜃気楼を致命的に再導入してしまう。だが、今やわれわれは少なくとも、この反定立について、これを回避することも、直接的形式において正面から取り組むこともできず、せいぜい暫定的に謀略によって陥れるしかないことを知っているのである（アドルノの弁証法はこれについての手引書および取扱説明書となるように思われる）。

　『否定弁証法』において、体系化を目指す哲学がかかえる全体化のジレンマ（純粋哲学は、その対象のせいで、なぜかしらつねにこうした衝動に駆りたてられると理解されている）は、ある種の疑似全体性の実演（ないし模倣）によって、無力化されることになると考えられているかのようである（この定式化のシャーマニズム的な響きは、『啓蒙の弁証法』に含まれているフレイザー的な部族的思弁によって権威づけられている）。疑似全体性とは、諸概念の連なりの間に確立される体系的なつながりおよび相互参照によって、全体的体系という幻想が喚起され、促進されるが、その一方、提示の順序は非拘束的なものである。つまり、まったく異なるやり方で順序を配列できたかもしれず、それゆえ、サイコロ占いによってたまたま現われた結果のように、すべての要素が存在しながらもその配置や出現形態はたんに偶発的であると認識することを通じて、体系それ自体がもつ破壊的呪縛が唐突に振り払われるような事態のことである。この種の表出、それ自体の暫定的な知識建築術をわざわざ浸食しようとする表出を、ベンヤミンは布置（configuration）ないし星座配列（constellation）と呼んだのであるが、アドルノはこれに明らかにおさまりの悪い「モデル」という言葉を付け加え、『否定弁証法』の後半で形式上の三つのモデル例を提示している。

　しかしながら、この奇妙な構造の特徴を考察し始める前に、ある初期条件を設定しておく必要があるのだが、これは断片という概念と関係している。断片の概念は、あまり深い考えもなしにアドルノと同じくらいベンヤミンとの関連で引き合いに出されることがきわめて多い半面、シュレーゲルの美学そのものとまでは言わないまでも、ニーチェ的なアフォリズムに漠然となぞらえられる場合もある。[33] この漠然とした印象に基づく概念がたいして役に立たないということは、先ほど紹介した比較からもすでに明らかである。なぜなら、閉塞の美学に非常に強力に支配されているアフォリズムという「単純な形式」においては、断片的な要素がそれほど多く存在しているとは思えないからである。近代の思考ないし経験がなぜかしら「断片的」であるというのは、近代に対するもうひとつの文化批判の有益な側面であるのかもしれないが、それはあくまでも断片化を近代的な思考の一般的特質ないし特性のひとつとしてではなく、近代的な思考が応答する状況やジレンマと見なす場合のことである。断片化を近代的思考の一般的特質や特性のひとつと見なせば、いずれにせよ、その現象の普遍性それ自体によって、アドルノやベンヤミンに特有のものが何であるかが、かえってわかりにくくなってしまう。そもそも、すでに言及した「風呂の湯と赤ん坊」のような短い論考は、いかなる重要な意味においても断片的ではない。これは完結した声明であり、その閉塞性が大きな魅力でもある。一方、ベンヤミンの手によると言われている断片的論考の多くはまさに断片である。ここで言おうとしているのは彼の死後発見された覚書や走り書きのことであるが、ベンヤミンはつねづねそうした断片を、たしかに風変わりながら、それでも断片的ジャンルの形式的論理に従うエッセイへと変形していたのである。

断片的なものと不連続的なものを区別することによって、事態は多少なりとも明確になるはずである。というのも、不連続性はアドルノにおいてもベンヤミンにおいても生の根本的事実であり、これは、段落と段落の間の空白や隙間によって前景化される場合もあれば、話題や題材のめまぐるしい変化と変動を経てわれわれを前方へと押し流していくテクストの壮大な瀑布の中に、切れ目がまさに不在であることや、(とくにアドルノでは)切れ目が気ままに削除されることによって、一段と悪化する場合もあるからである。こうした区別が前面にでてくるのは、不連続性という概念が対象と対象の間の距離を強調するのに対し、断片性という概念は対象を明示するからにほかならない。通常は、かなりの予備的な比喩操作を行わなければ、星座配列を形成する複数の星々を「断片的」と考えることはない。布置、星座配列ないしモデルといった概念が、それに対応する微細なカテゴリーを必要とすることは明らかであるが、これは、はるか彼方から撮影された天体のスナップ写真が天体間の関係を明らかにするのと同じくらい劇的に、基礎単位ないし構成要素を十全にあつかうための、ひとつの方法なのである。個々の「概念」がこうした瞬間的で暫定的な「全体的体系」の中に位置づけられる仕方については、まもなく戻ってこようと思う。しかしながら、その際には、そのような星座配列が示す包括的な形式的描出についての説明は、星座配列を形成する「ミメーシス的」な文に注目することによって補強されることになるであろう。

よく知られているように、ベンヤミンはこうした形式の主要な例を二つ提示している――そのうちのひとつは、彼の不慮の死によって、文字通り「断片的」なままである。二つとは、『ドイツ悲劇の根源』と、あの伝説的なアーケード・プロジェクト、すなわち『パサージュ論』(「パリ――十九世紀の首都」)であるが、後者についてはその九〇〇ページほどが数年前にようやく一冊の本のかたちにまとめられた。これまでこの二つの業績は、それぞれの哲学的様相の点から区別されてきた。その結果、悲劇論の方は、より徹底した意味において神秘的とまでは言わないが、とりわけ、本書でも引用しているその曖昧模糊として謎めいた「序論」の力によって、概して観念論的と見なされてきた。これに対して、アーケード・プロジェクトは、その題材とこの時期の著者に関してわれわれがもっている伝記的知識によって、マルクス主義的かつ唯物論的であると評され、とりわけ文化史の方法論の領域においては、歴史的唯物論の発展への「貢献」であると見なされてきた。こうした評価は、一般的にひっくるめて言えば、ある意味で正しいことに疑念の余地はない。ただ私には、こうした評価が、信念、知的発展、イデオロギー上の関与についての、きわめて粗雑で、おそらく再考の必要がある命題を前提としているように思えるのだ。

もうひとつのこうした命題――先の命題に密接に関連し、個別的主観というきわめて伝統的な概念がそのうちに永続しているという点で先の命題と並べて考えることもできるもうひとつの命題――は「影響」と関係している。ベンヤミンがアドルノに決定的な影響を与えたということは、スーザン・バック＝モースの先駆的な研究によって疑う余地のないものとなった[34]。しかし、はたして影響というものは、たんにある新しい考えがひとりの人間の頭から別の人間の頭に移されるということなのだろうか。もしそうであるならば、当該の「影響」を受ける側の個人の意識における、(まったく新しい問題系は言うまでもなく)新しい興味の覚醒を論じる方が望ましいのかもしれない。しかしながら、ひょっとしたらアドルノの遍在的主題である「ミメーシス」が、この影響という概念の新しい使い方を示してくれるかもしれない。つまりそれは、実際に起こることを指し示すと同時に、同じくらい確実にそれを誤って解釈するということを意味するのだ。したがって、こうした新しい意味における「影響」は、すでにある思考を使って他にいかなるものが思考しうるか、そしてどこまで先に進めるか、あるいは——換言すれば、とは言ってもわれわれには同じことだが——他にいかなるものが書きうるか、また、機械的反復によって身についてしまい、事物の本質に刻み込まれていると思い込んでいる諸形式の制約と禁忌からわれわれを思いがけずに解放してくれるような著述形式および表出の可能性を、師匠がみずからの実践を通じて弟子たちに示す仕方を記述することになるであろう。いずれにせよ、私はベンヤミンがアドルノに与えた「影響」をこのように、つまりミメーシスによる解放として、また、従来とは異なる書き方の可能性——これは結局、これまでとは違った思考の可能性ということになる——の実践的証明としてとらえたい。だから、その時点で、この悲劇論に含まれる観念論的と言われる内容と、アーケード・プロジェクトの「唯物論的」内容は両者が同じ哲学形式の発想を共有していることが、その差異より重要な特質であると言えるのである。

こうして、ベンヤミンはアドルノの意識にこの哲学形式の着想を、哲学的美学および哲学的野心として覚醒させることに成功したように思える。

したがって、当時のベンヤミンがみずからの書くという実践《プラクシス》を考えた際の枠組みを理解するには、『ドイツ悲劇の根源』の中のあの悪名高き「認識批判的序論」から出直さなければならない。「序論」は真理と知識の根本的区別から始まる。これに似たことは近代思想のいたるところで行われているが、哲学におけるその変遷の歴史が編纂されることは、これまでなかった（たとえば、真理と知識のこの根本的区別は、さまざまな形態の実存主義において出発点となる区別であるが、マルクス主義の伝統においても科学とイデオロギーの対立の中で機能しているし、最終的にはアドルノにおいて「真理内容」とイデオロギー的虚偽意識との区別の中にその反響を聞くことができる。また、ある種の著作では、虚偽意識が真理内容と共存可能である場合もある。たとえば以下のワーグナーの例を参照）。

この対立は、〈観念〉[Idee]と〈概念〉[Begriff]の間に存在する形式と内容の区別に沿って、徐々にはっきりと表現されることになるだろう。以下に示すように、この区別がアドルノに大きな影響を与えていることは明らかだが、アドルノ自身がこの区別に回帰することはない。アドルノが〈観念〉という語を用いないのは――〈概念〉という概念が彼の著作のいたるところで用いられているのはすでに見てきた――現代のわれわれが超越的なもの、ないし形而上学的なものを概念化しようとして感じる居心地の悪さと似たものを、彼も感じていたからである。私は（ここでプラトンが明確に引き合いにだされているにせよ）ベンヤミンの立場を安易に「プラトン的」と記述するような安易な解決法をひとまず保留にしてはどうかと提案したい。というのも、「プラトン的」というラベルを貼ってしまうと、「神秘主義」といった関連するラベルを貼った場合と同じように、実質的に定義からして、われわれには理解できない過去の思考様式の領域へと、ベンヤミンを葬り去ってしまうことになるからだ。もちろん、〈観念〉と〈概念〉の区別はカント理解の鍵になるものであり、いかに弁証法的に変形されているとはいえ、ヘーゲルにおいてもきわめて頻繁に使われているが、それが二人の遺したものの中でもっとも重要で利用価値があるものだとも言えないだろう。したがって、こうした伝統的な含意はすべて最初から捨てておいて、ベンヤミン自身の議論から新しい意味を導きだそうとするのが、最善の策ではないだろうか。

〈概念〉は事物と事物に関する知識の側にあり、〈観念〉は「真理」の側にある。したがって、〈概念〉とは現象を分析するための道具であり、経験に基づく現実――〈概念〉がなければ直接的経験と現世に埋没してしまう現実――が真理の領域への伝達と接近をなんとか獲得するための媒体でもある。ここまではカント流である！　したがって、〈概念〉は本来的になぜかしらつねに多重的なものなのである。

> 現象が……観念の領域に入るときには、そのまま丸ごと、つまり無加工の経験的状態として、仮象がないまぜになったまま入るのではなく、その基礎となる要素のかたちで、救いだされて入るしかないのである。現象はその偽りの統一性を剥ぎ取られるが、それは、このように分割されることで、真理の純粋な本質に与ろうとするからである。この分割において現象は概念に従属することになる。なぜなら、事物をその構成要素へと分解するのは、概念だからである。（OGT 213-14/33）

したがって、概念の主要な任務とは、あたかも普通の現実が示す表面上の統一を破壊することと言えるかもしれない。つまり、現実を分析、解体して、新たな見慣れぬ仕方でふたたび組み立てることも可能となる、一群の概念へと変えるのである。個々の概念はそうした現実の多重の相に固定され、そこに照準をあてている。しかし、概念の多重性（いかなる概念であれ、それ単独で対象と「等しい」ことにはならず、「同一」であると主張することもできない）こそが、概念に媒介機能を付与するように思われるし、ベンヤミンが二重の奇妙な表現で記述しているのはこの機能なのである。

> 概念はその媒介的役割によって、現象が観念の存在に参加するのを可能にする。哲学に課された同じくらいに根本的なもうひとつの任務、すなわち、観念の表象［表出］という任務を概念がこなせるのは、この媒介としての役割をもつからである。（OGT 214/34）

ここに神秘主義が存在するとすれば、それは、観念（「真理」）についての「観想」を、哲学的テクストにおける観念の提示ないし表象から切り離すことがなぜかしら可能であるという示唆にあることは疑いない。思考は著述ないし言語から区別されるべきであるとだれかが言い張ったとしても、「思考」を著述や表出（Darstellung）や表現の下絵ないし試運転（ハイデッガーの用語ではVor-wurf）であると想像するのに、それほど独創的な発想や努力は必要とされないであろう。いずれにせよ、ほどなくベンヤミンは観想的なもの、例の静的で直覚知覚的な直観がもつ一切の含蓄や含意の排除に努力することになるが、この直観は、アドルノもさまざまな文脈において体系的に拒絶したものなのである。一方、表象ないし表出に対する飽くなき強調にベンヤミンのこのテクストの独創性があるのだが、そうした強調は、時間的・言語的な展開から分離されるかもしれない真理を経験する可能性を、前もって突き崩すようにも思える。

> 知識とは所有である……。所有される事物にとって、表象は二次的である。表象はみずからを表象するような先行物をもたない。しかし、真理に関してはその逆が成り立つ。知識にとって、方法はその対象を獲得するための手段である——意識の中でそれを創造する場合でさえもそうだ。真理にとって、方法とは自己表象であり、したがって、方法は真理の中にひとつの形式として内在するのである。（OGT 209/29-30）

このような留保をつけた上で、ようやくわれわれは問題の核心へと到達するが、これは表出ないし表象と〈観念〉との関係ということなのである。そして突然、一瞬にして、壮大な公式が可能となりその姿を現わすのだ。

観念と事物の関係は、星座配列と星々の関係のようなものである。このことは、とりもなおさず、観念が事物の概念でも法則でもないことを意味する。(OGT 214/34)

したがって、端的に表現すれば、〈観念〉とは諸概念の「体系」、すなわち、集団をなす概念間の関係ということになる。つまり、〈観念〉はそれ自体ではおのれのものと言える内容をもたず、疑似客体でもなければ(概念は疑似客体であるが)、その表象でもない。星座配列が天空に「実際には存在」しないのと同じように、「観念も現象の世界には存在しない」(OGT 215/35)。だがその一方で、哲学的著述ないし表出の本質は星座配列をなぞることに、つまり、このように一緒に「配置」された経験的諸概念の間に、どうにか線引きを行うことにあることが明らかになる。しかし、概念が表象するのは経験的現実の星相であるのに対し、観念(と観念の哲学的記録)はそうした星相間の関係を表象するのである。われわれはさらに、ここでベンヤミンに特徴的な言語が主観による誘惑を跳ね返し回避するように思える仕方、つまり〈観念〉なるものを人間精神の内部に再配置するかもしれない修辞疑問(星座配列とはそれを見る人間の意識を投影したものにすぎないのではないのか。また、現象間の関係ないし現象についての概念間の関係は、本質的には精神によって得られたもの、少なくとも精神の作用ではないのか、といった疑問)の機先を制するように思える仕方(いずれにせよ十分な解決策ではないが)も強調しなければならない。こうしてみると、ベンヤミンの疑似プラトン的な言語は、あの偉大なるカント流の「解決」を迂回しながらも何らかのかたちで先取りする、ひとつの方法と考えられるかもしれない。

しかし、それでもまだ疑念は残るし、こうした神秘的な〈観念〉の内容をしっかりと押さえる必要があるのだが、今や〈観念〉の形式は十分に明らかになったように思える。警戒しているにもかかわらず――そして手本や実例がない場合には――われわれがプラトンへと引き戻されそうになるのはやはり宿命的であるように思えるし、そうした〈観念〉は結局、「たんに」プラトン的な抽象物――〈善〉、〈美〉ないし〈正義〉といった抽象(あるいは、カントの自由、神そして魂の不滅)――として把握されるべきではないのではないかと、自問し続けることになる。ベンヤミンが裏をかこうとして、一風変わった迂回路を取っているのはたしかだが、これはベンヤミンが考えていた哲学的思索とはまったく異なるのだ。というのも、「序論」の次の話題は、魔術的な言葉の原型的モチーフを再上演しながら、ベンヤミン流の神秘主義の蜃気楼をふたたび激しく立ちのぼらせるからである。このモチーフとは命名行為であるが、ここでは、予想にたがわず、アダムが再登場してプラトンを追いだすことになる。

真理の構造は……志向性が欠如している点では事物が示す単純な存在に類似するが、恒常性という点ではこれに勝るような存在様式を必要とする。真理は、経験的現実からその決定条件と特徴を得るような志向とは異なっている。むしろ真理はそもそもその本質をそのような経験的現実に刻印する力として存在する。この力がそこにしか帰属しえないような存在の状態、あらゆる現象性の彼方にある存在こそが、名称（name）なのである。これによって諸観念が提示される［あるいは、与件（data）、所与性（Gegebenheit）として開示される］仕方が決定される。しかし、観念は根源的言語ではなく、根源的な了解形式によって与えられているのであり、この根源的了解形式において語《ことば》（words）は、知識そのものの作用によって損なわれることなく、命名機能の品格を保持しているのである。（OGT 216/36）

諸観念は命名行為において、志向抜きで開陳されるものであり、哲学的観想において更新されなければならない。（OGT 217/37）

これでようやくわれわれも身軽になった。「序論」の文脈が示すように、また、ベンヤミンがこの引用の少し後に書いているように、「悲劇」とはまさにこうした「名称」および〈観念〉なのであり、「経験的」な諸概念の中に巨大な星座配列をなぞるという、真に哲学的と言える表出の対象となる。今になって思えば、その後のベンヤミンのプロジェクトにおける「アーケード」という概念にもどうやら似たような名称、似たような観念が内在しているように思われる。突然に、伝統的にプラトン的な抽象物のレパートリーが——プラトンの時代にそうした抽象物がいかなる社会的かつ歴史的内容をもっていたかはともかく——資本そのもの、官僚主義、専制政治、さらには近代的な意味での〈自然〉や〈歴史〉、最終的には「パリ——十九世紀の首都」といった、より具象的かつ歴史的なかたちの近代的な「諸観念」の洪水へと根本から変形されるのだ！

こうした新しい「観念」は、プラトン的な問題系が近代の世俗的動力学へと「堕落」したものと見なされるべきではない。それどころか、これらの新しい抽象物——アドルノの体系や全体性と同じように、これらは完全に非経験的である（知識として与えられるものでも、直接的に与えられるものでもない）と同時に、われわれにとってこの世でもっとも現実的なもの、すなわち、われわれをもっとも絶対的に束縛するものでもある——は新しい「認識論的」問題を提示するのであるが、これに対してベンヤミンが示した意図的に時代遅れの解決策は、ひとつの斬新な回答であり、それは『否定弁証法』においても維持されている。したがって、ベンヤミンの「序論」が示す断片的な文脈を理解するには、プラトン派ないしヘーゲル派に属する古い哲学の伝統の先達よりも、社会学的な「理念型」を理論化しようというヴェーバーによる厄介な試みのような仕事と並置してみるのがいいだろう。

星座配列ないし布置といった概念に対するアドルノ自身の忠実さを詳細に検討する前に、ベンヤミンの概念の最終的な特徴のいくつかを整理しておく必要がある。第一に、ベンヤミンはみずからの提案の独自性と非伝統性をはっきりと自覚していたために、それを抽象に関する——一般と特殊、あるいは典型といった——伝統的な発想から峻別しようとするが、このような発想は、〈観念〉と概念についての彼の主張全体を、おなじみの論理的カテゴリーへと引き戻してしまうのである。たとえば、経験的現実の多様な相を書き記し、相の布置によって〈観念〉を形成する個々の概念は、代表的でも、特徴的でも、典型的でも、平均的でもなく、現実をその極端な状態において書き記さねばならない。現実的なものが把握されるのは、ありふれた特徴においてではなく、究極的で発作的な発現においてのみなのである（OGT 215/35）。典型的でないものや「種」と「類」の間の不一致を強調するというへそ曲がりの発想を見れば、ベンヤミンがプラトンともヴェーバーとも決定的に異なることがはっきりするはずである。このへそ曲がりの精神は、悲劇を論じたこの著書における文学的問題系にもっとも明確に現われているが、ここでは、ひとつのジャンルをとらえるには、程度の低いありきたりの複製品よりもその中でももっとも独特で極端な作品を対象にする方が、意味があるということになる。しかし、ベンヤミンが強調した方法論を、ベンヤミンとはまったく異なるアドルノの言葉に翻訳してみるのもいいだろう。そうすることで、現代の概念性が否応なく唯名的なものに接近し、みずからつけたはずみによって特異な事例と出来事に固着する——相も変わらず生気のない抽象物（これらは今やわれわれにとっては空虚な語となってしまった）にしがみつくのではない

――仕方を強調できるからである。

実際、語《ことば》は、ここでしばらく考察する必要がある第二の問題を提起する。というのも、〈観念〉の言語が必然的に諸概念の言語に重なりあう仕方に関して、さらに説明を加えることでベンヤミンの説を補強することは、考えすぎの議論ではなく、むしろ必要不可欠なことであり、ベンヤミン本人の精神にもかなうと私には思えるからである。何よりもまずいのは、議論で使う用語に惑わされて、概念性において使われる一群の語とは区別されるべき一群の〈観念〉語を、孤立させてしまうことなのだ。そのような事態になれば、その結果生じた聖なる目録が、ありとあらゆる方法で、われわれをプラトン的体系へと引き戻してしまうであろう。なぜなら、われわれがプラトン的体系について具体的に考え始めると、同じ語が頻繁にその役割と意味を変えなければならないことになるからである。たとえば、ある種の実存主義的形而上学を研究する場合、「悲劇的なもの」の客観的存在を（ウナムーノの『生の悲劇的感情』やレイモンド・ウィリアムズの『現代の悲劇』のように）、ひとつの〈観念〉として提起してしまうかもしれないのだ。しかし、ここであつかうベンヤミンにおける「悲劇的」という語は、たんに形式が示す現実のひとつの特徴、おそらく極端な特徴を指示するのであり、これは再定式化されて一群をなす概念のうちのひとつと化すが、最終的には概念集団も現象全体の「名称」へと――つまり〈観念〉へと――組織化されるのである。このように、悲劇に関するベンヤミンの著作自体が、「悲劇」というひとつの〈観念〉の存在を証明しているとはいえ、ここに挙げた対照的な例に含まれる「悲劇的」なものという概念は、そうした「〈観念〉」とは無関係であり、まったく異なるレベルで作用しているのである。

同じように、（自由貿易や契約の自由などにおける）「自由」という概念を通して、市場を概括的にとらえるのも有益かもしれない。こうした概念は、星座配列全体の中にその位置を占めはするが、星座配列とはきわめて異なるもの、つまり自由という〈観念〉と関係するのに十分なものは、ほとんどもち合わせないであろう（これについては、アドルノが描きだす様子をほどなく見ることになる）。ベンヤミンの説明に、われわれが方法論上のこうした新しい厄介な問題を勝手に加えているのではないことは、ベンヤミンのテクストを見ればわかるはずである。というのも、すでに引用した文章において、ベンヤミン自身が〈観念〉を表わす語はまさに名称でしかないと明示しているし、命名行為がベンヤミンの議論において、また観念と概念の区別においてきわめて重要な段階である理由は、今やわれわれにも理解可能である。思い起こしてみれば、〈観念〉において、「語《ことば》は知識そのものの作用によって損なわれることなく、命名機能の品格を保持している」のである。すなわち、「自由」とは今やある〈観念〉の名称として用いられる語である。これに対し、「自由な」という属性にはこうした命名行為は含まれておらず、知識の過程および客体を知る過程に機能を果す、非命名的な語として存在することになる。

　最後になるが、このような説明を、ベンヤミンが彼特有の仕方で記述した〈観念〉同士の関係を取り上げることで、完成させる必要があるだろう。この記述に用いられているのは依然として天文学的な比喩であるが、その目的が星座配列として記述されていた概念相互の関係と区別することにあることはまちがいない。しかしながらここには、すなわち〈観念〉同士の間には、調和とともに自律性が君臨するのである。

> 歴史によって客観性を付与されたこれらの用語は完全な孤立のうちに自立することが可能であるが、これはたんなる語《ことば》にはまったく不可能なことである。こうして、諸観念は以下の法則を認めているのだ。すなわち、あらゆる本質は完璧に完全に独立して存在するが、これは、現象に依存しないという意味においてのみならず、とりわけ互いに依存しないという意味においての独立である。天球の調和が互いに干渉することのない星々の軌道に基づくように、叡智界（mundus intelligibilis）の存立も、純粋な本質相互間の架橋が不可能な距離にかかっている。あらゆる観念はそれぞれがひとつの太陽であり、ちょうど太陽同士が関わるようなかたちで互いに関わっているのである。（OGT 217-18/37）

諸観念は、それぞれが恒星でもある限りにおいて、相互に関係している。だが、どこであるにせよ、特定の天界に太陽のように宙に浮かぶことで、恒星は比類なきもの、すなわち、デリダがかつて述べたように、ひとつの世界全体の地平であり、ただひとつの真の現実ないし指示対象となる。そのようなヘゲモニーの内部では、唯一無二の太陽のみが認識可能となるのであり、この太陽を、知識がむなしくも他の諸太陽と同定するきらめく無数のものとは、同列に考えることはできないのである。諸〈概念〉は、その並置を星座配列という比喩でとらえることのできる、遠くで輝く星々である。一方、諸〈観念〉は、複合的であり諸〈概念〉と同じく不連続ではあるが、それらの彼方に存在する類似の観点、それらが星のように共存していることを把握するために立たなければならない観点を与えてはくれない。最初の問題に立ち返ることになるが、言うなればこれは、諸〈観念〉を無理やり集めて哲学的体系のかたちにまとめることもできず、いかなるものであれ、単一の〈観念〉を哲学的に露出しようとするとその光によって、他の〈観念〉まで感光してしまうということなのである。したがって、『否定弁証法』の不連続性は、こうしたベンヤミンの比喩的表現にすでに内在していたと言える――しかしながら、のちに見ることになるが、ベンヤミンの比喩はいく分より明確なかたちで、アドルノの美学の領域に回帰するのである。

六　いくつかのモデル

アドルノは哲学的表出の形式としての星座配列に対して別の比喩を用意している――もっとも、星座配列の方法は『否定弁証法』の中心（163-8/161-6）に置かれており、そこでは概念の歴史的内容を照らしだすひとつの方法として、よりゆるやかなかたちで讃美されているのではあるが（すでに見てきたように、アドルノは〈観念〉の語彙を放棄し、より一般的なヘーゲル的語法に回帰している）。

> 対象を星座配列の中で認識することは、対象に蓄積された過程を認識することである。理論的思考は、厳重に守られた金庫の鍵のようにぱっと開いてくれはしまいかと期待しながら、解き明かしたいと思う対象を星座配列として包囲する。ひとつの鍵やひとつの数字に応じてではなく、数字の組み合わせに応じて開くのではないかと期待しながら。（ND 166/163）

この金庫の中身が「知識社会学」によって発見されるものとも、「観念の歴史」によって発見されるものとも似ていないであろうことは、すでに確認ずみである。だがその一方、ベンヤミンを読む現代の人々が、彼が執拗に主張した「無時間性」――ベンヤミンは〈観念〉に関してこれを主張したのであるが、私たちは〈観念〉が実際には本質的に社会的かつ歴史的であると論じようとしてきた――によってつねに困惑させられてきたことを考えれば、アドルノが歴史それ自体の名において公然と「直線的因果性」に反論するために、星座配列という比喩のもつ空間性を利用する仕方を検討してみるのも意味があるだろう（アドルノは、星座配列の方法を無意識的に実践している人物として、ヴェーバーを引き合いに出している）。

しかし、資本主義的体系に見られる、徐々に統合へと向かう傾向、すなわち、その構成要素がたがいに絡み合って、より全体的な機能関係へ向かうという傾向は、原因――星座配列に対立するものとしての――に関する旧来の問いを、いよいよもって不安定なものにしてしまう。(ND 168/166)

だが一方、科学それ自体は「因果の連鎖というよりは、因果の網によって機能する」(ND 263/266)。しかしながら、これは永遠のプラトン的無時間性とはかなり異なる種類の無時間性である。そして、この無時間性と、それが現代的思考のもうひとつの領域から授かった名前――すなわち、共時的な思考、つまり時間や歴史の停滞を意味するのではなく、むしろ時間の流れそのものを含まない思考様式――とを結びつけるのは、きわめて適切なことであろう。この思考様式が無時間的なのは、プラトン流の来世的な不変性においてではなく、時間や時間性というカテゴリーを停止している点にある。ここまで歩を進めてしまえば、こうした因果の網や星座配列といった考え方と、アルチュセールの構造的因果関係を同じものと見なしてもいいのかもしれない。事実、アルチュセールがマルクスにおける表出の問題に関心をいだいていたことを考えれば、こうした共通性はさらに重要に思えてくる。ただし、これから見るように、アルチュセールがいだいていた関心は、彼自身の哲学的な実践において、形式的にはアドルノとは違った結果を生みだしているのである。

しかしながら、そのような実践を表わすには、天文学以外にも、同じくらいに有効な比喩がいくつかある。これらの比喩には、前もってひとつの提案を付しておく必要がある。すなわち、アドルノについて何かを書く際には、どうしてもやむをえない場合を除いて、できる限りの厳しさと自制心によって、なおかつ無期限に、アドルノ論の常套手段となってしまっている音楽との避けがたい類比を慎むのが賢明であろうということである。だが、意外にも、今がその「どうしてもやむを得ない場合」なのである。事実、『否定弁証法』では、これまでわれわれが星座配列法と呼んできたものの完全な事例、すなわち、『否定弁証法』の後半にまとめられた自由、歴史および「形而上学」に関する、それぞれが独立した研究論文になっていても不思議でない研究が三つ示されているのである。しかしながら、それぞれの章ははっきりと「モデル」と呼ばれており、つねづね私は、他の場合には言語的にきわめて自意識の高いこの著述家がこの用語を用いるのは、美学的にも哲学的にもどうもしっくりこないと考えていた。というのも、アドルノは通常ならば、純然たる用語法が示す物象化された不活発さに対しては、繊細で注意深く、警戒心をもち、弁証法的にはほとんど逃げ腰になっているからである。他方、「モデル」という用語は、まさにこの不活発さを表わす用語、それももっとも物象化されたかたちの科学と社会科学の言説から借用した用語であるとも言える。すなわち、当然のことながら、彼がもっとも形式的に思索する場合も含めて、社会学という学問分野はつねにアドルノの念頭にあるのだが、ここで問題になるのは、社会学の、とくに用語や名称の領域で哲学の地位を脅かすことのできる権利という部分ではなくて、社会学という学問分野の構造上の限界、および専門化というかたちで歴史によってそこに残された痕跡という部分である。

ひいき目に見ても、この語のすわりの悪さは、これまでアドルノが他人（もっとも顕著な例は、「自由」を論じた章で取り上げたサルトルとカントである［ND 222-5/223-6］）に転嫁してきた不安感――すなわち、本来ならある概念の例証となるべきなのに、それ自体が選択されたものにすぎないという事実によって、例証すべき当の概念の権威を即座に無効にしてしまうという、哲学的な事例に内在するジレンマ――を反映しているかのように思える。しかし、「モデル」に関する三つの章を、新しい方法の「事例」以外の何かとして読むことは困難であり、その結果、この新しい方法はあっけなく、なかんずくそうはなるまいとしていた「方法論」になってしまうのである。ある星が一般的な「星らしさ」の事例になりうることに疑問の余地はないが、太陽はいかなるものの事例にもなりえない。ならば、「モデル」という用語は、無意識のうちに、みずからに注意を引く仕方それ自体によって、その種の限界を認めているのかもしれない。

しかしながら、「モデル」という言葉が、アドルノにとっては本質的に音楽的な起源をもつ言葉を意味すること、また、これは今のわれわれにとって有益なことであるが、一般的には漠然と常識的に「練習」を意味すると理解されていたこの言葉を、シェーンベルクが私的な意味で用いて（彼の著作の一冊は『初心者のためのさまざまなモデル』と呼ばれている）、しだいに専門的ではっきりした意味をもたせるようにしたことを見いだせば、状況はまったく違ってくる。晩年のシェーンベルクにおいては、モデルはある特定の作曲の素材ないしある主題の出発点、つまり、十二音音楽にとってそれ自体が作曲となるような特有の音列そのもの、すなわち、あらかじめ選択され配列された、音階上の十二音からなる特定の順序と配置のことを意味するのであるが、これは、作曲が出発点の入念な――垂直的かつ水平的な――変奏および置き換え「でしかない」という限りにおいてである。古典音楽においては分離されていたもの——冒頭の「諸主題」と後の「展開」——がここで再統合される。『新音楽の哲学』の中でベートーベンの契機にふれて、アドルノは次のように書いている。

今や変奏は、展開と協力し、普遍的で、具体的に非図式的な関係の確立に努める。変奏にデュナーミクが施される。変奏が冒頭の主題に用いられていた素材——シェーンベルクが変奏の「モデル」と呼ぶもの——の同一性をいまだに強力に維持していることはまちがいない。すべては「同じ」ままである。しかし、この同一性の意味は非同一性として現われるのだ。冒頭の主題は、保存することと変形することが同等であるようなかたちで配置される。事実、冒頭の主題がもはや「それ自体の内に」ではなく、曲全体の可能性に向けてのみ存在するというあり方で存在するのである。(PNM 58/55-6)

「モデル」という語のこうした新しい意味の助けによって、われわれがアドルノの中に見いだした哲学的類比が正確であるとすれば、ほとんど同じようにして、アドルノ以前の哲学もしくは古典哲学も、「冒頭の主題をなす素材」——哲学的観念ないし哲学的問題——と、その先の展開——哲学的論証と哲学的判断——とのうわべ上の分離と記述できるかもしれない。こうした分離は、問題となる概念が哲学的テクストに先行することを意味する。概念がテクストに先行するとすれば、テクストが概念について「思考し」、観念を批判・修正し、問題を解決ないし論駁することになる。こうしたテクストはおそらくソナタ形式のものとさほど変わらない物語の時間を有している。物語の中では、最終的に何かクライマックスを示すような決定的なものが生起し——哲学的議論がクライマックスに到達する——その後、結論を引きだすことでコーダが終止符を打つのである。(もちろん、上に引用した一節の中で、アドルノは特徴的にもこうした説明の価値を高めている。なぜなら、アドルノは、シェーンベルクの解決法に似た何かが、すでにベートーベンにおいても秘密裏に作用していると主張しようとしているからである。古典哲学の中でも非常に重要なテクストのいくつかは、自分では気づいていないだけで、すでに「否定弁証法」であると主張したがる者もいるかもしれないのとちょうど同じように。)

しかしながら、「十二音」の哲学と古典的なテクストの作用の仕方は違うという含意を忘れてはならない。すなわち、概念ないし問題は表出から独立して存在するものではなく、すでにこれと一体であること、真理のクライマックスへいたるいわゆる伝統的な概念上の出来事も「論証」も存在しないこと、テクストは、あらゆるものがあらゆる瞬間に再現されるような、ひとつの果てしない変奏になるであろうということ、そして、最終的には、あらゆる可能な変奏が尽きたときに初めて終止にたどり着くということである。トーマス・マンやシェーンベルク本人など、アドルノが賞讃した芸術家たちが数秘学に取り憑かれていたことを考えれば——まったくアドルノらしくないことに——『否定弁証法』の三番目にして最後のモデル、形而上学を論じた「モデル」がいくつかに分割され、番号を付した十二の節のかたちで印刷されていることを付け加えるのもあながち余計なことではあるまい。

七　文とミメーシス

以上のすべては、アドルノの概念処理が示すより大きな動き、つまり十二音哲学がその行程に見いだし、一挙に創出してみせる概念の布置や星座配列を、終曲まで弾き切る仕方を定めている。だが、このような記述では、この哲学の感触にはいまだに到達しない。ただ、すでに述べたように、このような記述がこの哲学に先立つベンヤミンの企画にもある程度は当てはまるものかもしれない。アドルノにおいて根本的に独創的と思えるのは、また、最終的にベンヤミンとはほとんど何の共通点もない実践あるいは哲学的な極小政治学と思えるのは、アドルノが弁証法的な文それ自体を配備していることであり、それにはマルクスの偉大な交差法的な統語行為のエネルギーでさえ、遠い血族的類似を示すだけである。この部分での真の先駆者はベンヤミンでも、もちろんニーチェでもなく、風変わりなオーストリア人の修辞的作家カール・クラウスだと思われる。クラウスは英語では翻訳不可能というよりは、臆面もなく無視されているのだが、この理由はおそらく、クラウスの——週ごとに転変する当時のウィーンと個人雑誌『ディー・ファケル』の双方に見られるジャーナリスティックな即時性から生じた——自己生産的な発言の最良のものでさえ、前後関係を引き裂き、生産の口実を与えたエッセイという枠組みを破砕する傾向にあり、その結果、クラウスの著作を本当に読解することは不可能となり、読めるのは孤立した修辞的な断章のみになってしまうということなのだ。

それらがほんの小さな存在であるときに私が知っており、そして時間に余裕があればふたたび小さくなっていくであろうこの偉大な時代。また、有機的成長の領域にあってはそのような変換が可能なため、太った時代、また、本当に、ひどい時代とも呼ぶ方がふさわしい時代。想像しうるのであれば起こりはしないだろうから、想像しえなかった事象が起こりつつあり、もはや想像しえないことが起こるに違いないこの時代。生真面目なものになるかもしれないという思いを嘲笑しつつ息を引き取ったまさにこの生真面目な時代。みずからの悲劇に戸惑っては迂回路に手を伸ばし、現行犯でみずからを取り押さえては言葉を手探りで捜す時代。報告を産みだす行動と行動を引き起こす報告が奏でる恐ろしい交響楽が轟くこの喧騒の時代。こんな時代には、いかなるものであれ独自の言葉を私から期待してはならない――沈黙が誤解を招くのを避けるためだけにあえて口にされるこれらの言葉を除いては。(35)

アドルノがここに見いだしたのは、表出的統語法というパラダイムそのものであると、私は言いたい。このパラダイムにおいては、文構造という現実の機械装置それ自体が、あらゆる無限の多様性によって役目を強要され、たんなる情報や指示としての直接内容をはるかに超える意味を伝えるために動員される。「発話はそれ自身で伝達力をもつ」(36)というベンヤミンの考え、また、ベンヤミンに独特の「非表象的ミメーシス」としての言語概念もおそらく、アドルノ自身よりははるかにクラウスに当てはまるものである。

ベンヤミンがそれほど頻繁には用いているわけではないミメーシス概念に、アドルノがどれほどの可能性を見いだしていたのかは明らかではないが、アドルノがベンヤミンよりははるかに多くを――おそらく(『啓蒙の弁証法』において詳細に展開される人類学全体を含め)あまりにも多くを、また同時にほんのわずかに独特な、ほんのわずかに異なることを――ミメーシス概念に意味させようと歩を進めたことはたしかである。比較になるものがあるとすれば、それは別なベンヤミン的用語と概念によってもたらされる。というのも、アドルノにおける――決して定義されることも論じられることもなく、つねにその名で、あたかもあらゆるテクストに先立って存在していたかのようにほのめかされる――ミメーシスの特異な地位に対して、ベンヤミンのアウラの概念ほどに純粋に形式的な類比を多く与えてくれるものは、それ以前の著述家にはひとつとして見当たらないのだ。ただし、類比を与えてくれるという点を除けば、アウラはミメーシスとは何の関係もないのであるが。(37)あたかも、この二人の著述家の両方において、ある種の抑圧された根源的欲求が、これらの魔術的用語によって彼らの著作に帰還する道を見いだしたかのようである。これらの用語は、それ自体が説明されることは決してないままに、あらゆるものを説明するために呼びだされる。そして、われわれはついに、これらがそれ自体は決して説明も基礎づけられもしえないものであり、偉大な現代詩人たちの原初の音（Ur-sounds）や原初の名（Ur-names）におけるように、何らかの古い私的な妄念の根源を示すものなのだと納得してしまう。それゆえ、「アウラ」や「ミメーシス」とは、途方もない普遍化の思考や言語を解放することでその本分をまっとうさせるような、独特なものや特殊なものに与えられる抵当なのである。

だが、他のあらゆる点でとらえどころのない「ミメーシス」という用語には、『否定弁証法』が特定し、使用することをわれわれに許してくれる意味がひとつ存在している。だが、この語の新しい用法は、還元と特殊化という代償を払うことによって可能となったことはまちがいないし、それはまた、他の場所においてアドルノがこの議論を呼ぶ言葉を配備する仕方との断絶をもたらしてしまうのである。因果性の議論の局所的クライマックスにおける、詳細な注釈に値する注目すべき一節において、アドルノは、物質界で作用する客観関係、階層関係、相互作用、支配および従属の手がかりとして、そもそも因果性の概念を生みだしたまさにこの「啓蒙の弁証法」の中で機能している主観と客観の弁証法を、複雑に論じている。あらゆる知識形態が前提とする主観と客観との間に存在するある必然的な「類縁性」を引き合いにだすとき、アドルノの心にあるのは決して投影（『啓蒙の弁証法』の「反ユダヤ主義」の章で最大限に展開された、のちの堕落した心的現象）ではない。啓蒙が投影を根絶やしにしようと望むのがたしかであるのと同様に、啓蒙が投影の基盤の上に築かれていることも同じくらいにたしかなのである。

> 意識がおのれの他者を知るのは、その他者が自分に似ている限りにおいてであって、意識がそうした類似性と一緒におのれを消し去ることによるのではない。……主観が事物との親和性に耐えられなくなればなるほど、主観はそれだけ容赦なく同一化へと突き進むことになる。（ND 267/270）

このような考え方すべてが、因果性の概念に対する真の批判において作用しているのだろうし、因果性概念については、これが非同一物に対する同一化の作用を観察する特権的な場所であるとも述べられている。その後で、アドルノは因果性の概念自体について以下のように述べる。

> そこにおいて思考は、自分が前もって事物にかけておいた呪縛の模倣を遂行する。それも、呪縛を無効にし

てしまう共感へのとば口で行うのである。因果性概念の主観的構成要素とその対象物の間には「選択的親和力」が、つまりは主観によって事物に加えられた仕打ちを想起させるものがある。(ND 267/270)

科学や哲学それ自体といったきわめて技術的な概念の内部で作用する模倣――ミメーシスの強力な形態――というこの概念、技術的概念を困惑させ、また技術的概念が完全に抑圧することはないにせよ、(強いフロイト的な意味で)否定しようとする模倣衝動が、アドルノ自身の哲学的実践への有益な手掛かりを与えてくれるように思われる。アドルノの実践はこの意味において、抑圧された模倣衝動そのものの実質的に精神分析的な行動化ないし談話治療、つまり解除反応を構成することになり、模倣する主観が他者ないし自然に対してもっていたかつての何らかの関係を、われわれがふたたび把握することを可能にしてくれるであろう。この関係は、フロイト的治療が実際に子供に戻ることを求めはしないのと同様、われわれが「現代」において以前どおりに復権させたり再発明したりすることはできないものである。だが、記憶を通じて行われる子供時代の回復――実際には、その回想――はそれ自体立派に治療的なものと言える。

哲学が実際にこのようなことをなしうるのか、また、きわめて強力な、あるいは形式上精巧な、もしくは喚起的で哲学的な文構造が、この種の効果をもって読者の心に介入しうるのかどうかについては、疑問の余地がある。また、この疑問は、アドルノがベンヤミンの強い指導に従って彼自身の美学から――それゆえ暗黙裏に「批判理論」のテクストがもつ力に関する彼の説明から――受容の問題を体系的に排除したその仕方によって減ぜられることはないし、有益なかたちで明確化されることもない。むしろ、アドルノはニーチェのルサンチマンの教義において、受容の拒絶――すなわち、受容への抵抗――に関する強力な説明に決着をつけていると言った方がよい(本書第二部参照)。しかしながら、受容に関して言うならば、あるいは、現代においてそもそも主観が批判的態度を取れるかという可能性に関して言うならば、これは個別的な主観に特徴的とも言えない軌道の記述として銘記されており、かつての個人主義やかつての一連の階級的態度の時代遅れの残滓として、全体組織および「管理された」ないし官僚的な社会という新しい世界に普遍的に呼びだされるものである(ND 50-51/40-41)――言うなれば、受容の可能性は概して、社会的で体系的な平準化という漸進的運動から批判的主観を切り離すという、階級特権がもたらす偶然事として説明されるのである。
それでもなお、また、その効果のほどは別にしても、アドルノの文をミメーシス的な構成要素という点から検討することは、妥当であると思われる。ともあれ、哲学的実践が美学の観点から書かれるときには、そのような意味づけがしばしばなされるのだから。

みずからが乗っ取ったミメーシスの代理をつとめるためには、概念はそれ自身の振る舞いのうちに何かしらミメーシス的なものを取り入れながら、しかも自己をそれに完全には委ねないという仕方によるほかはない。
(ND 26/14)

ここでは、「完全には委ねない」という箇所を重視して、美学的著述、演劇、芸術、文芸作品一般へ哲学を同化することに対して、アドルノが絶対的な敵意をいだいていたことを想起すれば、この一節の力を十分に感じ取ることができるだろう。つまり、このような——現在の知的風土にはきわめて不似合いな——哲学的思想と芸術的生産との峻別は、実際に芸術的実践と哲学的議論が実際に共通してもっている諸特徴を探知したことに対して、支払われるべき代償なのである。

思考の自由は、思考がおのれを抵抗において縛りつけてきた思考対象を超越するところにこそ見いだされうる。これは主観の表現衝動に従う自由である。苦悩をして雄弁たらしめようとする欲求こそ、すべての真理の条件である。なぜなら、苦悩とは主観を押しつぶそうとする客観性だからであり、主観がおのれのうちにあってもっとも主観的能力として経験するもの、つまり、表現でさえもが、客観的に媒介されているからである。(ND 29/17-8)

すでにこの哲学におけるミメーシス的契機を哲学的に擁護するにあたり、ミメーシス的なものがアドルノの言語でみずからを表現し始めたことがわかるであろう。これはミメーシスという用語を、より近年の用語で置き換えることによって明らかにできるものである。すなわち、今のようなかたちではアドルノが使えず、また、あらゆるコード横断と同じく、彼の思想にある解釈上の暴力を課すような用語、すなわち物語の言語なのである。というのは、どうやら、(たとえば、詩的な言葉における場合の)個々それぞれの語や名が(ものごとと名前が一致するという)クラテュロス主義を越えたところでは、文が生みだされる言語体系を経由する困難な迂回——究極的には人間の言語の多様な可能的構造をすべて比較する観点を含むような迂回――を行わずには、そもそもいかにして文がミメーシス的であると言えるのか明白ではないからである。このような迂回は、フンボルトやウォーフらの研究が巨大な記念碑や山脈のようにそびえ立つ原因となったものであるが、分析家が所与の言語もしくは言語体系に特有の統語精神を、存在と世界一般に対する話者の関係（時制体系、主観および客観の存在ないし不在、呼称など）のミメーシスのひとつの形態として理解することを可能にする。このような包括的な（たとえば、ドイツ語構造に対する弁証法の関係を把握しようとする何らかの試みに内在するかもしれない）視点がなければ、個別的な文のミメーシス的な可能性は、微細な物語として自己形成する傾向としてしか、また、いわばその物語の内部で、哲学的な思考や議論として抽象的に把握されるものの内容を行動化するかのような傾向の在り方としてしか把握されないのである。

しかし、アドルノ自身にこの傾向が非常に強いことはまちがいない。アドルノは自分の哲学概念の内容を、その構成要素の相互作用の身振り的表現とも言えるようなもので補足している。支配のひとつの形態としての啓蒙――すなわち、一般には理性が、個別的にはあらゆる抽象思考がもつ内的衝動――という発想が、行為者、動機、激しく劇的な出来事などを前もって含む、豊かな物語の図式を提供することは明白である。これは、以下の発言においてそうであるように、われわれが西洋の理性それ自体の始まりの瞬間を呼び起こすとき、今にも浮上してきそうなものである。

思考において把握できるものが、概念との同一性から逃れていく場合にはつねに、概念の側が、そうした思考の産物の一体性、完結性、厳密性に関するいかなる疑念も生じたりしないように、大げさな準備を整えるよう強いられるのである。（ND 33/22）

これでもまだ十分に不吉とは言えないかのように、今や微細な物語はさらに正確な詳細を身にまとい、相同性《ホモロジー》の霧が晴れて、ジャングルそのものが出現する。

至高の精神が、そこにおいてこそ自分が変身・変形されると想像していた体系［合理主義］は、その原初の歴史を精神以前に、つまり人間という種の動物的生の中にもっている。猛獣は腹をすかしている。獲物への虎のような跳躍は困難であり、しばしば危険でさえある。動物がその跳躍をあえて行うためには、おそらくそれに加えて、他の衝動を必要とする。これらの衝動が飢えの不快さと融合して獲物に対する凶暴さとなるのだが、その凶暴さの現われが、この獲物を有効に脅かし萎縮させるのである。人類への進化の過程で、こういった事態は投影によって合理化されることになる。(ND 33/22)

これはひとつの映像であり、これに関する哲学的議論はある程度の人類学を前提とする(われわれはすでにアドルノの思想のこのような特徴にいささかの不快感を表明した)と考えられるだろう。他方、そのような人類学的な構成要素は、ロシア・フォルマリズム風に言えば、この種の生き生きとした文を書くために、アドルノがみずからに説かなければならなかった内容と見なされるべきものである。その場合、この作用のこの次元——人間の本性に関する予見としての「人類学」ではなく、人間史と自然史との関係についての完全な、真に哲学的な思索——をより興味深いかたちで敷衍してみると、フォルマリストが「仕掛けの動機」と呼んだ、読者自身の美学を事後的に正当化する信念に類似するものとなるだろう。われわれが上に概略を描いた微細な物語における最終転回、つまり概念的で哲学的な使用のための物語の再領有化を見いだすのは、いずれにせよ自然史に基づく「モデル」においてなのであるが、この最終転回はどこよりも意識構造と、実際には、「虚偽意識」そのものに対する自己保存の「本能」(アドルノにとっては、われわれ自身の堕落した世界の原初の呪縛)の関係に関する議論を締めくくる文に見られるのである。「もしライオンが意識をもっているとするなら、食べようと欲するカモシカに対する激しい怒りはイデオロギーということになるだろう」(ND 342/349)。

それゆえ、悪しき同一性から孤立した抽象概念を最終的に産出させ、これをいわば内と外から同時に考えることを可能にするのは、個別の哲学的文のミメーシス的な構成要素——概念的なものを物語化する傾向——なのである。これはミメーシス的なかたちで疑似物語的な表象へと変容した観念作用の内容である。だから、文が孤立した概念に対してもつこのような微細作用は、概念の見かけ上の合理的な自律性を脅かし、(音楽の類比に戻るならば)星座配列や「モデル」という大きな楽章の中に多様な位置を獲得するために、概念を前もって形成することになる。ミメーシス的なものないし物語は、ある種の類似療法《ホメオパシー》戦略と考えられるだろうし、そこでは、抽象思考の内部に隠蔽された原初の支配の動きを暴露することによって、抽象化の毒が中和され、潜在的ないしユートピア的な真理内容が回復されるのである。

ミメーシス的な様式での哲学的思考というこの意義のために、アドルノがたんなる「文学者」として特色づけられるわけでは決してないと付け加える必要があるだろうか。これはいかなる点においても、哲学を美学で置き換えることを含意するものではない。なぜなら、ミメーシス的な衝動は両者に共通しながらも、それぞれに異なる形態を取るからである。いずれにせよ、『否定弁証法』においてアドルノは文学による哲学の抑圧に、かなり詳細に反論している（「事象のもつ歴史性を言葉によって表現しようといかに努力しても、そこで使われねばならない言葉はあくまで概念である」[ND 62/52-3]）。

だが、文という形式は今やそれ独自で、哲学的思索を行うための、ひとつの形式と考えられなければならない(38)。たとえば、われわれはのちに、今行ったばかりの例証の中で、概念の帝国主義を表現した動物のイメージの、予期せぬ意味作用を見ることになるだろう（実際、自然史の全領域という主題は、アドルノの哲学「体系」の重要部分であるかのように響く）。今や同じような閉塞性を文に与え、そうすることで紛れもないアフォリズムへと変容させた経済のイメージや比喩に関しても、同じことが言われなければならない。経済比較は特殊なものを隠喩的な鮮明さで列挙しながら、経済学全体をも包摂するのだが、後者がもっぱら個別的主観と、後期および独占資本の傾向的法則との間の関係を中心主題とすることは、アドルノでは一貫しているのである。概念と同一性という観念における哲学的意味といった、ひとつの前経済的領域にはすでに言及したが、これは単純な商品交換における価値に関するマルクスの説明に対応している。しかしながら、経済論理の第二の領域全体は、普遍と特殊のより複雑かつ弁証法的な関係を中心としており、二つの一般的なグループに分割する方が便利かもしれない。第一のグループが個別的な主観内部における分業と関係があるのに対し、第二のグループは独占状態における個別化それ自体の不安定な立場を劇化するのである。

こうして、この第二のグループを先に取り上げるならば、反逆者という伝統的なイメージはたんに客観的に不安定なだけではなく、おそらく主観的にさえ幻惑に満ちている。たとえば、ハリウッドの反逆者について、アドルノとホルクハイマーは――オーソン・ウェルズを念頭に置いていたようであるが――その反体制の姿勢さえも、ひとつの様式もしくは奇矯さとして順応させうると述べている。「ひとたび彼の特殊な行動が規範からの逸脱ということで登録・分類されれば、反抗者も文化産業に所属することになる。それは農地改革者が資本主義に組み込まれるのと変わりがない」（DA 118/132）。もっとも革命的だった農民は、出し抜かれ、「徴用され」、今やより大きな市場戦略、つまり私有財産を創造した後で、土地をもたないプロレタリアートを育成するために大地所を解体しようとする市場戦略にふたたび組み込まれることを要求するようになる――これの英雄的な直喩は、マルクス主義的分析から見る農業改革の要約的な教科書にあるすべての叙事詩的過程を含む。しかし、この直喩は比較的新しい映画史全体に関する予告編をも含んでおり、ウェルズ型の様式上の革新は、このための一種の売り込み型試験興行と見なされる。そしてその目的は、ハリウッドがみずからの技法を修正し近代化することを可能にしながら、革新それ自体を画一的な製品の内部に引き戻すことなのである。[39] 他方、これらすべては先に言及した第一の分析様式、内的な労働分業という観点から書き直すことが可能である。「審判のいないレスリングなどというものはないわけで、殴り合いの全体が、個人の中に内面化された社会によって興行されているのであり、社会はその場を監視しつつ、みずからも競技に加わっているのである」(MM 175/134)。

だが、より標準的なのは時代錯誤としての個別的な主観のケースである。比較の対象は、巨大トラストや独占の時代における小規模事業であり、ちょうど「経済的主体、つまり企業家や経営者になる可能性が完全に消え去ってい

る」(DA 137/153) のと同じく、心的主観、つまり自立的芸術ないし独立した行動や思想の制作者も排除されているか、生き残っている場合には、不安定な遺物、自然の気紛れとなる。

> 大規模産業が、独立した経済的企業体を抹消することで、また、自営企業家を取り込み、さらに労働者を組合内の歯車に変容させることによって、道徳的決断のための経済的地盤を不断に切り崩すとすれば、それによって反省の可能性もまた消えていかざるをえない。(DA 177-8/198)

しかしこの経済的相同性――今や独占資本主義のもとでの正式な精神理論である(とくにDA 181-2/202-3を参照)――は、多くの方向を開示してくれる。たとえば、これを強引に独占体制下で個人に残された潜在的能力の本質と特質の説明に用いることができる。

> 質的なもの――他の事物とは異なり、唯一無二であるがゆえに支配的な交換関係の圏内に入ってこないもの――のユートピアは、資本主義下にあっては、その物神的性格に避難先を見つける。(MM 155/120)

物象化という、よりなじみ深い主題は、同様に、しかしより簡潔に、以下のように主張されている。「物象化が増せば増すほど、それだけ主観主義も増大する」（W 92/74）。（この格言は「認識論と同じように管弦楽法に当てはまる」とアドルノは付け加える。）

しかし、相同性もまたそれ自体の可能性の条件、つまり、どの時点で個別的な精神と私有財産と時間そのものとの関係が、しだいに視野に入ってくるのかに関して、審問を受ける可能性がある。「歴史的には時間概念そのものが所有制度に基づいて作られている」（MM 98/79 と ND 362/369 も参照）。しかしながら、このかたちでは文は一種の抽象的な肯定命題、一種の比較的静的なたんなる哲学的命題のままである。これがミメーシス的な比喩になるのは、後期資本主義の力の場に「主観」が入ってくるときであるが、そこでは個人の同一性と私有財産とのつながりが今にも分離しようとしているのである。この時点でひとつの傾向が目に見えるものとなり、これについての話が可能になる。

個人とはいわば階級から財産を授与されたものでしかない。だから体制の執行者たちは、財産の普遍化がその原則自体を脅かすようになれば、ただちにそれを取り上げる用意があるのであり、それはまさに授与の停止ということを意味する。（MM 77/64）

この比喩は最終的にみずからを材料として、またそれ自体の存在を表わす比喩として、それ自体の包括理論を作りだすことができる。このことは、『ミニマ・モラリア』のきわめてすばらしい箇所のひとつ、個別的な主観に対してしだいに強さをましていく制限という比喩、および社会的な労働分業によるこの制限の浸透の増大が、『資本論』の言語それ自体に再結合し、心的主観内部における「資本の有機的構成」についてアドルノが語るときに、生起しているものである。すなわち、生きた人間の労働、つまり、その役割がつねに減じられている自由な主観性に対立するものとしての、心的機構と道具操作の割合の上昇である。今や人間の創造性は、機械に対する気配りへと縮減し、理性は発作的な器質性衝動へと縮減していく。「生への意志が、その当の意志の否定に依存することを強いられているのであり、言い換えるなら、自己保存の必要が主観におけるすべての生を抹殺しているのだ」（MM 308/229）。

しかし、この比喩に限っては、それ自体が自己の誤読を明確に訂正している。アドルノが明言していることだが、これは「人間の機械化」に関するテーゼではない。機械化は「人間を、外的な生産条件への適応という外部からの〈影響〉を通じてある種の歪みを被る、何か静的なものと考える」（MM 308/229）のである。だが、この比喩はそれ自体弁証法的なものであり、マルクスによる資本の有機的構成の分析を含んでいる。

こうして、これらの「弁証法的な文彩」は、前の章で記述した、普遍的もしくは全体的なものと特殊なものとの関係を、個別的な文のレベルにおいて流通させるのである。これらの比喩はそこで論じられていたことを裏づけている。つまり、全体性ないし社会システムに対応する用語は、たんに緩慢な知識あるいは先在する信念のかたちで前提とされているどころか、それ自体がその対応物――つまり個別的な主観――において生起することによって特定されるのだ。それゆえ、これらの比喩は独占段階における社会的全体性が作用する特定の契機についての情報を与えてくれるのである。実際、「国家資本主義的」な経済モデル(40)、今日の多国籍資本主義の発展にだし抜かれた、もはや流行とは言えないモデルへの固執は、われわれがもはやあつかうつもりはない「傷ついた主観」についてのある種の測定を可能とするが、この測定の「登録装置」は、空間の圧縮、漸進的排除、強化された反復や単調さによる可能性および創造的新案の抹消などのイメージを含んでいる。この過程がアドルノ（およびホルクハイマー）によって物語もしくはミメーシス的な形式で記録されることが可能だったのは、小規模事業および私企業がかつて可視的であり、それゆえその不在がのちの段階にも劇的な徴候であり続け、観察者になお知覚可能であった移行期を彼らが生き抜いたからである。これはもちろん、われわれの時代よりも有利な点であり、現代では社会的均質化がはるかに完全になり、過去はより決定的なものとしてあつかわれており、この種の一時的ないしモダニズム的な弁証法は効力をもたないように思われるのである。

八　カントと否定弁証法

　実際、『否定弁証法』は「未決の」もしくは偶然の創作などではまったくなく、カントの『純粋理性批判』の計画を――はるかな距離を超えるかのように、根本的に異なる建材を用いて、また、ジイドがニーチェにならって好んで口にした「外縁の莫大な浸食」によって――模倣しているのである。（ポストモダンの再構築――ガラスの殻、アーチ――が古い記念碑を包むように、『否定弁証法』が『純粋理性批判』を包んでいると言いたい誘惑に駆られる。ただし、アドルノはポストモダンではないし、より適切な類比はトーマス・マンがゲーテの『ファウスト』に対して行ったものであろう。）われわれが弁証法と呼ぶものの使用および誤用、ひとが弁証法を用いて正しく考えることが可能なものと不可能なもの、そしてとりわけ同一性と非同一性という論理形式との関係――これらすべては、理性それ自体と理性の正統な役割とそうではない役割に対するカントの中心的関心の代役をつとめている。

　したがって、超越論的思索の非正統性とは、われわれが知りえない実体間における教理的ないし神学的な彷徨（われわれとって今や古風なものとなったカントの用語法によれば、超越論的弁証法）なのである――二十世紀半ばの世俗化された世界では、過誤や誘惑、混乱に満ちたこの場所がハイデッガーのものであることは明らかであるが、ハイデッガーに対してはふたたび長い一節が割かれるであろう（ここでとくに検討することはしないが、ある敵対する批評家が、アドルノのハイデッガーに対する原理的な敵意は、きわめて早い時期から、彼の哲学的思索における「ひとつの固定点である」と示唆している[41]）。カントに対して非対称的な位置を占めるもうひとつの敵である経験主義――これを克服することがカントにとってきわめて重要であり、また、きわめて多くの内実を含んでいたことは有名である――は、アドルノの時代にあっては、彼が実証主義と呼ぶ、あのはるかに非人間化されたものでしかない。つまり、彼が折り合いをつけなければならない（ヒュームの立場のような）重要な哲学的立場としてよりはむしろ、（ときに唯名論と呼ばれることもある）歴史状況として、彼の議論の中で重要な役割を果すのである。

だが一方、導出しかつ導出される演繹としての「啓蒙の弁証法」それ自体の構造、および「ミメーシス」という謎めいた概念は、少なくともカントのカテゴリーや先験的な図式と同じくらいに遍在的で、しばしば同じくらいに説明不可能なほのめかしを構成するのである。一方、その不可欠性が肯定されるのと同じくらい徹底的にその本質的な思考不可能性が論証されている三つの超越論的観念――〈魂の〉不滅〉、〈自由〉、〈神〉――は、その対応物を『否定弁証法』を締めくくる三つのモデルの中にもつことが、最後に示される。中でも、〈不滅〉の問題は、現代におけるカントの中心的問題のきわめて非カント的な再発明である、形而上学の可能性もしくは不可能性についての最終節（第十二節）でふたたび取り上げられることになる。カントでは、この特殊な「観念」、あるいは必然的でありながら無力な超越論的価値は、純粋理性による誤謬推理の過ちに曙光をもたらすために回帰する。というのも、純粋理性による誤謬推理は、魂の実質的存在（これは主観の統一性、有名な「統覚の超越的統一性」の代役をつとめる）を基礎づけることができなかったからである。

これに対して、〈自由〉は、純粋理性がはらむ二律背反の問題――言うなれば、宇宙の因果性や、宇宙に開始や終焉は存在するか、無限か有限かなどを確定しえないこと――と対応する。今日われわれが主観的もしくは心理学的問題と考えるもの（すなわち自由）の妥当性は、因果性そのものの二律背反とともに、また、同じ一連の出来事が、二つの異なった通約不可能な仕方で読むことができるのかどうか、つまり因果的連続（社会的なもののみならず心理分析的なものにより決定される、と今日われわれは言うかもしれないが）として、また同時に、自由な選択や反応の連鎖として読むことができるのかどうかという二律背反とともに、明らかにされる。重要なのは、カントではこれが主観的問題ではなく客観的問題だったこと、そして、ここでは客観的なものに対するアドルノの偏向、つまり「客観の優位」による主観的なものの体系的な異化が、きわめてふさわしいものであって、実際、この時点で、カントが彼の三部作のもうひとつのために保留した倫理学および倫理的逆説を包摂することで、カント的な目標点を飛び越えてしまっているということである（それゆえ、すでにここに暗に存在しているため、真にアドルノ的と言える「実践理性批判」は存在しないのである)。

最後に、〈神〉の観念——ちょうど経験世界の特殊的存在の本質と存在を基礎づけるように、その必然性によって経験世界の偶発性を完成させる「純粋理性の理念的形態」——は、アドルノのポスト・カント的かつポスト・ヘーゲル的な知の文脈においては、ヘーゲル的な世界精神という問題系、つまり普遍的特性および普遍それ自体(以前の神の観念がもっていた伝統的機能)の性質に関する問いとなるが、これはまた、われわれが後で見るように、アドルノにおいては、人間史と自然史との間に見られる「同一性」と「非同一性」によって、弁証法的にふたたび疑問視される歴史それ自体の概念を展開するような問いともなるのである。そして、この二つのテクストには他の接点も存在する——「これらを完全に列挙することは有益であり、また不快ではないが、この場では完全に省略可能な仕事であろう」[42]。

ならば、こうした野心的な操作は、カントの『純粋理性批判』が彼の時代の自然科学に対して行ったような、マルクス主義そのものの妥当性に関する可能性の諸条件を詳述するものではない。これは、その意味においては、正確にはマルクス主義の哲学でも、マルクス主義の哲学的な足場作りや補強(ルカーチの『歴史と階級意識』がはるかに特異で、より伝統的でない仕方で行ったと言いうるもの)の作業でもない。その哲学的結論——非不滅性と唯物論、倫理や行動の本質的不純ないし他律性、人間史の中で作用している深層基層という(超越的な理念ではないにせよ)三重の新しい概念の出現として定式化されるかもしれない——が何ものかであるとすれば、それはマルクス主義的歴史観それ自体に対する哲学的補足である。実質上あらゆる人間の行為を含み、すべてを基礎づけるというその主張において、多様な学問の哲学的基盤を敵に回すほど、マルクス主義的歴史観の範囲はきわめて広大であるが、これらの三領域はそうした広大な範囲さえをも超えるか、もしくはその外側に存在するのである。アドルノの「批判的」ないし「否定弁証法的」哲学——今やもはや方法の一種ではなく、一組の実質的な哲学的帰結および概念ととらえられる——は、その意味においてサルトルが(必ずしもよい意味でなく)ひとつの「イデオロギー」と呼んだものに対応すると言えるが、サルトルの言うイデオロギーとは、「われわれの時代の唯一超越不可能な哲学[43]」としてのマルクス主義に対する矯正策であり、われわれの時代において教義的に硬直してしまったものの再活性化であり、マルクス主義の公式的範囲の彼方にある——しばしば「主観的要因」とか意識とか文化と呼ばれる——問題を思い起こさせるものなのである。

他方、カントとの比較が示唆するのは、のちのアドルノの「非同一性」に対する執心——とりわけ『美の理論』において自然と自然美が担うことになる役割に対する執心——は、それ自体として、そのような「超越的理念」に対して定められた境界からの（きわめてカント的な）ずれであり、また（アドルノにおいては同一性を非同一性から分離するものである）障害物そのものによって引き起こされたつまずきと考えられるということである。美学的かつ懐疑的なカントは、実際、この種の理念を拒絶したであろうが、理神論的なカントはその帰還をよろこんで迎えるのである。

最後に、ここで述べたような『純粋理性批判』の形成的で隠された——間テクスト的というよりはサブテクスト的と言いたい——役割が妥当であるならば、なぜわれわれがエッセイ（および未完の作品、断片的な探求）についての宣言におけるアドルノの言葉を、文字通りに受け取ることがほとんどないのかも、同様に明らかになる。今やこれらの「モデル」は、到底無作為に選ばれているようには思えず、より深く、より体系的な論理的関係をもつように、そして初期のブルジョア期における思想の基層的な歴史的徴候および地質学的隆起として、少なくともカント自身のテクストの内的一貫性に「関与する」ように思われるのである。

> 実際、「エッセイ風に」概念を形成するのは、その要素を教室でやるようにつなぎ合わせるのではなく、外国語を、外国において実用的に用いることを強いられた者が行うように行うのだ。（NL 21）

という、エッセイに関する見事な公式を文字通りに受け取るべきであるとすれば、『否定弁証法』に収録されたこれらの「エッセイ」に関して留意すべき点は、エッセイの言葉は、作者アドルノの母国語が外国語と化した、いわばひとつの新しい印欧語で語られているという点である。

九　自由のモデル

しかし、自由――自由意志、決定論、責任および選択、つまり今となっては遠い昔にサルトルの実存主義に見かけたのが最後となったものすべてという意味での自由――は、今日かなり時代遅れの問題となっているか、あるいは、むしろ（この方がましではあるが）一見廃れてしまった問題系のひとつの用語および局所的問題として生まれてくる。その問題系は、長く開かれることのなかった倫理学の書物に含まれていたアカデミックな哲学の埃臭い匂いはしないとしても、精神分析や行動主義以前の時代の香りを漂わせている。それゆえアドルノが哲学と文化における時代遅れのものや、もはや現実的ならざるものの意義を思索するようわれわれを誘うのは避けがたいことなのである。たとえ、『否定弁証法』の見事な冒頭部分、何とか「生き長らえ」生き続けている哲学という光景の中にこの「問題」が含まれていることを、より生々しく把握することしかできないにしても。別な箇所、たとえば『ミニマ・モラリア』（五七番）のイプセンとフェミニズムについての優れた思索においても、時代遅れという問題はあつかわれている。『人形の家』に関して時代遅れと思えるものは、この作品が提起しているもはや通用しない「社会的問題」なのではなく、むしろそれがまさに時代遅れの社会的問題で**ある**という事実――換言すれば、問題は解決されずに依然としてわれわれのもとにありながらも、もはやわれわれが意識しようとは望まないような仕方で存在するという事実なのである。だから、時代遅れは抑圧の標識――「過去の可能性を目のあたりにした、後代に生を受けた者が感じる羞恥であり、そうした可能性を実現させることを彼は怠ったのである」（MM 116/93）――ということになるだろう。倫理哲学についても、またとりわけカントについても同様であり、時代遅れは、主観と主観の行為の自由に関して思索することが今日よりももっともらしく「現実的」に思えた、過去の一瞬の記念品かつ名残りとしてあるのだ。

しかし、概念の歴史性は『否定弁証法』の始めの方の章ですでに予告されていた。

強調してとらえるならば、だれそれが自由であるという判断は、自由の概念と関わりがある。だが、この概念それ自体がそのひとに述語づけられた以上のものであることは、そのひとが他の諸規定によって彼の自由という概念以上のものであることとまったく同じである。自由の概念は、たんに自由と定義されたすべての個人に、その概念が適用できるということを意味するだけではない。それは、現状ではだれにも許されていない諸性質を諸個人がもつような、ある状態という理念によっても育まれているのである。だれかを自由だと賞讃する際に独特なことは、彼の中に自由の兆しが現われているというだけで、そのひとには何か不可能なことが約束されている、と言外にほのめかす点にある。この秘密こそ、する価値のあるすべての同一化判断に生気を与えるものとして、現れてくるのである。経験的に適用されるや否や、自由の概念はみずからの後ろに退いてしまう。(ND 153-4/150-51)

それゆえ、この概念の時間的広がりは、たんにその過去の歴史のみならず未来にも、「破られた約束」として、また、普遍化したと誤って想像しながら標的を飛び越してしまったユートピア思想として存在する。

ならば、(他のモデルによってと同じく) この「モデル」によってもっとも執拗に提起される形式的問題は、それ自体の二律背反や内的矛盾の問題は言うまでもなく、時間の中にある、このように特殊な存在物についての表出(Darstellung) をも含んでいる。自由とは今日「疑似問題」と呼ばれるものであるということは、カントがすでに論じているが、彼は、自由という語が法律上および刑事上の手続きのみならず、いまだにときおり出現するほんのわずかな「倫理的」ジレンマにおいても用いられ続けているという事実に目をつむってまで、われわれがこの問題をきっぱりと忘れるよう望んでいたわけではまったくない——実証主義はそれを望んでいたようであるが。『否定弁証法』は、この古い問題そのものを「解決」しようともしないし、この伝統の中でかつてなされた努力に見いだされるであろうものよりも矛盾の少ない、ある新しい自由の「哲学」を作りだそうともしない。

こうした議論の対象に反省を加えるにしても、[それ

> らの議論に対応する問題が」存在するかしないかを判断するという意味で行うのではない。むしろ、そうした対象を思考することが強要されているということと同様に、それに決着をつけることは不可能だということともわきまえたうえで、反省を加えなければならないのである。(ND 211-12/212)

カント版の自由の場合――そこでは行動に関するあのような説明は、現象世界(この世界では、私が自由意志で何をしようともかまわないわけだが、その何かは私の身体によって、重力法則などのもとでなされる)の因果性とは一致しないか、少なくとも通約不可能であるため、このプロイセンの哲学者は、自由の言語と概念性を物自体の領域に委ね、このもうひとつの領域で「統制的理念」としてこれを保持しようとする――アドルノはいまだに、イデオロギー分析におけるホルクハイマーの古い教訓から恩恵を受けることができる。

> 十七世紀以来、自由はあらゆる偉大な哲学のもっとも固有な関心事であった。自由をくまなく基礎づけるというのが、ブルジョアジーから哲学へ暗黙理に委託された課題であった。だが、その関心は構造的な矛盾をはらんでいる。それは合理性の原理によって封建主義の古い抑圧に逆らいながら、合理性の原理そのものにひそむ新たな抑圧を促進したのである。自由と抑圧に共通する定式が求められた。自由は合理性に引き渡され、合理性から制限を被るが、そのために自由は経験世界から引き離されることになり、経験世界の中で自由が実現されることなどそもそもだれも望まないのである。(ND 213-4/214)

だが、これで問題が一挙に解決されたわけではない。というのは、美学的著作はこの区別を、より明確かつ露骨にコード化するため、イデオロギー的機能はここでもなお「真理内容」から識別されなければならないからである。他方、イデオロギーの領域においてさえ、一対の矛盾したイデオロギー的な要求に対してカントが巧妙に与えた満足は、彼自身の時代以降は下る一方でしかない道の途上にある暫定的な休息所でしかないのである。そこでは、心理学、すなわち原因と結果に関する経験科学としての心理学が、主観性の植民地化――今日では「自由」とはそもそも何であるかは言うまでもなく、ともかくもそれがどこに宿りうるのかということまでをも訝らせるほどに徹底したものとなってしまった主観性の植民地化――を開始したばかりであった。しかしながら、「決定論」に関する考察でさえ、「まるでかつての革命的ブルジョアジーの時代のもののように古臭く響く」（ND 215/215）のは皮肉なことである。「自由に対する無関心、すなわちその事象に対する無関心と同様に、概念そのものに対する無関心は社会への統合によって現実化するのであり、主観はこの統合をあたかも不可抗力であるかのごとくに経験するのである」（ND 215/216）。だが、これもまた、ひとつの歴史的過程であると同時に、ひとつのイデオロギーかつひとつの選択としても記述されなければならない。それゆえ、アドルノが続けて第二の文を付け加えていることは意義深い。「日々の生活の安定に寄せられる関心が、無保護状態を招来する恐れのある自由への関心を、麻痺させてきた。」

しかしながら、この節の残りの部分は、自由に関する何らかの概念が、不自由に関わる諸概念の範囲内においてさえ、どのようにして前提とされ続けているかを示そうとする。この箇所および全編で行われている、二つの対立物が弁証法的に互いを内包するという議論は、のちに倫理的思考における意図的な他律性を、実質的に推進することとなる。しかしながら、ここでは対立物の統一は、系譜学的に表現されるのである。

自己同一性と自己疎外とは初めから相伴うのであって、それだからこそ疎外の概念という悪しきロマン主義がそもそも生まれるのである。自由の条件である同一性はそのまま、とりもなおさず決定論の原理なのである。（ND 216/216-7）

しかし、社会、すなわち同一性と統合および心的なものの抑圧的解体の原理もまた、それ自体の前提条件として自由を要求し仮定する。他方、古来の幼児的本能を制御し、飼い慣らすことをその機能とする心的自我もまた、この本能への追想によって育まれ、基礎づけられている。カントの表出——「範例」を不本意ながらも主要な倫理的「テクスト」や重要問題のかたちに配列すること——でさえ、ある純粋自由概念とその偶発的状況との間の、不安定ではあるが不可欠な媒介を劇化するのであるが、これは長い目で見れば一般化ないし普遍化を禁じるものなのである。

だが、この逆もまた真であるため、アドルノはこの節の最後で次のような驚くべき命題にいたる。つまり、「意志」という表面的には不十分なカント的概念（「ある法則の理念に従って自己を行為させる能力」として考えられている「カント、ND 226-7/227 に引用」）でさえ、可視の場合には、一種の風変わりな補足ないし付加物（アドルノの表現では das

Hinzutretende）を開示するのであり、この補足ないし付加物において、通常の行動および意識的ないし選択的な行為に、自由が鮮やかに加えられるように思われるのである。しかし、その付加物の正体は近代の用語では、上からと同じくらい容易に下からも到来するものとして、きわめて容易なやり方で、記述されてもいると言ってよい。

心の内なるものであると同時に身体的なものでもある衝動は、別な意味でそれが属している意識の領域を超越する。その衝動とともに自由は経験の領域に到達し、これによって自由の概念は、盲目的自然でも抑圧された自然でもないような状態の概念として、生気が吹き込まれる。このような状態にまつわる幻想は、精神と自然の融和という幻想であり、因果的相互依存が証明されれば、この幻想は霧散するのであろうが、そんなことを理性は許しはしない。この幻想は、理性と意志のカント的な同一視という観点のもとでは、そう見えるほど異質なものではない。それは天から降ってきたわけではないのだ。哲学的反省にとって、その幻想がまったく他者的なものに見えるのは、純粋な実践理性に還元された意志とはひとつの抽象だからである。付加物（Hinzutretende）とは、そのような抽象によって排除されたあらゆるものに与えられる名称である。それなしには、そもそも意志は現実性を獲得できないであろう。付加物とは、久しい以前に存在していて今ではほとんど気づかれなくなったものと、いつかは存在するかもしれないものという両極の狭間に存在する閃光なのである。（ND 228/228-9）

意志に関する古くからの教義――サルトルによって決定的に解消されたと考えるむきもあるだろうが、サルトルは、「意識的な」意志の力の行使とわれわれが考えるものは、意志の力の行使という威光を収穫することを可能にするために（失敗に終わることもきわめて多いが）配備されるより一般的な非反省的な自由選択の内部で行われる、われわれのひとり遊びにすぎないと証明している――をこのように修正し回復することは、二倍三倍の努力をしたというよりは、存在の存在論的飛躍により近い何かを強調しているように思われる。

それがいかなるものであろうと、このモデルをあつかう次節はこの議論を転回して逆転させ、むしろ自由のあらゆる概念がそれ自体の不自由に含まれてしまうその仕方を、ふたたび列挙しようとする。カント自身が、個人的および社会的レベルにおいて、とりわけ遺憾な（今となってはおそらく滑稽とも言える）様子でこれを劇化しているように思われる。「カントは彼以後の観念論者と同様に、強制なき自由に耐えられないのである」（ND 231/232）。他方、義務と普遍的法則の純粋な形式主義が、しばしば（とりわけドイツにおけるその現われにおいては）カント自身および啓蒙において冷酷かつ抑圧的なものに見えるにしても、「形式主義のうちには、その抽象性にもかかわらず、さらに言うとその抽象性ゆえに、内容的なもの、つまり平等の理念が生き続ける」（ND 235/236）のである。だが、この同じ抽象的な普遍性がそもそも存在するためには、偶発的な素材が必要である。このカント的な意味において、自由はなお弁証法的に偶然性と同一である。

> 自由はカントのいう他律的なものを必要とするだろう。理性そのものという基準に従って、偶然的なものないし偶発的なものと呼ばれるものが存在しなければ、理性本来の論理的判断が存在しえないのと同様に、自由も存在しえないだろう。自由と偶然の絶対的な分離は、自由と合理性のそれと同じく恣意的である。法則性という非弁証法的尺度で測る限り、自由はつねに偶発的と思われるだろう。それゆえ自由は、法則と偶然性というカテゴリーの両方を凌駕するような反省を要求するのである。（ND 236/237）

偶然ではあるが、アドルノが作品全体を通じて頻繁にとは言えないにせよ、催眠にかけられたかのように偶然性の問題に帰ってくることから、このような思索がルカーチの『歴史と階級意識』における偶然と偶発性についての思索の展開から、かなりの刺激や示唆を受けていることは明らかである。[44]

　しかし、自身の弁証法的かつ他律的な自由の概念を基礎づけるために、アドルノはまずカントの第三の二律背反を解体しなければならないが、この第三の二律背反は、現象的自由の概念とその対立物（自由抜きの因果性）の概念がともに等しく不可能なことを証明すると主張し、それゆえに、いかなる弁証法によっても超えられない溝を両者の間に設定する。しかしながら、アドルノは、次節において第三の二律背反の解体を行う際に、マルクスにおいて同様に許しがたい解決と見なすものを拒絶するための機会をとらえる。この解決とは、理論が消滅するようなかたちでの理論と実践との衝突であり、予測されるように、これはフランクフルト学派に特有の、観想的なものそれ自体に対する請願の機会となるのである。

　しかしながら、この後半部分がきわめて興味深いのは、今やアドルノが、自由ではなく因果性を救出するために、二律背反のもう一方の柱に焦点を転じる限りにおいてである。カント（およびドイツ人全体）のイデオロギー的かつ階級的偏見は、因果性と法が同一化されることでふたたび前景化される。その場合「ある規則に従う」（ND 245/247に引用）ものはすべて対象になるのである。実質的には、因果性というかなり強制力のあるこの概念に関して述べられるのは、それがこの点においてカントによる自由の定義（「規則に従う」）と同一であり、ならばむしろ「強制から区別されるもの」（ND 247/249）に適用されるべきだということである。だが、カントによる操作の失敗によって、また自由の超越論的記述が、本体の領域というよりはむしろ現象的な領域から推論されたことが明白であるため（ND 252/255）、カントの道徳法則の基本構造、とりわけ定言的命法それ自体の基本構造は、よりふさわしい社会的推論へと開かれる。とりわけ、手段と目的との区別を通じて行われる論理的な推論が歴史的に独特な社会的経験を利用していることは明らかである。

商品労働力としての主観、つまりそこから利潤が獲得される主観と、そうした商品でありながらも依然として全社会機構をおのれのために働かせている主観としての人間との区別――もっともこの機構はこうした主観を忘却し、時折その主観の希望をかなえてやるにすぎないが。（ND 254/257）

偉大なカント的命法におけるユートピア的な契機が、アドルノのせいで陰ってしまったように思われるが、その理由は、それを（ブルジョア革命の政治的普遍主義において）実現する機会が逃されてしまったためだけでなく、この教義の頑固なまでに抑圧的な特質のためでもあり、この教義は、無矛盾の法則それ自体と同じくらい抽象的な普遍道徳法則を追求する際に、快楽は言うまでもなく、幸福に対していかなる関係ももたないことを望むのである。しかしながら、最終的には、これは、カント自身や啓蒙、また十八世紀のドイツ市民階級もしくはプロイセン国家に帰すことができるのと同じくらい十分に、同一性の原理のより深いところでの操作に帰すことができるように思われる。そして、これがもちろん、アドルノによる第三の二律背反に対する究極的論駁ということになるであろう。

こうして主観は、自由意志なのか、そうではないのか不可避的な二者択一を定立するだけですでに敗北しているのだ。この二つの極端なテーゼは、いずれも虚偽である。決定論のテーゼと自由のテーゼは、その中核において一致する。両者は同一性を宣言するからである。(ND 261/264)

だが、同時に二つのテーゼはともに真でもある。

個人が決定されていることと、その決定と矛盾する社会的責任との二律背反は、概念の誤用に起因するのではなく、むしろ現実的なものである。つまり、普遍と特殊との和解不可能性が取る道徳的形態なのである。(ND 261/264)

だが、この新しい――カントのというよりはアドルノの――二律背反は、今や彼の思想を究極的な定式、つまり他律性の概念に関するもっとも入念な発言へと押し進める。

しかしながら、自由は非自由と、あまりに絡み合っているため、非自由は自由の障害であるだけでなく、自由という概念の前提となっている。どのような概念もそうなのだが、この概念も絶対的なものとして切り離されてはならない。理性の統一と支配がなければ、自由に似たものはそもそも思考されることはないし、ましてや存在することはなかったであろう。哲学自体がこれを裏書きしている。使用可能な自由のモデルはこのひとつだけであって、それは、意識が社会機構全体へ介入するのと同様に、まさにその介入を通して個人の気質へも介入するというモデルである。こうした考え方がまったくの妄想ではないのは、形式としての意識それ自体が枝分かれしたリビドーのエネルギーの一形式であり、それ自身が衝動の一部であり、それが介入しようとする当のもののひとつの契機でもあるからである。カントが懸命に否定しようとした［普遍と経験的なものとの、あるいは自由と現象世界との］親和性がなければ、当のカントがこの親和性を拒否することによって擁護しようとした自由の理念も、また存在しないことになるだろう。(ND 262/265)

これは混在したもの、もしくは不純なもの――換言するならば、同一性と非同一性との同一性――の教義であり、われわれはこれが美学において回帰するのを見ることになるであろう。美学であつかう芸術作品ないしモナドは、ともに社会的なものが充満した閉じた内因的形式および客体であり、これらは強い意味論的な意味において、絶えず社会的なものに言及するのである。だが、まもなく見るように、美学はアドルノによる哲学的に独創的な自然史概念の配備からその力を得てもいる（先の一節の「意識」は、「枝分かれしたリビドーのエネルギーの一形式」である限り、これに再挿入される。）

その後、局所的なコーダのようなこのクライマックスとともに、アドルノの思索は、あたかも「自由の理念に起こったことは、その対照物である因果性の概念にも起こっているように思われる」（ND 262/265）かのように、他律性の概念の反対側の坂を下り始める。アドルノは本質的に、カントにはなお中心的であった直線的因果性から、「因果の連鎖というよりは、因果の網によって機能する」（ND 263/266）本質的に共時的な概念への大規模な変化を思い描いている。

因果性も同じように全体性へと退いてしまった……ものごとのどの状態も、水平にも垂直にもあらゆる状態と関係しており、あらゆる状態を照らしだし、あらゆる状態から照らしだされている。啓蒙は因果性を決定的な政治的武器として使用したが、上部構造と下部構造に関するマルクス主義の教義は、かなり素朴なままに留まっており、今日の状況ではほとんど通用しない。今日では、生産、流通、支配といった装置ばかりではなく、経済的・社会的関係やイデオロギーさえも解きほぐしがたいほどに絡み合っており、生身の人間も一片のイデオロギーと化しているからである。イデオロギーが現実を擁護したり補完したり美化したりするものとして、現実に付け加わるのではもはやなく、イデオロギー自身が、現状の不可避性そしてそれゆえの正当性を表わす仮象になってしまえば、上部構造と下部構造の一義的な因果関係を使った批判は的外れなのである。全体主義社会では、すべてが中心点から等距離にあるし、そのような社会では、その社会をかつて見通した者が根絶やしになるほどに見通しがきいているし、その弁明もまたみすぼらしいほど擦り切れているのである。（ND 264-5/267-8）

まさに、このような因果性――のちに見るように、後期資本主義の「呪縛」――によって、主観と自由は――カントには失礼ながら――特定の親和性をもつ。つまり主観の真理が明らかにされるのは、このような客観的次元によってのみである。この意味において「親和性」は「限定された否定」――言うなれば、「批判理論」であり「否定弁証法」――であり、これまでは表面化しなかった意味においてミメーシスでもある。

> そこ［批判としての親和性］において思考は、自分が前もって事物のまわりに置いておいた事物に対する呪縛を模倣する。それも、呪縛を無効にする共感へのとば口で模倣するのである。因果性のうちにある主観原理は、事物に対して、主観によって事物に加えられた仕打ちを曖昧なかたちで理解しつつ、その事物に対して選択的親和力をもつ。(ND 267/270)

こうして、今やミメーシスは、人間や社会秩序が世界に対して行ってきたことに関する、より深い本質に対する洞察を与えるだけでなく、いかにして世界が回復しうるかについてのわずかな意味をも同時に認める限り、ヴィーコの真理と事実に関する原理の、独特な逆転もしくは修正を提供するものと見なすことができる。思考はこうして奇妙にもブレヒトの偉大な疎外の原理を反響させるが、この原理は、自然的と考えられるものが実は社会的で人間の習慣の結果であることを証明することによって、人間の慣習は自然的と考えられるものを何か別のものに変える能力をもっているという意識を、ふたたび目覚めさせようとしたのであった。

『否定弁証法』における自由に関する最後の二つの節は、二者択一的な結論であるかのように、カント的な倫理学ないし倫理学一般に対する現代の代替物（精神分析、人格主義、実存主義）を概観する。また、叡知的世界および叡知的性格も概観されるが、これらはカントが本体（noumena）ないし物自体の世界に委ねたものである。この結論部の最初の議論では、ナチ戦犯の処刑についての論争における倫理学の他律性がふたたび断固として舞台に上げられている。

> 無罪判決はあからさまな不正であろうし、他方、正当な贖いは攻撃的な暴力の原理に汚染されることになるであろう。こうした事態に抵抗することの中だけに、人間性があるのである。死刑の執行は道徳的であるかもしれないが、死刑の正当化は決してそうではないというベンヤミンの言葉は、この弁証法を予言している。(ND 282/286)

第二の議論では、道徳的ないし倫理的存在の「英雄性」それ自体の体系的否認に加え、ユートピアのモチーフがもう一度奏でられる。

> （アポリア的概念のまったくの無規定性に反して、みずからを主張するものとしての）叡知的性格というカントの

X概念にその真の内容をあえて付与しようとするならば、この内容はおそらく、歴史的にはもっとも進歩していたが、瞬間的に燃えあがり急速に消え失せていった意識ということになろう。この意識には正しいことを行おうとする衝動が内在しているが、この衝動は、人間にとって疎遠でもなければ人間と同一でもない、純然たる可能性の具体的、断続的な先取りとなっている。(ND 292/297)

衝動そのものが存在しない場合には、未来の断続的な先取りどころか、いかなる倫理も本来的かつ独力で現実に実行可能ではない、とアドルノは述べる。われわれは体系を根こそぎ変えようと試みるか、「善い動物であったと信じられるように生きようと試みる」(ND 294/299) かのどちらかである。

しかしながら、自由のモデルに対するこの結論は、実際われわれを大戦直後に書かれた『ミニマ・モラリア』へと引き戻すが、この作品の中心的計画のひとつは、二律背反の方法による、倫理の実行可能性に対する(ほとんどカント的な)論駁にある。一連のきわめて小規模な「モデル」は、特筆すべき簡潔さと、同じく特筆すべき弁証法的な気転で、今日における、結婚(十番)、礼節(十六番)、適切な物質的生活(十八番)、愛(一一〇番)などの内的「不可能性」を列挙する。たとえば、結婚は利益との制度的な結びつきによって堕落しているが、これは利益が存在しない場合でさえ、偶然に両当事者に付与されている個人的価値によって、利益をもたない者たち、金もちの特権階級に対してさえ、制度がみずからの論理を強化するような仕方で堕落しているのである。金もちの特権階級は「利益の追求が第二の天性と化した人種に他ならない――もしそうでなければ彼らはその特権を維持できないはずである」(MM 29/31)。

礼節――つまりあらかじめ整序された社会的な演技者たちの間の人工的な距離――に関して言うなら、これは(芸術から倫理にいたるまで)あらゆる領域において過渡的現象である。なぜなら、礼節は自由に選択されるものであり、伝統的な、外部から課される抑制や規範とは一線を画すものでなければならないからであるが、他方、このような抑制からわれわれ自身を解放しようとする衝動が、ついには礼節それ自体を必然的に破壊してしまうのである。所有と物質の世界に対する関係に関して言えば、これは新たな資産独占形態や消費商品の過剰による問題提起であって、想像されるような中庸を説くものではない。

物に愛着を感じず事物を軽んじる態度は……必然的に人間にも向けられる。そして反対命題は、それを口にした瞬間に、良心にやましさを覚えながらも自分の所有物の保全にあくせくしている連中のためのイデオロギーになってしまうのだ。(MM 42/39)

一方、愛は、非社会的な自発性に対する要求と、みずからを社会的なものではないと定義するのがブルジョア社会にほかならないという事実との間を取りもとうと試みるのである。

愛、すなわち無反省な自発性を装い、誠実とやらを鼻にかけ、心の声と称するものの声に従い、その声が聞こえなくなったと思うとたちまち相手から遠ざかるといったような愛は、この自力独行の極点にあって、まさに社会の道具なのである。(MM 227/172)

これらの寓話のそれぞれが、われわれの思索の材料として与えてくれるのは、たんに現象の矛盾的性格でもなければ、そのような領域を支配する矛盾のない倫理を確立することの不可能性ばかりでもない。それは、何にもまして、社会秩序の歴史的段階への説明的連関性である。社会秩序の特異性だけがこれらの袋小路を説明するのだが、それは、より近似的に言えば、歴史が、われわれが求めてはいても、もはやそれらの特異性の内部では実現されないと考える価値の起源をも解明するのと、まったく同様なのである。これらの寓話はすべて、倫理によっては倫理「から抜けだす」ことはできないということ、また、「まちがった生活を正しく生きることなどできない」(MM 42/39)や「社会そのものの解放がなければ、いかなる解放もありえない」(MM 228/173)といった、一連の碑文のような結論が示唆するように、倫理的なジレンマは社会的かつ政治的なものであるということを示すように企画されている。

だが、倫理的ジレンマと社会的矛盾との接合は、これらの例のすべてにおいて、われわれが唯名論の危機と呼んできたもの、すなわち近代社会における一般的なものの領域と特殊なものの現実との緊張関係によって表現されている。「離婚に際して、普遍は特殊にとっての汚辱の烙印であることが判明するのだが、その理由は、結婚という特殊がこの社会の中で真の普遍を実現することができていないからである」(MM 31/32)。他方、自由となった礼節、つまり「解放された礼節は……唯名論の前に立ちはだかるあらゆる種類の困難に出くわす」(MM 37/36)のである。

注目すべき長文の段落(一一六番、「彼がどんなに悪だったか、まあ聞いてごらん」）は、抽象における出来事、とくに大規模な集団的破局と、われわれにとって重要な微細論理的《ミクロロギカル》な偶発事――共感の諸形態はここでのみ自発的仮象を形成することができる――との間の拡大する一方の裂け目を媒介することで、より広い結論を引き出している。「直接性がみずからを定立し地歩を固めるところではどこでも、社会の悪しき間接性が狡猾にも挿入される」（MM 240/182）――これは、「国家理性の教義、つまり、政治からの道徳性の分離と無関係とは言えない」（MM 237/180）何かであるとアドルノは付け加えている。しかし、彼が続けて示すように、これは美的表象の問題とも関係がないわけでもない（また事実、文化的表象についての、とりわけ今日における歴史的かつ政治的表象の問題についての中心的な節でさらに展開されている。九四番、「政治劇（世界がすべて舞台であるわけではない）」）。だが、この診断――それは、伝統的な経験形式の崩壊に関するベンヤミンの分析と、もっとも直接的に類似している――はここでは、美学的矛盾や表象の危機を超えて、現代生活における自律性と半自律性のさまざまな領域という、より社会的かつ哲学的な問題へと延長されている。

すでに引用した段落が倫理に関して証明していること――倫理がどこから見ても自律的であり、それ自身に特有の思考や知的解決を要求するとしても、それらの中で作用している二律背反は、倫理的なものの自律性それ自体についての当初の前提を論駁してしまうということ――は、今や、文化（二二番、「角を矯めて（風呂の湯と赤ん坊）」）から民衆芸術（一三一番、「おばあさんに化けた狼」）まで、また政治から哲学までの、より多様な領域にわたってひとが学ぶことができる教訓であることがわかる。その後ルーマンに教えられたように、(45) 近代性《モダニティ》とは区別の増大に、つまりあらゆる範囲の社会的なレベルや活動が互いに相対的に自律すること、たとえば、文化の聖なるものからの「解放」、あるいは政治の倫理からの「解放」にある。だが、別の角度から見れば、世俗社会そのものを構成するのは、併存したり、内部で重複もしくは同一化の状態にある、混然としたこれらすべてのものである。しかしながら、世俗社会というものは、自律的客体として経験的に存在するものではなく、独立した検分を行うことはできないものである。それゆえ、社会の領域やレベルの半自律性は真であると同じ程度に偽なのであり、弁証法の使命は、そのごまかしのイデオロギー的仮象に加え、この妥当性を調整し尊重する試みにあるのだ。『ミニマ・モラリア』の中のこれらの小規模な「モデル」が立証しているように、弁証法は倫理といった世俗的領域の自律性を認知することによって、この試みを行っているが、弁証法はついで、このような領域に自律的な理論を付与しようとする試みから生じる矛盾を通じて、このような領域が実質的に社会の全体性に依存するということを推論している。こうして、自由概念の他律性は、社会的な領域や範囲（および哲学的学問諸分野）の自律性に対する、より一般的な批判の特殊な例にすぎないことになる。

十　歴史のモデル

マルクス主義的歴史観そのものに関して、アドルノがもっとも力を入れた「擁護」がようやく舞台に上げられるのは、『否定弁証法』のヘーゲルの「モデル」においてである。しかしながら、このような性格づけはただちに二つの方向で限定されなければならない。というのは、すでに明らかにしたように、アドルノは擁護という意味では、体系的に、もしくは「力を入れて」論じることは決してないからである。この『否定弁証法』の「世界精神と自然史――ヘーゲルへの補説」の章はそれゆえ、歴史に「ついて」のアドルノの基本的立場を明らかにすることはないだろうし、とりわけ経済システムとしての後期資本主義という発想に多くの光を当てることもないであろう。むしろ、本質的にこの章は、歴史という概念と後期資本主義という概念（これらがすでにヘーゲルやマルクスなどに存在しているため）に注解を加えるものであるが、その目的は、これらを循環させてさまざまな方向から光をあて、その変化に富むイデオロギー的含意を測定し、その使用（誤謬推理と二律背反の両方を含む）に伴う局所的逆説を論証し、最終的には、不可能でありながら必要不可欠な概念が操作されるべき様式に関して、ひとつの命題を定式化することにある。

このような偶然に頼ったように見えながらも包括的なあつかい――ヘーゲルの星座配列的批判とでも呼べるかもしれない――は、ヘーゲルの体系的な位置づけ（通常はおきまりになっているプロイセン国家に関する陳腐な発言をいささかも用いることなく、個別や特殊を嫌うヘーゲルの偏向が執念深く、だが鮮やかに跡づけられている）とともに、マルクスの位置づけをも含むが、マルクスの必然性への偏向は、とりわけ今日のわれわれ自身の状況という観点から論駁されるのである（「今日の迫りくる破局にむしろ相応しているのは、非合理的な破局が当初からあったのではないかという推測の方である」

[ND 317/323])。だが、この章には、基底となる契機、また、他の二つのモデルとはまったく異なる、いわば主題的な究極目的がある。(音楽の類比を用いてよいなら、ひとつのソナタの多様な楽章の間に見られる形式上の差異を引き合いに出したい誘惑に駆られる)。つまり、実質的に論じられているのは、歴史という不在かつ不可視の全体性がもつ究極的客観性なのであり、これは事実上われわれが、すでに約束されている自然史の概念へと向う、波乱に富みながらも着実な航路をたどっているということを意味するのである。

アドルノの歴史「理論」についてのはっきりとした言明を求める者たちを混乱させるであろうこの章の第二の特徴は、その用語法、あるいはそう呼びたければ議論の哲学的な主題の設定に関係している。この議論では、今日における二つの嫌悪の対象である全体性の概念といわゆる「直線的な歴史」(両者は人々の心中でヘーゲルと関連している)という明白な問題が、中心的な焦点を形成することは決してないし、これらの主題ないし用語がはっきりと議論に組み込まれることもなく、議論は普遍と特殊というもうひとつの大きな争点を中心として行われる。それゆえ、全体性と歴史および物語の因果性が思考され書き直されるのは、この非常に異なる問題に照らしてということになる。

一方、このような理論的枠組みの内部では、普遍と特殊との関係によって提起される中心的な争点——すなわち、両者の調整を阻害し、両者の対立を(実存的、社会的、美的、哲学的な危機をひっくるめて)一般化された危機に変えるメカニズム——が、事実上、アドルノが実証主義(実証主義の付随的価値である「唯名論」も加えて)と呼ぶであろうものとなると知っても、なんら驚きではない。実証主義という用語は、可能な限り一般化された文化的かつ知的様式において理解することが望ましいと私には思われる。とくに、この用語は、アドルノの時代においてさえ、もはや実証主義哲学者そのものを指し示すことはほとんどなく、むしろ社会科学における、より一般的な実証主義的伝統を指し示すのである。他方、われわれの状況は、哲学と社会学に関しては、『否定弁証法』の出版後二十数年の間に、より深いところでの傾向は別として、少なくともその顔ぶれとその様式において、かなりの修正を受けてきた。アドルノが実証主義という名のもとに指摘した傾向がアドルノ自身の死後に強まり、今や、彼自身の哲学ばかりか弁証法的思考一般が事実上姿を消したことによって、このような傾向が事実上覇権を握り異論を生まない——ということは、これらがやや異なって見えることを意味する——ものとなっているということを認識しなければ、われわれはアドルノが実証主義に関して下した診断の有効性を理解しそこなうだろう。

したがって、「実証主義」は一般に経験的事実や現世的現象へのこだわりを意味するととらえられるべきであり、この領域では、抽象は体系的に追求されることなく、古く伝統的で、「形而上学的」もしくは時代遅れの思想やカテゴリーの遺物や残滓として根絶されるとき、ますます――解釈も一般的な観念と同じほど完全に、より大きな共時的集団の単位も通時的な物語ないし系譜と同じほど完全に――収縮してしまうのである。しかし、このような診断――すでに示唆されたように、これは今日の多岐にわたる社会的現象に拡張することが可能である――は、道徳的な価値の消滅、プラトン的（ないしカント的でさえある）観念の退廃、集団的同一性（これに相当する実体は国家ないし「西洋文明」である）の崩壊、文化ないし礼儀作法における慣習的形式の衰退についての保守的ないし反動的な嘆きから、はっきりと区別されなければならない[46]。

貴族的で反動的な立場からの最初の資本主義批判が、数十年後に出現した新しい社会秩序に関する左翼的で急進的な分析に密接に関連しているのと同じくらいに、近代およびその堕落に対するこれらの不満は、アドルノの不満――『ミニマ・モラリア』のやや愚痴っぽい注釈のいくつかに、この不満の調子をたしかに聞き取ることができる――と密接に関連しているのである。根本的な構造的差異は双方における「普遍」の地位にある。保守主義者にとって、普遍という用語は既存のものであり、（伝統的なタイプの）内容をもっている。そうだとしたら、アドルノが実証主義と呼ぶものの危機は、かつての集団的制度を再活性化することによって、また、同じ過程の一部として、そもそもこれらの価値を弱体化させた力を突きとめることによって、さらには悪しき「唯名論」と反唯名論の周旋人と宣伝者を取り除くことによって、単純に解決することが可能となるのである。

しかしながら、普遍と特殊に関するアドルノの発想は、古典的な秩序形式のもとで一方が他の下位に包摂されてしまうような、階層的もしくはアリストテレス的なタイプのものではない。第一に、普遍も特殊と同じほどに危機の影響を受けている。つまり、普遍は今や悪しき普遍ないし忌まわしき普遍であり、おそらくかつてもつねにそうだったのである。普遍の作用を再同定し、これをふたたび可視化しようとする哲学の使命の主眼は、普遍を讃えるためではなく、むしろ完全に抹消することにある。また、包摂という比喩――暴力と支配のしるしおよび痕跡――は、普遍と特殊との理想的な「和解」（Versöhnung）を想像する仕方ですらないし、そのような包摂ないし論理的な「和解」の概念を生産することを目指しているものでは決してない。むしろ、普遍と特殊との間の緊張を強化し、これらの間で通約不可能なあらゆるものを、歴史的な矛盾や心の苦悩の形式として意識させるという名目のもとに——特殊をたんなる形而上学的な残滓として退けようとする実証主義的態度や普遍そのものに対するハイデッガーの神秘的解釈に見られるような——日常の現実という、外見上は何の問題もない穏やかなかたちを取る根本的な緊張の抑圧に、暴力のひとつの形態、あるいは特殊に対する普遍の支配という烙印を押そうとするのである。

　こうして、この「ヘーゲルへの補説」の章はまったく適切にも、特殊——すなわち、この当初の文脈においては、個人あるいは個人的主観——のもつ不満、つまり、何であれ歴史がもつ不可視の形成力を、彼ないし彼女に執拗に思い出させようとするものに対する不満で始まるのだが、歴史の形成力がいたるところで現存するものや孤立した事実を超越しているということは、これが、社会的なものから私が用いる言語そのものにいたるまで、私のあらゆる意識内容——ただし、いずれも私の所有物とは言えない——に遍在することを露呈しているということと、まったく同じである。まさに歴史の誕生とは全体性の認識、つまり個別的な客観と主観が何らかの未知の目標に向かって不可解にも正道から逸脱するとき、その内部に全体性を認めざるをえないという認識なのである。しかしながら、ヘーゲルが世界精神と呼んだそれ（彼が短く終ったナポレオン時代の途方もない開始の時期にこれが馬上に化肉するのを垣間見たことは有名である）が、このような不思議な不可視の力をおびているのは、

> 何千年にもわたって社会の運動法則が、個々の主観から抽象されてきたからである。実際に、主観はたんなる執行者に引き下げられ、たんに社会的富と社会的闘争にあずかるにすぎないものに引き下げられてきた。これらの個別的な主観と彼らの自発性なしに社会は何もなしえなかったということも、それらに劣らず真実であり、同じくらいに現実的であるのだが。（ND 299/304）

この抽象化という「蓄積された労働」が、〈歴史〉や〈社会〉に対して、フォイエルバッハの神やデュルケームの集合性といった現実的な力を与える資本となるのだが、ヘーゲルとは異なり、われわれはそれらを崇拝する必要はない。個人は〈世界精神〉の盛衰に従って消長を繰り返す。つまり、「ひとは、世界精神に存在論的に参画した時代と、た

んなる個人的な幸福ではない実質的な幸運と幸福とを、生産諸力の解放に結びつけたいという誘惑に駆られる」(ND 301/306) のだが、他方、アドルノは、委員会などに見られる人間集団のどうしようもない愚かさを、一心に銘記しようとしている(「変わることなく存在しているのは、歴史を通じて普遍の力がいかにわずかしか変わらないか、その力のどれほどがいまだに先史時代のままであり続けているのかを想起させるものである」[ND 303/308])。今やこのすべてが突如として、〈法〉や司法と司法制度の二律背反へと凝固する。つまりそれは普遍と化すということなのだが、普遍について、「良心が十分な理由をもって、それをもっとも憎むべきものと見なす」(ND 304/310) ものであるとヘーゲルが請け合っているということは、興味深いことであり、カントはそれを利点と感じていたらしい。しかし、法とは、あらゆる抽象概念――そこでは個人性が拘束衣を着せられている――のうちでも明白かつ可視的なもの、つまりひとつの教訓にすぎず、この章の第一節で指摘されていたように、このような教訓などはだれも聞きたくはないのである。「普遍のもつ至高の力を目のあたりにすると、心理的には、あらゆる個人ないし民主的に組織された社会がもつナルシシズムにとって、ほとんど耐えがたいほどの傷となる」(ND 306/312) のである。

次節でアドルノは、(ヘーゲルやデュルケームのものとならんで) みずからの思想の根本原理を短く回想している――「論理的カテゴリーと社会および歴史のカテゴリーの等価性を定立すること」(ND 311/317)。一方、さらに次の節は歴史記述上の問題それ自体(普遍史なるものは可能なのか?)へと回帰するが、そこではこの問題は、正当にも必然性の問題に関連させられることになる。だが、今日における〈必然性〉のカテゴリーは、矛盾対立を含む歴史記述が非連続へと向う契機を呼び起こすが、それは、個人的および集団的な物語の領域で唯名論が取る形態なのである。すなわち、人口統計とともに、死ないし世代交替は、これがなければ行為や結果の継ぎ目のない網という論理をもつであろうものを崩壊させてしまうのである。アドルノが彼らしい仕方で異論を唱えながらも、いわゆるヘーゲル的な「大きな物語《マスター・ナラティヴ》」に対する当時の普遍的な本能的反対に賛同するのは、最悪のことがつねに確実だからである。「野生動物から真に人間的な存在へと通じる普遍史はないが、投石器からメガトン爆弾へと通じる普遍史が存在することに疑念の余地はない」(ND 314/320)。しかしながら、マルクスとともにアドルノが提起しようと望んでいる問題は、歴史を必然性ではなく偶然性によって考える方がよい(政治的によい? より効能がある?)のではないか、つまり、暴力、国家権力、資本への堕落は、このような対立の最初の創出さえをも「不可避」と考えるよりは、起こる必要など決してなかった破局に帰す（これは「文明」の発生に関するレヴィ＝ストロースの立場である）方がよいのではないかということである。

ヘーゲルからの長々とした引用が数多く続くが、それらの引用はヘーゲルの普遍の側への熱狂的な傾倒を豊かに記録するとともに、特異な非時間化を論じるためにも用いられている。この非時間化とは、傾倒からくる党派心によってヘーゲルの時間概念にもたらされたものであり、最終的には、それ自体がヘーゲルに強要した弁証法を、時期尚早な中断にいたらせるものである。しかし、新たな「個別性と歴史」の節はわれわれに、少なくともひとつの罪に関してはヘーゲルが無実であることを示す。つまり、ヘーゲル的な大きな物語などは存在しないと示すのである。精神（Geist）の物語――上部構造の弁証法としては十分に印象的である――は、意義ある媒介がなければ純粋な歴史記述上の内容を引き受けられず、独自の動力学や半自律性――つまり、民族精神、あるいは現在われわれがあれこれの民族の原理と呼ぶように、国家原理と呼ぶかもしれないもの――をもっているにしても、機能はしないのである。しかし、国家や民族の多数性といった、二世紀後の後期資本主義のもとにあって、なお以前と同じように思えるこのような偶発的事実を認知することは、普遍史の計画の中に構造的な曖昧さを導入することになる。というのは、臣民である実存的な個人に関する限り、国家を普遍者とするならば、ある推定上の包括的な歴史的目的論に関して、国民は彼自身個別の存在となるからである。何かの段階ないし契機に還元するには、国民は個別性をもちすぎているし、アドルノの分析の決して些細とは言えない特徴は、彼が「理性の狡智」（「歴史の狡智」としても知られている）という偉大なヘーゲル的概念の機能不全を、この挫折に結びつける仕方なのである。

ヘーゲルは、あらゆる無媒介な直接性が虚構であることを見破っただけでなく、個別性の歴史に対する向自在性も虚構であることも見破った。そして、理性の狡智の理論（カントの歴史哲学にさかのぼる）によって、個人を普遍の代理人として位置づけたが、これは個人が何世紀にもわたってうまく務め上げてきた役割なのである。その際、自分の弁証法の発想に骨格を与えると同時に骨抜きにする一貫した思考構造に従って、彼は世界精神と個人との関係を、両者の媒介をもひっくるめて不変数と考えていた。これによって彼、ヘーゲ

> ルでさえ、自分の階級に忠実だったのであり、階級たるものは、ひとつの階級としての継続的存在に究極的な限界が存在することをおのれに意識させないように、みずからのきわめて動的なカテゴリーをも永遠化する必要があるのである。ここでヘーゲルを導いているものは、個別化社会の中の個人の像である。これが適切であるとすれば、それは、交換社会の原理が実現されるのは、契約当事者の個別化を通してのみだからであり、個体化の原理（principium individuationis）が文字通りにその社会の原理、すなわち、その社会の普遍者だからでもある。これが不適切であるとすれば、それは、個体化の形式を必要とする全体的機能連関のうちで、個人が［ヘーゲルの理論によって］普遍者のたんなる執行機関に格下げされてしまったからである。
> （ND 336/342-3）

このような一節では、マルクスがヘーゲルの国民国家に影を落としており、言語史や国民的文化の歴史とは異なる、世界史の新しい原理が出現するが、これは、交換価値によってあらゆる個別性に、また孤立した特殊からなる凍てついた景色のすみずみに投げかけられた、あの普遍的な「呪縛」なのである。想像されるように、このような魔術的呪縛という光景がアドルノを駆り立てて、残りわずかのページで彼のもっとも雄弁な定式へと向かわせたのである。

最後から二番目の短い「自然史」の節は、現代の心理学や精神分析によってしだいに縮小傾向にある歴史的な個人の主観性へと回帰するが、心理学や精神分析は、今日の心的主観の構造的減退をきわめて多くの症候として反映しはするものの、本質的なもの、換言すれば、幸福そのものを名指ししていないため、われわれは幸福については否定的に考えるしかない。この大きな漸進的運動――先行する部分では、普遍と特殊の両方がこの運動の中で、非対称ではあるが、等しく、その真実と現実の面でどうにか客観的なものとして披瀝されたのであるが――は、今やようやく、自然史そのものに関する待望久しい結論へと流れ込むのである。

十一　自然史

というのは、アドルノにおけるさまざまな背景的な物語はすべて、より「根本的」であると同時に謎めいた物語によって完成されなければならないからである。アドルノが早い時期に行った「哲学のアクチュアリティー」についての学術的な講義（一九三一年）は多くの点で、三十年以上を経て『否定弁証法』において完成される計画全体のスケッチと見なしうるとしばしば指摘されてきたが[47]、同じ時期のもうひとつの重要なテクスト――「自然史の観念」と呼ばれるテクスト――はそれほど注目されず、ひとつの謎としてあり続けている。このテクストについては、最終的な解決が見られたとも、円熟した作品に具現化されたとも言えないのだ。たしかに、『否定弁証法』の中の「ヘーゲルへの補説」の章では、最後の数ページが自然史の主題へと明白に回帰しているが、たんにこのモチーフを繰り返しているにすぎず、その結果、アドルノの批判者や論敵によってしばしばささやかれた、アドルノは体質的に局所的な閃きや局所的な洞察を持続的で成熟した哲学的な議論へと変換できなかったのではないかという疑念を、ふたたび呼びさましてしまう。しかしおそらく、アドルノはこのテクストで何か別のことをなしえたのである。

実際、「自然史の観念」は、この問題に関するテーゼというよりはむしろ、方法論的な提案を行っていると私には思われる。進化思想の非常な再活性化と、スティーヴン・ジェイ・グールドなどによるダーウィン自体の強力な読み直しの後で、われわれは今日、この問題が当時のフランクフルト学派の企画の中心にふたたび据えられたという、戦略的でありながら動機が明確でない行為において何が賭金であったのかを把握するのに、より都合のよい位置に立っている。マルクス自身のダーウィンに対する関係はよく知られている。結局断念したとはいえ、『資本論』第一巻

（一八六七年）を『種の起源』（一八五七年）の著者に献呈しようとしたのは、ひとりのコペルニクス的転回の創始者からもうひとりの創始者への挨拶以上のものであったのだ。これは——歴史的唯物論によって初めて科学的に解放された——人間史の自然史のもとへの包摂——これ以後ダーウィン自身の研究や理論化とは切り離せないもの——を肯定することを意図していた。マルクス自身の立場は、「社会の経済的形成の展開を自然史の一過程として把握する」ものであると、彼自身が『資本論』の序章で述べている。だが、これは曖昧な計画であったし、まさに階級闘争という概念そのものがのちに、社会ダーウィン主義および適者生存のイデオロギー的なライトモチーフという陰鬱な雰囲気の中で、前ファシズムのあらゆる忌まわしい薄明かりや色調の影響を受けるのである。

ポストモダンの遠い未来という好適な避難所から振り返っている今日のわれわれについて言うならば、地球という惑星とその植物相、動物相の前史に関する論考が、奇妙かつ見当はずれな非現実性をもっていることはまちがいない。真の確信を欠いたままに、われわれがこの件の事実——ジョージ・ワシントンに加えて、洪積世に関してわれわれの手引書が語ること——の正しさに同意と信念を寄せる状況を説明しうるのは、おそらく、古い科学と真理との区別だけである。ディズニーの『ファンタジア』では考古学的内容が一場面を構成していたことを思いだす。また、もし古代人たちが、非常識であると知っていたに違いない大量の伝説や迷信を固く「信じていた」とするならば、われわれも概して正しいと知っている科学の学問分野全体に具現化されたこれらの事実や仮定を同様に「信じていない」のである。[48] この理由は、われわれの歴史代謝が重大な突然変異を被ったためである。時間を登録する器官があつかえる経験的区分はますます小さく、ますます直接的になる一方で、超越的な歴史想像力の図式化が包含する素材もますます減るばかりで、テレビを通じて確認しうるほどの長さの話しか処理できない。より広範で、より抽象的な思考——結局、自然史よりも包括的なものがあるだろうか——は装置の外部に留まる。このような思考は正しいかもしれないが、もはや代表とはなりえない——これらを喚起することは時代遅れにも劣るのであり、ある種の社会的な大失態が含まれているのである。このような、何らかの究極的実証主義——イスラム教やキリスト教のごとく、数年で地上全体を席巻した——の驚くべき勝利も、権力構造のイデオロギー的利益のためには、それ自体必ずしも完全に実証主義的というわけではない。いまだに神話をいくつか取り上げて利用することが望ましかったのだろうし、ダニエル・ベルたちは、ちょっとした宗教がいまだに有効であってほしいと自分たちが望んでいることを知っていた。しかし、もはや宗教は機能せず、叙事的な中世や古典時代の疫病を呼び起こすことで、新しい病を想像力に対して生き生きと描くこともできない。それでもなお、疫病こそ、人類史と自然史がもっとも劇的に、肉眼で見えるところで交錯する場なのである。

　というのも、自然史には、人類史の悪夢以上に不気味でさえある悪夢が存在するからであり、ポストモダンの精神がきわめてうまく抑圧しえたのは、この自然史の悪夢（生物学的な死それ自体は別にして）だからである。そして、それはほとんど不可解なことではない。自然の悪夢を思い出さないようにするのに、自然を完全に廃する以上のことがあるだろうか。だが、あらゆる種の生命体からなる〈つつき《ペッキング・オーダー》〉の序列、つまり秩序に服するものを少なくとも生かしておくように企画された恐ろしい永遠の支配と階層秩序のみならず、最終的には自然そのものの暴力、すなわち、覚醒している生涯を通じて食わざるをえない、それも（アドルノが頻繁に用いる自然に対する性格づけによれば）互いに食い合いをせざるをえない、有機体たちの裂け目の中に一瞥できる光景――この目も眩むような展望は同時に、人間が人間同士の殺戮を文化の一部にしようと試みる際の悪意を目にするときにもよおす嘔吐感以上に、根本的な嘔吐感をもたらすのである。いまだにわれわれ人間の間に生きている動物が、その一部をわれわれに見せてくれることもある。しかし、西洋のマルクス主義者の間では事実上唯一、フランクフルト学派が自然の支配について思索を行い、エコロジー運動の哲学的先祖のうちに数えられることや、動物の権利に対する貢献をなしてもいるということは、めったに注目されないのである。『啓蒙の弁証法』に付された「人間と動物」についての長い注釈はおそらくホルクハイマーによるものと思われるが、この作品の中心的な「星座配列」のひとつである（アドルノは動物に関する注目すべき考察を他にも『ミニマ・モラリア』に含めているが）。

　どんな動物でも、太古に起こった底知れぬ不幸を思い出させないものはない……。（DA 221/247）同じ一本の列を踏み外さないように強いられてきた大衆は、自分たちが変わりつつある変容を忘却しているために、……このような変容を象徴的に提示する必要をもはや感じない。新聞の二面～三面――一面には人間どもの恐るべき功業が満載されている――を覗いてみれば、ささやかなニュースの欄に、サーカスの火災や毒殺された象についての数行の記事を見かけることがたまに

> ある。(DA 224/251) ……猿に対してゲーテがいだいていた反感も、彼の人間性の限界を示すものである。(DA 225/253) ……自然そのものは旧世代の人々［旧ロマン派］が信じたような善いものではないし、新世代のロマン派が望んだような高貴なものでもない。模範かつ目標としての自然は、対立、欺瞞および獣性の精神を含意しているのである。(DA 227/254)

この巧妙な戦略が「女性問題」を通じて変調し、フランクフルト学派の原フェミニズムの稀有ではあるが特徴的な例ともなり、結果、性も同様かつ顕著に、人類史と自然史とが戸惑いを覚える仕方で交錯する地点であることを示唆し、自然史と人類史とのもつれを解くことに置かれている賭金の大きさを想起させるのは驚くべきことではない。

　しかしながら、このかたちでは、自然史は、ホッブズとロバート・アードリーもしくは社会生物学の間のどこかに広がる、自然に関するひとつの「展望《ヴィジョン》」、言い換えれば、ひとつの世界観――つまり、ひとつのイデオロギー、ひとつの人類学――のままに留まる。これに競合する――たとえば、ルソーの――「展望」が美的に劣るわけではないし、マルクスが「先史」と呼んだものの終焉において、フランクフルト学派が支配のない自然への回帰を要求したときに、いくつかの点で彼らが両者を結びつけていると言えるということは、それほど問題ではない。しかしわれわれは、このような「世界についての展望」――あたかもその諸表象には、想像する主観が個人として関わっているかのようである――の地位や構造それ自体を、科学に関わる稀有で非常に異なるものから、つまり主観をもたない言説や表象そのものを含まない歴史の連続ないし通事的変化といった現象についての思考法をわれわれに与えるように思われるものから、区別することを学んだのである。実際、これは、マルクスの初期の著作の周辺でアルチュセール派が展開した論争が明るみにだそうとしたものであると私は考えている。マルクスの初期の著作に「人文主義的」という烙印を押すことは結局、これらをイデオロギー的なものと特徴づけ、疎外の可能性のみならず、人間の本性とその潜在能力についての展望が人類学的なものに留まる仕方を強調することになる。これは、人間の本性に関するこのようなイデオロギー的展望が、(魅力的でないということは別にしても)必ずしも誤っていることを意味するのではなく、たんに、言説としては、これと競合する展望(背景でいまだに脈々と息づいているホッブズやルソーの展望に加え、シュティルナーの実存主義、ショーペンハウエルの悲観主義)と同じレベルで機能しているということを意味すると思われる。

『資本論』は表象そのものではないし、主観――壮大な形而上学的光景に酔いしれる傍観者、その証人であると同時に唯我論的ではあるが観想的な犠牲者――にその場を提供するわけでもない。『資本論』は、ダーウィン自身が社会ダーウィン主義と異なるのと同じく、このような初期のマルクスの言説とは異なる種類の言説を構成したのである。

だが、自然史へのいかなる回帰も、人類史の「自然的」基盤および人類史に対する「自然的」視点を回復しようとするいかなる試みも、あれやこれやの原初的な「世界像」へのまさにこのような退行によって、脅かされているのではないだろうか。もしこのような光景を避けようと望むのであれば、ヴィーコにならって、人類史を自然史から分離し、みずからを人間の領域、人間習俗の空間に限定し、自然は「あるがままにしておく」方が望ましいのではないだろうか。しかし、このもうひとつの道は、フランクフルト学派にとってきわめて観念論的と感じられたであろう。その理由は、それが生物学と死、世代の連鎖（歴史はわざわざその内容を説明しようとはしない）という荒々しい事実、そしてサルトルのいわゆる稀少性それ自体の偶発的な形而上学的事実、つまり、生をめぐっての（生産および生産様式であるような深遠にも歴史的なものが基礎づけられる原初の与件としての）自然との闘争を無視しているという点にある。しかし、このように自然と生物学を補足させることは、蛋白質とカロリー摂取の歴史に、昔は細菌に弱かったことに、あるいは、あらゆる時代の男女の筋肉組織の比較上のエルグ力に、追加の何巻かを加える以上の何かをわれわれにもたらすであろうか。

このように、アドルノの提案の独創性は、これらの選択肢に予期せぬかたちで切り込んだことにあるが、それが暗に意味するのは、われわれは形而上学的衝動の抑圧には成功しないであろうが、いかなる仕方にせよ、完全な抑圧に成功することは望ましくないということなのである。なぜなら、完全な抑圧が実証主義および経験主義の勝利そのもの（『否定弁証法』の最終章が回帰するもの）を招来することは明らかだからである。カントにおける形而上学とその解消との不安定な共存は、賞讃に値するとはいえ、使用不可能な類比である。他方、われわれは社会史ないし自然史（つまり「人文科学」および自然科学）を書くことをやめないが、これらを統合しようという使命をわれわれがどのように認識するにせよ、われわれはこれらを順番に使い続けるだけである。このような状況のもとでは、自然史の概念への傾倒は、次のような暫定的解決を示唆する。

自然と歴史との関係の問題を真剣に提起しようとする

のであれば、歴史的にあますところなく決定された歴史的存在を、それが何よりも歴史的であるところで、それを自然的な存在としてとらえた場合にのみ、あるいは自然が自然として一見もっとも深く自分のうちに留まっているところで、それを歴史的存在として把握する場合にのみ、その答えが得られる見込みがある。(49)
(ND 353/359)

換言するなら、思考したり、正面攻撃したりすることによっては、二元論——いずれにせよ、このような二元論はそれ自体、深遠な歴史的発展や矛盾の刻印であり傷跡である——は破壊できないが、両極を弁証法的に短絡させること は可能かもしれないということである。こうして、マルクスの生産様式の発想は、われわれがその成果を、レヴィ゠ストロースの天文学者かつ人類学者としての望遠鏡のみならず、とりわけ『スター・メイカー』におけるオラフ・ステープルドンの宇宙旅行者の目、つまり銀河から銀河、文明から文明へと移動し、しだいに生物学的に人類とかけ離れていく生命体——人類型宇宙人から「オウムガイ型宇宙人」まで、共生体や蟹型生命体、感情をもつ植物体など——がもつ、非身体的な目を通して検分するとき、不気味な薄明かりに満ちたまったく異なる次元を獲得する。しかし、生物学的偶然性によって社会生活や社会発展に課される制限に対する確信が増大したときのように、水星軌道からの光景が運命論を強化し始めると、このような心的操作全体を転覆させ、〈自然〉そのものをある種の社会的存在として異化することで、歴史のこのような自然化さえをも裏返さなければならなくなる。

修正を受けないとすれば、ダーウィン的現実は、この時点で、ダーウィン自身の知的行為および彼が「発見」した十九世紀初頭のイギリス資本主義における社会的前提条件へと縮退する。そうなると、自然に関する「歴史的」なものは、今や突如として、歴史的なものを社会的存在として発見あるいは表象し、人間の社会的世界の彼方へと投影するわれわれの能力であるということになる。(〈自然〉〔あるいは科学的発見〕の社会的事実へのこの種の変換が「相対主義的」なものではないこと、正確に言えば、社会的決定をどうにか頭では科学的「真理」と一緒に考えうるということは、現代の歴史学、社会学および科学哲学が繰り返す重大な逆説のひとつである。)

ここに含まれているのは、〈自然〉と〈歴史〉という二元論をなす通約不能な二極の交互的異化作用であるが、これは明らかに——また、アドルノ自身の定式化によれば——そこからいかなる究極的統合も出現しえないばかりか、いずれの項も終息を迎えることのない過程に違いないのである。しかしながら、ルカーチが初期に（『小説の理論』において）社会を「第二の自然」ととらえていたことにわずかな言及があるにせよ、それが、このような過程がどのように見えるかについて多くを語ってくれるわけではない。ようやくわれわれには最終的に、『啓蒙の弁証法』それ自体が、この過程の表象かつ外部作用であると気づき始めるが、その洞察は、この独特かつ特異なテクストをかなり明確化してくれることになる。実際、われわれの多くは長きにわたって、今では誤った問題と見えるもの、すなわち『啓蒙の弁証法』は「本質的に」ニーチェ的な立場かマルクス的な立場か、あるいは実際には、ヴェーバー的理念および原理を信奉するものと考えられるべきかという問題に頭を悩ませてきたのである。おそらく『啓蒙の弁証法』は（ルカーチが以前に物象化の概念において、ある種のマルクスとある種のヴェーバーを見事に統合して見せたのとちょうど同じように）これらすべての統合なのかもしれないと考えられたこともある。だが、このような仮説は、新しい化学結合の「成功」ないし失敗をどのように証明するかについて、厄介な理論上の補足的問題を提起するのである。

というのも、『啓蒙の弁証法』は、いまだ自然とさえ言えないものに出会ったときの恐怖や傷つきやすさ(50)で始まっているからである。しかし、この始まりのもつ時間性――これは（ホッブズやルソーの場合と同じく）壮大な意味において神話的なものであるべきであり、またそうであるならば、『啓蒙の弁証法』は本来的に一種の神話の上演であるという、よくある、またしばしば困惑した特徴づけを再確認することになるだろう――はある種の弁証法的操作、今や（とりわけ、アルチュセールがこれを表わすきわめて適切な表現――「つねに-すでに」――を案出してしまったように思われるため）きわめて一般的にポスト構造主義的な共時性と関連づけられる弁証法的操作によって、修正されると同時に罠にかけられるのである。実際、アドルノとホルクハイマーは、そもそも時間的な連続性を生起させるのは、歴史的な目的論に加え、恐怖と傷つきやすさを克服する過程であると特定するのである。

この意味において、現在――啓蒙の弁証法の最新の形式――が過去を、より特定して言うならば、啓蒙の弁証法それ自体の現在に隣接する過去、今や古風、時代遅れ、神話的、迷信的、陳腐あるいはたんに「自然的」との烙印が押された過去を生産するのである。しかし、このことは、われわれが見たり想像したりできる限りの過去に遡っても当てはまるのであり、事実、ここに提唱されている時間の弁証法は、光学の類比を用いる方がふさわしいのかもしれない。光学においては、視覚上の焦点が移動するたびに、これまで視野に入ってこなかったところから、新たな領野が際限なく浮上してくるのである。これが生産様式、とくに部族社会もしくは原始共産制の生産様式についてのマルクスの展望と矛盾するのかどうか――実際、マルクスの概念それ自体が（ルソーの伝統に似た、たとえば、サーリンズの途方もない「最初の豊かな社会」[51]に見られるような）何らかの黄金時代への郷愁を含意するのかどうか――はこれから検討しなければならない。

いずれにせよ、注意しなければならないのは、アドルノとホルクハイマーの「啓蒙の弁証法」という発想に特有の独創性とは、具体的には、これがあらゆる始まりや初項を排除していること、「啓蒙」を「つねに-すでに」の過程として記述することであり、この過程の構造とはまさに幻想、つまりこの過程（これもまた啓蒙の一形態である）に先行したのは、神話の「原初の」瞬間、つまり古代における自然との合一であるという幻想の生産にあるのである。そして、この幻想を廃棄することが「本来の」啓蒙の使命なのである。それゆえ、歴史的な語りを行うという問題であるのならば、われわれはアドルノとホルクハイマーが、始まりを欠いた物語、つまり「堕落」や分離がつねに-すでにそこに存在する物語を提起しているものと読まなければならない。しかしながら、もしわれわれが彼らの著作を歴史の展望や物語そのものの特異性や、構造的な限界および病理の診断として読み直そうとするのであれば、われわれはいく分異なった仕方で、歴史の目が焦点を合わせたいかなる現在にも、「原初の統一」という奇妙な残像が、その「避けがたい」過去としてつねに事後に投影されているように思われると結論していいだろう。だが、今度は残像を正面からとらえようと視野を移すと、残像は跡形もなく消滅してしまうのである。

しかしながら、この「弁証法」が詳細に述べられる際のもっとも劇的な逆説は、（アドルノとホルクハイマーがおそらくフレイザーに見いだした）儀礼やシャーマニズム的な技術に関する煩雑な人類学的手続きとならんで、適切にも神話そのものについての議論なのである。というのも、これらもまた「啓蒙」だからである。祈祷師の目的および機能が――のちの歴史における哲学者や科学者の目的および機能と同じく――自然の制御（肥沃を促し、雨を降らせ、神々を宥める）にあることは変わらないし、より効率的な宗教がより原始的かつ古代の宗教を抹殺することや、儀礼や儀式――それらの成文化や洗練は言うまでもなく――が出現することそれ自体が啓蒙的「進化」である限り、神聖なものの技術も、より一般的な啓蒙の弁証法に対応する歴史をもっと考えられなければならない。これは伝統的な啓蒙の物語（十八世紀はみずからが、神聖なものや迷信一般の残滓による災厄に見舞われていると想像していた）に対する痛烈なひねりとして機能するが、まもなく見るように、祈祷師を西洋の科学および理性のもとに包摂するための理論的根拠は、儀式それ自体の構造そのもののうちに与えられるのである。

このような制御と支配――自己防御と自己保存――の恒常的存在という記述に関して言うなら、これはもちろん即座に〈理性〉（だが、ヘーゲルが理性（Vernunft）というよりは悟性（Verstand）と呼ぼうとしたもの、そしてサルトルが弁証法的理性というよりは分析的理性と呼ぼうとしたもの）と同一であるし、のちの、より現代的な段階においては、より一般的かつ文化的な意味で実証主義の烙印が押されるものと同一であることは明らかである（なぜなら理性はプログラムおよび一連の心的操作として、とりわけ自己意識を根本的な意味で避けなければならないのだ［DA 8/4］）。しかし、ひとを驚愕させ、さまざまな社会的素材や歴史的発展において作用している（そのためあらゆる社会的素材や歴史的発展は、物語によって簡明に定式化され、この過程のアレゴリーとして現われる）、この単一の、統合的な、漸進的に統一された過程の作用を観察するために、アドルノとホルクハイマーが基本的提示の章（「啓蒙の概念」）で強調しようとしているのは、この過程を、そうした社会的素材や歴史的発展のどれかと同一視することではなく、あらゆる形態を通じての、この過程の同一性である。だから、『否定弁証法』には、この同じ主題に基づく、多くのさらにいっそう本来的に哲学的と言える異版が繰り返し現われていることになるが、その文脈はより多様であるため、『啓蒙の弁証法』と『否定弁証法』という二つのテクストは、前者は議論の表明として、後者はより実存的、社会的、歴史的妥当性の証明として、互いに補完しあうのである。しかしながら、両者は同一性と等価性という問題で始まっている（儀礼はこの時点で、のちの科学思想の段階で生じるであろうものと同質なミメーシス的な置き換えの過程として、それ自体仮面を剥がされる）。そして、アドルノがのちに呪縛と呼ぶものに関するこの最初の説明は、必然性と時間におけるその効果に十分論理的につながっていくし、とりわけ、啓蒙の達成とその自然支配のもとでの人間の生と思想（およびベンヤミン的経験）がもつ偏向的構造としての反復の効果へとつながっていくのである。

アドルノとホルクハイマーは繰り返し、とりわけオデュッセウスのイメージを通じて、これが主観的にだけでなく客観的にも把握されるべきだと強調しているが、オデュッセウスの「機略縦横さ」は、途方もない自制心をも前提としている。というのは、自己を支配することは同時に外的自然を支配することでもあるからである。脅威となる外部世界の力をほんのわずかでも統御しようとすることでさえ、心的抑圧のあらゆる原初的形態を前提としている（フロイトは『文明への不満』の中で、「文明」に対する心的抑圧の複雑な関係を提起している）。だから、これらもまた啓蒙の形態と業績のうちに数えられるべきであるし、子どもの訓練と教育のうちに（あるいはノルベルト・エリアスの歴史におけるように、国民文化そのものの訓練と教育のうちに）観察され、要約されるものである。しかし、このような抑圧、すなわち内的自然に対するこのような支配（ラカンに倣って、主観の構築とも呼べるかもしれない）は、いく分違ったかたちで、主観の道具や武器への、つまり手段への変形として把握するのがもっとも適切であろう。そのうちで目的そのものとして残っているのは（これについては、すでに高度に抑圧され統制されたカント的規範というよりは――『ミニマ・モラリア』の「水の上」（一〇〇番）におけるように――あてもなく漂い空を見つめる者たちの偉大なるユートピアと考える方がよいであろう）、継続的存在、換言すれば、自己保存以上のものではほとんどない。自己保存は、アドルノにおいてはつねに暴力のしるしであり、かりに暴力が存在しないなどということが可能であれば、あるいは想像可能でさえあれば、それがただちにユートピア（この語は、メシアによって変貌した世界に関するタルムード的な概念についてで述べたベンヤミンに倣ってアドルノが好んで口にしたように、「ほとんど不変」な世界である）を構成することになる。[52]

生存本能の必要性を、まさにこのようなかたちで包括的に取り除くことからくる結果を思索することで、われわれはアドルノ（ないしわれわれ自身）の社会的生活世界と階級様式をはるかに超えて、不適応者と偏屈者のユートピアへと導かれるが、そこでは画一化と順応の制約が取り除かれ、人間は自然状態における植物のように野生化する。これはトマス・モアが考えるような、ユートピア的テクストの奇跡を通じて社会性が移植される人間ではなく、むしろアルトマン監督の映画『ポパイ』冒頭に描かれる人間であり、彼らはもはや、今や抑圧的なものとなった社会性の制約に縛られることなく、みずからを、神経症者、強迫的人格、強迫神経症者、偏執症者、分裂症者として開花させる。われわれの社会は彼らを病的と考えるが、彼らは真の自由の世界で「人間の本性」そのものの植物相や動物相を構成するかもしれない。

今や「文明」の偉大な三つの次元が、啓蒙の弁証法によって、漸進的歴史として書き直される。言語、思想と歴史、そして社会と分業である。言語（それは芸術をその内部に包摂する）の「歴史」は、神聖なる名辞と唯名論、つまり実証主義のもとでの言語の究極的な非神聖化との間で範例的《パラディグマティック》な軌道を取りつつ、字義的なものと科学的なものに帰着する。この過程は、重なり合いながらも時間的には少し後の段階で登録されるが、その段階とは、われわれがそれを抽象思考――その究極的形態は実証主義および数学である――の歴史という観点から書き直すときのことである。しかしながら、分業とともに、また、多様な生産様式で機能しているさまざまな過程が資本主義において頂点を迎えるとともに、社会はそれ自体、かつてはその対立項たる〈自然〉に帰されていた全体性および〈運命〉と化すのである。そしてこの時点で、アドルノとホルクハイマーによる定式の逆説性は、ルソーの人間不平等起源論のきわめて不可解な交差法で書かれた第二宣言を再現する「人間を自然の暴力から連れだすその一歩ごとに、人間に対する体系の暴力が増大してくる」（DA 38/38）。

　しかしながら、ルソーでさえ、自然状態への不可能な回帰というよりは、それよりはるかに不完全な社会契約を提唱している。（アドルノとホルクハイマーは、自然への回帰に対してはより否定的である。）ここでは、弁証法の賞揚（「限定された否定」、DA 23/24）、追想（DA 39/40）と呼ばれるより深遠なマルクーゼ的復旧の喚起、そして最終的には、「真の革命的実践」（DA 40/41）への明確な呼びかけのうちに、なお啓蒙の呪縛からの解放が構想されているのであり、それらを超えたところに非抑圧的かつ非強制的なユートピアが存在するのかもしれない。

　『啓蒙の弁証法』における、この密度の濃い章の錯綜した道筋と傾向に関してさらに述べなければならないのは、その主題として等価性を取り上げたために、この章があらゆるものを等価性に還元してしまっていることである。啓蒙の業績を、反復が取る多様な形態と同定することで、この章は啓蒙の多彩な素材とあらゆる人間史を、反復そのものにしてしまうような、単一の執念深い論理に従わせるのである。このような反復的過程の記述によってここで取られている支配的形式は、われわれが『否定弁証法』の中で機能していると知った同一性のコードを、いまだ配備してはいない。むしろ、これを手段による目的の消去という偉大なヴェーバー的運動――ヴェーバーはこれを合理化と、アドルノとホルクハイマーは道具的理性と呼んでいる――として同定する方が、妥当に思われるであろう。この過程を論証するためにヴェーバーが選んだ（宗教の社会史から法体系の歴史にいたるまでの）歴史記述上の事例[53]でさえ、ここでの『オデュッセイア』への注釈ほどに壮大なものを提供することはない。この注釈ではオデュッセウスの冒険が「文明」段階のアレゴリーとなっており、各段階が怪物や驚異――これらは数多くの、より古風な生産様式の名残りであるとともに、〈理性〉が表面に浮上してくるにつれてさらに下方へと押しやらなければならなかった、より深くより本能的な心的な層を示す指標でもある――に遭遇し、それを抑圧するさまを伝えるのである。

そうであるならば、怒り、ルサンチマン、文化的嫉妬といった抑圧の社会的結末が「反ユダヤ主義」の章に置かれるべきであるというのは、まったく論理的である。ただし、啓蒙が道徳法則それ自体を道具的な、ときに非人間的な残滓(「カント/サド」に関する第二補論に記述されている)に還元してしまうことは、ヴェーバー自身のプログラムとそれほど矛盾するものではないにせよ、ヴェーバーを驚愕させたであろうことはまちがいない(当時の倫理における解決不能な矛盾律は異なるかたちで、すでに見たように、『ミニマ・モラリア』で列挙されている)。それでもなお、これらの章は、啓蒙そのものの漸進的拡大という執念深い反復的性格のみならず、この傾向が記述される本質的に政治的な用語――支配、暴力、権力の用語――によって特徴づけられる、本質的にヴェーバー的なテーゼの触感をも肯定する。ヴェーバー的な選択的親和性というこの意味は、マルクス主義的歴史観との適合性に関する問題を強化するだけである。

しかしながら、この問題に取り組む前に、『啓蒙の弁証法』で略述されている「歴史の展望」の二つの特徴が取り上げられなければならないが、これらは、歴史的記録を通して幾度となく(しだいに複雑さを増しながら)増殖を繰り返す単純な、本質的にヴェーバー的なメカニズムに関してわれわれが描いた像を複雑化するように思われる。これらは「ミメーシス」概念の介入、およびいわゆる文化産業についての悪名高い分析であるが、前者の「啓蒙」に対する関係は始めから明白であるわけではないし、後者の機能は、その陰鬱さと悲観主義は他のものと一致しているものの、ここでは明らかではない。(「手記と草案」の章に関して言うならば、これらは分析の反復的構造を肯定する傾向にあるため、どこで終わらせることも、永遠に続けることも可能である。『ミニマ・モラリア』はその意味において本書の続編ととらえることができるし、また、たとえそうであるにせよ、すべてが語られているわけではないという感情の指標ととらえることもできる)。

「ミメーシス」に関してもっとも謎めいているのは、内容ではなくむしろこの概念の地位であり、ミメーシス――『啓蒙の弁証法』のいたるところに(あたかもわれわれが、それが何かを知っているかのように）ほのめかされている――の正式の公式的な哲学的提示について、われわれはのちの作品において、この巻に差し戻されることになる。概念上の差異を示すためには、もっぱら古代の哲学的伝統が有益である。とりわけ、プラトン的ないしアリストテレス的模倣は、潜在的に製品という結果につながる手仕事と理解されるものであり、[54] これはアドルノにとってのミメーシスの純然たる活動とはきわめて異なるものである。アドルノにとってのミメーシスは、一方を純然たる模写に、他方をフレイザーの「共感魔術」（とくに類似療法的《ホメオパシー》ないし「伝染性」魔術という換喩的形態――アドルノはこれには比較的無関心であるように思われる――に対立するものとしての、隠喩に基づく模倣的多様性）の概念に境を接するものである。この（形態においては比較的新しい）物語の概念は、アドルノの思考においていかなる正式な役割も演じてはいないが、われわれが物語と呼ぶものと、アドルノがミメーシスという語のために確保しておいたものの間に、深い類縁性を確立しうることは、われわれがすでに見たとおりである。こうして「ミメーシス」は隠喩を、アドルノの思想の根本的カテゴリーとして転置することになり、主観と客観の（ポスト・ヘーゲル的な用法ではしばしば物象化される）第一義的関係の、より十全たる代替物として機能するとしばしば言われるのである。二元論を二元論と呼び、さらにそれをひとつの作用と呼ぶことで、（「道具化」の概念がヴェーバー的な手段／目的の弁証法に対して行うように思われるのとちょうど同じように）「ミメーシス」は二元論的思考の機先を制するのである。

しかしながら、過剰な含意によってミメーシスが重ね合わせられるように思われるのは、概して人類学的な含意、つまり、古来の活動としてミメーシスが蔓延していたという感覚、また、少なくとも暗黙のうちにミメーシスを、人間本性という観念に帰してしまう危険をもたらすような含意（隠喩の概念そのものにも抽象的な主観-客観関係にも決して存在しない含意）である。隠喩の概念が配備されると、その含意によって深部と視座が切り開かれる。つまり、創世ないし系譜の原型的物語《プロト・ナラティヴ》を要求する歴史空間が切り開かれるのである。しかし、人類学的含意はまた、この特殊な世界の「つねに-すでに」という外観をも強化するのであり、その世界は、あたかもわれわれがこれについて既知であるかのように、また、あたかもすでに確固たる信任状をもつどこか他の場所からやってきたかのように振る舞うのである（アドルノが主義に基づいて生涯にわたって定義に抱き続けた敵意――アドルノが正当にもカントとヘーゲルの権威から取り付けている支持――が、この特殊定義をあらかじめ回避しようとする意志を主な動機としていたのであれば皮肉なことであろう)。

しかし、『啓蒙の弁証法』でのミメーシスの役割は、構造的に独特である。というのは、とりわけこの場において、いわゆる西洋における理性の歴史の連続性と不連続性という問題が演じられるからである。「ブルジョア的個人の原型《プロトタイプ》」(DA 42/43) としてのオデュッセウスに関する悪名高い説明は、フランクフルト学派の思想一般における階級的・経済的素材と解釈との齟齬について、きわめて漠然とした予言を提起するだけのたんなるお節介である。古典古代以降に見られる文化的英雄としてのオデュッセウスの再利用が、それを十分に正当化してくれるだろう。しかし、たいていの現代の歴史記述の伝統は(観念論的な観念史からマルクス主義的な観念史にいたるまで)、西洋科学の――つまり資本主義の――構造的特異性に十分な決意をもって固執してきたため、『啓蒙の弁証法』のより大きなお節介――先史時代における啓蒙の系譜、科学者の祈祷師やアニミストへの同化――はさらなる正当化を獲得することになったのである。

換言するならば、人類史はひとつの巨大な連続と見られるべきなのであろうか――その場合、人類史をひとつにまとめ上げるように思われるのは、本質的に暴力と支配という形式での権力の遍在、つまり、本質的に政治的なものの遍在である――それとも、ヨーロッパという名の「アジアの小さな突端」で、純粋に経済的かつ脱聖化された体系の出現とともに、何らかの根本的な断絶、跳躍、変異――これ以降純粋に世俗的な形態となる最初の人間的思考としての科学の出現によっても特徴づけられる断絶――を経験しているのであろうか。しかしながら、ほとんど絶対的な断絶を仮定するものではない第二の選択肢は、弁証法の発明を要求するものである。弁証法においては、第一の動機から第二の動機への転調が保証されるように、同じ項が残存しながらも修正されるのである(実際、私の意見では、現代の弁証法は十八世紀および十九世紀初頭における、この社会的および歴史的二重基準の概念化という問題から生じてきたのである)。

この場合、まさにミメーシスの概念こそが、このような弁証法的可能性を提供してくれるのであり、いわゆる西洋科学の転換は、今や反ミメーシス的な禁忌と反ミメーシス的な退行の結果――いわば、五感と性質を基礎とする知覚的「科学」から、幾何学と代数学を基礎とする記数法および解析への移行――と見なされるであろう。しかし、「科学」の特異性を、その表象および言語に転置するこのような記述は、支配の形式としての科学と儀礼との連続性を無傷に保つことを可能にしてしまう。いずれにせよ、われわれが今日、衝動と衝動を抑圧するものに弁証法的な連続性を認めたり、ミメーシス的な衝動と反ミメーシス的な禁忌を単一の（矛盾する効果を秘めた）現象と見なしたりするのは、おそらく、ヘーゲルやマルクスよりは精神分析に負うところが多いのである。他方、精神分析的構造は、アドルノがその原理を（反ユダヤ主義の章において）さらに展開させ、この抑圧されたミメーシス的な衝動に、「抑圧されたものの回帰」を呼び起こす権限を与えてくれる。最終的にわれわれは、禁忌に関するアドルノ自身の両義性というかたちで機能している、尋常ならざる「原初の言葉の正反対の意味」を認めることになるのかもしれないが、ヴェーバー以降の合理性批判の精神のかなり多数に見られるこの両義性は、科学を指示するときには明らかに敵対的なものである。だが、これがほんのわずかに変化し、ユートピアを記述したり、幸福そのものに言及したりすることとさえも躊躇するわれわれの心を正当化する「偶像禁止の戒律」を容認するときには、奇妙にも肯定的かつ神秘主義的なものとなる。

『啓蒙の弁証法』が提出する支配の継続的歴史における第二の表面的な小断層は、「文化産業」を契機として現われるが、「文化産業」の章は、西洋科学（もしくは実証主義）に対する一般的批判という視点よりも、アメリカ断想という視点で見る方が有効であると思われる。しかしながら、アメリカ的視点は、（ポロックとグロスマンが展開した）「国家」資本主義の「独占」理論の視点でもある。というのは、これは本質的に、彼らのニュー・ディールとハリウッドの合衆国とナチス・ドイツの類似性に関する収束理論を保証するものだからである。この章を通して頻繁に行われるこのような比較は、意味されているのが――アメリカの抑圧的な体制順応主義とヒトラーのもとでの対立の急激な圧殺との類似性に加え――大半の権威が何らかのかたちで承認しているもの、すなわちこの時代を通じて萌芽期を迎えていたメディア技術の独創性であることが理解されるならば、愛国的な憤りを引き起こすこともないだろう。なぜなら、メディア技術はとりわけ合衆国とドイツにおいて開拓され、それぞれの公共的領域に重大な衝撃を与えてきたからである。[55]

だから『ミニマ・モラリア』とは、「収束」仮説が取り除かれ、より慣習的なヨーロッパ的背景という視点が回復されるときに、この合衆国批判が呈する様相であり、『ミニマ・モラリア』は、今やあたかも独創的な対位法とでも言えるものを、プルーストとハリウッドとの間に、二〇年代と古い貴族主義的なヨーロッパ伝統の持続によって育まれてきた社会・文化的所見とアメリカン・ライフの（とりわけ移民の目から見た）露骨で慎みのない唯物論を嘆く所見との間に上演することになる。このような対照は経済学にも矛先を向けるが、ここでいう経済学とは、それほど理論的でないタイプのものである。「ヨーロッパにはブルジョアジー台頭期以前の過去が、個人的な奉仕や好意でしたことなどに対して金を差しだされたときに感じる羞恥心の中に生き残っている」（MM 259/195）。「威厳を欠いた国民」としてのアメリカ人とその文化に対する直接的な反応から、それとかけ離れた（とりわけ知識人にとっての）賃金労働に対する恐怖まで、さらには人類に課された宿命としての自己保存というほとんど形而上学的な主題にいたるまで、それはすべてを言い尽くしている。この文脈において、アドルノのようなマルクス主義者に対して、労働者階級というよりはむしろ官僚的態度であるという批判が説得力を帯びてくる。

しかし、これだけがとりたてて「文化産業」の章の視点だというわけではない。この章が経済的なものそれ自体を強調することは稀であり、労働階級がだまされやすい犠牲者として現われている（「何かにつけてしっぺ返しを食らう飲み込みの遅い連中」［DA 125/139］）。この章を解明し、この章に関する、よりお門違いな反論をいく分なりとも払拭するためには、この章には文化の理論など、少なくともレイモンド・ウィリアムズ以来この語がわれわれに対してもつようになったいかなる意味においても、そもそも含まれていないことを認識しなければならないと私は感じている。しかし、人類学者においてさえ、またベンヤミンにおいても同様に、文化とは社会基盤をなす厳しい自然ないし経済システムが媒介され、合理化され、斟酌され、ときにユートピア的ないし先取り的な仕方で変容される、防御と適応の領域なのである。ベンヤミンにおいて、文化は十九世紀の都市環境が有する万華鏡的な衝撃を退けるものであるが、それは明らかに虚偽意識の土壌となるばかりか、純然たる必然性を超えるある程度の自由を達成しようという意志が、装飾品や贅沢品によって象徴的に表現されるような需要を育む土壌でもある。

アドルノでは、「文化」がこれらのものを何ら意味しないことを知ることが重要である。「文化産業」の章は——トスカニーニからヴィクター・マチュアやベティ・グレイブルにいたる——個別的な作品や署名に関係がある。この章はまた、個人の主観性とその漸進的縮小および包摂に関係している。しかし、この章は社会的なものに固有な領域や構造としての文化概念を含むものではない。それゆえ、アドルノの「エリート主義的」な「文化産業」批判が、何らかのかたちで、今や商業的製品の集合ではなく社会生活の一領域と考えられている「大衆文化」に対する彼の態度や姿勢を定義すると想定するのはまちがっている。戦時中のハリウッドからポストモダニズムにかけて「大衆文化」が被った多大な変化と変容とは関係なく、アドルノはそもそも文化を社会生活の領域とは考えていない。そして、彼の理論において異議を唱えられる必要があるのは、むしろこの事実である（現代の文化概念が――逆に――それ自体、一九六〇年代以来の文化的領域の途方もない拡大および日常生活の非文化化の反映と理解されるべきでないとすれば）。

しかし、アドルノの文化「理論」という誤った問題が取り除かれれば、この章が『啓蒙の弁証法』の全体計画にいかに合致しているかが明らかとなる。この章は、現代における「啓蒙」（別な言い方がお望みとあれば、「実証主義」）の、精神そのものと個別的な主観性への御しがたいまでの拡大と浸透を追跡しているのである。カントへの言及（「文化産業はその製品のために最新式のカント的な図式論を発達させた」[DA 112/124]）が示すアイロニーとお節介は、その濃密さを古典的なドイツ観念論の時代および資本主義の初期に美学がもっていた特権的な地位から得ているのであるが、その地位とは、傑作によって構成される何らかの規範《カノン》に基づくものではなく、むしろそれが疎外されざる主観性――ビジネスでも科学でもなく、道徳性でも純粋理性でもない主観性――の行使のために依然として提供していた空間に基づくものである。この文化的飛び地は、文化産業が今や植民地化を開始した場所であり、啓蒙の弁証法にとっての最新のフロンティアかつ最後の未踏の領域と言えるものである。それゆえここでは、堕落した個別的な「芸術」作品が純粋に美的な理由で、高級芸術の何らかの厳密な「基準」から評価を受けることはない（われわれは『美の理論』の検討において、そのような「基準」が文化産業の製品を完全に排除していることを知るであろう）。むしろ、これらの芸術作品は、主観性の堕落を示す数多くの症候となったのである。

それは別にして、アドルノとホルクハイマーの見るところ、文化産業は芸術でも文化でもなく、むしろ事業そのものであり、じつのところ、独占と道具化との漸進的収束が、他のいかなる種類の商品交換におけるよりも明確に観察されうる場なのである。実際、理論上この章には、しばしば混同されはするが、通常想像される以上に相容れない二種類の分析――商品化と道具化――の実験的結合がもつ、付加的な意義と重要性が含まれている。ラジオをあつかう最後の数ページは、無料の商品はどうするのかという逆説的な問題を提起している。ラジオ放送という無料提供物は、

（拡大して考えればテレビ映像も同様であるが）無料であることで、商品たる度合いが高いのか低いのか（そして、商品構造には程度というものが存在するのか）という問題を。しかしながら、同じ箇所は、最初の啓蒙の章に始まった、言語物語の頂点とその崩壊をも上演している。というのは、最初の魔術的名辞は科学言語の物象化に留まるのではなく、むしろここでヒトラーとアメリカ・ラジオ産業とともに、言語の最終形態において純然たるブランド名と化すからである。

　われわれは今や、『啓蒙の弁証法』というこの影響力をもつテクストを総体としてのアドルノの作品全体の内部に位置づけ直すために、その特異性を列挙したこの巨大な括弧を閉じなければならない。今やわれわれがこの書を、社会史と自然史の交替についてのアドルノのテーゼという点からとらえるならば、先に描写されたあらゆる特徴が明らかになるが、そのテーゼによれば、この書は明らかに、よりマルクス主義的な社会史の自然史的変異体となる。この二つの選択肢は、今や膨大な書き換えプログラムと考えられることになる。これらのプログラムは互いに矛盾し合うことはないが、それぞれの成果を間断なく相容れない言語で再コード化するのである。これらの言語の間での交替の要求は、これらの間での統合が今日では想像しえないという認識から生じてくるものであるが、すでに観察されたように、孤立したいずれか一方だけでは誤解を招くという認識からも生じてくる。それゆえ、『啓蒙の弁証法』は、非マルクス主義的説明を流通させているがゆえに、マルクス主義の彼方への移動、もしくは一九三〇年代のフランクフルト学派における本質的にマルクス主義的な綱領の放棄を意味すると考える必要はない（このような解釈は、アドルノの後期作品、とりわけ『否定弁証法』を説明することや、急進的学生運動が先人たちのテクストと並んでこの初期のテクストを利用したことを説明することを難しくする）[56]。

　というのは、別な種類の説明に基づく理論的代案であるように思われる自然史の視点は、実際は、むしろ一種の異・化つまり同じ現象を（その説明も含め）水星の軌道から眺めたかのような視点なのである。

> 精神はもともと生存を保つための器官として、存在から発生したものであった。しかし存在が精神において反省されるうちに、精神自体も何か別のものになっていく。存在は自身を省みることで自身を否定するわけだが、こうした否定こそ精神の要素なのである。そうした精神に、高次元のものにせよ積極的な実在性を押しつけることは、それ自体の対立物に精神を引き渡す

ようなものだろう。(MM 328/243)

意識に向けられるこのような本質的に人類学的な視点は、明らかに外部からの、火星人観察者の観点を装っており、観察されたあらゆる段階の精神が含む、あらゆる具体的な歴史的内容を包摂している。これらのどの段階の内部でも、ある技術水準にある意識は、分業を「反省」し、「生産様式の発達が提起してきた問題」を解決し、特定の知識階級を生産し、問題となる階級編成と矛盾しない機能をもつ補足的なイデオロギーの網を投げかけ続ける。人類学的視点は、このような具体的な瞬間の分析において、語るべきものをほとんどもたないし、より本格的な社会経済理論の成果に加えるべきものもほとんどない。人類学的視点が介入してくるのは、われわれが客観に対する観念論的視点――精神や意識――を永続化したい誘惑に駆られるときである。人類学的視点は、客観の局所的分析のために暫定的に必要とされるものではあるが、その後、精神や文化、あるいは政治学や経済学そのものといった独立的で自律的な「実体」を含意し始める前に、より広範な唯物論的自然科学観へと解消されなければならない。というのも、そうした「実体」は、むしろ弁証法的全体性における契機と見なされなければならないからである。このように、自然史は、われわれがすでに検討した方法論的矛盾の瞬間に介入してくることになるが、そこでは「文化批判」ないし「観念の社会学」(あるいは、異なる仕方ではあるが、倫理それ自体)は、独立した無矛盾的学問分野としては存立不可能となる。

だが、もちろん――「ミメーシス」概念の共振といった――人類学的な視点それ自体は、社会経済的なものとは異なるコードや語彙を含意しており、生産よりは支配を強調する傾向にある。これらは『啓蒙の弁証法』の読者が、ニーチェ的もしくはヴェーバー的前提を、さらには、しばしば社会ダーウィニズム的前提をさえ反映すると考えてきた共振である。しかし、ここでのわれわれの仮説――本質的に書き換え戦略の仮説である――によれば、特定の生産様式を自然を支配するひとつの仕方として読むという選択には、この新しい記述が独自の存在意義をもつ新理論というよりは、自然史の名残りとして役立つかぎり、とりたてて排他的と言えるものは何も存在しない。だから、アドルノの方法論的規則に従えば、次には「支配」それ自体が、本質的に社会的かつ歴史的な概念として仮面を剥がれなければならないし、その場合、この歴史記述的系列全体の内容は逆転され、ふたたび社会的な用語で書き換えられなければならない。しかし、自然が、最初のあるいは根本的なコードとして絶対化された場合、それは、ひとの手で生産され階級に縛られていることがより明白な歴史イデオロギーよりもいっそう急速に腐敗してイデオロギーと化すことになり、次の章で「たとえそれが〈存在〉という床岩と化している場合でも、あらゆる変化の中にあっても変わらないものがあるはずだとする、悪しき文化的渇望の投影として」（ND 361/368）乱暴に放逐される。こうしてわれわれは、われわれの出発点であった基本的区別に、変化の法則さえもが各段階で修正されるような歴史の弁証法と、それとは別種の——啓蒙の弁証法と呼ばれる——反復が、そのゆったりとした表面的拡大の単調な規則となっているような弁証法との区別に、ふたたび合流する。しかし、この反復が運命なのか、それとも願望充足を備給する不安なのか、どうすればわれわれにわかるというのであろうか。

実際、エコロジーの政治学と社会主義的政治学との関係が現実的に優先的課題となっている時代に、また（いわゆる西洋のマルクス主義の大半が科学に比較的無関心を装っていたのちに）マルクス主義の内部においても、自然（および自然科学）の問題が意義深くもふたたびさまざまな仕方で提起されてきた時代に、アドルノが示唆するこの新しい弁証法的二重基準と交替的な論証的関係は、たんにフランクフルト学派の伝統的観点を科学に敵対するものとして問題にしただけでなく（理性批判のみならず、自然史への召喚でもある！）、新しくかつ示唆に富む戦略とパラダイムを提案してもいる。

しかし、自然から見たあらゆる歴史観が究極的用語として用いるのは、世代そのものの淀みない流れ、足を踏み入れるのは一度きりだけの有機体という川の絶え間ない変質、カフカの『歌姫ヨゼフィーネ、ねずみの族』の眩暈を起こさせるような視点、そして短命と死の遍在——翻訳困難なドイツ語 Vergängnis（無常観）によって指示されるもの、また実際、自然史をあつかうこの箇所およびヘーゲルの世界精神をあつかう章全体が、これを結論として用いていることは重要である——の用語なのである。しかし、このような、人間的な出来事や行為という塵を非人間的なものの群に還元してしまう言語はわれわれを、自然史であろうと社会史であろうと、歴史の完全な外側へと連れだし、形而上学そのものの領域へと導くように思われる。実際、アドルノが今や『否定弁証法』を結論づける「モデル」の項で向かおうとしているのはこの領域なのである。

十二　形而上学のモデル

アドルノの最終的な楽章は、ある種の「文学」テクスト──換言すれば、哲学的にというよりは主題的に読まれなければならないテクスト──にもっとも接近するが、それが結果としてもたらすのは、それぞれの読みはその他の読みとはほんの「少し異なる」ということである。この触知不可能な違いを説明するのが、『否定弁証法』における「形而上学についての省察」の章の内容であることは疑いないが、それは「形而上学」に対する相容れない立場──同時には擁護も回避もできず、互いに矛盾する立場──を表している。その結果として生じてくるリズムは、差異が研究対象によって内的に生産されていた「自由」の章における概念そのものの交替とも、また世界精神についての章でわれわれが観察した自然史に向かう契機とも、まったく異なる。だが、カントの三つの超越的観念さえもが、きわめて異なる類の内的機能不全の投影であることが判明するのである。つまり誤謬推理は、決して二律背反と同じではないし、他方、存在論的証明の不可能性は、いずれもきわめて異なる問題に帰着したのである。それゆえわれわれがこの最終モデルに接近する際に、同種の結論を引きだせるとか、同種の結果を手にして立ち去れるとかと期待してはならない。いずれにせよ、先の二つのモデルでは結果は明確であった──つまりそれは、社会史と自然史との交替への方法論的要求というよりもむしろ、根本的に実体的な何かを構成する倫理の根源的不純性ないし他律性の構造的教義であった。

しかし、「形而上学」の章は、アドルノ自身の誤謬推理を含んでいるように思われる。死は、おそらくとりわけアウシュヴィッツ以後の後期資本主義社会では、いたるところに遍在しているが、他方、われわれは日常生活という織物から死についての思考そのものを排除してしまったように思われる。カントがわれわれに対してもっている至高の価値は、彼が近代の世俗社会における形而上学に対する最後の可能的要求を具現するその仕方にあるのだが、カントは最初の実証主義者でもあり、形而上的なものそれ自体の排除に加担する大部な議論を提供している。オーギュスト・コントが考えたのとは異なり、形而上学は神学が世俗化に向かう崩壊の段階ではなく、むしろ固有の価値――真理――を体現するものであり、その場合には、至高の価値――身体――が同時に唯物論的かつ超越論的である限り、神学の方がおそらくまだ優れていると言える。思考におけるある推論的な「第三段階」、つまり弁証法に関して言うならば、弁証法が不可欠となるのは、それが究極的にはそれ自身を廃するという条件においてのみである。「否定弁証法」におけるこの最終的で論理的な段階が、ハーバーマスの恐怖――つまり、理性と合理性に対するこの深遠な批判が、非合理主義という袋小路に帰着するかもしれないという恐怖――が潜在的に正当化されうるように思われる唯一の契機であると私には思われる。たとえ、アドルノにおいて合理主義的かつ弁証法的な思考を抹殺するものが、本能的ではなく、誤った危急性の誘惑でさえなく、むしろ唯物論と身体的欲求だとしても。

この短くはあるが当惑を覚えるほどに示唆に富む章の中で私が銘記したいと望んでいるのは、何よりもアドルノの思想と経験における二種類の時間性の間のある種の緊張である。これらは構造上不完全なもの、非充足による欲求充足の時間性と、生き残りもしくは不均質な発展の時間性、換言するならば、プルーストの時間性とアウシュヴィッツ（ないし哲学そのもの）の時間性である。こうして両者は、一方では未来によるものであり、他方では過去によるもので完全な現前、究極的満足、和解もしくは歴史的共鳴――一もある――のいかなる幻影をも排除する時間的経験の形態となる。これらの奇妙な脱中心的形態のうち、最初のものが最終的に個別的な主観の経験ないし幸福に向かうように思われるのに対し、二番目のものは歴史と歴史の「終焉」の経験――破局においてか、達成された革命やユートピア社会においてかは別にして――をおおいに含むのである。

というのは、アドルノにおける死と苦悩への哲学的な訴えかけは、ハイデッガーの「死までの存在」の神秘や、物それ自体への独特な病的魅惑を何らもたない逆説的なものだからである。アドルノに起こったように思われるのはむしろ、アウシュヴィッツという事実――この事実が、想像するだけでも恐ろしいことであるにせよ、あるひとつの反応を確実に保証するものではないことは、われわれがとらえることもあればとらえそこなうこともある歴史上の他のいかなる凶行もひとつの反応を保証しないのと同じである――だけでなく、彼がその事実を経験した彼固有の仕方、言い換えるならば、彼自身の生の経験が物それ自体と和解するその仕方でもあるからである。これは彼のユダヤ主義への帰属意識に見られるある距離感を背景として理解されるべきである。たとえば、「半ユダヤ人」として、アドルノは一九三〇年代を通じて、夏期ごとに今やヒトラー体制下のドイツに帰還する際に、自分の身はまったく安全であると感じていたようである。だから、アウシュヴィッツについてのニュースをアドルノが生きた固有の形態は、「予期せぬ生き残り」と呼べるだろう。アドルノを恐怖に陥れたと思われるのは、彼が自分をどれほどユダヤ人であると感じていたか、あるいは感じていなかったかは別にしても、アウシュヴィッツ以後に彼自身に危険がおよんだということでも、彼も強制収容所に送られ、ガスで殺されていたかもしれないということでもない。むしろそれは、同じ種類の偶然によって（当時はそうと知ることさえなく）ガス室に押し込まれた人々よりも、たまたま長生きしてしまったという思いだったのである。だからこれは、死の不安からくるある鮮明な想像によってではなく、むしろ生そのもの、生き続けていることに対する罪の意識、純然たる偶然としての生という賜物、なんとなしに今は亡き他のだれかが占めるべきであった場所を横取りしてしまったと感じられる平和時の存在の空虚さなどを通じて伝達される「死」と「死すべき運命」の経験なのである。「この生は生きてはいない」（"Das Leben lebt nicht."）のだ。われわれが先に（不正確にというわけではないが）後期資本主義下における、傷ついた人間の生の本質と解釈したこの有名な文は、今や大量虐殺後の、いわれのない生き残り、存在の無目的さと無意味さを表現するものとも考えられうる。すなわち、この文は自己の反共産主義との関連においてホロコーストを操作した当時のイデオローグとは異なり、ホルクハイマーにとってと同じくアドルノにとって、「資本主義に言及したくない者たちはファシズムについて言うべきものをもたない」ということを意味するのである（フランクフルト学派の多様な経済理論によれば、ナチス・ドイツという「例外状態」はかなりの程度、独占ないし国家資本主義の論理の一部であり続けている）。

しかしながら、今や観察されなければならないのは、このかたちでの罪の意識や遡及的不安における「予期せぬ生き残り」と同様に悪名高い、哲学そのものの生き残りとの構造的相同性であり、哲学に関してアドルノが書いたもっとも有名な文のひとつが、『否定弁証法』のまさに最初のページでわれわれに立ち向かってくる。「哲学が生き長らえているのは、われわれが哲学を実現する契機を逸したからなのだ」(ND 15/3)。この錯綜した命題は、社会主義社会における理論と実践の最終的な一致というマルクスの観点を裏書きすると同時に、先進資本主義国家における失敗に終わった革命を銘記するものであるが[57]、フランクフルト学派が批判理論そのものの自律的契機を擁護したときに暗に意味されていた、直接的実践形態と政治的妥当性の体系的な拒絶のための哲学的基盤の役割をも果している。特権や階級のおごりとしての知識階級や観想的なものを頻繁にとりたてて弁護し擁護するように思えるものの源泉はここに、つまりブロッホやトロツキーの観点をはるかに超越し、かつ問題視し、さらには歴史における必然性という概念の廃棄にさえ帰着するような、必然的な歴史的不公平という観点に存在するのである。だが、たとえば「バーナード・ショーが劇場に行く途中で乞食に会ったとき、自分の身分証明書を彼の目の前に突き出し、せっかちに『新聞記者《プレス》だ!』と言った」(ND 356/363)という啓発的な物語を見てもわかるように、ある程度の個人的な罪悪感が、いまだにこのような生からの距離感に付着していることはたしかである。

　私が本書の序論で示唆したのは、一九六〇年代の新たな学術空間の発生とともに、またアドルノが復興した連邦共和制ドイツの学問分野という教養の内部で、反実証主義的な闘争への使命に取り組もうとしたときに、実践からのこのような批判的かつ観想的距離[58]が、それ独自で別な種類の実践となったということである。これは知識階級の社会的役割が、彼自身の個人的経歴の内部で、移民から教授へと深遠な変異を遂げたと見なしうるということである。このような歴史的な不均一性が示すリズム——これはいかなるマルクス主義的社会弁証法のパラダイムからもきわめて疎遠であることによって、『啓蒙の弁証法』に予告されている、勝ち誇る実証主義という漸進的観点を裏打ちするように思われる——がわれわれ自身の時代に高じ、一方ではアウシュヴィッツの記憶をユダヤ人の新民族分離主義および民族主義へと変換することで、他方では批判理論もしくは否定的思考のための最後の想像しうるアルキメデス的空間を、今や遍在化した「シニカルな理性」(スロータ―ダイク)というあらゆるものを水没させる満ち潮の中に押さえ込むことによって、これらの「立場」の両方を廃棄するのである(「社会は、緊張に対する致死的な排除を貫徹することで、目につくかたちでエントロピーに対処しようとしているように思われる」[MM 160/123])。

　時間的な非偶然のもうひとつの形式——非偶然を完全に変形してしまう「ほとんど何もない《プレスク・リアン》」によって、先の形式から切り離される――は、アドルノにとってプルーストという名前をもつと思われるものである。「同一性と非同一性の同一性」を実存的なものの領域において描き、十分に生きるには一度では足りず、再経験を必要とするような経験に固有の特質を記録したのはプルーストが最初である。これは、経験の可能性が完全に充足されるのを肯定すると同時に否定するものである。このようなものがアドルノには、形而上学そのものの異なる次元――死についての観想であると同時に幸福の可能性についての熟慮でもあるような次元――であったように思われる。

形而上学的経験とは何であるかということは、それをいわゆる宗教的原体験から引きだすことを嫌う者によって、もっともよく感じられる。それは、ちょうどプルーストが行ったように、村の名称が与えてくれる幸福の約束を思い浮かべるというやり方だ。たとえばオッターバッハ、ヴァッターバッハ、ロイエンタール、モンブルンといった村の名前である。そこに行きさえすれば充実した生があると考えるのだ。あたかもそれが実在するかのように。しかしながら、実際にそこに行ってみれば、約束されていたものは虹のように消えてしまう。それでもわれわれは失望しない。むしろ、近づきすぎたために見えなくなってしまったのだと感じられてくる。(ND 366/373)

だが、このような充足不能を通じてなされる充足の実現は、アドルノによる実存的なもののアレゴリーにおいては、絶望そのものと根本的に異なるものではなく、充足の約束はその否定のうちにいまだに等しく保持されている。実際、アドルノが幸福を「無駄に待つこと」として肯定するときほどに、超越的な定式をもって形而上的な思索の限界に触れるところは他にないが(そうした、ベンヤミンやブロッホへの真正な親和性ともいうべきものはアドルノの作品では稀な出来事である)、成就されないのであれば、幸福の約束はニヒリズムや否定的存在と同じとも言える。ここにおいて、ベルクの『ヴォツェック』や『ルル』の一節が、プルースト的な予期という文学的表現に加わる。想像されるように、『ミニマ・モラリア』の文章もまた、とりわけ「ヘリオトロープ」などといった子供時代の思い出は、これらの機会に生じてくる――「両親のところへ泊まり客があるとき、子供の胸はもっと大きな期待に膨らむ」[59](MM 234/177)。しかし、宗教的また救済的類比は、おなじみの「偶像禁止の戒律」を活性化させる仕方においてとりわけ重要であるが、そのことについてはすぐに戻ること

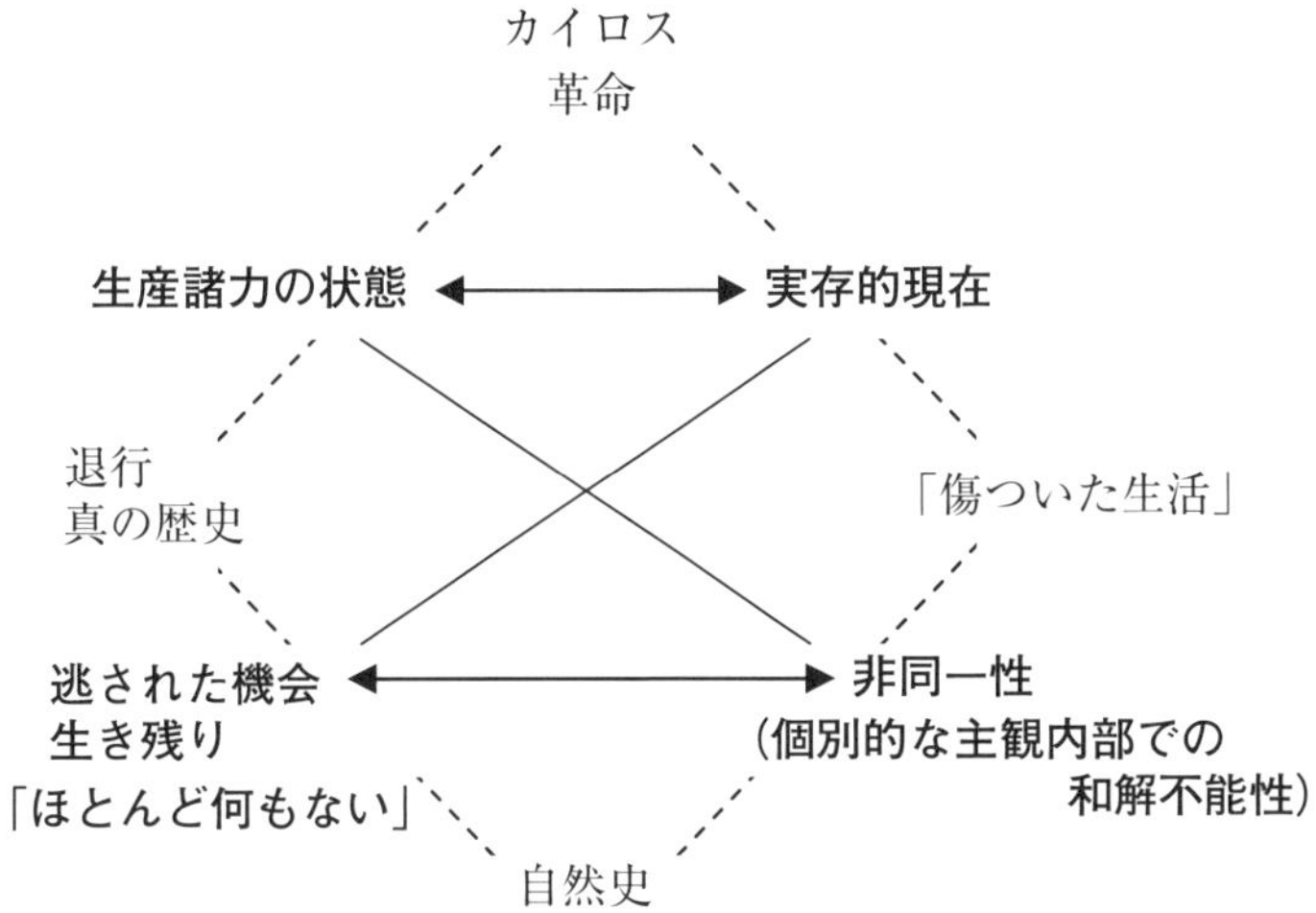

になるであろう。しかしながら、政治的には、欲望し続ける避けがたい非成就という概念に関して、明白な両義性が指摘されなければならない（これは、この同じ「偶像禁止の戒律」が、禁じられているにもかかわらず、機先を制するために先回りしようとしているという非難である）。しかしながら、賢明にもアドルノは、概して（倫理そのものと同じく）この実存主義的かつ形而上学的弁証法を、政治的唯物論、すなわち「だれひとりひもじい思いをしないですむような」（MM 206/156）という思想から切り離そうと骨折っている。このような社会が実現して初めて、われわれは「水上の」ユートピアを迎えることができる。「動物のように何もせず、水上に身を横たえ、満ち足りて天を仰ぐ……」（MM 208/157）。

上の図表は、われわれが『美の理論』において発見するであろうもの、すなわち生産性の意義と生産諸力に対する断固たる（そしてきわめて正統的な）執着を予告しているという点で、時期尚早なものである。革命ないし社会全体の完璧な体系的変換の可能性などは遠くおよばず（可能性に関して言うならば、逃された機会という概念によってそれが前提されているなどと言うのは、学生じみた哲学的論点である）、アドルノにおいても、マルクス自身においても、生産諸力という概念のみが歴史の概念を保証するのであり、その歴史の概念は、商品で膨れ上がった第一世界での「目的」の賞讃に完全に自己満足して、第三世界の債務国においてその翼をせわしなく打ち振るのである。このような代償を払う場合にのみ、現実の歴史世界に円環や退行を読み込むことが可能となるのであるが、その一方で、損傷や被害を被った主観という「実存的」領域（われわれはここでもなおアンチヒーローと「没価値的状況《アノミー》」の勢力範囲にいる）は、その意味と共鳴を、自然史そのものがもつ思考を欠いた生物学的な層という、きわめて長い継続から比較的自律している、発展途上および発展過剰という諸状況から得ているのである。

　このような「世界観」から見れば、超越は完全に不在と思えるだろう。実際、『否定弁証法』のこの最終章について言うなら、形而上学的なものが、その図像およびその公然たる表現に対する禁止を通じてのみあつかわれていると述べるのが妥当であろう。そのもっともありきたりの場合には、それは「これでもなく……あれでもない」といった類の神秘的な定式という結果になる可能性がある。しかしながら、もっとも精力的な瞬間には、カントが調査し注意深く定め、ヘーゲルに、もしそれが障害かつ限界であると考えられるならば、自分はそれを超えて進んでいるのだと語らせた、思考不能なものとの間に引かれるあの究極的境界に触れるところまできているように思われる。しかしながら、ヒトラーは形而上学を唯物論的なものと化し、人間の身体をそのような思索の内部に、回復不可能なまでに閉じ込めてしまった。しかし、それは、「かつて死からその棘を抜くことを約束していた客観的宗教が没落――これは秘密のうちにとうの昔に批准されていた――してしまい、継続的な経験そのものが社会的に没落した今となっては、死それ自体がまったく疎遠なものになってしまった」（ND 363/370）時点においてである。他方、「絶対的な死という理念は、思想にとってスキャンダルであるという点では、不死性の理念とあまり変わるものではない」（ND 364/371）という言い方によってアドルノが含意しているのは、（後期のホルクハイマーのような）密かな宗教的衝動ではなく、むしろ単純に、カントの不死性のテーゼに則して、われわれは自身の死についてはあらゆることを知ってはいるが、死を想像することができないため、死についての知識を意識的行動に含めることはないということである。こうして、われわれの計画は、われわれの不死性を前提とすることになる。不死性などというものがわれわれ自身のような世俗的な存在には思考不能であるのみならず、過去にもつねに思考不能であったというのに。だから、この誤謬推理の力が駆り立てる結論は、信仰の飛躍ではなく、むしろ実証主義批判、つまり反形而上学的な「現在の状況」の弾劾である。今日、思想におけるこの不可能でかつ矛盾する緊張それ自体でさえ、それに見合うだけのスキャンダルの力をもって感じられることはないのだ。だから、弁証法こそがまさに不可能な思考を踏み越えるこの一歩ということになり、それは、いずれにせよ非合理的な手段で不可能性を解決しようとする必死の試みを行うのではなく、その不可能性そのものをおのれの出発点と見なすのである。

　このようにして、形而上学そのものや「最後の事物」さえもが、われわれをこの社会とこの社会がもつ呪縛に対する批判へと引き戻すことになる。「〈形而上学はいかにして可能か〉というカントの認識論的な問いかけに代わって現われてきたのは、〈そもそも形而上学的な経験は今なお可能か〉という歴史哲学的な問いである」(ND 364-5/372)。これまで示唆されてきたように、これはもちろん自然史の言語によっても答えられる。

> 「今日の意識の形而上学的な問題への無関心」に潜んでいるのは、もしも人間がそれを抑圧しないならば、息もつけなくなってしまうような恐怖である。このことについてわれわれは、以下のような人類学的思弁に駆られるかもしれない。すなわち、死の意識を含む意識というものを人間という種に与えた進化の弁証法は、同じく存在し続けている人間の動物的なあり方と矛盾しているのであって、この動物的なあり方は、そのような意識を耐え忍ぶことを許さないのではないかと。(ND 388/395)

しかしながら、人間史――すなわち社会経済史――という視点は、謀略のようなものがスパイたちの間に埋め込まれている行動の網といったものを暴露する(これはアドルノの言葉というよりは私の言葉である)。今や物語は哲学の運命を中心的主題とするが、その指標となっているのは哲学の形而上学的機能――換言するなら、かつて真理と呼ばれたもの――である。しかし、こうした伝統的な関心をもつことによって、アドルノは想像されるほどにポスト構造主義から遠ざかるわけではない。なぜなら、アドルノもまた、われわれの時代における「真理」の不可能性、このカテゴリー自体の弱体化、心的作用および判断の衰弱を主題としているからである。

　この主題を言葉にするとき、アドルノは彼のもっとも荘厳で軽蔑的な響きのする定式へ向かう。「カルナップとミーゼスの方がカントとヘーゲルよりも正しいなどということは、一歩譲ってかりにそれが事実だとしても、真理ではありえない」（ND 377/385）。たとえ社会史の視点によって思考が必然的に歴史的な機能と文脈に結びつけられるにせよ、これは死んだ文化の生を中心的主題とし、伝統の「歴史的有効性」に対するガダマー的な関心に、非歴史主義的視点から接近するという逆説である。そのため、カントの「防御壁」――より「超越的」な精神の使用に関する、あらゆる形而上学的幻想と見せかけの批判、つまり、アドルノのいわゆる「停止信号の体系」（ND 380/388）――が、より広範な社会的過程および「歴史の狡知」の一部をなすことは明白である。

絶対者を遮断するこの防御壁は、現実において人間を呪縛のうちに閉じ込めている労働の必要性と同じではないのか、そしてまさしくこの同じ呪縛を、カントは哲学に仕立て上げたのではないかという嫌疑があるが、それには社会的にもっともな理由がある。カントは誠実かつ残忍に精神に対して内在への捕囚を宣告するが、それは、自己保存への捕囚なのであり、それはもはや必要ではない禁忌だけを守ることに汲々とした社会が人間に課する捕囚なのである。（ND 381-2/389）

しかしながら、カントはまた、形而上学的衝動が最後の一瞬に、三つの偉大な超越的観念においてよりは、叡知界（アドルノはここでこれに注目すべき一項目をあてている）としての物自体という不可能な概念において、保存され生気を獲得する場なのである。

この方法の逆説性（しかしながら、これは現在では周知の事実である『否定弁証法』の最初の文で始まったものである）は、哲学的規範の思惟作用に関する文献学的および歴史学的問題が、ここで社会秩序と後期資本主義に対する徹底的批判の契機へと変形されるその仕方にある。あたかも、かつての今日性という修辞法が弁証法的に転倒されることで、当代の明白な非今日性が現在の状況において、この問題に関するきわめて火急的かつ今日的な事実と化したかのようにである。すでに述べたように、ときに愚痴っぽいものともなるこれらの不平の姿勢を、（概して右翼的な）「往時を讃美する者」の姿勢から区別できるのは、マルクス主義的歴史観への執着だけなのである。今や、別な種類の非難、すなわちこの観点に内在するある種の哲学的自己言及性という非難が付け加えられるかもしれないが、自己言及性は（主題が何であれ）アドルノのあらゆる分析を、現代哲学の限界と可能性――つまりアドルノ自身の実践――に関する純粋に形式的な思索へと戻してしまう危険をはらむのである。このレンズは他の大半のレンズ以上に（とりわけこれがすぐに表象というモダニズム的な中心的大問題を提起するため)、アドルノの著作に関するモダニズム的なものを強調する。このレンズこそがアドルノの哲学に対して、一貫した立場としてはもっとも強い一般的反対論を提出すると私には思われるし、これを外側から回避することはおそらく不可能であり、回避するには、件の立場(私が結論で説明するように、今日ポストモダン理論という形式を取らざるをえないもの)とある程度の哲学的連帯を行う必要がある。

しかし、このきわめて自暴自棄かつ否定的な回復において、形而上学は何か別のもの——言うなれば、神学——へと転化するが、神学に関するアドルノのきわめて法外な前提は、唯物論に対する神学の二重の関係を、つまり身体の強調を通じて、さらには偶像禁止の戒律を通じて結ばれる関係を主張する。われわれは今やこの問題に帰るが、それには「神学」から神学的内容のすべてを取り除くという付随的な利点が存在する。この概念はすでに、『否定弁証法』第二部の方法論をあつかった箇所の啓発的な最後の数ページで展開されていたが、この部分ではカントの観念論のきわめて受け入れがたい二元論(カテゴリーによって直観と概念に組織化される生の「感覚」)でさえもが、これと関係するヒュームの「印象」の教養とともに、次のように祝福されているのである。

> 完全な追放を前にした、身体的要素の最後の認識論的余韻(としての祝福)。身体的要素は認識の中に、認識の不安定要素として生き残り、これが認識を動かすとともに、認識の進展のうちで鎮められることなく再生産される。「不幸な意識」というものは、決して精神の驕慢な自惚れではなく、精神に内在するものであり、肉体からの分離に際して精神が受け取ったただひとつ真正な品位なのである。これは、否定的にではあるが、精神に自身の身体的な相を思い出させる。この相を感じ取れるということだけが精神の希望の源なのである。
> (ND 203/203)

さらに、哲学的思索と純然たる身体的必要性の間の、より深い類縁性の肯定によって、『否定弁証法』が締めくくられるということを考えるなら、欲求や欲望、必要性という感覚についても、ここに加えておきたいと思うであろう。しかし、この時点で肯定されているのは何かもっと逆説的なこと——すなわち、純粋な唯物論はどうも「図像を欠く」ものでなければならないということ——である。今やプルーストが意味するようになったあらゆるものを勘案しても——プルーストの風景表現全体は、とりわけヴェネチアでのクライマックスにおいてそうした傾向があふれている——偶像禁止の戒律を喚起することは、図像それ自体の干渉を説明すること（これは図像と見世物に満ちた社会に属している主観にとっては居心地のよいものであろう）ほど有効ではないのだ。現象学的なものでさえ、内的経験をたんなる主題に変換しようとするのに対し、通俗的な唯物論は独立した哲学として、われわれの、より深い唯物論的経験に対して外部的関係をもつ——つまり、内的経験を図像に、あるいは少なくとも表象に変換する——という特徴をもっているのである。こうして、アドルノの唯物論は、何よりも表象的なものを逃れようと願う。アドルノの唯物論においては、充足と客観世界の身体的実現は、何としても図像の媒介を排除しなければならないのである。

自己と思考対象との間に図像という第三者を挿入するこうした意識は、われ知らず観念論を再生産している。つまり、表象の集合をもって知識の対象と取り替えているのである。こうした表象のもつ主観的恣意性は、階級と支配の主観的恣意性にほかならない。だが事物を把握したいという唯物論的憧憬が望むのは、これと反対のことである。完全な客体は図像なしで初めて思考することができる。こうした図像化の欠如は、神学における偶像禁止の戒律と通じ合う。かつて唯物論は、ユートピアを肯定的に描くことを許さないことで、神学の偶像禁止を世俗化した。これこそ唯物論がもつ否定性の実質的内容である。唯物論は、もっとも唯物論的であることで、予期せぬかたちで神学と一致する。唯物論が憧れているものは、肉体の復活なのだ。

(ND 206-7/207)

モダニズムそのものに関して言うならば、ここでは表象がその外縁もしくは美学におけるカント的閉塞のような何かと接している。すなわち、「しかし彼の望みはこの地上にはない」（『人間の条件』）、「だがここではないし、今ではない！」（『インドへの道』）。これらの観念が哲学として可能であるというのであれば、この時点でアドルノは最終的にブロッホと同じになってしまうのであるが、彼らは同じではない。『否定弁証法』はより穏健に、弁証法がその究極的行為としておのれを完全に抹消してしまうようにという願望で締めくくられている。だから、ここでは、われわれが『美の理論』で姿を現わすのを見ることになる自然と「非同一的なもの」の秘儀が、この哲学の究極的に反合理的な推力に関するハーバーマスの予言を、またしても肯定するように思われるのである。

しかし、実際には、偶像禁止の戒律はこのようなあらゆる表象的形而上学の使命を哲学から排除するものであり、哲学は——今やその歴史性に気づいており——みずからを公然と〈歴史〉それ自体の体温を測る道具と見なすことができる。ただし、哲学がその歴史の契機を実証的に「反映」するかもしれないという意味においてではなく、この契機がちょうど芸術作品の場合と同じように、哲学の中に生き残っているという意味においてである。芸術作品では「詩を歴史に関する哲学の日時計として」(NL 60) 把握することが求められ、その日時計は集合的自己実現と矛盾の段階を書きしるす。だが、それは、物質的進歩の記号を収集することによって外部から指し示すのではなく、いわば歴史経験の内部から指し示すことによってなのである。「瓶に詰めた手紙」(PNM 126/133) ということなのだろうか。おそらくそうとも言えるだろう。そして、アドルノがシェーンベルクの音楽を特徴づけるのもこの仕方によってなのであり、シェーンベルクの音楽は、たとえ人々に聞かれなくとも、二十世紀の秘密をどこか想像もできない未来へと伝えるのである。しかし、今日のわれわれが、アドルノが遺してくれたものに適用しなければならない教訓が、まさにダンテ風の言い回しで表現されていることを見いだすのは、やはりアドルノの師であったジークフリート・クラカウアーへの次の感謝の一文であるのだ。

> 当初から私は、彼の指導のもとに、[カントの]研究を、何らかのたんなる認識論的理論ないし科学的に妥当な認識の前提条件の分析としてではなく、ある種の暗号化されたテクスト、解読する際に真理それ自体の一部が獲得されるであろうという漠とした期待を抱きながら、そこから〈精神〉の歴史的位置が解読されなければならない暗号文として把握することを学んだのである。(NL 388)

第二部　船の漕ぎ手の寓話

一　客観的なものへの偏向

芸術作品の精神は客観的である。しかもそれは、客観的もしくは主観的な精神の哲学といったものに頼ることなくそうなのである。まさに作品の内容がこの客観的精神であり、それが作品に対して判断を下すのである。物それ自体の精神、それが仮象を通して現われる。この客観性は、それが仮象に浸透するその力によって測られるのである。（AT 135/129）

アドルノの美学の中心にある緊張関係は、美的現象の分析を脱主観化しようとする形式的な企画と、美的経験の記述に対する強い関心——それは哲学的な美学の伝統的枠組みを堅持しようとする際には避けられない関心であると考えるむきもあるだろう——との間の緊張関係である。それはまた、脱主観化への衝動が解消することを望みえない、絶対的に主観的なカテゴリーの最後の残滓であるのだ。もちろん、実際に起こっているのは、そのような状況のもとで美的経験が、語ることができないもの、言葉にできないものの領域に退いていくということなのである。というのは、それについて語ったり、定式化したり、主題化したりできるものはすべて、脱主観化の弁証法の力の場へと落ち込み、客観的過程の症候と証拠へと変形されてしまうからである。

『美の理論』の細部にわたる内容は、これら二つの相矛盾する衝動の出会いがもたらす、予期も予想もできない結果なのであるが、最初にその二つの力の特徴を、もう少し一般的なかたちで述べておく必要があるだろう。美に関するわれわれの思考を脱主観化する企ては、さまざまな歴史的枠組みから見ることができるが、中でももっとも大きな歴史的枠組みは、今日の哲学が、いわゆる「主観の哲学」——つまり、真理を意識、超越論的主観、あるいはその他の主観的経験と現象のうえに基礎づけようとする試み——に背を向けたことであるのはたしかだ。主観性からの、あるいはそれに抗する、この徹底した離反は、構造主義、ハイデッガー、ニーチェ、ヘーゲル、あるいはカントその人から始まるさまざまな物語として、その系譜をたどることができる。この離反は、今日の哲学におけるこうした傾向は近代国家と独占資本のもつ傾向と利益を複製するという申し立てが可能である限り、客観的には曖昧なものである。近代国家と独占資本は、個別的なものの計画化・組織化された社会における個別的・主観的な選択の縮小、市場の力による古い自律的な自我への浸透と植民地化だけでなく、無意識と欲望への浸透と植民地化に賭金を置いていると見なすことができる。

近代哲学の客観化の企画に対する、こうした別の読みかたもしくは対抗的解釈を肯定する際の難しさは、近代哲学の客観化に対抗して主観もしくは主観性を肯定する手だてが与えられないという点にある。というのは、ひとつには、主観性の神話やその古風な形式に、さまざまなかたちで退行、回帰することは、後期資本主義の力と展開に対する政治的な反応ではないからであり、また、もうひとつには、それらの回帰はおそらく、現代哲学のもつ客観化の傾向によってすべて標的とされ、不具にされているということである——言い換えるなら、それらの回帰は、客観化の過程に対する抵抗であると同じだけ、その症候でもあるということなのだ。

文化の世界においては、この現代思想の反主観的な企て——それは現代哲学だけの企てというよりもむしろ広い意味での現代的解釈の企てと理解されるべきだが——はまた、まったく別な言葉で言うなら、観念論とそのイデオロギーに対する本質的に唯物論的な反駁として理解することもできる。しかしながら、こうした記述は、私が今しがた示したような、それをつねに包摂し転倒する、否定的で偏執的でもあるシナリオを逃れることができるわけではない。それによれば唯物論的知識人は、ヘーゲル的な「理性の狡知」によって、知らず知らずに客観的な社会過程に奉仕するために動員されていると見なされることになる。しかし、この二つめの枠組みがもたらすものは、ひとつめの枠組みを、文化とイデオロギー、テクストと「日常生活」、そして（より直接的に思想とその似姿としてのカテゴリーを生みだす下部構造に対立するものとして考えられた）上部構造とその動力学の領域に置き換えることなのである。

今日展開されている唯物論的文化研究はこうして、お望みとあれば、古い主観を清算し、その古風なイデオロギーを抹消しようとする、より大きな傾向としての企画の一部と見なすこともできよう。しかし、たとえ文化の物質的動力学の優先性を信じるにしても、知識人がこれ以外の企画に肩入れすることを想像することは難しいし、そればかりでなく、そのような脱神秘化を使命とする審問が、反主観的で文化的な企画を、短期的には有効と見なしたであろう後期資本主義の社会的・政治的な力そのものを、究極的に暴き、暴露するであろうと思われるような展望が存在するのである。ともあれ、伝統的および近代的な美的カテゴリーの中でアドルノが標的としたこれらのもの――天才の概念、主観的、抒情詩的表出としての作品概念、（アリストテレスから受容理論までの）美学的なものの心理学、因習的カント読解ならびに伝統的精神分析、（芸術のための芸術および文化領域の補完的な機能という概念における）芸術の「信仰」、「意図」の中心性、さまざまな種類の意味に奉仕する芸術の哲学的（そしてヘーゲル的）領有化と解消でさえも――が、新批評《ニュークリティシズム》以来断続的に、現代の文学批評や文化批評の標的になってきた。現代批評の究極的なねじの回転ですら、アドルノの思索的探求に欠けてはいない。それはすなわち、どんなかたちにおいても言語は主観的なものではないということ、そして、言語に中心をおいた分析が古い、主観中心的カテゴリーに対するもっとも効果的な反駁を提供してくれるということである。(1) この意味で、『美の理論』はさまざまな傾向をもつ今日の、おそらくは主要な現代批評と理論がもつ関心と肩入れの、要約ではないにせよ概括といったものを提供するのである。

実存的かつイデオロギー的なレベルで言うなら、近代人はみなブルジョア文化とその価値観がわれわれに遺したこの種の内面性から、何らかの方法で逃れたいと望んでいるということが、最終的にはたしかに言える。そうした内面性というのはつまり、社会的排除と階級特権によって可能となった主観の洗練と高められた倫理的な差別、ある種の精神的私有財産としての経験の物神化、ビジネス社会において社会集団の生活と文化の私有化された代替物となる美的な個人主義といったものである。(2) 一九一九年にT・S・エリオットが次のような有名な一節を述べたとき、彼が以上のようなことをどこまで念頭においていたかはさだかではない。「詩とは情緒の解放などではなく、個性からの逃避なのである。しかし、もちろん、そうしたものから逃走することを願うということの意味を知っているのは、個性と情緒をもつ者だけなのだが。(3)」もちろん、この最後の鋭い一文は、（アドルノが共有していた）厳粛なモダニズムの意味深い反主観化への衝動を、この時代に同じように特徴的であった「匿名的」で「真正性を欠く」大衆への保守的な軽蔑へと、方向転換させているのだ（そして、アドルノによるいわゆる文化産業の分析も同じ理由で批判にさらされている）。だが、アドルノの弁証法は、この主観の放逐がいかにして精神の内部で行われるかを、われわれに示してもいるのである。

客観的・主観的という概念は、完全に転倒してしまっている。客観的という言葉は事物の議論の余地のない様相、その疑問の余地のない印象、分類されたデータからなる外見、すなわち主観的なものを意味しているのである。そしてその概念では、そうした外見を壊し、事物の個別的経験に関わり、すべてのできあいの判断を捨てさり、対象について考えることはおろか、それを見ることとすらしない多数決による合意よりも対象へ関わることを選ぶようなものすべて——言い換えればそれこそ「客観的なもの」にほかならないのだが——が主観的と呼ばれるのだ。主観的な相対性に対する形式的な反論がいかに空虚なものかということは、前者のもっとも私的な領域、すなわち美的判断において見ることができる。芸術作品に対する正確な反応力に頼って、真面目にその訓練やその内在する形式的な法則性、つまりその構造のもつ強制力にみずからを従わせた者であるなら、彼の経験はたんなる主観的なものでしかないとする反論が、哀れな幻のように消え去るのを見いだすであろう……。（MM 84/69-70）

これは、芸術の受容だけでなく、生産にも十分に当てはまる、主観的なもののもつ客観性の擁護である。この解釈学的な苛立ち、主観性を超え、テクストを超えて実在的、物質的な世界に到達しようという情熱が、知識人の地位とその矛盾という観点から説明することができるという事実は、別なレベルにある真理内容を空虚にしてしまうわけではない。ある集団のイデオロギーの衣を着せられた利害が——「あらかじめ設定されたモナド的調和」あるいは「理性の狡知」によって——社会システムそれ自体の客観的傾向性をも表出するということは、初めてのことというわけではないだろう。ともあれ、アドルノによる美的なものの「客観化」は、われわれの時代における美的なもののもつ矛盾によってだけでなく、後で詳しく論ずるように、現代の歴史意識がもつジレンマによって提起される今日的な要求に応えているように私には思われる。

二　芸術の罪

だが、今やわれわれはアドルノの思想の中にある矛盾と『美の理論』の中にある非常に異なった要素を、心に銘記しなければならない。その要素は、これまで記述してきた脱主観化の傾向の文脈においては、そうした傾向が矛先を向けていたまさにその「主観の哲学」の残滓、あるいは遺物のように見えるのである。それは真正なる「美的経験」の概念であり、その概念の組織的な不在の存在のことである。すなわち、十分な、完遂された経験あるいは聴取（アドルノにおいては音楽はつねに美的なもののテストケースである）、「形式」への没入、美的水準における観念的理解のことである。この理解という言葉が美的経験に歴史との関係を導入するのと同様、もうひとつの言葉――作品の「真理内容」への接近という言葉――はそこに、見るからに伝統的な哲学といった側面を付け加えるのである。

美的経験の弁別というのはもちろん、ひとつの学問分野・伝統としての哲学的な美学の最大の関心事であった。一方でアリストテレスが、そして他方ではカントとその後継者たち（初期と後期の美学におけるルカーチもそこに含まれる）が、そうであった。しかしながら、ヘーゲルは、芸術を哲学に変容し、芸術を完全に「真理内容」の考察のもとに包摂することを目論む、きわめて異なった方法の到来を示している（それは歴史的な「芸術の終焉」[4]といったものを思考することを可能にするという結果をもたらした）。カントに関して言うなら、アドルノによるカントのあつかい方は、あでやかなまでに無原則で、示唆に富むものである。彼は『判断力批判』に対してゲリラ攻撃をしかけてそれを転倒させ、それを新しい反主観的美学のコペルニクス的転回といったものに書き換えている（カントは、まず第一に、主観的な「研究対象（客観）」として美的な経験を弁別するという問題を実質的に創始したと伝統的に考えられているにもかかわらず、である)。しかし、もうひとつの略奪行為は、カント主義を文化産業の操作プログラム全体を先取りするものとして同定し、拒絶することである（カントの美の記述に浸透している先験的図式は、「堕落した」ハリウッド的紋切り型の原型であり、「ポピュラー音楽」の特徴となっている悪しき耳ざわりのよさと、それを聴くことの物神化の源泉であるとされてしまう)。

しかし、『美の理論』は美的経験の伝統的な理論化への回帰では決してない。実際、多くの点で、それは哲学的美学の概念と理念そのものに挑戦している（それは、『否定弁証法』が伝統的な哲学的企ての構造そのものに対する挑戦としても読めるのと同様である)。それゆえ、「真正なる美的経験」の概念に対するアドルノの頑固な肩入れの位置づけを、またそれとならんでアドルノの遺作であるこの『美の理論』の形式を、明確にしておく必要があるだろう。『美の理論』の論述的、一般的な地位はいまだに不明確なままであり、それはまた、われわれは本当に「哲学的な美学」を何らかのかたちでいまだに必要としているのか、そしてその「ジャンル」や思考形式は、少なくともわれわれの時代においては、矛盾に満ち、不可能なものになっているのではないのかという不安な疑問を、暗黙のうちに、あるいはあからさまに、しばしば提起するのである。

こうした問題に関するアドルノの思考は、しばしば交錯はするが、結合したり融合したりすることのできない二つの別個の軸の上で生起する。一方で、彼は「芸術」一般と個別的作品の経験を体系的に区別しようとする。この対立は、今日の文学批評と理論の実践が伝統的な美学の企てと葛藤する空間となる。そして、それはアドルノ自身の著作においてだけのことではない。少なくとも、近代の力の場においては、文学批評は自分の使命を個別作品における独自なるもの、それらの比較不可能性と根本的な差異の同定と記述であると考えている。しかし、形式性の衣を着た伝統的美学の興味は、すべての真正なる芸術作品とその経験に共通する何かを同定し、ギリシア悲劇からジョイス、ピカソにいたる独自の作品の個別性を解消させてしまうような、「芸術的」なものの包括的な概念を作りだすことにあるのだ。（しかしながら、現代批評はさまざまな個別作品——同一作家の作品、同一時代の作品、同一ジャンルの作品——が何らかのかたちでそこに所属するような、伝統的美学とは異なった種類の一般的、包括的概念をもつ可能性を、しばしば積極的に考えてきた。しかし、この種の——不変というよりは歴史的な——美学的思考は、カントよりはむしろヘーゲルに由来するものであり、美学的哲学の構成とその「研究対象」を異なる仕方で崩壊させ、問題化する傾向をもってもいるのである。）

今日の理論は、こうして、個別テクストの上に留まると同時に、「芸術」あるいは「美的なもの」という、より大きな問題を完全に避ける傾向をもつが、それはしばしばその問題を欲望一般という精神分析的な問題や、政治学、人類学あるいは社会学といった、かつては哲学的、教育的であった他の領域においては全面的に明らかであるような、テクスト性の動力学に同化させることによってなされるのである。しかし、アドルノが、他の点においては時代錯誤的な厄介者となってしまったように見える疑問や問題を手ばなそうとしないのには、彼なりの理由があるのである。「芸術家は彼らの個別作品だけではなく、つねに芸術それ自体に働きかけている以上、芸術が個別作品のうちに完全に包摂されることはありえない」(AT 272/261)。言い換えるなら、芸術と個別的芸術作品という区別は、それが対立であると同時に関係を示している限りにおいて、ひとつのジレンマであり続けるのだ。実際、このジレンマが生産的なジレンマであるということは、のちに明らかになるであろう。というのは、まさにこの芸術と芸術作品との葛藤的な共存を通して——あるいは、芸術そのものの性質に対する働きかけでもある個別的対象としての作品に対する働きかけを通して（新しい作品によって「現存する記念碑」からなる既存の「理想的秩序」が「わずかな」修正や変化をこうむるというT・S・エリオットの考え方にあるように）——歴史は美的なものの中に入ってくるのだし、またアドルノは、すべての個別芸術作品がもつ深い歴史性に関する、彼の注目すべき概念を展開させることができるのである。

だが、芸術と個別作品の違いには、歴史に対する解釈的な接近以上のものが賭けられている。つまり、そこには社会的なもの、階級闘争の経験それ自体が書き込まれているのであり、それはアドルノの美学理論の根源的神話——すなわち、『オデュッセイア』第十二巻の「セイレーン」の挿話——を通して伝えられる。自己保存の代償として「啓蒙の弁証法」が差しだす自己と自然の抑圧の苦痛と矛盾を呼び起こしながら、アドルノとホルクハイマーは、オデュッセウスの二重の解決策、つまり一対ではあるがお互いに矛盾した救済の可能性を描く。

> そのひとつめを彼は乗組員に指示する。彼は乗組員の耳を蝋でふさぎ、彼らは全力で漕がなければならない。生き残ることを欲するものは、取り返しのつかないものの誘惑に耳を貸してはならないし、そうするためにはそれが聞こえないようにしなければならない。社会はそうなるようにつねに配慮してきた。労働する者は生き生きと集中して、つねに前を見つめ、偶発的なこ

> とがらを無視しなければならない。彼らは脇道に逸れたいという衝動を、いっそうの努力を通して粘り強く昇華しなければならない。こうして彼らは実践的なるものの領域を具現するようになるのである。他の者を自分のために働かせる封建領主たるオデュッセウスは、二つめの可能性を自分のためにとっておく。彼はセイレーンの歌を聞く、無力にも帆柱に縛られたまま。誘惑が強まるにつれ、彼はいっそう強く自分を縛りつけるよう命じる。それはちょうど、のちのブルジョアジーが、彼らの力の増大のおかげで幸福が近づけば近づくほど、ますますそれをみずからに対して頑なに拒むのと似ている。彼が聞いたものは、彼に対して後に何も残しはしない。彼は縄を解くように要求して頭を動かすことしかできない。だが、それは遅すぎる。というのは、歌を聞いていない乗組員は、歌の危険を知るだけで、その美しさについてはなにも知らないからである。彼と自分たちを助けるために、彼らはオデュッセウスを帆柱に放置したままにする。こうして彼らは、自分たち自身の命とともに、彼らの抑圧者のまさにその命をも再生産する。そして、抑圧者たる彼自身は、その社会的役割から外にでることはできない。彼を取り返しようもなく実践に縛りつけた縛めは、同時にセイレーンをそこから隔てているのだ。こうして中和された彼女たちの誘惑は、たんなる瞑想の対象になる。芸術そのものとなるのだ。縛られた者はコンサート会場に座って、後代のコンサートの聴衆と同様に、身じろぎもせずに音楽に耳を傾けている。そして、自由を求めた彼の叫びはすでに拍手喝采のように響き、そして消え去っていく。こうして、すでに先史時代において、芸術の鑑賞と肉体労働は切り離されているのである。(DA 34/34)

ヘーゲルの主人と奴隷の弁証法のこの注目すべき書き直しは、その皮肉なねじれを再生産しているのである（奴隷の「真理」が主人であり、その一方で、主人の真理が「たんなる」奴隷であることが判明するのだ）。実際、オデュッセウスは芸術を経験するが、その一方で歌を聞かない彼の労働者たちは、彼らが聞くことができない「芸術の個別作品」に関して、より深遠な何かを学ぶ。すなわち、取り返しのつかないもの、過去から呼びもどせないもの、つまり、作品の「真理内容」を学ぶのである。

　だが、アドルノの個別作品の概念は、後で論じることにしよう。さしあたって、われわれが関わるのは芸術の包括的な概念であり、上に引いた一節はそれに関して意味深いことがらを含んでいる。それはとりわけ、階級社会における芸術そのもののもつ厳然たる罪であり、奢侈と階級特権としての芸術であり、アドルノの美学的反省における基礎低音として、その響きがわれわれの感覚においてほとんど第二の自然となってしまい、もはやそれを聞いていることを意識しないことがあるほど、絶え間なく鳴り響いているのである。そして、すべての芸術活動と結びついているこの取り返しのつかない罪深さは、アドルノにおける芸術一般と個別作品の根本的断絶の、深い動機となっているのである。というのは、個別作品がなすこと、それらが芸術的過程において「作用する」ことというのは、この遍在的な罪の意識に参与し、激しい痛みをもってそれに取り組み、解決不可能な矛盾というかたちで、それを意識上にもたらすことなのである。個別作品がこの矛盾を解決することは決してできない。しかし、個別作品は、それを内容、素材として、つねに新たに直面しなければならないものとして、その毒をも一緒に、みずからのうちに取り込むことによって、ある真正さを回復することができるのである。この意味ですべての芸術作品を覆っているこの罪は、それなしではモナド的な状態に留まるであろう作品を、これもそれがなければ外在的なままで留まるであろう社会秩序と深く内在的に関連づける媒介のひとつなのである（だが、それが唯一可能な媒介なのであるということは、すぐ後で見ることになる）。

それはまた、われわれの時代において、哲学的美学が不可能なばかりか耐えがたいものでもある深い理由なのである。というのは、美、芸術、美的なものの一般理論が見逃がし、抑圧するものは、個別作品の根源的な差異だけではないからである。美を超越したものへの意志、作品とより一般的な意味での世俗的な言及性を超えた真理への意志、ジョイスやアイスキュロス、ダンテや白居易らの使命でもあった、この世界そのものと関わり、たんなる「芸術」以上の何ものかになろうとする意志、こうしたものもまた、伝統的な哲学的美学の説明においては顧慮されず、目に見えないままになっているのである。したがって、これが『美の理論』の主要な主題と逆説を初めて知らせる契機となる。その原理は、このわれわれの注解の後の方で十分に展開されたかたちで戻ってくることになるだろうが、それはまず暫定的に定式化されたかたちでこの問題に触れている。「芸術が純粋に美的に経験される場合には、それは美的にさえ十分には経験されないものとなるのだ」（AT 17/9）。

しかしながら、芸術一般の罪に関しては、ここで言われていることはすべて逆転し、配列し直すことが必要となる。

もっとも成功し、もっとも強力な哲学的美学によってここで達成される普遍的な変容は、すべての個別作品を、それらのもつ差異とさまざまな超美学的な志向をかかえ込んだまま、ひとつの長く切れ目のない「美的経験」へと差し戻すのである。そして、そうすることによって、われわれを無慈悲にも社会的な世界へと放逐する。そこでは、苦痛と悲惨のただ中で、芸術鑑賞の正当化されることのない贅沢が、あらゆる時点での取り返しのつかない、避けがたい有罪判決となるのである。だが、われわれが現代の理論についてこれまで言ってきたことはまた、次のことを暗示している。つまり、それと正反対のこと、「真理内容」へまっすぐに向かうように作品という枠をはめることも、それに劣らず、われわれの世界のひとつの事実であるこの客観的罪状を回避することにすぎないのだということを。個別芸術作品と理論的に交渉することの形而上的潔白性を擁護するためには、アドルノの定式は逆転されることになるだろう。それは、芸術の真理内容を把握するために超美学的にだけ芸術が理解される場合には、その真理内容もまた見逃され、その超美学的使命それ自体がそうした経験から締めだされてしまうという、そのあり方を強調する必要があるからだ。

このいまだに暫定的な主題に関して、最後に二つの注釈を加えておこう。ひとつは、批判的思考が溶解し、一方では皮肉な実証主義や冷笑的な経験主義に、他方ではユートピア的な確信へと解消してしまうことに抵抗するものは、アドルノが他のところで「限定された否定」と呼んでいるものが美の領域で取る形式であり、それはわれわれの時代における批判的思考の唯一の真正な形式——換言するなら、矛盾の意識——なのだということである。芸術を美的に、また同時に反-美的に思考することに成功するということは、この領域で限定された否定を達成するということなのである。しかしながら、二つめの思考は次のことに気づくことである。すなわち、アドルノの政治的芸術に対する倦むことのない拒絶は、まさにこの二重の立場から発しているのだということである。というのは、ここで弾劾されているものは怠惰な暇つぶしだけでなく、戦闘的な人びとのせっかちさと実利主義でもあるのだから。だが、われわれはまだ、この補完的な意見と結論に対して立場を明確にする必要はない。それらは、こうした露骨なかたちで見た場合よりも、ずっと複雑で逆説的なのである。

しかし、これらの注釈はすべて時期尚早である。というのは、ここでのわれわれの最初の説明上の関心は、アドルノにおける芸術一般の地位と、それを通して伝統的な美学に対する彼の言説と形式の関係を理解することだったからである。彼の立場における意外性と予想できない逆転の特徴は以下のように言うことができる。芸術の性質と美学のまさに基礎づけに対する余念のない関心、つまり個別の芸術作品だけが興味深く真正であるという状況下ではもっともつまらない関心は、それにもかかわらず維持され、保持されねばならない。なぜなら、美学の罪深さが記録され、同定されるのは、第一に、社会的活動としての芸術一般の領域においてであるからである。こうして、『美の理論』が依然として「美学的」であるとすれば、それは言うなれば、その否定的側面によって、そして、美的なものの些末さが人生における避けがたい事実であるという社会的な視点に肩入れすることによってなのである。

しかし、われわれは今や芸術についてのアドルノの思考のもうひとつの軸に向かわねばならない。それは第一の軸と弁証法的な緊張関係にあり、またそこでは芸術一般は個別作品と対立していると見なされる。しかしながら、第二の視点から見た場合、今や個別作品を含み、また実際に個別作品から構成されている芸術一般は、芸術ではないすべてのものと対立することになるだろう。あるいは、より正確に言えば、「真に」芸術ではない、一般的な意味におけるすべての「文化的な」ものと対立することになるだろう。『美の理論』のこの作業前提は、最初はもっとも物議を醸すような、もっとも大胆なかたちで展開される。つまり、すべての芸術は「偉大な芸術」であるのだ。芸術の経験には程度というものがないし、部分的な、前途有望な、中程度の、不完全な美的経験といったものさえないのである。そのもの自体があるか、完全に欠如しているかのどちらかなのだ。この領域においては、それだけが語るに足る経験なのである。しかも、釈義的な準備という意味では、それに関して本当は何も語ることができない場合に、というきまりの悪い但し書きを付け加える限りにおいてである。あなたはすでにそのものの正体を知っているか、さもなければだれもあなたにそれを教えてはくれないのだ。この意味で『美の理論』は美的経験の資本の原初的な蓄積を前提としている。それは、あなたがすでに知っていることについて、あなたに語りかけるし、その命題はすでに知っていること、すでになじみ深いものに言及する。それは、それらの記述に対するあなたの関心と同意に基づいており、またそこに依拠しているのである。文学批評のすばらしい論考は、それまで不透明で、退屈で、苛立たせるくらいにひねくれていたテクストの読み、再読の可能性を切り開くことがある。そうすることによって、あなたの中に（まるで疑いなく初めてのような）新しいある読みの体験を生みだすことを可能にするし、またあなたの心の中で新たな美的もしくは詩的なものが形成される可能性を解放しさえする。『美の理論』はそうしたことはしないし、それを望むこともない——そうした意味でそれは、すでに感じられたものの帰納的な解明としての哲学的美学の限界の内部に留まっているのである。

しかし、われわれは、芸術はその定義からして「偉大な芸術」であるという、この第一の独断的な方法論的決定に関して感じる困惑を認めてもよいだろう。ここでまず注意すべきことは、この立場はまた、価値に関する伝統的な問題をすべて排除するということである。というのは、ここではあらかじめ価値が前提とされているからである（推定上の「価値」のいかんにかかわらずあらゆる種類の物語をあつかうのだというノースロップ・フライの方法論上の決定のある種の逆転である）。しかし、価値は別の、より歴史的で社会的なかたちで回帰してくるのである。そうした一方で、われわれは主要な敵対者であり誘惑者（ベンヤミンを堕落させた男）であるブレヒトのあざけりの精神を簡単に追い払うことはない。彼が創造した場面が記憶の中にひらめく。とりわけ、『マホガニー』で酔っ払いたちが自動ピアノを驚きつつ見つめて、「これこそ永遠の芸術だ」と叫ぶ場面が。

アドルノは現代の大衆的商業文化の発展によって完全に抑圧される傾向にあるもの——つまり芸術の「軽い」形式（たとえば「軽いオペラ（オペレッタ）」という言い方に見られるように）——に対して、体系的に場所を確保しているのだということを、付け加えておくべきだろう。レハールのような作曲家は、技術的な熟練者であり、彼なりに「巨匠」として賞讃されるべきなのである。「［軽い］芸術そのもの、気晴らしは堕落した形式ではない」（DA 121/135）。むしろ、それはとくにブルジョア的な文化の内部にあって、そのブルジョア文化の偏向的な発展が忘却するひとつの空間なのである。

> 軽い芸術は自律的芸術の影であった。それは真面目な芸術の社会的なうしろめたさなのである。その社会的な前提ゆえに真面目な芸術が必然的に欠いている真理が、この他者なるものに正統性に似たものを与える。この分離こそが真理なのだ。それは、この二つの異なった領域が構成する文化の否定性を表現している。この対立は、軽い芸術を真面目な芸術に吸収したり、あるいはその逆をすることで和解できるものではない。だが、文化産業はそれを行おうとするのだ。（DA 121-2/135）

「半分ずつを足しても完全なものにならない」という有名な言葉は、したがって高尚な芸術と大衆文化を指しているのではなく、高尚な芸術と軽い芸術のことだけを指しているのだが、この根本的な区別こそが、商業化によって抹消されるのである。(5) 一方で、おとぎ話（あるいはホフマンの『もじゃもじゃペーター』のような近年の擬古的な作品）の果す役割のように、ある種の伝統的な形式のための場が作られてはいる。しかし、ここでもまた、ひとは民衆主義《ポピュリズム》がもっていた政治的な再活性化の力の痕跡を、探し求めても無駄である。実際、この新しい対立の根本的な媒介――大衆文化と伝統的もしくは「民衆」芸術の間の対立――は不毛なものであるし、また歴史的に見ても複雑で「曲がりくねって」いるのである。民衆芸術における基本的社会関係は、「主人と召使い、利得者と損失者のそれであるが、それは形式的には直接的存在であり、完全に客観化された形式をもっているわけではない」（「おばあさんに化けた狼」、MM 272/204）。こうした古い形式に関してイデオロギー的であったものが、新しい大衆文化のイデオロギー的構造によって、後知恵的に暴露されるのである。

　映画は時間遡及的な効果をもっている。その楽観的な調子の恐怖譚は、おとぎ話において、つねに不正義に奉仕してきたものを明るみに出し、仕置きされる悪党の中に統一的な社会によって非難される者、またそうすることがそもそも社会化による夢であった者の顔をぼんやりと映しだす。（MM 272/204）

ブレヒト自身、これとあまり違わない目的のために、伝統的なものと古風なものに頼ったのである。

　しかし、実際は、アドルノの立場――それは「エリート主義」、「耽美主義」、あるいはポストモダンの超大国の大衆文化的民主主義の内部では時代遅れで文化的にかけ離れた社会的な反動官僚主義に容易に還元されがちなものだが――は、おそらく、他のさまざまな想像上の、理念的-原型的な登場人物たちに対する動きとして演劇化する方がよいだろう。ともかく、以下の議論においては、さまざまな立場が登場人物たちとなり、また彼らの抽象的なバレエは、芸術とは大きく異なる領域に移し替えることができることが判明するだろう。

　真の芸術経験を、そうでないすべてのものから分かつ最初の動きは、経験的なものを中心に構築される哲学に内在しているように見えるのだが、経験の哲学は必然的に、それ自身とは異なるものの中にある自分の構成上の限界につき当たる（「限定されたものは否定である」）。しかし、「経験」の場合は、とくに逆説的な状況に直面する。というのは、経験でないものは、ほとんどその定義からして知られることも、定式化されることもないし、その結果、そうした哲学は、自分自身の境界線についての説明を包含することができないのである。こうして、興味深い非反省的な戦略が出現することになる。たとえば、メルロ゠ポンティの現象学は、身体の経験はそのアルキメデスの点の問題を、それ自体の外部、いわゆる「幻想の肢体」のボーダーライン上の例外性——つまり、切断された手足の「中」に持続する感覚——の中に見いだすのである。そうした差し引かれた領域の不在の存在を経由してのみ、メルロ゠ポンティは身体の現象学を記述することができるのである。

その他の実存主義の場合は、境界線の問題は二つの関係した、しかしながら別個の問題、つまり意味の問題と死の問題において現われることになる。別の、外部にある立場から見た場合にのみ、生という企画に内在する状況的な意味は、自然的な基盤をもたないまったくの構築物として姿を現わす。しかし、その立場——それはたとえば実存主義哲学者の生活世界の内部には与えられないのだが——は積極性へと方向を変える傾向をもっている。その結果、意味の欠如は、今ややゆっくりと独立したひとつの概念、ひとつの哲学——つまり、いわゆる「不条理」——へと変化していくのである。一方、サルトルにおいては、死——この種の限界を構成するもうひとつのもの——は生命の内部にあってエネルギーをもたらす神秘といった、思索可能な何ものかであることをやめ（ハイデッガーの死に向かう存在［Sein-zum-Tode］が依然としてそのようなものであるが）、意味のない裏面、その定義からして生の外部にあるものとなり、さらにはそれに応じてわれわれに関わることをいわばやめてしまった出来事となるのである。（この限界に対するハイデッガーの「解決」は、もっとも最近ではハーバーマスが主張しているように、神秘的な歴史へ回帰する試みなのである。その回帰は、神秘の真の経験と現前としての、あるいはわれわれが歴史的時間の中で、その記憶すら失ってしまった存在の問題としての抑圧され忘却された根源的時間の中に、われわれの堕落した現存在者の世界の「外部」を設定することによってなされる。）

こうして、遊戯としての、あるいは謎、不可解なものとしての芸術の構成的な特徴のひとつを記述するための方法として、アドルノは、「幻想の肢体」からの申し立てを行い、芸術的でない人々つまり「芸術的感性を欠いた人々」（AT 183/177）を研究することを薦めている。

彼らに芸術とは何かを説明することはまったく不可能

であるし、かりに知的に説明することが可能であったとしても、彼らはそうして得られた洞察を自分たちの経験に適合させることはできないだろう。彼らにとっては現実原則があまりに強力なので、美的な振る舞いは完全に抑圧されてしまう。公的な文化によって芸術が公認されていく中で、こうした芸術に対する感受性の欠如は、芸術への攻撃性へとしだいに転化し、今日における芸術の「脱美学化」という一般的な傾向性において、小さからぬ役割を果すのである。［脱美学化（Entkunstung）――字義的には「脱芸術化」であるが――とはすなわち、芸術からその伝統的に芸術の特徴もしくは標識とされていたもの、たとえば仮象（Schein）（美学的な幻想と虚構性）を剥ぎ取ることであり、同時にそうした美的な活動を、偶発事、宣伝広告、ある種の政治芸術といった、何か別な活動として通用させることによって、再正当化しようとする試みである。――筆者注］

ここで導入された特徴的な説明用語――「現実原則」、「公的な文化による芸術の認可」、「攻撃性」との関連――は、「非芸術的なもの」が展開しうるさまざまな社会的、歴史的形式を見せてくれる（それらについては間もなく検討することになるだろう）。しかし、この最初の包括的な欠損的立場は、（われわれが上で論じたように）アドルノの探求の純粋な論理性によって決定されている。上に挙げた一節において、その欠損的立場は今や修辞的に、ある種の読者としてテクストの内部に登場する。それはまさに、われわれがすでに付随的に言及してきた読者――つまり、美的なものとは何かということについての経験をあらかじめもつことなしに『美の理論』に向う者――であり、ここでは何らかの「自然的な」もしくは「構成的な」理由から、最初から美的経験を「もつ」ことができない読者として劇化されているのである。

もちろん、人類学的に言うなら、そのような読者――すなわち（ヘーゲル的な意味での）否定性をまったく欠いており、直接的なものにあまりにもはまり込んでいるがゆえに、その意識が「高等動物」の属性である、世界との関係的、最小的な距離を取ることをやめてしまうといった存在――は想像することができない。幻想、つまり虚構に関する能力、あるいはそこに存在しないもの（そして、いまだに実現していないもの、あるいはすぎ去ってしまったもの）のイメージを心にもつという能力は、人間の意識がもつある偶発的、補完的な力なのではなく、事実上それを構成する特徴なのである。しかし、すでに示唆したように、ここでふたたび意識を「定義」しようとするなら、その仕事に取りかかる前に、その想像不可能な欠損的立場を措定することになる（サルトルが意識を否定と距離として定義する際、必然的に「想像的なもの」を記述しなければならなかったことを思い出せばよいだろう）。同様に、言語をその外的限界において記述するためには、非言語的なものの表象という途方もない、内的な矛盾をかかえたものが必要となるのである——言語を撤廃し、それに代わって「物それ自体」を使おうとする（そしてコミュニケーションの目的のために物をもち歩いている）スウィフトが描くラガードのアカデミーの大先生たちのような人物が、アドルノにとっての徹底した実証主義の比喩形象としては適切だっただろう。

アドルノの欠損的用語はこうして急速に、物語の記号論者が「表層的表出」の特徴と呼ぶものを帯びることになる。つまり、適切な社会的、歴史的決定を受けたひとりの（あるいはいく人かの）、「真に迫った」登場人物となるのだ（上で見たように、それは以前に引いた一節の中ですでに起こっている）。しかし、「非芸術的人間」、つまり芸術的な感性をまったくもたない人間は、最初からテクストの内部の他者のようなものである。つまりそれは、反論の対象となる究極的な非-読者であり、あるいは反論が失敗した場合には（定義からして失敗は確実なのだが）「適切な」読者との団結を実証するために貶められ、嘲笑される。そして、「適切な」読者は——この他者に抗して——テクストそれ自体が構成する視点を取ることを薦められるのである。テクストはすべて——少なくともジャンル形成の初期段階、つまり制度化の途上にあっては——たんなる欠損的立場としての「悪しき」、「望ましくない」読者をこのようにその内部に含まなくてはならないと想像したくなる。もちろんそれは、物語における人格化された「登場人物」である必要はなく、それはたいていの場合、劇的なかたちで目につくようにされている——たとえば、科学小説やオカルト的ジャンルの作品が、そうした人たちに反論し、望ましくない読みを中和するために、合理主義者や懐疑主義者といった信じることを拒む者たちを体系的にテクストの内部に含むように。

ある意味では、もちろんアドルノの非芸術的立場はすでに主要な物語の中で、オデュッセウスの「セイレーン」の挿話の中の船の漕ぎ手のかたちで、「行為体として表出」されているのである。彼らの耳栓は彼らを、芸術が存在することは知ってはいるが、芸術の経験やその力については何の概念ももちえない人々に変えてしまう。より大きな社会的な意味では、セイレーンの階級寓話が明らかにしているように、これらの非芸術的な人々が大衆労働者と同一視されていることはたしかである。彼らは、『啓蒙の弁証法』の中でアドルノとホルクハイマーが、文化産業のスイッチを突然切ったとしてもだれも気にしないという（ありそうにもない）ことを示唆するもうひとつの驚くべき一節の中に、ふたたび登場する。

> このような閉鎖［たとえば映画館の閉鎖］をしても、それは反動的なラッダイト運動あるいは機械打ち壊しとはならないだろう。絶望を感じるのは熱心なファンではなく、何かにつけてしっぺ返しを食らう飲み込みの遅い連中なのである。たとえ映画それ自体が主婦を完全に引き込もうとしても、彼女が映画館の暗闇の中に見いだすものは、だれにも見られることなく数時間座っていることができる避難所なのである。それはかつて彼女が仕事の後に自分の家と「自由時間」をもっていたころ、窓の外を眺めていたのと同じことなのだ。大都市の失業者はこうした空調のきいた場所に、夏は涼しさを、冬は暖かさを見いだす……。（DA 125/139）

このような民衆主義《ポピュリズム》（それはおそらくホルクハイマーのものだろう）は、「大衆」の分析や大衆産業文化の非真正性の分析（ハイデッガーの「人間」（das Man）やオルテガの「大衆の反乱」）を行った同時代の保守主義とは、イデオロギー的な関連はあるにせよ、明らかにかなり違ったものである。しかし、ここですでに「周縁的な人びと」という現代の急進的な修辞法が、女性と失業者の人物像の中に、そしてとりわけデブリンの『ベルリン-アレクサンダー広場』が記念碑的な表現を与えている精神遅滞者と知恵遅れという究極的な犠牲者の哀感の中にその姿を現わす。巨大な映画館の心地よい暗闇は、このようにして、オデュッセウスの船の漕ぎ手たちの仕事後の休息所になる。彼らはセイレーンの歌に耳を傾けなかったように、スクリーン上の催眠術的なイメージにも注意を払わないのである。

しかし、もし彼らが注意を払ったとしたらどうだろう。この地点でアドルノの否定的で欠損的な立場——非-芸術、最初から芸術的経験を根本的に理解できない人々の性質——は二つに分裂する。そのとき、それは真の歴史に突入する。この比喩形象的人物たちの分岐とともに、文化産業そのものの悪名高い概念が現われ始める。というのは、芸術的経験の概念をもたない人々とともに、今やそうした概念をもっていると考える人々のための場所を作りださなければならないからである。そして、自分では芸術経験に参与しているつもりでいながら、依然として芸術の何たるかを知らず、「真の芸術的経験」を得たこともなく、そうした経験を最初から奪われていることさえ知らないでいるすべての視聴者や聴取者のために、代用芸術の特徴づけと分析が今やなされなければならない。

「文化産業」は『美の理論』において重要な役割を果してはいないが、しかし、それはすでに『美の理論』によって、あらかじめ否定的なかたちで前提とされている。実際、初期のテクストは後期の企画全体にとって、非常に重要な哲学的問題を提起している――つまり、「真正」な芸術でもなく、まったくの「非-芸術」でもないような類の「芸術的経験」(アドルノの言う意味での「偉大な芸術」ではない、見かけだけの「芸術」)に関する、例外や中間地帯の可能性をどうあつかうのかという問題である。『啓蒙の弁証法』における「文化産業」に関する章は、「真の」芸術ではない類の芸術(非-概念になってしまうために、それは「悪い」芸術でもない)と、真に芸術的なわけではない真の経験を理論化するというジレンマを排除することによって、この構造的な問題に前もって直面しているのである。もっとも、そうしたものは、そうしたもの以外の何ものでもないのだけれども(カントの用語を用いるなら、それはまた実践的でも認識論的でもない)。アドルノがここで言うように、この大衆文化経験が実際には商品形態であるということはまた、それが客観的である(つまりそれは擬似経験ではない)ということでもあるが、しかし、それではまだ、ここで詳しく述べられている伝統的な美のカテゴリーに対するこの新しいコード(商品の物神化)の関係を、明確に述べることにはならない。

三　左翼芸術の浮沈

しかし、アドルノのもっとも影響力のあることがたしかな——同時に挑発的でもあり、悪名すら高い——単一の概念である文化産業の概念を、この概念の「運命」の歴史といったものを議論の中に取り入れることなしに、今日論じることは難しい。最初は、『啓蒙の弁証法』において、社会学的言語と哲学的言語を結合することを願った言語でその輪郭が描かれたものではあるけれども、この原テクストを（『ミニマ・モラリア』とならんで）古い文学的ジャンルの作品として再読する（あるいは書き換える）こともまた可能である。つまり、新しい北アメリカ民主主義、とくにその政治的、社会的、文化的形態の独自性とのしばしば恐るべき遭遇の結果としてヨーロッパ人が生みだした旅行文学としても読めるのである。なにしろそれは、ヨーロッパとは違い、旧世界では前ブルジョア的文化概念の痕跡と遺物の中に、少なくとも近年まで存続した貴族的な旧体制（そこでも、ブルデューの「ディスタンクシオン」に見られるように、そうした貴族的形態とカテゴリーはブルジョアによって応用され、再構成されたのであるが）と葛藤することなしに誕生したわけだから。しかし、この中央ヨーロッパの大立者たちと新世界の大衆民主主義的他者性との人類学的遭遇は、予期せざる歴史的な巡り合わせ、つまり同時期のヨーロッパにおけるヒトラーのファシズムの台頭によって、特殊なかたちで条件づけられているのである。

今日ではこの巡り合わせは、さほど逆説的でも偶発的でもなく見えるようになった。もし、今日の歴史家たちが示唆しているように、ヒトラー的な契機が実際にはドイツの遅れてやってきたブルジョア革命であり、その暴力的、プチブル的な社会的、政治的、文化的平均化がその客観的結果としてもたらしたものが、残存していた貴族的な形式の最後の遺物の破壊であったとしたなら、二つの歴史的現象

――アメリカの大衆民主主義とドイツのナチス支配――は密接に関連しているということになる。しかし、アドルノとホルクハイマーの独創性は、この二つの現象を文化的に関連づけ、政治的な参与のひとつのかたちと確実に見なされるべき冷徹さをもって、文化産業とファシズムの分離不可能性を主張したこと、そして、スキャンダル化せざるをえないような挑発的な方法で、彼らの論述の中にアメリカとドイツの事例と説明を混ぜ合わせていったことである。すなわち、第二次世界大戦が文化産業によるナチスという競争相手、好敵手に対する勝利に終わったということは、ひとつのパラダイムのもうひとつのパラダイムに対する勝利としてよりもむしろ、ひとつのパラダイムの内部のひとつの変奏として把握されるべきであるということなのである。

こうして、文化産業の概念は――ある新しい哲学的なスタイル化と抽象化を通して――アメリカ合衆国へのトクヴィル―ディケンズ―トロロープ的な航海を、根源的に覆い隠すと同時に表現してもいるのであるが、その一般的な親しみ深さゆえに、アメリカの知識人たちは、あまりにも俗物的で貴族的な偏見として、それを割り引いて聞くことができるのである。しかし――あまりアメリカ例外主義の概念と結びついていない――他の左翼アメリカ知識人たちにとって、アドルノ―ホルクハイマーの批判は、すでに言及したような大衆文化と商品形態の同一視を通して、資本主義それ自体の文化的な批判の基礎を築いたのである。そして、アドルノとホルクハイマーでは文化批判は哲学的にモダニズムの美学に依存していたが、アメリカ合衆国ではこの文化批判はモダニズムの美学とは無関係に成立した。もっともそれは、一九五〇年代にはすでにモダニズムがヘゲモニー的、規範的となり、大学のシステムを征服してしまっていたという状況下においてであったのだが。それに引き続く時期（まもなく一九六〇年代に入ろうとする時期）においては、こうした変数のいくつかは変化し、それとともに文化批判の状況そのものも変化した。この国のこの研究分野は、その動機と価値観に関しては、この時期からずっと左翼と結びついていたと言っても、それほどまちがってはいないと思われる（それまでは挿話的でしかなかった右翼的文化批評の形態が何らかの正統性を獲得したのは、ごく近年になってからである）。

しかし、アメリカの左翼は、一九六〇年代に再生した際に、その古い民衆主義の伝統を再発見し、その文化的伝統を本質的に民衆主義のイディオムで再構成した。他方、今やアカデミーにおいて規範化した、本質的にヨーロッパ的な美学的モダニズムの伝統は硬化してしまい、悪い意味で

「アカデミック」と感じられている。この種のモダニズムに対する民衆主義的左翼からの反駁は、反知性主義と合流することになるのだが、この反知性主義はアメリカのビジネス社会において、逆説的なことに、右翼と同時に左翼においても、ひとつの政治的伝統となっているのである。こうした中で、ひとつの芸術的運動としてのモダニズムそれ自体は、その大きな体系的、社会政治的な理由はどうあれ、この時期の最中に、あるいは直前についに終焉を迎えることになる（「芸術［つまり、近代芸術、技術的に進歩した芸術］はその定義からして政治的左翼であった」［AT 377/360］とアドルノが記述したような契機は、解消してしまったということである）。

　しかし、今度は一九六〇年代の新しい大衆文化のもうひとつの特徴（それはわれわれの時代にいたるまで続いているのだが）を記述するべきだろう。いわゆる大衆文化は今や技術的に進歩しているということである（後で見るように、それはアドルノによるモダニズムの記述の精神にそったものである）。だが、こうした定式化は、「技術的に進歩したもの」がすでに存在しており、大衆文化は最終的にそれに向かっていったのだと示唆する限り、不正確でありまた非弁証法的である。それとは反対に、実際に起こったのは、大衆文化と技術が同時に前方へ跳躍したということであり、そこで初めてこの二つの展開が意識的に連結したのである。その結果として、現在のいわゆるメディアとメディア志向の新しい文化が一緒に出現したのである。『啓蒙の弁証法』を歴史的な視点に位置づけ直し、その議論を、それがわれわれに突きつける他の要求が何であれ、歴史的なものとなった何かとして読むためには、この展開を強調する必要がある。アドルノのいわゆる文化産業の産物は、現在なら次のようなものとして同定されるに違いない。すなわち、（監督中心主義［auteur theory］がそれを再編成する以前の）標準的なB級ハリウッド映画、ラジオコメディーと一連の三〇～四〇年代のバラエティー番組、たとえば「フィッバー・マギーとモリー」、音楽だったらポール・ホワイトマン（アドルノが「ジャズ」という名で呼んだ正しい対象であり、われわれが発見して久しい黒人文化の豊かさとはほとんど無関係なもの）。それはまたトスカニーニともいく分関係があり（彼の再評価は多くの点においてアドルノによって先取りされている）[6]、また（ミルトン・バールのような）一九四〇年代の最初のテレビ番組をもおそらく予期していたのである。どのようなかたちであれ、現代のノスタルジアが最近こうした作品に投資するようになったとしても、それらの形態とわれわれの大衆文化の形態との間の構造的断絶は明らかであるから、それらに触発された分析的思考（あるいは「限定された否定」）と現代大衆文化の理論が要求しているような理論との間に同様な歴史的な断絶を措定することには、十分な根拠があるのである。

現代の大衆文化は、大衆操作の理論に対するますます増大する苛立ちを見せるその度合いだけ、民衆主義《ポピュリズム》の見地から特徴づけることができる。そうした大衆操作においては、受け身的な大衆が商品形態と商業的に作りだされた文化に従属し、そうした文化の自己同一性を「気晴らし」あるいは「娯楽」として是認し、内在化するのである。新しい読みの概念はこうした受容の概念に、ある疑念を投げかけている。他方、逆説的なことに、フーコーによる現代社会における微少権力の普遍的な網の目に関する記述（それはフランクフルト学派に見られる何よりも不吉で全体化の傾向をもつ記述であるが）は、そのフランス的出自とはまったく相容れない「抵抗」という対抗概念を権威づけるものであることが判明する（フランスでは抵抗はつねに個別化されるが、しかし失敗を運命づけられたバラバラで、自暴自棄で、ゲリラ的な努力となるのだ）。抵抗すること、書き換えること、商業的なテクストがその読者として想定していない集団によって領有化されること、こうしたことに関する大衆文化的理論はむしろ、文化的な生産と消費の両方に機能している、より深いユートピア衝動の感覚を反映しているように思われる――そこではブロッホが示したように、集団性というモグラが、私有化され原子化した社会の浮わついた個人的な満足の中を、依然として掘り進んでいるのである。

そうした理論のユートピア的起源は、その後（マルクーゼを経由し）新左翼の社会政治理論において、はるかに明白なものとなる。そこではまさに商品化と後期資本主義によって喚起された消費への欲望それ自体が、逆説的なことに、その体系自体を切り崩すことができる深い不満を動かす力として同定されるのである。哲学的には、この立場はいく分かはハーバーマスの中に存続している。彼にとってはブルジョア革命とブルジョアの合法性と民主主義の希望こそが、社会の変化と進化につながりうる潜在力を保持しているのである。いずれにせよ、皮肉なことに、文化産業の大衆操作というフランクフルト学派の概念に取って代わった新左翼の大衆文化理論は、それ自体、究極的には、もう一方のフランクフルト学派の思想のユートピア的側面にその起源をもっているのである。

数多くの「ポストモダニズム」の表明に見られるような、大衆文化の新しい形式の遅れた理論化は、現在そうした立場を完成させると同時に、深刻なかたちで問題化してもいるように思われる。今日の大衆文化の技術的完成は（ハイテクノロジーが内容としても書き込まれ、技術的に新しいものをひとつの商品形態として、文化的消費のまさにその対象として表わしているようなポストモダンの「イメージ」において)、こうしたすべての商業的芸術対象のもつ新しい威厳を、よりまことしやかなものに見せるように思われる。そうした商業的芸術対象においては、技術的革新としてのアドルノの芸術概念のある種の戯画が、まさにこれらの消費する大衆の、より深層の無意識的でユートピア的な知恵の承認と手を携えあっており、それが消費する大衆の「趣味」を追認するかたちになっているのだ。一方、アドルノがそれらに対して「高級芸術」という名で対立させたもの――つまり、モダニズムそのもの――が実質的に消滅してしまったことによって、この領域はきれいに片づけられてしまい、今や文化は普遍化されたという印象がある。そして、普遍的な文化理論が、かつての高級と低級という価値の対立に取って代わった「芸術」から「娯楽」へと続く連続体を、記述するのである。

商業芸術の構造を暴露するための立脚点としての、「真に芸術的な経験」というアルキメデスの点の問題がこうして消滅してしまったのである。しかし、(プラトンからマルクーゼにいたる)真の幸福と偽りの幸福という依然として古い哲学的な問題は消えていないし、また技術的に精巧で洗練されたテレビ番組を週三十五時間見ることは、一九五〇年代型の「文化産業」的番組を週三十五時間見ることよりも深い満足を与えると言えるのかどうかという問題も消えてはいない。ポストモダンの時代のテレビの、より深いユートピア的内容は、すべてが脱政治化される時代においてはいく分異なった意味を帯びるだろうと考える者もいるだろう。だが一方、ユートピア的なものの概念それ自体でさえ――〈無意識〉の政治的なかたちとして――こうした文脈の中で抑圧は何を意味するのだろうかという、理論的な問題に直面し続けている――とくに無意識的な意味だけが政治的であるような作品に、どのような政治的内容を付与することができるのかを決定する作業が残っている。そうしたテクストは、それ自体は政治的な機能もしくは政治化する機能をもたないまま、より深い政治的集団的欲求や願望の社会的な徴候となっていると見なされるのがよいのだろう。大衆文化のよりユートピア的な理論が完成し、ヘゲモニーを確立しているように見える今日において、おそらくわれわれに必要なものは、大衆操作と真にポストモダン的な商品化の新しい理論という矯正力である(いずれにせよ、それは今では歴史的になってしまったアドルノとホルクハイマーのそれと同じではありえないが)。

しかし、実際には、「文化産業」に関する章は近代的な意味における文化の理論を提示しているわけではまったくない。そして、それがしばしば引き起こした激情的な反応も同様に、こうした誤解と、それが現代的な意味における文化の理論を提示していると思い込むことから生じているのである。だが、それに相当するような概念がアドルノには（またホルクハイマーにも）ないということを明らかにするためには、「ヘゲモニー」に関する現在では古典となったレイモンド・ウィリアムズの説明を再読するだけで十分だろう。

> 生活全体に関する実践と期待の総体、われわれのエネルギーの感覚と配分、われわれ自身とわれわれの世界を形成する知覚。それは、実践として経験される際に相互に確認しあう――構成し、かつ構成される――意味と価値の生きられた体系なのである。したがってそれは社会に住むほとんどの人々にとっての現実感覚を構成する。それは、社会のほとんどのメンバーが、ほとんどの活動領域において、超えでていくのが非常に難しい経験される実在であるという理由で、絶対的な感覚である。つまり、それは言葉のもっとも強い意味で「文化」なのである……。[7]

ウィリアムズがここで彼の中心的主題に帰り（というのは、これが全部肯定されるのはヘゲモニーに関してであって、最初から文化に関して論じられていたわけではないのだ！）、次のように付け加えるとき、対照はそれだけいっそう衝撃的である。「だが、それは文化といっても、特定階級による生きられた支配と服従として見られるべき文化なのである。」それは、もしもアドルノとホルクハイマーが最初からそういうふうに構想できたなら、明らかに文化産業の問題にとって適切なものとなったであろう何かなのである。だが、彼らはそうしなかった。その少なくともひとつの理由としては、『ミニマ・モラリア』がそこで証言するように、「傷ついた生活」――ワイマールとナチズムに関するそれ、そして浮薄で物質主義的なアメリカに関するそれ――のために、この種の社会的再生産について想起するための安定した場が与えられなかった、ということがある。ウィリアムズのこの一節における力点が、ドイツにおいてそれらに対応する概念の中に反響を見いだすのは、ネークトとクルーゲまで待たねばならないのである。[8]実際、伝統的なそれらの対応概念である人間形成は、あまりに階級的色彩を有しており、あまりに「未熟な」ドイツのブルジョアジーの自己満足を匂わせるので、アドルノとホルクハイマーもそれに魅力を感じることすらなかったのである。

つまり、「文化産業」は文化の理論ではなくしてひとつの産業の理論、つまり、かつて文化と呼ばれたものを材料に金もうけする、後期資本主義の複雑に入り組んだ独占の一部門の理論なのである。ここでの話題は生活の商業化であり、二人の共同執筆者が打ち立てようとしているものは、現代的な意味における「文化」の理論というよりはむしろ、「日常生活」の理論である。ウィリアムズの理論は、彼の見かけ上のノスタルジアにもかかわらず、まさに現代的なものであり、それは一九三〇年代（当時、文化的商品の産業的大量生産――いわゆるフォード方式――はその緒に就いたばかりであった）に考えられたよりもはるかに徹底した、「全体的な」社会生活の文化変容に対応しているのである。アドルノとホルクハイマーはこの意味で、「近代《モダン》」のままに留まっているのである。というのは、彼らはイメージ社会へ変容していく全体的な傾向を列挙する先見の明をもってはいたが、そうした傾向の強化がもたらすであろう量から質への弁証法的変容を予知することはほとんどできなかったのであるから。それゆえ彼らは文化批評家ではなく、イデオロギー批評家なのである。ここでは、古典的なマルクス主義においてと同様、「イデオロギー」が依然として中心的な概念であり、ポストモダンの社会秩序が要請するような修正（たとえばアルチュセールにおける修正）をいまだに受けていないのである。

四　巨大産業としての大衆文化

とにかく、アドルノ‐ホルクハイマーによる文化産業の理論は、「悪しき芸術」に対するむきだしの頑固でエリート主義的な悪罵にはほとんど還元できない、大衆文化的経験の理論的記述を提供している。たしかに、これらの哲学者の議論は、大衆文化的「経験」と真に芸術的なタイプのそれを区別することに没頭している。それは、「娯楽」、「気晴らし」、そして「楽しみ」それ自体までもを、芸術において生起することがら――それはそうした用語で記述することはできない――から切り離すことによって達成される。実際、ドイツ的弁証法は、ほとんどその定義からしてその本質に笑いを欠いていると考える人々の最悪の恐れ(9)は、この本で繰り返し現われる笑いに対する偏執症的な痛罵によって裏書きされる。笑いは、ここでは本質的にホメロス的なものとして考えられている――たとえば、ウィンダム・ルイスの『タイローたち』において例証されるような、犠牲者に対する歯をむいた残忍な勝利者の笑いとして――ということを理解すれば、この奇妙な偏見に対してはいく分異なった見方ができる。だが一方、アドルノがしばしばマルクス兄弟のような真に道化的なものを――そうしたまったくの悪意からでる「おかしみ」に対する弾劾から の――例外としているということや、すべての真の芸術には深い無頓着な馬鹿馬鹿しさや「愚鈍さ」[Albernheit]があるのだという驚くべき主張をしていることをも、われわれは記憶に留めておくべきだろう。

しかしながら、楽しみの分析は疎外された労働過程の理論の中で行われ、楽しみの商品化と植民地化に関する多くの同時代的な議論によって引き伸ばされている。

後期資本主義下における娯楽は労働の延長である。それは機械化された労働から逃避する者にとって、それにふたたび取り組む力を得るために追い求められる。だが、他方、機械化は休息する労働者の余暇や幸福をあまりに強く支配し、娯楽商品の生産をあまりに深く決定しているがゆえに、労働者は必然的に労働過程そのものの残像を経験するだけになってしまう。一見内容に見えるものはぼやけた前景なのであり、背後に沈んでいるものは規格化された作業行程の自動的な継続なのだ。工場や事務所での労働作業から逃れる唯一の道は、余暇時間にそれに近づくことであるのだ。すべての娯楽は癒しがたい病に侵されている。楽しみは退屈へと硬化する。というのは、楽しみであるためには努力を要求してはならないし、したがってお決まりの連想の溝の中を厳格に動いていかねばならないからである。（DA 123/137）

この「連想」という末尾の言葉は、記憶に留めておく必要がある。そして、後で見るように、それが労働過程と、まず最初に大衆文化の属性であるとされるすべての楽しみの経験との間の媒介として機能するがゆえに、この哲学的な言葉の含意の歴史的な重みはさらに展開していくのである。というのは、大衆文化における大衆操作のもっとも無慈悲な理論でさえも（アドルノ-ホルクハイマーの理論ははるかに洗練されているのだが）、テレビの前の大衆の催眠効果における経験的な契機をいく分かは認めねばならないのだから。たとえ、それを固定したもの、中毒、偽りの楽しみ等々として退けるとしても。しかし、アドルノとホルクハイマーがスタンダールから借り受け、自分たちのものとした芸術の偉大な定義――「幸福の約束」（promesse de bonheur）としての芸術――は、まさにそうした偽りの幸福、偽りの楽しみ（これらに関するブロッホとマルクーゼのユートピア的な立場によれば、幸福あるいは楽しみは偽りの経験の内部に書き込まれているのだが）と彼らが折り合いをつけることに、大きな賭金が置かれていることを示唆している。[10]

実際、アドルノとホルクハイマーは、彼らに対して開かれている唯一の真に必然的で厳密な手段を取る。彼らは楽しみを幸福から決然と引き離すのだが、同時に楽しみと幸福の各々がそれ自身独立した十全な経験もしくは充溢である可能性を否定するのである。そうすることによって、楽しみは決して保持することのできない、つかの間の自然な発散といったものになるのだ。

楽しみ［Vergnügen］は何も考えないこと、たとえ苦痛が目に入ってもそれを忘却することをつねに意味する。無力さがその基盤なのである。それは実際には逃避であるが、よく言われるように悲惨な現実からの逃避ではない。それとは反対に、残されていた最後の抵抗の思想からの逃避なのである。(DA 130/144)

こうしたかたちで、古い意味での最後に残された楽しみが究極の犠牲者、「どういうわけかすべてに苦しむ者たち」を取り囲むようになる。性の究極の神秘——しばしば楽しみ一般の原型と考えられ、無思慮にも(ときにはアドルノその人によってさえ)芸術それ自体の経験になぞらえられる——に関して言うなら、それと楽しみの関係は、真にラカン的な流儀で否定された方がよいだろう。

快楽[Lust]は厳粛なものである(「厳しいことこそ真の喜び」res severa verum gaudium)。至福の獲得を断念させるものは禁欲ではなくして性行為であるという修道院的なイデオロギーは、移ろいゆくほんの一瞬に、不安を感じながらも人生を賭ける、恋人の真剣さによって裏書きされる。文化産業においては、恍惚においても禁欲においても同様にその中心に存在している苦痛の代わりに、陽気な断念が取って代わるのだ。(DA 126-7/141)

苦痛がまさに楽しみの真理なのである。この深く感じられた逆説によって、われわれはアドルノの経験の概念と真正さの概念の中心的な弁証法に触れることができる。後で見るように、これと関連はしているが別個の概念である幸福もまた、このパターンに従っているのだが、それはいわば時間的、歴史的な継続性において、ブロッホの言う「未だ非ず」の精神においてなのである。幸福が今ここで可能となるのは、存在していないもの、いまだに可能でもないし手にも入らないものとしてである。スタンダールの公式が力をもつのは、われわれがその構成要素としての未完結性を強調する場合である。芸術は至福ではなく、その約束なのである。フランクフルト学派はそれを自分たちの厳然たるイディオムで書き換える。「美的昇華の秘密は、破られた約束としての充足の表象である」(DA 125/140)。[11] だから、文化産業が提供するものにおいて真正でないものとは、その中における経験の残余ではなくして、それが同時に具現化する幸福のイデオロギーであるのだ。楽しみと幸福の概念(「娯楽」はそれらのまがい物の統合である)はつねに存在しており、消費のために入手可能なのである。

ならば、これこそが「真の芸術」と文化産業が提供する芸術との間の、決定的な主題的差異となる。どちらもいわばその存在において幸福の可能性の問題を提起しながら、どちらも幸福を与えることはない。だが、前者はその不可能性を演ずることを通して、否定と苦痛によって約束を守るのに対し、後者は幸福が生起しているのだと請け合うのである（「提供されるのはイタリアではなく、それが存在するという目撃証言であるのだ」[DA 133/148]）。

こうして、これが（すでに強調したように）われわれを「連想」という語の含意に立ち戻らせる契機となるわけだが、それはロック以来の伝統的な意味においてというよりは、むしろカント自身がそれに与えた最終的なひねりと解決における意味、またカテゴリーと精神的図式の理論における意味においてである。もちろんそれが、すでに述べたように、ハリウッドと文化産業の紋切り型の特徴が悪ふざけ的に『純粋理性批判』の戯画、あるいは究極的な結末であるとされる際の主眼点なのである。たしかに、

> カントの形式主義は依然として、さまざまな感覚経験を基本的概念に関係づけると考えられている個人からの貢献を期待していた。しかし、産業は個人からその機能を奪うのである。消費者に対する産業の主要な役割とは、図式化を彼の代わりにやってあげることなのである。カントは、魂には生の直観を純粋理性の体系に適合するようにその直観を調整する秘密の機能があると言った。しかし、今日ではその秘密は解き明かされてしまったのである。（DA 112/124）

たしかに、カント的問題系がそのメカニズムの特定の応用と領有によって尽きるわけではない。なぜなら、知覚の図式《シェマータ》の問題（そしてその対極にあるもの、知覚的もしくは美的唯名論といったもの）は「真の芸術」の中に存続し、「普遍」と「特殊」の問題として『美の理論』において挿話的に回帰してくるからである。しかし、ここでカント的な意味での図式論《シェマティズム》は労働過程と、まさにその要素として同様なもの——反復となじみ深いもの——を含んでいる「堕落した」娯楽との間の決定的な媒介を与える。テイラー式管理システム、つまり労働過程と大量生産の合理化が、ここではほとんど区別できないような仕方で、生産と受容において把握されるのである（だが、受容と生産の同一視はアドルノにおいてはいつものことである。それは「高級な芸術」においても同様に当てはまる。ある意味でそれはこの統合の別な、もっと自意識的なかたちをも構成するし、何か生産の受容といったものとして特徴づけられることになるだろう。ただそれはもっと進歩した生産、つまり「高度」な技術の生産のそれとしてである）。

ここからわれわれは、商品化という観点からの直接的な

大衆文化の分析を超えでていくように思われる。あるいは、もっと正確な言い方をするなら、ここで力点が、商品のイデオロギー的側面――つまり商品の物神崇拝という「宗教的」神秘――から、マルクスのいわば実存主義的あるいは形而上学的側面――すなわち交換そのものの効果、とくに歴史的に出現する世界構成の様式というもっとも広く考えられた認識論的な意味での現実と抽象にかぶせられた新しい形式としての等価性の効果――へと、移っていくのである。もちろんそれこそ、文化産業の分析が、それを包含する、より大きな枠組みへと戻っていく地点なのである。それは「啓蒙の弁証法」が、あるいはヴェーバーが合理化と呼び、ルカーチが物象化と呼んだものが喚起される地点であり、またわれわれが前の章で見たように、支配の主要な道具であると同時に権力への意志の具現でもあるような精神的機能としての「同一性」が生みだされる地点でもあるのだ。

実際、『資本論』の最初の章は、「等価性」を決して自然ではないものとして取り上げており、それを同時に客観的世界への野蛮かつ革命的な介入でもある創造的な精神行為として示している。感覚中にある何ものも、あの有名な、一着の上着が二〇ヤードのリンネルと「等価となる」概念的な跳躍を裏づけることはないのである。数字の形而上学――それによれば一ポンドの鉄くずと一ポンドの羽毛が結局は等価であることが発見されるのだが――もまた、歴史的にはいわゆる「価値の一般形態」つまり貨幣において頂点に達するこの新しい価値の形態を基礎づけることはできない。マルクスの言う価値の四段階が、抽象化そのものの歴史を投影しており、商品という形態はその局所的な結果にすぎないということ（そしてヴェーバーの合理化、ジンメルの知性化、ルカーチの物象化は、時間的には最後に生起するその世界規模の一般化を構成するということ）は十分には理解されていない。抽象化は「文明」と人間固有の活動の全範囲（それは生産から法律、文化から政治形態、さらには、心あるいはより曖昧な無意識の欲望の等価物までをも含む）を横切っていくその複雑な展開の前提条件であり、それゆえそうした文明のさまざまな歴史を承認するためには、抽象化の歴史が呼びだされることになるだろう。

『啓蒙の弁証法』において「等価性」はこうした意味を保持しており、そこでこの概念は差異と異質性を排除し、「通約不可能なものを切り捨て」（DA 15/12）、似ていないものを同一なものに変形し、新しいものへの恐れを追放し、比較・計量可能な量が恣意的に操作されることを可能にする。他方、アドルノとホルクハイマーはまた、（「啓蒙」の動力学そのもの、科学そして「道具的理性」を構成する）この根源的な過程を別の仕方で特徴づけをしている。すでに見てきたように、彼らはそれをミメーシスと名づけ、それによって等価性のマルクス主義的教義と問題系に対する主題的な代替物を開拓している。それは、人類学の取り込みを目論みながら（というのは、われわれが見てきたように、この書のもっとも壮大な弁証法的な動きは神話を啓蒙に吸収することであるのだから）、ミメーシス的活動を真の動因、衝動として確保し、そうすることによってこの新しい理論全体を神話固有のものの中に引き込み、それを根源的なミメーシス的衝動が西洋科学へと変形される人類学的物語として投影する、二つめの言語あるいはコードなのである。今や「根源的な場面」が必要となるであろう。そのため、ミメーシス的なものの原初的動機が自然に対する恐れと無力さとして取り上げられることになり、その自然を（自己支配によって）征服するために儀礼的なミメーシスが、そしてその後には科学が呼びだされることになる。一方「近代性《モダニティ》」の明らかな出発点、つまり科学の出現――たとえば「知覚的」科学、「野生の思考」、錬金術から数学的、非表象的思考への象徴的な移行――はミメーシス的禁忌、あるいは「偶像の禁止」にその根があるとされるが、しかしながら、そうした禁止はそれ自体、それが抑圧もしくは解消しようとするものと同じくらい、深くミメーシス的（人類学的な意味において）なのである。

ハーバーマスは鋭敏にも、このもうひとつの選択肢としての神話的概念性――ミメーシス的なもののコード――は、究極的にはアドルノとホルクハイマーが取った立場の内的論理性によって、彼らに課せられたものであると示唆している。[12] つまり、彼らにとって理性と合理性は厳然として「道具的理性」（理性［Vernunft］というよりはむしろ悟性［Verstand］）と同一視されるものであるから、彼らはもはや「啓蒙」に代わる概念的なものを発展させるための積極的な場をもたず、それゆえ彼ら自身のある種の神話的な思考へと後退を余儀なくされるのである。ハーバーマスはまた人間の相互交流としての、また他の人々（われわれは相互の模倣によって彼らを理解する）との関係をもつための空間としての、ミメーシス概念の理解されていない能力を強調している。しかしながら、彼自身にとっては基本的なこの可能性は、アドルノとホルクハイマーにとっては生産的であるに留まらず社会的かつ知的に有望でもあるのだが、それと同じくらい十分に有害でもある何かとして考えられているのである。

一方、文化産業の理論それ自体が、ミメーシス的衝動に関する、より形而上的な信条によって不当に限定され、制限されていることは明らかであるように思われる。それらの信条はたしかに、芸術としての力と魅力を何らもたない大衆芸術がもつ、より深い力と魅力を説明するが、しかしその説明はあまりに安直で自然主義的（何らかのより深い人間的「動因」を付与された疎外された労働の図式論）であり、そのためポストモダンの大衆文化が要求する、より複雑な一連の思索と探求を阻害する結果になっている[13]。とくに、現代の大衆文化における反復の問題が、アドルノとホルクハイマーが考えていたよりも、複雑で興味深い問題になっているというだけではない。それはまた、後期資本主義における日常生活の独自性、とくにイメージあるいは映像の社会の新しい構造（それは芸術作品の機械的複製という兆候のもとに登場した、大衆文化に関するベンヤミンの代替的理論においてもほとんど予示されることすらない）に関して、彼らが明らかに作り上げることができないタイプの媒介を示唆している。「紋切り型《ステレオタイプ》」的なものに関して言うなら、こうした大衆文化の構造を指し示す用語として「定式的」という言葉が最近復活したことは、非-もしくは前-資本主義的な文化生産と受容——それはともに『啓蒙の弁証法』の歴史的枠組みから排除されているが——との類比への道を、突然開くことになるのである。

五　物語としての文化産業

アドルノが、芸術の否定あるいはその「反対」を構想しようとしたその仕方についてのわれわれの探求は、依然として不完全なままである。われわれは事実上、ひとつではなく二つの対立的な用語を発見したが、それらは概念的にすっかり重なり合うわけではない。一方の側には完全な芸術の欠如、オデュッセウスの乗組員たちが占める場所がある。それとならんで、いく分強い否定的用語である反-芸術あるいは文化産業の「悪しき芸術」が、その裏切られた犠牲者である大衆を伴って存在している。

この体系における失われた第四項は、文化の新しい形式（あるいはその欠如）によって確保されるというよりもむしろ、主題的レベルの全領域にわたって登場はするものの、それ自体はアドルノの、より深いイデオロギー的・心象的物語におけるアレゴリー的登場人物としてしか同定できない、他の三項の全般的な否定として確保されるのである。この「空欄」は「反-芸術」の否定を構成するわけだが、それはたとえば文化産業の終焉と新しく肯定的な「否定の否定」の出現を経由するのではない。それはむしろ、「反-芸術」の犠牲のドラマの対応物として、またその犠牲の行為体さらには文化産業それ自体の生産の場としてなのである。もちろんその項目はそれらを超えて拡大して、無教養の俗物たち一般を包含するにいたるが、彼らはアドルノの枠組みにおいては大衆文化を受け身的に消費する人々でも、真正か商業的かにかかわらずあらゆる文化に対する感覚器官を奪われている船の漕ぎ手でもなく、むしろ心の中に芸術それ自体に対する深い嫌悪の念をいだいている人々なのである。

それゆえ、俗物たちとは一義的には芸術を「理解」しない、あるいはより正確には近代芸術を「理解」しない連中のことではない。むしろ彼らはそれをあまりによく理解し

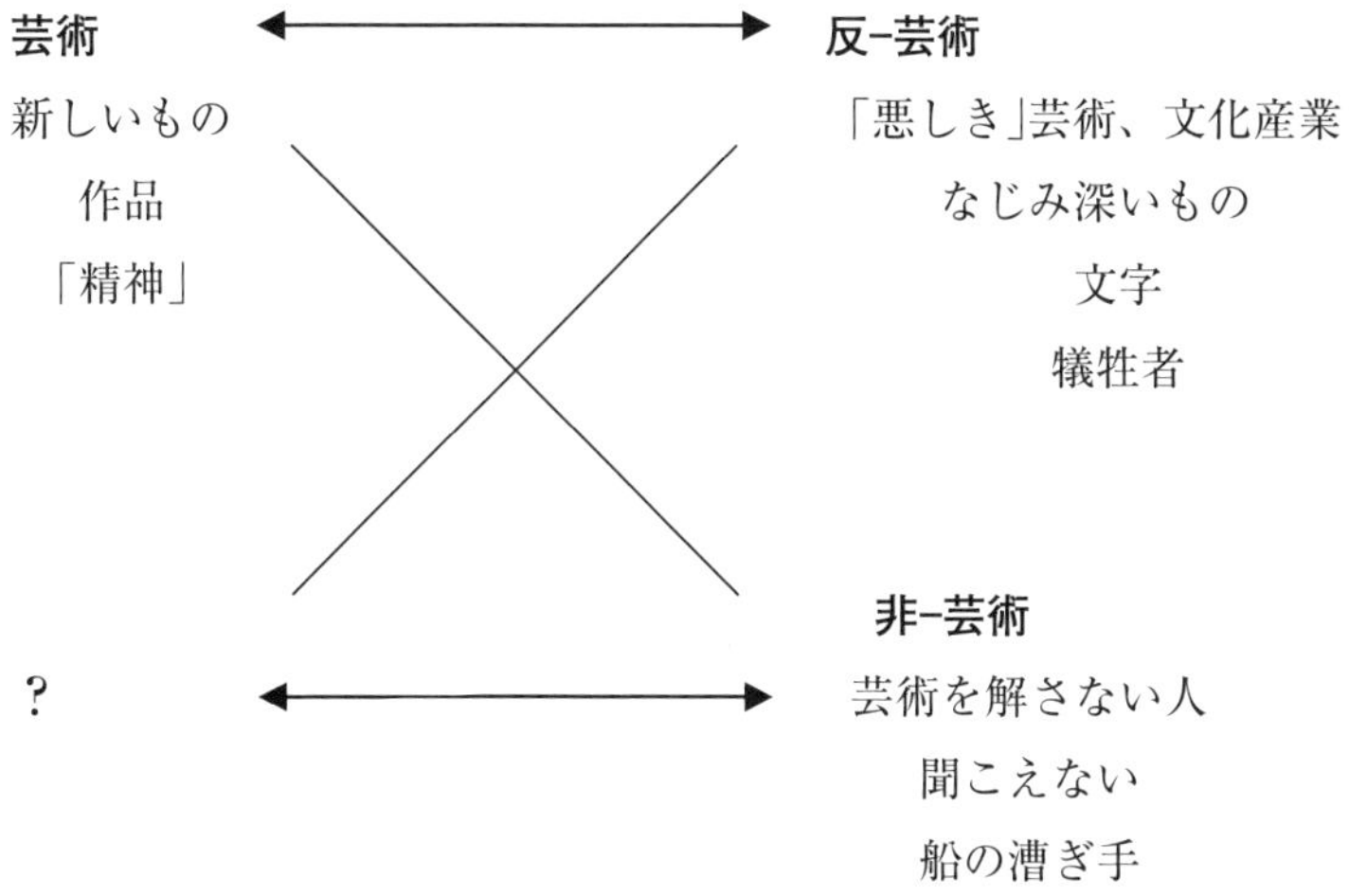

ているのである。

> われわれの時代の操作されている人々が理解不能として退けるものは、彼らにとって実はきわめてわかりやすいものなのである。このことは、不気味なものが不気味であるのは実はそれがあまりになじみ深いものであることが原因であり、それゆえそれは抑圧を受けるのだというフロイトの格言を想起させる。（AT 273/262）

この意味での俗物たちが、趣味のカテゴリーという観点から把握されることはない。彼らの企てはもっと行動的であり、彼らの身振りは、芸術それ自体の問題とさらに限定された美的なものの領域を究極的には超えていく、社会的な意味をもっているのである。

それ以来世俗化していった芸術の増大する精神性（あるいは抽象性）は、文化から排除された者たちの怨恨に拍車をかけ、それに対する消費芸術という新たな種類を生みだしさえする。それと同時にこうした動きに対する嫌悪感ゆえに、芸術家自身はさらに自暴自棄であつかましい精神化の形式へと、駆り立てられること

になるのである。（AT 28/20）

近代芸術の奇妙な楽しみの欠如（および、決して楽しくあるまいとするその使命感さえ）についての議論をその文脈とする、この要約された神話的歴史は、芸術に対抗して誕生した三つの別個の立場となるものを弁別する契機を劇化するのである。その三つの立場とは、最初から排除されている人々（オデュッセウスの乗組員）、自分たちを排除したものに代わるべき消費される楽しみを求める人々（文化産業における大衆）、そしてこの全体的な過程（オデュッセウスが聞くことができたもの）を強く意識しながらそれに対する、より一般化された反動を考える人々である。その反動の正体を今や明らかにする必要があるわけだが、それはニーチェによってもっとも劇的に述べられたルサンチマンの偉大な形象にほかならない。

なぜなら、俗物たちが嫌う（近代的な）芸術作品において、彼らが「あまりにもよく理解して」いながら理解不可能として特徴づけるものとは、もちろん芸術そのもののもっとも深遠な使命――幸福の現在における存在が否定されたその瞬間に幸福の観念を生かしておく、「破られた約束」としての「幸福の約束」――なのである。「ルサンチマンをもつ者」の情念において象徴的に働き、それによって他の社会的なレベルにおいて表面化する可能性をもつものこそ、この「幸福」とユートピアの成就に対する究極的な関係にほかならない。実際、アドルノの俗物たちのもっとも強烈な形態（あるいは物語的な現われ）が見つかるのは、『啓蒙の弁証法』の「文化産業」についての章でも、『美の理論』におけるどこかでもなく、前者の反ユダヤ主義をあつかった最終章であるのだ。文化的な嫉妬という観点からなされたこの風変わりな反ユダヤ主義のユートピア的分析は、反ユダヤ主義的情念を、幸福それ自体への嫌悪として俎上に乗せている。

人間の権利は、権力をもたない者にさえ幸福を約束するものと考えられている。欺かれている大衆でさえも、階級が存在する限り、この約束が一般法則として偽りであることを感じており、それが彼らの怒りを呼び起こすのだ。彼らは馬鹿にされていると感じる。ひとつの可能性、あるいは観念としてさえも、彼らはそうした幸福への思いを繰り返し抑圧し、それが今にも実現しそうに見えれば見えるほど彼らはそれをよりいっそう激しく否定する。幸福があまねく否定されているところで幸福が達成されたように見える場合、彼らは抑圧の身振りを繰り返さねばならないが、それは本当は彼ら自身の憧憬の抑圧なのである。こうした反復と抑圧の機縁となるものは、それ自体がどんなに惨めなものであろうとも――アハスエルス（さまよえるユダヤ人）やミニヨン、約束の地を思い出させる異郷の事物、情欲をかき立てる美女、雑婚を思い出させるために忌むべきものとされた獣――文明化それ自体の痛ましい過程を完全には成就、実現しなかった「文明人」の破壊欲を呼び起こすのである。発作的な感情に任せて自然を支配している人々にとって、痛めつけられた自然は、無力な幸福のイメージを反映しているのである。権力をもたない幸福について考えることは、それだけがそもそも真の幸福であるのだろうという理由で、耐えがたいものなのである。（DA 154-5/172）

この章の他の箇所で、（より利害的に疑わしいさまざまな代替的な説明モデルとならんで）アドルノとホルクハイマーは、反ユダヤ主義と古風なもの――社会的と「自然的」の両方における――との関係、さらにはミメーシスという自分たちの主題との関係の方向へ、分析をさらに発展させていく。そして、少なくとも暗示的に、より古い共同体と集団性がもっていたと想像される疎外の少ない状態に対する嫉妬を包含するに足るぐらいまで、幸福に対する怒りという概念

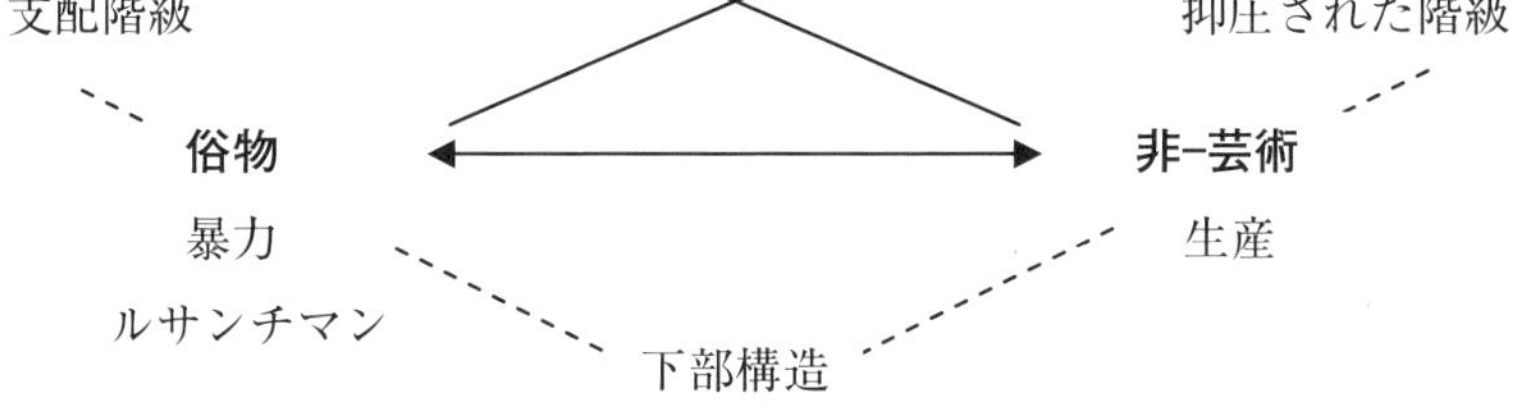

を拡大するのである（それはオデュッセウスの啓蒙の精神を前資本主義的な一連の抹殺と抑圧として解釈する彼らの『オデュッセイア』注釈の精神においてなされる）。この「ユートピア的」分析はたしかに、サルトルの反ユダヤ主義の理論とならんで、ともすると完全に心理学的で非合理的な衝動に帰せられがちな（そして定義上理解不可能なものに構造的に委ねられがちな）ものに関する、もっとも強力で説得力のある診断のひとつであり続けている。この特定の分析はまた、社会的行為としてのルサンチマンの意味を性格構造の理論に再包含し物象化するアドルノの『権威主義的パーソナリティー』における心理化された視点からは独立したものなのである。

「俗物たち」の社会形態一般の強烈な表面化としての「反ユダヤ」的なものの出現はまた、ハリウッドとニュー・ディールのアメリカ合衆国を、ヒトラーのドイツと家族的な類似性をもつものとして構造的に特徴づける『啓蒙の弁証法』の文化的「収束理論」を、いく分明快なものにする。このより深層的な連続性は、ナチス・ドイツの社会秩序での反ユダヤ主義者が、アメリカ合衆国では文化産業の俗物という、見かけ上はより温和なかたちで現われるこの人物像において正確にとらえられている。両者はともに、階級社会そのものによって生みだされた、より深層的なルサンチマンの具現化なのである。一方、まさにこの診断において、芸術の価値設定は今や、より深層的な機能を発見するのだが、それは階級により歪められ、より普遍的な官僚支配へと向かう社会秩序の内部において存続する、社会的、個人的な幸福の約束の罪深く壊れやすい場としての機能なのである。こうしてより大きな枠組みの内部における美的なものの外的な位置づけは完了し、『美の理論』は芸術と形式の内的な動力学の探求という中心的な主題へ向かうこととなる。

第三部　モナドの生産性

一　唯名論

　しかしながら、芸術の敵あるいはその欺瞞に満ちた相対物に対する、この芸術の擁護の移ろいやすく曖昧なイデオロギー的含意は、われわれが――すでに先取りしておいたように――ひとつの過程もしくは価値としての芸術一般から、個別芸術作品それ自体への移動を完結させるその瞬間に、根本的に変化するのである。この焦点の変化――それはこの議論の全体的な趣旨を修正し、現在アドルノの批判的方法と呼ばれているものにおいて依然として重要であるにもかかわらず、利用されていないあらゆるものを明るみにだす――は、アドルノの重要な主題のひとつである唯名論《ノミナリズム》の観点から特徴づけることができるわけだが、その多様な意味を最初にここで概略的に述べておくことも可能だろう。

　アドルノにとって唯名論は、ひとつの哲学的な傾向性であるが、同時に歴史的な出来事でもある。美学的な見地から見れば、それは普遍的なものの否認を意味する。たとえばヘーゲル流に芸術をジャンルや様式に客観化することを拒否することである（それは戦術的退却や限定のかたちをした弁証法的な前進である。この主題の出現の契機として、アドルノはまったく正当にもクローチェに言及している。だが、実践面としていわゆる「近代的な」――すなわち唯名論的な――芸術の出現がもたらすその帰結を探求するにはいまだにいたってはいない［AT 398/377 参照］）。美的な普遍性を歴史化すること（たとえば象徴的、古典的、ロマン主義的というヘーゲルの三つの大いなる形式）の拒絶には、前衛運動の「主義《イズム》」としての、より局所的で歴史的な普遍と抽象（『美の理論』ではアドルノの精神におおいに逆らって、それが展開される）に関する、批判的で雑多な感情が伴っているのである。それらはいまだに真理を保有してはいるが、それは一般が特殊を包摂するように個々の作品をそのもとに包摂する様式的、あるいは時代区分的用語としてではなく、むしろ「新しさ」（Novum）の知的な兆しと徴候としてなのである。

ここでアドルノは、歴史学的物語それ自体、あるいは芸術史上のさまざまな挿話、時代と進化のより大きな歴史的パラダイムに狙いを定めた現代の（あるいはポストモダンの）偶像禁止（Bilderverbot）にもっとも接近している。ニーチェ以降、それらからは現在というものの新鮮さが（個別作品の「現在」も含めて）消散してしまっているように思われる。アドルノとこれらの反‐歴史的なポスト構造主義的不安との違いは、〈出来事〉の意味深い存在（唯名論の概念は、歴史の諸傾向と同一視される、ある因果性を暗示する）にあり、またそれだけでなく作品の形式そのものへ歴史が移り住むことにもあるのだ（それは今や、より大きな歴史的、社会的物語のひとつの特権的な例として働く場合よりも、さらに深い意味で社会的かつ歴史的である）。

だが、この依然として歴史的な典型のまがいものの「普遍」の背後で、唯名論はまた、すでに上で言及したような、より静的でカント的な種類の普遍を追求してもいる。今日のわれわれにとって、そのような図式はこれ以降広範囲にわたる明らかな個別化の中で、みずからを際立たせるのである。それは美学の仕事を、文化産業の機構からアリストテレス的カタルシスにいたるさまざまな刺激の分析に還元してしまう、ある種の原初的心理学（最終的にアドルノはそれを拒絶するのだが［AT 354/339］）としてとらえることも可能である。それは他方で、われわれが通常、知覚と呼ぶものの経験の内部に存在する、さまざまな種類の概念的格子やカテゴリーの発見と見なすこともできる。その場合、アドルノにとってそれらは、身体的直接性を抽象的思考の、より「精神化された」観念論的形態へ変形しようとする不正な試み、昇華と哲学的恐怖――美的経験やその他の領域において哲学化されえないものに対する精神優先主義の恐れ――を経由する抑圧として拒絶されるべきものとなる。

こうしてここで芸術作品は、普遍主義者がさまざまな方向に引きだし、利用することができる、いくつかのまとまりをなす抽象的パターンに分解されることになる。たとえば、伝統的な心理学的カテゴリーの外部に基礎を置こうとする構造的記述の方向、あるいは荘厳でもっとも伝統的な、高度に哲学的な種類の形而上学的意味づけの方向（そこでは個別作品は――そしてアドルノにとってはその真理内容すら――宗教的、実存的、審美的・宗教的「経験」に依然として取って代わられたままである）、あるいは最後には調和、協和、均整、美的仮象（Schein）、表現等々を含む個別化された哲学的美学の特殊化した普遍性の方向である。しかし、こうしたとくに美的で形式的なカテゴリー――それは、すでに見たように、美的なものについての明らかに歴史的かつ多様な経験におよぶものだが――は、哲学的な意味でまちがっているというだけではない。なぜならば、それらはそれら自身の内部、あるいはそれらの空虚な概念性の内部に、特殊で歴史的な個別作品の沈殿した経験を伴っているからである。

　実際、哲学の一分野としての美学が終焉した後に、さらにもうひとつの哲学的美学を築こうというこの企ては、この死せる概念性に依然として絡め取られたままである。それはこの死せる概念性を放棄することができず、はっきりとその価値を貶め、その信用性を貶めながらも、何とかその絡み合いを解き、新しい目的のためにそれを暫定的に再利用しなければならないのである。均整やミメーシスや表現といった非常に異なった概念が、その形式的性質によって不当にも追求するものとは――そしてそれらすべてにおいて阻止され、くじかれねばならないものとは――芸術作品一般の一義的な「定義」を生みださねばならないという使命である（それが、〈芸術〉一般と個別作品をその内部に吸収したことによって欺瞞に陥った使命であることを、われわれはすでに知っている）。それは一般の特殊に対する関係としてではなく、〈芸術〉そのものの内部においてと同様、個別作品の内部にもある深い矛盾、解決不可能な緊張として見るべき何かであるというのが、アドルノの教えであった。

　しかし、それは、伝統的な美学的概念に矛盾し、それを脱普遍化するものの正体を体系的に把握できるなら、伝統的な美学的概念は今でも弁証法的に利用することができるということを意味する。こうして醜はただちに均整に背馳するものとして浮かびあがり、断片の概念は調和の価値を抑制しなければならない。ミメーシスはその調停不可能な反対物である表現と美的仮象それ自体――この仮象（Schein）という言葉は翻訳不可能である――に、痛々しく拘束されてしまうのだが、それらは勝ち誇って出現するその瞬間に、美的なものを超越し、たんなる美的仮象以上のものになろうとする遍在的な衝動によって即座に切り崩されるのである（この切り崩しは、われわれが唯名論という名で呼びさまし始めたものが取る変幻自在な形態の、さらにもうひとつのかたちとしても、同定することができるものである）。したがって、伝統的美学と形式的概念の間のこうした戦争状態の誘発は、それらのもつ雑多な歴史性と、あれこれの歴史的契機の芸術実践の個別的形態の中の、より深い状況的な根を明らかにすることになるのである。

　しかし、ここでアドルノは自己矛盾する議論をしてもいる。彼の議論が伝統的な意味でいまだに美学的なものである限りにおいて、彼もまた、すぐに構成のカテゴリーとして同定されるであろう、形式的カテゴリーの一面的な記述をもっているし、その個別的な歴史的実践状況――つまり（シェーンベルクの表現主義からベケットの演劇にいたる）美的モダニズムの唯名論的、あるいはミニマリズム的契機――をもまたもっている。彼自身の特権的な形式的カテゴリー――それはたしかに他の局所的な形式的カテゴリーとの対立の局所的で弁証法的な大渦巻きの中にしばしば解き放たれるのだが――は、その機能と組織的な中心性を維持するのに足るほど、伝統的な諸概念と構造的に区別されるべき一個の概念となっているのかどうか、あるいはそれは本当にそれ自身の歴史的、美学的契機（それは今やわれわれ自身がもつまったく異なった契機に対して語りかけることができるくらい十分な力をもつ過去の事物である）を超えてその形式的な要求を生き生きと伝えることができるのかどうか――こうしたことが『美の理論』がわれわれに突きつける究極的な問題なのである。

しかし、唯名論の問題は、ヘーゲル流に言うなら、「概念」とか「観念」といったものの側にこれまで記録されてきた概念的困難によって尽くされるものでは決してない。それらは心的主観の側にも対応物をもっており、唯名論はまた普遍性に対するそれらの抵抗でもあるのだ。実際、現代哲学（あるいはポスト構造主義）が幅広く肩入れするものには次のようなものがある――断片化された主観、主観の脱中心化、「精神分裂症」、自我と個人の同一性と伝記的連続性を抑圧する機能といったものを記述し、あるいは価値づけること、さらには主観の弱体化と衰微、心的「水準」の低下、卒倒、破損、意識が意識以外のもの（それが無意識、言語、ドクサとイデオロギーの他者性であれ何であれ）によって決定されることの結果を発作的に垣間見てしまうことなどである。アドルノの立場からすると、こうした現象や定式化はすべて、主観性に浸透し、切れ切れになった点としての主観のもつさまざまな「経験」に、ある直接性――同化によってより一般的で、より抽象的で、より知的に包括的な何かに還元し、平穏化することのできないような直接性――を与える唯名論の数多い徴候として見なされるのである。それは、この発作的なポスト・現代《コンテンポラリー》の主観性の美的な趣味は古いブルジョア的、貴族的サークルの制御された、より心地よい同一性とは、種類において非常に異なったものとなるだろうということを意味するだけではない。たとえそうであり、普遍的な美学もしくは美的普遍性の教説の終焉がもたらされるにしても、そうした傾向性は、美的統一性の概念や作品それ自体の完結性といった概念に挑戦するまでになるのである（それはアドルノの美学的な企画に対する決定的な脅威であり、後で見るように、それを回避するためにライプニッツのモナドの概念が呼びだされることになる)。

主観に関する唯名論は次のことをも意味する。つまり、以前は主観だったものの断片が、今や逆説的に客観的なものと見なされるようになり、それゆえそれら自体が(かつては伝統的に作品を作り、形成すると考えられていた、より伝統的に美学的な原材料や美的言語とならんで)作品構築のための原材料、建築用ブロック、石材、ガラス、アルミニウムといったものと見なされうるのだということを。すでに示唆しておいたように、主観的なものの客観的なものへの転倒は——それが偽りの問題の何がしかを消去し、さらにはそれが新しく、実質的に未開拓な可能性を開いたという点で——アドルノの美学的な立場の中心的な遺産であり、その点においてのみロシア・フォルマリズムの、より直観的な思索に比肩するものなのである。こうした見方をするなら、主要な理論展開が一貫して音楽という観点からなされていることは、ほとんど専門分化がもたらす限界とはならず、むしろ他の芸術とのもっとも創造的な種類の思索的類比に、大きく門戸を開くものとなるのである。

最後に、われわれはアドルノが『美の理論』を通して用いている唯名論という言葉が、多くの点で、何を中心的に意味しているかに気づく必要がある——つまり、それはひとつの出来事として、とくに芸術の歴史そのものにとって起こった何かとしての意味なのである。この歴史的パラダイムは依然として(われわれが商品形態についてのマルクスの説明や合理化についてのヴェーバーの説明において理解するように)近代性《モダニティ》の出現に関するなじみ深いパラダイムであるし、(ヨーロッパ的視点から見た場合にはボードレールに象徴的に見られるように、芸術家という形態に記録された)モダニズムのパラダイムなのである。この神話的な——資本主義と近代化への——堕落は、すでに見たように『啓蒙の弁証法』というまさにその表題に、逆説的に刻印されている。そこでは——人類史の起源、そしてホメロスを超えて自然の魔術的な支配の最初の形態にいたる過程にさかのぼって投影された——抽象化と支配のミメーシス的、自己否定的な抑圧の過程は、十八世紀に突然弁証法的跳躍を知るように思われる。そこでは古い魔術的、迷信的、あるいは明らかにミメーシス的形式は容赦なく抹消され、より抽象度の水準の高いミメーシス的過程が追求されるようになる。そしてアドルノとホルクハイマーが偶像禁止、つまり十八世紀以降に世俗的、懐疑的、数学的となっていく思考における偶像の禁止令と呼ぶであろう態度において、ミメーシスそれ自体の痕跡を体系的に抹消することによって、かえってより深いミメーシス的衝動への忠誠が貫かれるのである。

こうした科学的理性を古いやり方で記述する際に、美学的文脈において記憶されるべきことは、それぞれの状態が歴史性を抹消するまさにその過程で歴史性と過去を生みだしていくその仕方である。こうして、より古い生産様式を「野生の思考」として廃止していくだけでなく、それ自身のそれまでの歩み、今のところは「合理的」で科学的な活動を迷信と形而上学的遺物に変形させていくという点において、科学的「進歩」は通時的というよりもむしろ共時的なのである。アドルノとホルクハイマーはもちろん、彼らの以前の著作においては啓蒙の科学の理論的構成要素が、それ自身の公認の哲学を容赦なく啓蒙されざる神話へと変えていく仕方に、決定的な関心をもっていた。実証主義の目的とそのコント的な具体化をマルクス主義は神学と見なしたわけだが、そのマルクス主義よりもさらに効果的に、すべての先行する哲学を神学に変えてしまった当の実証主義でさえも、それ自体が今度は奇妙にヘーゲル的な、あるいは迷信的過ちのオカルト的痕跡としての烙印を押されることになるのである。

しかし、その議論は理論自体の内在的な消失点――つまり、理性がそこでミュンヒハウゼン男爵のように自分のお下げ髪を引っ張って自分をもちあげ足元の梯子を蹴り倒すことで、理性がそれ自身の理論的基盤の痕跡を否認し、思考を、ある以前の、古い無用の段階として完全に消去することにその極端に抽象的な使命を見いだすような究極のブラックホール――を劇化しようとする。この科学的「唯名論」はまた、かつて主観性と呼ばれたものをも廃止しようとする。たしかに、これ以降その動力学は「経済的」なもの（広いマルクス主義的な意味での労働過程と商品形態、そして、上で見たように、とくに等価性の出現と「同一性」の抽象化）と絡み合うことになる。近代化をもたらす啓蒙の曙における「美的」なものの出現――美的なものが合理的なもの、科学的なものから分離すること、つまり知覚的なもの、知覚可能なもの、表象的なもの、ミメーシス的なものが拒絶と補償という新たに構成された周縁的な領域に向かって飛翔すること――もまたある意味で二義的もしくは非構成的な過程なのではなく、啓蒙の記述にとってまさに欠くことのできないものであり、すでに見たように「堕落した」文化産業だけが、その引き延ばされた植民地化の論理の生々しい光景を提供するのである。

とはいえ、われわれが科学の属性であるとした時間性が、美的なモナドの歴史的動力学に類似性をもっている（ちょうど戯画も類似であるように）のは、意義深いことである。前者における逆説は、その対応物における逆説、とくに「新しさ」という厄介な問題に光を投げかけるであろう。というのは、ある意味で美的な新しさはまたその前史を抹消し、その革新性を支えているまさにその技術を、時代遅れの古臭い技術に変えてしまうからである。しかし、もし共時的という言葉にこだわるのであれば、その言葉は——それは「内在的」と「外在的」という古い美学的用語よりは効果的である——次のような幻想を払拭するために呼びだされるのでなければならない。つまりそうした革新は外部から、「通時的」物語という視座から察知され、記録されるのであり、その視座からわれわれは（ワーグナーにおける）半音階的なものや（ヘンリー・ジェイムズにおける）視点の出現を心安らかに観察し、それを移ろいゆくままに楽譜に、さまざまな演奏者や古くなった書物に対する注意書きを交えながら一心不乱に記録することができるのだという幻想を。

　しかし、個別作品で問題になる歴史性は、過去を抹消するその瞬間においてその過去を内包するのである。それゆえ、ヘーゲルの止揚の教説がその他の場所においては——個人や集団が死んで跡形もなく消え去っていく、物質的な断絶と激動の人類史においては——いかに観念論的であろうとも、ここ、つまり美的なモナドの内部においてだけは、ほとんど唯物論的記述概念として真実性を保つと言えるのである（アドルノがライプニッツのモナド概念それ自体について述べるであろうように、モナドは芸術だけがそうであるような非常に奇妙な「物質的」対象の、霊感を受け、変形され、神秘化された参入なのである）。だから、「新しさ」の経験は、芸術作品の経験に外部から、たとえば言葉や図像に関する新鮮な情報からもたらされるのではない（もっともそうした情報は、われわれにそうした経験に対して準備をさせるという役割を果すのであるが）。それは美的経験と一体である。それ自体がある深い意味で作品の「真理内容」なのである。

　われわれはすでに言及したひとつの帰結を再度強調するために、ここで立ちどまる必要がある。その帰結とはつまり、すべてのモダニズムにおける「新しさ」と革新に関する価値づけを前提とするなら、事実上こうした美学原理は、すべての「真の芸術」を芸術史上の単一の時代と考えられているもの、すなわちモダニズム「そのもの」に同化してしまうということである。こうした同化に関する基本的な問題は、時代区分というもっともあからさまな問題（あるいは換言するなら、バッハ、クレティアン・ド・トロワ、プロペルティウスをどうあつかうかという問題）ではない。出現しつつある貨幣的・商業的経済はその内的論理とその動力学を、不均質なかたちで文化生産の過程に引き渡すということなのだ。（オデュッセウスを最初の「ブルジョア」として描く）『啓蒙の弁証法』の時間的枠組みの大胆さは、「資本主義的」な文化の動力学は、産業資本主義の（かなり短い）寿命の内部で狭く理解されるべきではないということを示唆しているし、さらにもう一方では、十九世紀後半の勝ち誇ったヨーロッパ資本主義の第二期、あるいは「帝国主義的」段階をすぐれて特徴づける「モダニズム」は、より以前の、よりゆっくりとした、外見上より表象的な文化の何かしら「内的な真理」といったものとして見ることもできると示唆している。さらに言語道断で、けれども疑いなくこうした立場と論理的に一貫しているのは、彼らが人類学的に非-資本主義的芸術と呼べるであろうものを、徹底して排除していることである。アルタミラの壁画が引き合いに出されることはあるけれども、それは魔術的ミメーシス——つまり、原初的な啓蒙の自然支配——の一例としてであって、われわれ自身の芸術や文化と根本的に異なる形態としてではないのである。非-西洋的音楽の地位もまた、われわれの西洋的な意味におけるヘーゲル的な「芸術の終焉」として以外は、想像不可能なのである。暗黙の中心的命題——すべての偉大な音楽はブルジョア音楽である(1)——は根本的に異なった社会と生産様式のユートピア的投影としてだけ、（ポストモダニズムと偉大な伝統との関係という現代的問題をはるかに越えて）想像可能なのである。そして、そのような根本的に異なった社会と生産様式においては、われわれが芸術という名で考えるもの——とくに、われわれのような流儀で社会的に差異化されることはもはやなくなっているであろう「芸術作品」——は別の名で呼ばれているに違いないのだ。

たとえ社会の原子的構造が変容されても、芸術はその観念——第一に、いかにして特殊が可能となるか——を社会的普遍性に対して犠牲にする必要はもはやなくなるだろう。特殊と普遍が引き裂かれている限り、自由は存在しえないのだ。しかしながら、自由が特殊に対して、今日では芸術家自身が従わねばならないと感じている特異な諸制限においてだけ、美学的にありありと存在しているような権利を与えることになるのだ。（AT 69/62）

われわれは後で、現代の芸術家の自由は、選択の結果であれ気まぐれであれ、どこかで自由に浮遊する主観の中に見つかるものではなく、物質それ自体の客観的制限の中に見つかるものだという、きわめて特徴的な考え方に戻ることになるだろう。しかし、哲学的「和解」を普遍と特殊の調和として伝統的なかたちで登場させるこうした文章から、アドルノの美学ではそのような展望が規範的な役割を果しているると判断するのはまちがいであろう。そこではそうした調和（「具体的普遍」）がすべての悪い意味で規範的であるだけではない。それは、もっとも真正な作品が特殊と普遍の通約不可能性を暴露し、それゆえに伝統的な規範的意味において限定的な「失敗」となってしまう状況下（そうした状況のためにわれわれは唯名論という言葉を用いている）では、歴史的に実現不可能なのである。

アドルノの「新しさ」の概念に関しては、「生産諸力」――あるいはマルクスが「社会生産によって到達された発展のレベル」と呼んだもの――と芸術作品それ自体の間の関係についてわれわれがもっとよく理解するまでは、十分な説明を与えることはできないだろう。しかし、「新しさ」が現象学的な意味で時間的な概念ではないこと、またその概念と理論化自体（近代の夜明けに、ボードレールとともになされたもの）が唯名論とおおいに関係があるのだという ことは、すでに間接的に述べておいた。普遍的なものは今や同じものの反復と回帰であり、その唯一の抵抗は――脆いものではあるけれども――今ここにおいて独特であり、名前をもたず、比べることができず、反復不可能な巡り合わせであり、それ以外のいかなるものとも交換不可能なもの、そしてそれゆえ、欠如によって「新しく」なったものであるように見えるだろう。それは、それを包摂する一般的なカテゴリーは存在しないという理由からなのである。だが、この意味での唯名論は悪しき普遍への抵抗の形式であるばかりでなく、ひとつのジレンマ、ひとつの一般化された歴史的状況、ひとつの危機であり、芸術作品にもたらされるその結果を、われわれは今や検討しなければならない。

二　仮象の危機

芸術の危機（あるいはモダニズムの出現）に関するもっともなじみ深く、もっとも広く読まれたアドルノの説明は、アドルノ自身によるものではなく、（『新音楽の哲学』における）その初期の定式を自分の小説『ファウスト博士』に当てはめたトーマス・マンによるものである。中心的な問題は、そこで仮象（Schein）の危機として主題化されている。この仮象というのは便利な言葉であり、英語には簡単に思いつける相当語がなく、しばしば「美的仮象」（aesthetic appearance）、「見せかけ」（show）、「美的幻想」（aesthetic illusion）などと訳される。これらの表現は、外見や幻想の背後に何かが存在することを意味する傾向をもち、「根源」の明らかな存在とともに、作品の「真の意味」と同じくらい多様な何かの存在を示唆し、あるいは他方では油絵の具、言葉、衣装や化粧を身にまとった身体といった原初的でまったく非-美的な原材料を示唆する表現である。これらの見方にとって厄介なことは、次のような事態が暗示されることではない。つまりある状況下で仮象が消え去り、完全に蒸発し、観客が無為に絵の具を塗りたくられたいくつかのキャンバスを見つめ、わざとらしく腕を振り、口をあけて舞台の上をのし歩く人びとの小さな群れを、いささか困惑して眺めているような状態（これはフロベールとトルストイにおけるよく知られた芸術それ自体の異化である）に観客が放置されるといった事態が暗示されることではないのだ。[2] こうした幻想の減退（あるいは幻想に対する「信念」が酔いをさますようなかたちで消滅してしまうこと）は逆に、「幻想の肢体」に関する理論のある種の美学的なかたちとして有効なのであり、それはわれわれが事物の外部に足を踏みだし、本当のことについての生々しい感覚を得る瞬間なのである。

むしろ困難は、たんなる装飾としての、あるいは物それ自体に付け加えられた外的な飾りとしての「美的幻想」という漠然たる意味が、そうした幻想を投げ捨て、それが最初にそうであったところのものに帰る勇気をもった芸術とは何だろうという問題を考えさせる契機になるという点にある。事実上、これは新しいもの、近代的なものの芸術史(それは、すでに見たように、アドルノにとって旧体制にまで遡ると考えられる過程であるわけだが)において、まさに実際に起こったことであるように思われる。こうして、継起する形式や世代は、直接の先行者を絵空事、うそ、下品な安ピカものとして否定し、それと対照的なかたちで、真理に対する情熱的な使命感、正確さと細部に対する執着といったものから、自分たちの作品の新鮮さを引きだすのである。ここにすでに、限定されたかたちではあるが、「偶像の禁止」、反ミメーシス的衝動が、限界をもった過去に対する治療的な道具として配備されているのを、われわれは見るのである。また、仮象や美的現象に対するこの世代的な批判が、つねにリアリズムと呼ばれる価値観の見地から上演されるわけではない。「真理」——あるいは最近の言い方をするなら「真正性」——の尺度も同様に有効であるからだ。ただしこの場合、どちらも規範的な美学にそれほど縛られているわけではないのだが。しかしながら、「リアリズム」さえも自分自身に抗した用い方がなされうるのだ。たとえば、つい先頃ロブ＝グリエがバルザックのリアリズムの中心にあるイデオロギー的幻想を、「リアリティー」に対するヌーヴォー・ロマンの革命的な献身という大義のもとで批判していたように。

仮象の危機はこうして、適切に限定されるなら、モダニズム美学の「永久革命」あるいは近代における芸術革新の終わることのない流行の変化の主たる駆動力として役立てることもできる。しかし、外部の観察者——あるいは少なくとも、この過程のいつもにまさる急速な動力学のために、感覚が朦朧としてそこから距離を取ってしまっている美学史家——にとって、それは慣性力の終焉、あるいは消失点であり、それこそが思索すべき問題となるのだ。そして、美的仮象から完全に切り離された芸術は可能であるのか、あるいは反対に、仮象にまつわる疑いは芸術の完全なる廃止を結果としてもたらすのではないのか(「芸術そのものの終焉」という偉大なヘーゲル的概念)——つまりすべての偶像を勝ち誇って跡形もなく破壊し尽くすような類の偶像破壊——といった究極的な問題に、われわれを立ち返らせるのである。

美的仮象に汚名を着せる深い動機について、われわれはすでに学んだ。それは、「西洋」文化のまさに曙にセイレーンの歌の話において赤裸々に、そして注釈なしで明かされたように、芸術それ自体の究極的な社会的罪業なのである。しかし、この「原罪」は階級社会において合理主義と世俗化（より狭い歴史的な意味における啓蒙）によって明らかに強められ、その結果「美的仮象」、あるいは「美的幻想」が心地よく、晴れやかな良心をもって住み続けることができる唯一の場所が、文化産業だけになってしまったのである。それでもなお、みずからを破壊し沈黙することなしには仮象を全面的に廃止することのできない真の芸術は、みずからの幻想としての仮象と、その形式そのものに浸透する生々しい罪悪感の中で、遊戯としての非現実的な奢侈というみずからの地位を生きなければならないし、また奇妙なことにそれは反省性とか自己意識とかと呼ばれる場合もあるのである。しかし、「虚構」——教訓的な方向へその意味を屈折させる仮象のもうひとつの強力な固有名——は、明らかに文化産業が、さまざまな様式と形態において売らなければならない主要商品である（そのポスト構造主義的な変異形は「表象」と呼ばれる）。さらに、終わりのないトーク・ショー、クイズ番組、ゲーム番組、ロトくじ、裁判ドラマ、そしてニュースそれ自体も、ジガ・ヴェルトフのドキュメンタリーが社会主義社会で喚起し、満足させようとするような真理への欲求を示唆するものではなく、むしろ大衆文化における虚構的なものや表象の満足においてさえ侵食し続ける、隠れた寄生虫の存在を示唆するのである。仮象の危機は、かつてそれが安全に実践されていた、商品化され堕落した地区にも、今や広がりつつあるのである。

しかしながら、この「虚構」という代替用語は、われわれがそれを、小説や映画におけるあらゆる想像可能な物語創作の内面的、外面的浸透が、（アンチ・ロマンからドキュメンタリーにいたるまで）あまりにもおなじみになっているその公認の領域の外部で検討する場合には、さらに示唆に富む。だが、もし飾りや装飾こそが抹消すべき虚構要素であると考える断固とした機能主義がここでの問題ではないとしたら、非-虚構的建築物とは何なのだろうか(3)。だが、一方で、非-虚構的絵画——それは決して想像不可能なものではない——がこの芸術の今後の典型的な歴史の基礎概念になるのだ。そこでは物語創作は引きずり下ろされ、否定され、根絶され、ついには絵の具そのもの——そしてその後には抽象的観念や「概念」——だけが、美的反省の対象として残るのである。（こうした考えが少なくともつい最近までのある種のモダニズムの伝統のヘゲモニー的な母型となる物語であった。）しかし、少なくとも美術館や、「見る経験」を可能にするための制度によって適切な枠組みが与えられている限り、虚構の別な正体——仮象——は、おそらくこうした基本的素材としてさらに生き続けるであろう。アドルノ自身による「抽象化」の説明は、これとはかなり異なっていて、彼の特異な弁証法を最初に俎上に乗せるのに役立つであろうが、それは後ほど詳しく説明することになる。というのは、それが焦点を当てるものは商品形態と「偉大な芸術」の対立ではなく、むしろその同一性であるからである。

ボードレールは物象化に反対して苦闘していたわけでも、たんにその表象を提供したわけでもない。彼は物象化の原型を経験することを通してそれに抗議するが、その経験の媒体が詩的形式そのものであるのだ。彼をしてすべての後期ロマン主義的感傷性を決定的に超えさせているのは、その点であるのだ。彼の作品は、人間的なものの残余をそれ自体に吸収してしまう商品形態の圧倒的な客観性に、生ける主観性に先立つ芸術作品の客観性によってアクセントをつけるわけだが、その仕方にこそ彼の作品の歴史的独自性があるのだ。それによって芸術作品の絶対性が、絶対的な商品化と一致するのである。近代の概念の中に抽象が残存するために、近代は商品それ自体に対して負い目をもつことになるのである。独占資本主義において消費されるものは、もはや使用価値ではなく交換価値であり、同様に近代的な作品の抽象性——その性質と機能についてのいまいましい決定不可能性——が、芸術とは何かということの指標になっている……。最初から、ボードレールにおいてはいまだに未発達な美的抽象性と、それ自体抽象化した世界に対するアレゴリー的反応は、ある偶像の禁忌化のようなものであったのだ。この禁忌は、田舎者のドイツ人たちがメッセージの名のもとに救いだそうとしていたもの、つまり仮象の中にいまだに残る意味深さに対して向けられていたのだ。意味の破局の後では、仮象それ自体が抽象となる。(AT 39-40/31-2)

この抽象性の分析において犠牲になるものとは、作品の「虚構的」な次元ではなく、むしろ「意味深さ」であり、お好みならそれを、特殊と一般——事物とその意味——は離れていようとも、とどのつまりは「有機的に」あるいは経験的に関係しているのだという素振りであると言ってもよいだろう。唯名論は、生きられた直接性の残滓をその「普遍性」から切り離し、その「普遍性」は今や商品形態の普遍的等価物、抽象化となってしまったのである。しかし、芸術作品はそれらの矛盾の真理を保持するために、その両者を執拗に保持しているのである。こうした説明によって、われわれが明らかに仮象に関わる当初の諸問題から遠く離れてしまっているとすれば、われわれが美的仮象それ自体の並外れた変化――商品形態の遍在的な力が今や逆説的なことに、それが支配しようとした（そしていわゆる文化産業においては支配に成功した）美的衝動に逆に奉仕するはめになっていること――を、ここで正確にあつかっていないからである。しかし逆説的なことは、この場合の近代的なもの――あるいはアドルノにとっては芸術作品一般――が、商品形態の力と重なり合っていることであり、その結果、この状況に先立つ「美的衝動」（たとえば美に対する嗜好を呼びだすこと）は、論理学で言う不当推理になってしまう点である。

　しかし、商品化は、アドルノが美的仮象の危機と苦悩を劇化する、数多あるコードのひとつにすぎない。それと関連するマルクス的主題生産の動力学の問題は、後の章であつかうことにする。ここでは商品化と唯名論の言語との関係を強調しておくだけにするのが適切だろう。唯名論の言語についてはすでに触れたし、またこれは音楽の比喩を使うなら――「非同一性」の概念以上に――『美の理論』の主「調」となるものである（新ウィーン学派の内部で大きな存在感をもつ偉大な「管弦楽のための小品」のような、変異的で無調的な音楽テクストの中に基調となる音を見つけられるならの話だが）。ならば、商品形態と唯名論の状況の関係は、偽りの普遍と引き裂かれた特殊の関係に等しい。もし「意味」を伝統的な仕方で特殊の一般への包摂と理解するなら、意味することが不可能となってしまう孤立したデータ――外界にあろうと自己の内部にあろうと――の異質性を決定するのは、偽りの普遍による空虚な抽象なのである。

　この状況が探求される場となる究極的で根本的な美的媒体――音楽という媒体――は、これらすべての分析的カテゴリーを、今や具体的に流動させるような仕方で、われわれを美的仮象の危機へと立ち返らせる。音楽の虚構性に関する問題――非-虚構的音楽は想像可能なのか、虚構の罪悪感や美的仮象の原罪に決然と立ち向かい、みずからの罪の赦免を試みようとする音楽をどうすれば想像できるのか――を提起することは、仮象と「虚構」を、作品それ自体の時間と今や同一視し始めることなのである。それは全体と部分の問題を新しいやり方で、つまりそうした関係に耳を貸すことも思いだすこともできない「心的主観」（「聞くことの物神化」）を引きつけ、特殊が知覚されるような立場から、「全体」や包括的形式を問題化するようなやり方で提起することである。それは構成そのものの優位性を不可避とするし、そのことは芸術の動力学によって、より部分的な美的カテゴリーの方向に屈折されることになるだろう。言語においては表現の方向に、絵画においてはミメーシスの方向に。

伝統的な美学的考察のさまざまな段階から受け継いだこのような対立は、『美の理論』を通してさまざまな組み合わせで、現われては消えていく。たとえば仮象と表現(AT 168/161)、ミメーシス的と構成的(AT 72/65)、モンタージュと意味(AT 231-3/221-3)などである。こうした対立は、アドルノにおいては変化する星座配列として読まれるべきである。つまり、それらから決定的な用語的解決や哲学的解答が引きだされるべきではないのだ。構成の概念といったものの価値を高く設定しようという偏向あるいは傾向があるのは明白であるが、しかし、用語それ自体を物象化あるいは特権化することはできるだけ避けなければならない(それをするとアドルノの著作を伝統的な美学に返してしまうことになる)。一方、それぞれの対立は二つのレベルで歴史化される。たとえば、モンタージュと意味の対立は、近代芸術の発展における特定の歴史的契機を表現しているのである。だが、それはまたアドルノのテクストにおいても特定の、いわば「歴史的」あるいは物語的契機において浮上するのであり、それゆえ形式の「外的な」歴史におけるのと同様、テクストの内部にあっても状況的、暫定的なものとなるのである。

最後に、こうした対立は特定の芸術媒体の議論の内部で動員されることもありえる。たとえば音楽においては、仮象と表現の対立は、表現主義の歴史的に決定的な契機と一九一一年に開かれた突破口を指し示している。その際、主観の絶対的表現に対する唯名論的衝動は、仮象の残滓に対する芸術作品の究極的に内面的な形式的執着と衝突したのであるが、それこそすべての衝突のもっとも原型的なものと言えるだろう。もし、音楽においては仮象が時間そのもの、作品の長さ、音楽展開の持続そのものに対応しているということを理解するなら、そしてまたアドルノにとっての「表現」は、つねに何らかのかたちで苦悩の表現、痛みの叫び、不協和音そのものであるということを理解するならば、この対立と矛盾の劇的性格、そして同時に先に提起された非-虚構的音楽の「問題」の適切性も明らかとなるだろう。つまり音楽における虚構性は、たんなる時間的持続なのであり、それは同時に音楽的作品の仮象あるいは美的仮象であるのだ。音楽的なことがらが生起するのにどれだけの時間が必要なのだろうか。いくつかの音符はそれだけですでにこうした意味で「音楽的」なのだろうか。単一の音楽的「センテンス」の発話——つまり耳で聞いてそれとわかるフレーズ、主題、メロディーあるいは歌——だけで十分なのだろうか。しかしながら、ソナタ形式はそれと反対のことを表している。つまり、フレーズや主題はそれが（適切な変奏の後で）反復され確保されるまでは、本来の意味では、一回として発話されたとは言えないということを意味しているのである。

再現部はソナタ形式のかなめである。それがベートーベン以来決定的となったもの——主題展開［Durchführung］の動力学——に時間遡及的に裏づけを与えるのである。それは映画が終わった後に居残って、もう一度最初から見る観客に映画が与える効果に似ている。ベートーベンは、彼のトレードマークとなった「離れ技」でそれを克服した。つまり、彼は最終展開部の最良の瞬間に、こうした動力学と過程の結果をそれに先立つ瞬間に、最初にあらかじめそこにあったものの追認と正当化として提示するのである。これは哲学における偉大な観念論的体系の罪悪感、ヘーゲルの弁証法——彼においては否定の本質は、それ自体になることで、すでにそこにあったものを弁護するいわば神義論に逆転するのだが——との共犯関係の指標となる。こうして再現部を通して音楽——それ自体ブルジョア的自由の儀式であるが——は、音楽をその中に含みまたそれ自体音楽に含まれる社会と同じように、神話的な不自由に隷属したままに留まるのである。それは、回帰するものが、その回帰という単純な事実によって、それ自体よりも大きく見え、そして形而上的な意味そのもの、あるいは〈観念〉となってしまうようなやり方で、自然との循環的な関係を操作するのである[4]。

つまり、ソナタ形式は観念や、社会的にイデオロギー的なものである必然の感情を作りだし、現存するものの全体性を確認し、正当化するのである。同時に——そして芸術と自然の関係を論じる際に明らかになるように、アドルノの思想が形而上学的な次元を有する限りにおいて——ソナタ形式のイデオロギー的機能と虚偽はそれ自体、すべての芸術の、より深い形而上学的ジレンマの歪曲された、歴史的反映にすぎないのである。

どうすれば作ることが、いまだに作られていないものを生みだすことができるのか。どうすればそれ自体の概念に対して真理でないものが真理内容をもつことができるのか。ひとがそれを把握できるのは、その内容と仮象が分離していて、それ自身の仮象を通じてとら

えられる場合のみである。(AT 164/157)

こうして、いかにして構築されたものの「自然な真理」といったものがありえるのかということが、アドルノの美学の形而上学的次元の中心問題となるわけだが、それについては後の章で論じることにする。

しかし、われわれにとって、音楽という直接的な文脈において問題となるのは、むしろ構築された音楽的な時間の真正性の問題であり、表現主義の音楽をいくつかの短い事例に還元する傾向は、美的現象におけるこの究極的な危機の外面的な徴候でしかなく、また長く精巧に組み立てられた音楽的フレーズのわかりやすさを避ける、全体的な音楽的唯名論の形式的結果であり最終的産物にすぎないのである。しかし、それは音楽的な点や音符の名のもとにあるというよりはむしろ、不協和音の結合群の名のもとにあるのであり、その形式的ドラマは、その表現の苦痛を記録するためにすら最小限の時間が必要なのだということの中に存在するのである。不協和音が不協和音として記録されるためには協和音が依然として必要なのだということを思い出すためには、もっとも脆弱な哲学的弁証法でも十分なのだ。だが、もしわれわれが協和音を耳の習慣として、最初は驚いたけれどもついには伝統となってしまった音楽文化として考えるならば、われわれは「現代音楽の老化」と、他の出来事と同様に、やがて古い歴史になることをそれ自体のうちに含んでいる「新しさ」のパラドックスについて、考えなければならない。

他方、もしわれわれが、不協和音が時間内部の枠組みとして必要とする協和音、つまりみずからの抹消の前提条件を時間内部に設定するのに適当な最小限の持続について考えるならば、われわれは仮象の危機の歴史的状況を記録しているのであり、その危機はみずからの真実——危機そのものではなく、まさにその危機、その罪、その真正性の欠如と不可能性(「アウシュヴィッツの後で詩を書くこと」)——を表現とするために、どんな短い時間的広がりの中にもみずからを浸透させる必要があるのである。この表現主義的危機に対する「解決」——協和音の観念も不協和音の真正性もともに消え去ってしまう後期シェーンベルクの十二音体系——へのアドルノの幻滅は、別なところですでに論じた。ここで述べておいてもよいことは、この時期の極端な表現主義への肩入れが、三〇年後にサミュエル・ベケットの形式によって思いもよらずに充足されたということである。アドルノの個人的趣味にすぎないと考えるのは軽率である何かの秘密の歴史が、表現主義からミニマリズムへ跳躍する不連続なひらめきとして姿を現わしているのである。他方、問題とされるのが、何がしかの正確さをもってこれらの趣味を解き放つことであるとしたなら、ヴェーベルンのミニマリズムの潔癖さも、彼にとっては同様に厭わしいものであったということも付け加えねばならない。ベルクの過激な不純性――シェーンベルクでもストラヴィンスキーでもなく彼こそがトーマス・マンのレフェルキューンの後期の浮かれた音楽の真のモデルなのだ――を彼はずっと好んでいたようである。不純なミニマリズム！――奇妙なことにこれこそが、堕落した大衆文化の破片とかけらをみずからの周りに吸収するのである。

　ボードレールから近代性の枯渇（たとえば、型通りの例としてはシェーンベルクの十二音体系の行き詰まり）にいたるとされる伝統的な近代芸術の歴史が、かなり異なった近代芸術の歴史の哲学的概念によって、奇妙なかたちで置き換えられているのだ。この奇妙な代替的な歴史――そこではモダニズムは「偉大な芸術」一般に変容されてしまう――は、唯名論のモチーフの遍在の究極的な機能を明らかにする。それはこの新しい歴史を哲学的に基礎づけるために必要なのである。唯名論のジレンマという視点から見るならば、たとえば「ヘーゲルの哲学に劣らず唯名論のモチーフがその音楽にまとわりついている」（AT 329/315）ベートーベンの歴史的位置は、前近代的古典派の位置から変容し、仮象と構成の近代的弁証法の、まさに展示会場となるのである。

　美的仮象の危機の力は、それが外見上はとても幻想主義の価値に傾いてはいないように見える音楽さえをも攻撃するという事実によって測られる。そのような非‐あるいは反‐幻想主義的音楽においてさえ、もっとも純化した虚構的な要素の形式までもが――たんなる表現（たとえば存在しない感情表現）だけでなく、ここでは具体化されないものとして姿を現わす全体的、包括的形式といった構造それ自体の虚構までもが――死に絶える。ベートーベンのような偉大な音楽においてすら、しかもおそらく時間的な芸術そのものの限界を超えたようなものであっても、いわゆる主要な素材つまり分析が最後にたどり着く究極的な構築用素材は、その内容が実質的に空虚で、それ自体には中身がない無価値なものであることが判明するのである。それらの素材が漸近的に無に接近する限りにおいて、それらは溶け合い、一個の全体となるのである。だが、それらはまた区別された構成要素として、この深遠なる衝動はつねに何か――モチーフであれ主題であれ――になろうと望む。根本的構成要素に内在する無は、すべての統合的芸術を無定形なものに引き下げるのである し、組織化の度合いが大きいほど、その無定形に向かう重力は大きくなる。無定形なものだけが芸術作品に統合する力を与えるのである。かたちのない自然から離れて形式的に完成する瞬間にこそ、自然的契機、つまりいまだに形成も分節もされないものの契機が戻ってくるのである。芸術作品をじっくりと眺めるなら、そのもっとも客観化された形態やイメージですら、雑多な要素のごた混ぜに変わり、テクストは単語の群れへと解消する。芸術作品の細部を確実に把握したと思っても、それらはたちまち不確定で区別のできないものへと解消してしまう。芸術作品が媒介されるというのはそういうことである。美的仮象が芸術作品において現われる仕方もまたそうしたものである。作品のまさに生きた要素である特殊なものは、それを見つめる主観から霧消し、その具体性は微細論理的な視線のもとで蒸発してしまう。すべての芸術作品が客観の現われへと凝結する過程は、作品の静的なものとしての地位を切り崩し、それがもときた場所へと流出していくのである。(AT 154-5/148-9)

ここで提起されていることは、ベートーベンはとくに旋律的な作曲家ではないという単純な意見よりも、はるかにスキャンダラスなことである。それはむしろ、彼が作曲した偉大な主題やフレーズはそもそも「旋律」のような何かの仮象以上のものではなかったということであり、この「旋律」は疑いなくある種の物神として文化産業においてのみ存在するのである。というより、偉大な主題の機能的な力はその構成の人為性に比例するのであり、形式の機能的要求によって動機づけられているということである(それらはある部分では変形したり、別な部分では変奏や適当な転調をすることが可能であり、さらには推移や経過句といった小さな再構成によって、用途が広がるようなものでなければならない——つまり、それらは組み立て工法の建築部品、あるいはル・コルビュジエの規格化された建築ユニットのようなものに聞こえるようになるのである)。それでもなお、そしてまさにそうした理由ゆえに、それらは意味深い美的形式、つまり仮象として、われわれの前に立ち現われるのである。こうしてベートーベンの芸術は、ベケットと同様に十分なミニマリズムでありながら、有機的、ロマン主義的に見えるような芸術であり、そこではすでに後期ロマン主義の豊潤さの萌しが、異質な蜃気楼のように踊っているのである。その結果、アドルノのベートーベンは、ボルヘスの『伝奇集』にあるピエール・メナールによるセルバンテスの書き換えのように、「原作」と正確に同じでありながら、なおかつ根本的に異なった歴史的テクストなのである（「『ドン・キホーテ』を十七世紀初頭に書くのは合理的、必然的であり、おそらく不可避でもあったのだろう。だが、二十世紀初頭においては、それはほとんど不可能である」等々）。

　だから、時代錯誤的に見えようとも、ベートーベンの音楽はモンタージュであり、エイゼンシュテインやファン・グリースと同様に非-虚構的なのである。「連関した意味の構造体［Sinnzusammenhang］としての芸術作品に対抗する」（AT 233/223）もっとも必然的な作戦であるモンタージュはまた、構成性の原理それ自体の勝利の契機でもあるのだ。

> 美的な構成原理、すなわち細部や微細構造内部における細部の関係性よりも、計画された全体を最終的に優越性をもったものと見なすことが、（見かけ上の表面的な無秩序に対して）相関的なものとして屹立することになる。この意味で、そして微細構造の観点から、すべての近代芸術はモンタージュと考えられるのである。（AT 233/223）

しかし、作品の基本的構成要素の無価値性と、それらの組み合わせの見かけ上の意味深さと調和の幻想的性質に関する教説の帰結は、（天才は言うにおよばず）芸術家がもっとされる主観的な力の修正にすぎないことが判明する。これこそがわれわれが生産性を取りあつかう際に、十分に探求するであろう結論である。だが、最初の結果はここで引きだしておく必要がある。というのは、逆説的なことに、構成材料が無意味で無価値なものであるのは、作曲家や聞き手といった行為体としての人間という見地から見た場合のみであるからである。実際にそれらは歴史的に特定の材料や技法として、それら自体の内部に意味をもっており、それが形式的発展を指示するのである。

> 技法と内容が——通例のとらえ方とは異なり——実はどれほど親密に関連しあっているかということは、通常は作曲家の天才に帰されている効果の多くは実際は減七度の和音の器用な操作の結果にすぎないのだというベートーベンの言葉において示されている。（AT 320/307）

それゆえ、伝統的美学理論においてばかりでなく、今日のわれわれにとって、まったく異質なタイプの古典化の美的実践においても横溢していた部分と全体の関係は、それがとくに『美の理論』において歴史的危機、解決不可能な構造的矛盾として再定式化されるとき、驚くべきそしてほとんどポストモダン的な妥当性を回復するのである。それゆえ、アドルノにおける唯名論と構成についての本節を、ベートーベン自身に関する長い説明で締めくくるのが適当であろう。

ベートーベンがこの（統一性と特殊性の）二律背反に立ち向かう際に行ったことは、前世紀に優越的であった実践の精神において、個別的な構成要素を図式的に抹消することではなく、むしろ——彼の同時代のブルジョア的な自然科学の発展とよく似たかたちで——それを脱知覚化し、その諸性質を剥ぎ取ることであった。それによって彼は音楽を新しい種類の生成あるいは過程の連続体に統合したばかりでなく、強まりつつある空虚な抽象化の脅威から音楽形式を守ったのである。というのは、個別的契機は、価値において没落していく際に、それらが消えていくまさにその過程を通して相互に浸透し、またそれによってその形式そのものを決定するからである。ベートーベンにおける個別的要素というものは、全体性に向かう衝動であるとも言えるし、ないとも言える。それは全体の中にあってそれ自身になるものであるが、それ自体は基本的調性関係の決定不可能性へ、つまり無定形なものへと傾斜していくものなのである。彼の、際立って調音化された音楽を間近に聞くなら、それは無の連続体に似てくる。彼のすべての偉大な作品の力業は——ヘーゲルを絶対的に字義的に解釈した場合に似て——無の全体性を存在の全体性へと変形するところに存するのである——ただしそれは仮象としてであって、絶対的真理としての主張をもつわけではない。だが、この絶対的真理としての主張は、作品の究極的内容である内在的厳格さを通して示唆されてはいる。一方では潜在的に分散して把握不可能であるが、他方ではそれを強制的に何かへとまとめ上げていく力——それらは自然において作用している二つの極なのである。材料の大きな塊を鍛えたり投げつけたりするこのダイモン、つまり作曲する主観に対立して、彼の楽章が分解し、もはや原材料というより調性関係の抽象的体系そのものになってしまうような、微細な単位の無差別化というものが存在するのである。（AT 276/264-5）

実際、アドルノのミニマリズムの問題は、彼の企画そのものの曖昧性と一致しているのである。『美の理論』が究極的には彼の個人的な美的経験の表現であり、彼の限定された伝記的な「嗜好」を投影しているならば、その哲学的位置は、たんなる歴史的な方法以上のものによって相対化されてしまうし、作品としての『美の理論』は一個の資料へと格下げされてしまうのである（それがもっとも知的で才気あふれる資料のひとつであることに変わりはないけれども）。他方、もし芸術作品についての、より普遍的な真理が、その理由のいかんを問わず、芸術史における特別で特権的な契機としてのミニマリズムから引きだすことができるとしたなら、われわれは思いがけなくも、ポストモダンの思想にとってはとても受け入れられないようなやり方で、あいも変わらず特殊から一般を演繹しようとする、より伝統的な哲学的美学の内部に逆戻りしていることに気づくだろう。

たしかに、特徴的なことであるが、このミニマリズムは、ミニマリズムに対する批判を含んでもいる（ちょうどその枠組みがそもそも「主義《イズム》」というものを拒絶しているように）。こうしてこのベートーベンの分析において引きだされた細部の運動——細部そのものが「反-本質的」かつ非-あるいは反-根拠的なものとなっていくこと、その帰結として近代がいかなる内在的な自己正当化をも拒絶すること、ヘーゲルであれば「内容」の喪失あるいは貧困化傾向と呼んだであろうもの——は、別なところでは、細部そのものがもつ「死の欲動」として名指しされている（AT 450/421）。一方、アドルノの——歴史的な前衛運動としての構成主義における——構成の中心原理の勝利は、芸術そのものの終焉を導きだす。「実際のところ、構成主義は創意［Einfall］、あるいは無計画性、不随意性が働く余地を残してはいないのである」（AT 450/421）。ヘーゲルと同様にアドルノが、芸術の終焉を乗り越えるひとつあるいは複数の芸術という幻想を抱き続けたということは、興味深い事実である。『否定弁証法』で展開されたモデルの概念が『美の理論』の断章に短いかたちで回帰し、芸術家は芸術作品が具体的なかたちではもはや実現不可能となった状況下においても芸術のモデルを作りだし、提起するだろうと示唆している（AT 452/423）。（ポストモダンの画家たちが芸術に関する理論的著作から受ける刺激——それは今日ではかつて他の芸術家の作品によって与えられていた実践的刺激に取って代わってしまった——はここからきている）。実際、別なところでアドルノは、もっとも冷徹な無調形式の後で調性的な音楽が回帰するだろうと、予言的に示唆している。つまり無調形式の支配下でそれは、ふたたび奇妙なまでに新しいものになるということであり、それは実際に、ポストモダンの音楽において起こりつつあるように思われる（AT 62/54）。

だが、ミニマリズムと構成の正しい使用法というのは、それらの致命的な実証性なしでそれを使用することのように思われる。つまり、規範ではなく、修辞的特徴、極限まできている矛盾に満ちた状況の構成あるいは再構成された表象の一部として、それを使用することなのである。そこでは芸術の不可能性は哀れを誘う出来事ではなく、むしろ具体的な歴史的矛盾として分節化された構造の暴露となるのである。だから、そこで達成されること、その実践としての効果は、事実の後でのみ測られ、評価されるのである。芸術においても「知性の悲観主義と意志の楽観主義」というスローガンが、真に唯一のエネルギーを与える倫理なのである。

三　物象化

　弁証法的にアドルノの判断を「始動させ」、それらをひとつの状況と矛盾の形式へと書き換えるこうした状況説明的な読解によって、われわれは『否定弁証法』の作者における歴史的弁証法の地位の問題、とくに対応と反映という古い問題（お好みなら上部構造と下部構造の問題と言ってもよい）に直面することになる。つまり、文化的もしくは美的行為と社会状況の関係はいかに表現されるのかという、本質的に言語に関わる問題である。『美の理論』におけるこの問題に対する巧妙な解決策——次章で検討する窓のないモナドとしての芸術作品という概念——は、実際的な意図と目的にもかかわらず、それには触れずじまいなのである。換言すれば、モナドは反映であって同時に反映でないが、同じように芸術作品は社会的であり同時に非-社会的である——あるいはむしろ徹頭徹尾その反社会性によって社会的であると言った方がよいだろう（以下を参照のこと）。もちろんこれは同一性と非同一性の同一性というヘーゲル的弁証法の古典的なかたちである。

　この古典的な定式が複雑となるのは、対立すべき非同一性がひとつではなく二つの形態をもつからである。一方には自然つまり絶対的他者がある。だが、このひとつめの他者とは非常に異なった、社会というものが存在する。それは存在論の言語において、「存在するものの全体性」としてしばしば呼びだされはするものの、伝統という「第二の自然」とは似ても似つかぬものなのである。有名な〈大いなる拒絶〉の反射作用がここでは——社会が問題となるところでは——決定的かつ絶対的である（そして、左翼の政治学へのアドルノの敵意——もし実際にその逆でないとしたら——を説明する方向へ向かうのである）。「この世界と不適応関係にないものが真理をもつことはない」［"Denn wahr ist nur, was nicht in diese Welt passt."］（AT 93/86）。だが、このことは、古典的形態とは非常に異なった種類の非同一性を課することになる（そして、フランクフルト学派を解説する際にはつねに出くわすことになる補足的な用語的困難を導入することになる。つまり、実証主義と結びついた「実証的」［positive］という言葉と、マルクーゼの「文化の肯定的性格について」に見られるような「肯定的」［affirmative］という言葉は、否定的な含みをもった言葉であるということである）。

　こうして、すべての急進的思想につきものの二元論的な二者択一、つまりどのようなかたち、あるいはどのような用語であれ、積極的なものと否定的なもの、進歩的なものと反動的（退嬰的）なもの、抵抗するものと服従するもの、急進的（ユートピア的）なものとイデオロギー的なもの、拒絶と共謀といった一連の二者択一を差異化することが、運命的なかたちでふたたび現われるのだ。アドルノの具体的な分析はそうした判断を含んでおり、それらから切り離されることはない（後で検討するように、生産諸力の発展といういささか異なった文脈においてではあるが、「進歩的」という評判の悪い政治的用語すらも現われる）。こうした判断が対応と反映（あるいは上部-下部構造モデル）と一体であることは明らかであるように思われる。というのは、芸術作品と社会的なものとの間の距離だけが、そうした判断が動きだすことを可能にするからである。古い対応モデルが、芸術の自律性の教説と共犯関係にあることは、最初はもっと逆説的なことに思える。だが、ペーター・ビュルガーはそもそも美的自律性の教説（と制度）こそがそうした政治的判断の可能性を解き放ったのだと、説得力豊かに指摘している(5)。

　ここでアドルノはこの問題に対してもっとも鋭敏なコメントをしている。

> 芸術は社会的であるが、それはあらゆる瞬間に生産諸力と生産関係の弁証法が機能している生産過程のためだけではなく、その内容と素材の社会的起源においてだけでもない。むしろ芸術は社会そのものに対する対立的な位置――それは芸術がみずからを自律的と定義することによってのみ占めることができる――ゆえに社会的となるのだ。（AT 335/321）

だが、私が示したいことは、この一見明快な対立関係は、アドルノにおいてははるかに複雑で、弁証法的に変動するものであるということである。

　例として、カントによる「無関心の関心」あるいは「目的なき合目的性」としての美的なものの定義の読解（あるいは書き直し）を取り上げてみよう。この美的なものの自律性の歴史的に古典的な最初の形態は、アドルノの強力な弁証法的修正によって再登場することになる。

> それがたんなる無関心以上のものになるためには、この「無関心」なものの概念にはもっとも熱情的な実践的関心の影がつきまとっていなければならない。そして芸術作品の品位は、それが無理やりねじり取られた関心の強さとの対比のうちに測られなければならない。(AT 24/16)

（別な箇所［AT 396/375］では「無関心」を、啓蒙の弁証法の意志への力の源泉とされる自己保存の衝動の停止として解釈することになるだろう。）だがほとんど一瞬にしてこの無関心性の「積極的」再評価は、弁証法的に問題化されることになる。

> だが、現実の否定性に対して芸術作品が位置を占めるやいなや、この無関心性の概念は修正を受けることになる。カント的解釈や、フロイト的解釈とは反対に、芸術作品はその性質において、関心とその否定を内包している。行為対象から切り離された芸術作品との静観的な関係ですら、直接的な実践の拒絶として、またゲームに参加することを拒否する、それ自体ひとつの実践形態として生きられるのである。行為様式［Verhaltensweise］として感じられるこうした芸術作品のみが、その存在を真に正当化できるのである。(AT 25-6/17)

ビジネスと商品社会の堕落した実践の停止と否定として始まったものが、こうして、より高次な実践形式へと変わっていき、今や「無関心性」や「無目的性」という初期の概念を無効にし、より高次な関心の形式、より真正な目的となるのである。(6)

カントの定式のもうひとつの――そして対立する――構成要素、つまり芸術作品がもっているように見える「合目的性」あるいは関心といった性質は、よりいっそう複雑な弁証法的変形の対象となる。というのはそれが社会的なものそれ自体の動力学に、しかももっとも疑わしく汚染された衝動として緊密に関連しているからである。

> カントにとっては芸術と自然の内的な本質の連関を保証してくれるカント的「合目的性」の概念は、実際は技術（Technik）（技巧［technique］と科学技術［technology］という二つの含意をもつドイツ語）と深く

結びついているのである。みずからをたんなる存在と区別するために芸術作品がみずからを「合目的性」にそって組織化するその仕方は技術と呼ばれる。「合目的性」の幻想が得られるのは技術を通してのみなのである。（AT 321/308）

こうしてカント的目的論を自然から人間の科学へと移し替えることによって、アドルノは巧妙に美学の中心部分へ、彼が別なところで糾弾した、「啓蒙」の動力学と西洋的合理性と支配の原罪を導入するのである。カントの美学を再社会化しようという、この後期におけるつむじまがりの冒険は、以下において美的「生産諸力」の弁証法の中で検討することになる。アドルノによる弁証法それ自体の実践にとって、もっと直接的に有益と思われるのは、同種の概念である物象化（Verdinglichung）におけるこの主題の継続であり、それは芸術作品の分析において同様に決定的であり、また同じくらい曖昧な役割を果すのである。

というのは、アドルノの美学において、物象化は何よりもまず肯定的な、つまり価値設定された概念であり、マルクス主義の伝統における慣習的な位置づけが逆転しているのである。[7] そこではそれは人間関係が物のような関係（貨幣、「金銭関係」）に取って代わられているというだけではなく――いわゆる商品の物神崇拝という形式において――物質的なものの特定の病理をも意味している。その病理においては、かつての使用価値の世界における堅固な事物が、リビドーを投入された商品の新しい種類の物質性の蜃気楼を現在もなお投影する抽象的等価性へと、変形されてしまっているのである。この意味において「物象化」はほとんど物質そのものの対極にあり、それは事物それ自体よりももっとものように見える奇妙に精神化された対象へと姿を変えるのである。

唯物論者としてのアドルノは、彼の反-資本主義的美学――その文脈はすでに『啓蒙の弁証法』において診断されたほとんど普遍的な商品化である――を、伝統的な反-物質的精神性の上に基礎づけることはできない。アドルノはそれを単純に嫌っており、ひとつの哲学的プログラムとしての『美の理論』全体を通して流れる「内面性」と主観化のすべての形式に対する非難に、その嫌悪感は含まれている（それは適切な場所でもっと詳しく検討する予定である）。彼はまた、グラムシやサルトルが彼らなりの異なったやり方で二重に絡み合った観念論と唯物論という難問題を解決し、それに代わるものを見つけるための手段と考えた実践の概念にも頼ろうとしない。その結果として生じるのは、アドルノにとっては芸術作品の本質である物象化が、社会的なものから美的なものへと（またその逆方向へと）移りゆく際に、誘発性を変化させていく、その絶え間ない転移なのである。

「物象化と呼ばれるものは、それが徹底される場合には、事物の言語を明らかにしようとする。事実上それは人間的意味の優位性によって根絶されてしまった自然の観念に戻っていこうと試みるのである」（AT 96/89）。つまり、ある種の策略によって自然を破壊した力を急進化することが、少なくとも観念論的な仕方で自然を復興するのに役立つのである。しかし、これは局所的な戦略ではない。「物象化は芸術作品に本質的なものであると同時に、現われ〔Erscheinendem〕としてのその性格に矛盾するものである。それらの事物のような性格は、瞑想と観察の対象としての地位〔ihr Anschauliches〕に劣らず弁証法的である」（AT 153/146）。しかし、これは死を招く解毒剤なのである。

> 芸術作品はそれを客観化してしまうまさにその法則ゆえに、先験的に否定的なのである。芸術作品はそれが客観化するものを、その生きられた直接性からもぎ取ることによって殺してしまう。芸術作品それ自体の生は死をむさぼるのである。実際、近代がもつ性質は、その障壁を超えることによって始まった。芸術作品は模倣することによって、それ自身を死の原理である物象化に引き渡す。この原理から首尾よく逃げおおせるという希望は、芸術における淡い幻の契機にすぎないが、ボードレール以降の芸術は、事物の中のひとつにすぎないものとなることなくその原理を振り落とそうとしてきたのである。近代の先がけとしてのボードレールとポーは、芸術家としては美的なものの専門家《テクノクラート》であった。毒それ自体を飲み込むという類似療法《ホメオパシー》――生けるものを否定する行為としての物象化――なしで「文明」に包摂されることに抵抗する芸術を気どることは、役立たずの夢物語にすぎない。近代の始めから、それ自体の内在的法則によっては決して十分に変形できない、芸術にとって異質な対象を芸術に吸収することによって、芸術のミメーシス的な極はその対立的原理に身を委ねるのであり、こうしたことがすべてモンタージュの出現につながっていくのである。（AT 201/193）

こうして、この地点において物象化は社会的なものから借り戻されるわけだが、それは美的なものが完全に物象化された世界――解毒剤はその世界から美的なものを守るのだが――において継続的で、より不安定なかたちで存在することを可能にするためである。だが、最終的に物象化は変形されて、（それ自体に対する）より効果的な武器になるように思われる。依然として精神もしくは精神性と呼ばれる芸術の属性を支持したり批判したりしながら、アドルノは、芸術作品の、制作され構成されたものとしての性質を強調する。「それはとくにその精神の客観性を含む。美的反省はそれを批判的に解消しようとするのと同時に、それを作品の客観性の表現として是認しなければならないのである」（AT 274/263）。批評と受容の活動が作品自体から独立し、対象としての芸術がもっていない補足的な力と機能を授けられるといったこうした言い方は、彼の一般的な反‐主観的プログラムの精神において、受容の問題を探求することを拒絶していたアドルノにあっては、きわめて稀である。同じように、彼の遅れてきた美学の企て（その問題含みの性質と内的矛盾についてはすでに触れた）は、現在における理論的なもののヘゲモニーの契機の中で肯定されるようになった文学批評と解釈の自律性の置き換えと拒絶としても読めるのである。それにもかかわらず、この一節の意味は明確である。つまり、そうした解消の活動が何らかの意味をなすためには、商品形態がすでに利用可能なかたちで具体化していなければならないということなのである。作品は商品としてのみずからの地位から逃げだす手段を得るためには、まずみずからを商品と呼ぶ必要がある。だが、それらの定式化も最後のそれに比べたら独断的でも意外でもない。彼によれば「芸術は社会に抵抗する本質的に社会的な力を通してのみ生き続けることができる。芸術は物象化に身を委ねない限り、たんなる商品に堕してしまうのだ」（AT 335/321 傍点筆者）。

四　開かれた閉塞としてのモナド

アドルノのマルクス主義の正統性がどうあれ、すべてのマルクス主義美学者の中で、彼はもっともマルクス自身の方法、あるいは表出［Darstellung］の様式に忠実であると言ってもよいだろう。唯名論に侵食されてしまったかつてのソナタや交響曲の形式の契機を再構成することができないのと同様に、『資本論』の偉大な形式的構造体系が、もはや彼にとって歴史的に手が届かないものであることはたしかである。しかし、『美の理論』は、一八五七年の『資本論綱要』の序論の方法論的な教訓に、頑固なまでに忠実である。それは、生産というひとつのカテゴリーが、その他のものに対して構造的な優位性をもつことはあるにしても、著作においてそれが支配的な主題あるいはモチーフになることを許してはならない、あるいはポスト構造主義的な言葉で言い換えるなら、それにまつわる用語が特定のコード（あるいは「私的言語」）に組織化されていくのを許してはならないという教訓である。だから、マルクスにおいては生産のカテゴリーは浮き沈みし、あるときは、より重要度の低いカテゴリー（流通、消費）と一組の用語とされ、あるときは視界からまったく消え去り、またあるときはまさに歴史の駆動力そのものとして雷鳴とともに姿を現わしたりする。アドルノでは生産の概念は、それを指示す名前となっている用語から媒介的な距離を置いて依然として保持されている。そうした用語は、概念の物象化を示すと同時に、生産の概念を詩的言語の状態と動力学に近づいていく言語的同一性の中に吸収してしまう恐れがあるのだ（この二つの親密な関係はすでに述べた）。

こうして、この美学はさまざまな思索的言語を話すことができるが、そのどれひとつとして最終的にアドルノの「方法」として固まり、それが理論の案内書の中で、ルカーチの方法、ブルームの方法、マシュレーの方法、バフチンの方法、デリダの方法といったような便利な名札をつけて配列されるといったことはないのである。われわれはアドルノの形式的分析において、たとえば物象化がルカーチの場合と同じくらい基本的な役割を果し、さらにはルカーチの説明におけるいかなるものよりも、もっと複雑なかたちで彼の読解作業に関係していることを見たばかりである。だがそれにもかかわらず、「物象化理論」の主たる源泉としてアドルノが参照されることはない。アドルノでは、美的な状況の歴史がサルトルの場合と同様、随所に見られ、それから逃れるのは難しい。しかし、アドルノは、サルトルが彼の生涯において二度ほど試みたようには[8]、その「直線的な歴史」を書こうとはしなかった。部分と全体の矛盾は、美学者から新批評にいたるまでの現代のブルジョア理論において、何よりも徹底的に語られてきた。しかし、その動力学はひとつの教説としてはコード化されなかったし、もしされていたなら、それに関して際限のない哲学的議論が生みだされたであろう。コード化がなされる最後の瞬間に問題がいつも拡大され、用語が変形され、結局われわれは最終的には別種の展開を必要とするような、何か別なものを論じていたことに気づくのである。

であるから、アドルノのそばで正しく振る舞うことでアドルノと対等であることを証明し、彼の文章の変幻自在な知性に忠実であろうとする際に求められるものは、ポール・ド・マンの意味深い言葉を借りるならば、生産概念の主題化を阻止しようとする飽くなき——そしてつねにくじけそうになってしまう——努力なのである。生産の概念が、アドルノにおける構成に対する価値づけを支え、それを権威づけ、それを基礎づけていると言ってもまちがいではないが、それは誤解を招きやすい。より深遠な前提を突きとめ、その前提をその名前とその独自性において展開する論理的な過程であるというよりもむしろ、当面はそれを、まったく異なった概念的、音声的な次元へとわれわれを誘なう転調のようなものと考える方が賢明だろう。その場合の方法は、マルクス的と言ってもよいが、むしろ『フィネガンズ・ウェイク』に近い哲学的形式なのである。

『美の理論』が、ある面ではほかのところでなされた具体的な分析を、抽象的に書き上げたものであるとするなら、美的カテゴリーの教説を求めて参照するものとして十分適切であるのは、彼の最初の（一九三七—八年の亡命期に書かれた）音楽論である『ワーグナー試論』であろう。この輝ける著作においては、ベンヤミンの悲劇論の観念的ミメーシスが、ほぼ同時期に書かれたベンヤミンの——モダニズムと大衆文化の同時的出現の記述である——「ボードレールのモチーフについて」に相当するものを、アドルノ自身の作品中に生みだしているのである。
ワーグナー的形式の弁証法——その驚くべき「近代的」な革新的技術は作曲家の本質的な美術愛好主義《ディレッタンティズム》の、比較的正規の訓練から外れた単純さから引きだされている——は、構成と表現のほとんど教科書的な対立を放棄している。その対立においては、ソナタ形式の時間性を作り上げたウィーン古典派にその例が見られるように、そうした二つの衝動の後者（表現）が前者（構成）の構造体系に干渉しているのだ。しかし、表現もまた自律的なカテゴリーではなく、おのれ自身のワーグナーにおける特異な運命を知っている。そこでは「制御不可能な強化の契機は、時間意識の中間地帯に閉じ込められることに我慢できずに、外的な身振りの中にみずからを解き放つ」（W 35/39）。この外的身振りという言葉でアドルノが意味するのは、ワーグナーの登場人物自体の断固とした動きを劇化するために用いられる、漫画のような、実物よりも大きい粗野な性格をもった、ワーグナー的ライトモチーフを意味しているのである。だが、このワーグナーにおける「身振り」の最小限の説明の観点からでも、それが自律的なものとして存続することはできず、それを生みだした「表現」のカテゴリーと緊張と矛盾の関係に入らねばならないことは明らかである。

この問題は、一連の進行においてひとつの身振りからもうひとつの身振りへとつながっていくと考えられている表現の契機（もっとも有名な例は「憧れ」と「願望」の表現である『トリスタン』序曲のそれ）が、実際には挿入された調性的な舞踏形式のタイプの反復を排除し、徹底した変奏を要求するという事実によって、より困難なものになる。しかるに、その徹底した変奏というのは、身振りのライトモチーフが元来格闘する対象でありながら、「心理的変奏」というワーグナー的原理によって取って代わられることができるものなのである。それも音楽的形式を損なうようなきわめて合理的なやり方で。（W 37/42-3）

したがって、抽象的な美的カテゴリーに対して起こっていることは、それらが変形されて具体的な音楽的（あるいは生産的）状況を測り、特徴づけるための道具になっているということなのである。それら自体が最終的に、より包括的で弁証法的な理論あるいは美学として調和していくということは（歴史的出来事としてさえ）ない。むしろ、それらの直接的な両立不可能性と矛盾が、新しい作品の「新しさ」を成り立たせるために解決しなければならない技術的、歴史的問題を記述するのである。だからこれは、種を類型に包摂していく伝統的な哲学の方法や、特殊を「独特な様式」の一般性に変形してゆく唯名論的な方法で伝達されるものとは異なった、一般と特殊の関係なのである。ここでは、歴史的な状況、問題、矛盾の概念それ自体が、一般と特殊との、また永遠の美的カテゴリーと独特で比較できないテクストとの間を媒介するのである。

ここに、近代に関するこのもっとも豊かな探求が、近代の予言者やイデオローグがもっとも声高でやかましい言語芸術、視覚芸術、建築といった領域からではなく、音楽からわれわれのもとにもたらされた深い理由が明らかに存在する。というのは、音楽こそは、その作り手と理想的な消費者との間の距離が、考えうる限りもっとも小さく、それが取り払われる方向へと向かう芸術であるからである。作曲家としてアドルノは、あたかも彼がそれらを作曲しているかのように、音楽作品を聞くことができたように思われる。専門家としての視点から見たとき、それは他の芸術の批評家たちをつねに威嚇し、また苛立たせた。彼らにとっては、他にも同等に真正な受容の立場というものがありうるし、またそれをアドルノから守る価値があると思われたからである。[9] しかし、ここには外部というものがあたかも存在しないかのごとくである。これはその知覚（percipi）に本質（esse）をもち、それを聞く瞬間を超えてはそれ自身の存在をほとんどもたない芸術にとっては、とりわけ逆説的な結果であると言える。

他方、この音楽のもつ対象性の希薄さ、芸術的対象の感覚器官への徹底した移行――この二つは一時的に区別不可能となる――こそが、古い主観-客観問題に突然新しい局面を付け加えるように思われる。しかも、それを暴力で「解決」したり、虚偽の形而上学的難問として放棄したり、あるいはこの二極の和解やまがいものの調停といった蜃気楼を投影することなしにである。だが、この新しい芸術作品の投影は、音楽の歴史全体の中で純粋な技術的知識が圧倒的に優勢で避けられなくなっている――そして自然科学で起こったのと同様にその知識の革命的展開が見かけ上は厳密であるような――領域から、投げかけられているのである（それは詩歌や絵画の歴史の鍵ではあるが、不連続な契機において、言語の韻律的潜在力、もしくは色彩や光の心理生理学的な動力学についての、より正確な知識が果していたかもしれない局所的な役割とは区別されなければならない）。

このように音楽の経験は、客観的な技術的動力学に力点を置きながらも、主観-客観関係の特殊な説明の調整を可能にするのである。この風変わりな結びつきから、さまざまなモダニズムに関するイデオロギーの、退屈で長いイデオロギー的疲弊の後で生まれ変わった新しさの概念が、奇跡的に出現するのである。

これらの問題の最初のもの――それはライプニッツの「窓のないモナド」の概念の再生というかたちを取る――は、主観-客観の弁証法の結果であり、それがまた下部構造と上部構造、あるいは社会的現実への対応（あるいはその「反映」）としての美的作品に関する、伝統的マルクス主義のジレンマを「解決」するはずなのである。ヘーゲルの偉大な公式――同一性と非同一性の同一性――は決定的である。「芸術作品が純粋に美的に経験されたとしても、それは美的にさえ適切に経験されたとは言えないのだ」（AT 17/9）。美的自律性の教説は正しいが、それは美学化の教説あるいはある種の哲学的な「芸術のための芸術主義」の対極としてとらえられた場合にのみ真理である。作品は徹頭徹尾社会的かつ歴史的であり、それはそのようにしてのみ自律的となる。芸術の宗教もしくは文化的なものと美的なものの栄光化は、芸術作品それ自体とは無縁な社会的な行為であり、イデオロギーなのである。

この問題をもう少し別な言い方をしてみよう。すべての芸術作品が「世界に関するもの」であり、それに関わるすべて――素材、制作者、受容、有閑階級の活動としての芸術そのもの（あるいは文化）、等々――が社会的であることは明らかである。世界の中の事物として、それは社会的である。だが、それに関するもっとも重要なことは、それがそうした意味では世界の「中」には存在しないという点である。世界内の事物としての芸術は、真の人間的欲求や苦痛（あるいは人間の経験と社会生活の深い下部構造的な現実）の対極に置かれうる贅沢品であるか、もしくは、それは世界の小さな断片として、現実の、より大きな他の部分を「反映」しようとすることができるが、それとても浮薄なやり方でも、あるいは社会的に責任のあるやり方でもできるのだ。

したがって、こうした視点から見るなら芸術作品は、いわば「より多く」あるいは「より少なく」社会的であり、「より多く」あるいは「より少なく」歴史的でもある。だが、ひとが「真正な」芸術と関わるとき、こうした種類の測定は馬鹿げたものであるとアドルノは考える。キッチュ、すなわち低俗な作品、装飾、応用芸術や工芸品、文化産業の製品といったもの――すでに社会的な世界で事物、商品となっているもの――は、評価行為にとって恰好の批判対象である。といっても、すでに第二部で見たように、芸術と文化自体の罪が否定され、再正当化もしくは合理化がなされる瞬間があるわけではない。しかし、われわれがそこで見たのは、真の芸術作品は、こうした一連のもの（芸術対象、あるいは芸術の制度）とは根本的に違った何かだということであった。
　この奇妙な問題――そのすべての部分が社会的でありながら、それ自体はどういうわけか社会的ではない何かについてどう考えればよいのかという問題――を解決するために、モナドの概念が呼びだされるのである。

> 芸術作品は合理主義的形而上学がその頂点にあったときに、世界の原理として宣言したもの、モナド、つまり力の場であると同時に事物でもあるものである。芸術作品はお互いに対して閉じており、盲目であるが、まさに閉ざされることによってその外部にあるものを表象する。こうしてそれらは伝統的に、ゲーテがモナドと同義語としてエンテレケイアと呼び慣らした専制的な生命原理として姿を現わしてきた。有機的自然における目的論的概念が問題含みになればなるほど、それらはますます芸術作品にとって適切なものになったと考えることもできるのである。ある特定の時代精神の包括的な関係の体系として、歴史と社会と絡み合いながら、作品はモナドとしての契機を乗り越えるべく努力するが、それに窓が与えられることはついにない。
> （AT 268/257-8）

エンテレケイア、心身問題、外的部分の内的形態としての魂の教義、こうした観念論的な用語への言及は、アドルノのモナド論の傾向性に、深い疑いを呼び起こしかねない。だがそうした疑いが起こるのは、こうした古い問題――意識、魂、創造と宇宙論――はまさに観念論的で虚偽であるが、しかし古い形而上学におけるそれらの擬似的解決――まさにライプニッツのそれ――は、アドルノにとっては、まったく異なった芸術作品の唯物論的問題（芸術作品においてはそれだけが妥当性をもちうる）に対する歪曲され、神秘化された解答として読み直せるのだという、歴史的に決定的な区別をわれわれが把握しそこなった場合だけである。

> 社会は芸術作品の中に論争的な真理を伴って、イデオロギー的に「現われる」が、それは容易に歴史の哲学の神秘化につながっていく事実である。思弁は、世界精神によってあらかじめ都合よく設定された社会と芸術作品との間の調和が存在するという教説に陥りやすい。しかし、理論は、芸術と社会との関係の問題を前にして、降伏することはできない。芸術作品において完成されたり、達成されたりする過程は、芸術作品を取り巻いている社会的過程と同様の意味をもつと考えることができる。ライプニッツの定式に従うなら、芸

術は窓をもたずして社会を表象するのである。芸術全体の中の諸要素の配置はその内在的な法則に従うが、その法則は社会的外部で優勢な法則と関係をもっているのである。社会的生産関係と社会的生産諸力は、事実性を失ったかたちで、作品形式の中に回帰してくるが、それは芸術的労働も社会的労働であるからである。芸術作品もまた社会労働の産物なのである。同様に、芸術作品の中の生産諸力もまた、それ自体として社会的生産諸力と区別されるのではなく、構成要素として具体的な社会秩序を欠いているという点でだけ区別されるのである。社会生産それ自体の中に相当物を――たとえそれが潜在的なものであれ――もたないようなものが芸術作品の中で行われたり、創作されたりすることは、ほとんど想像することができない。（AT 350/335）

こうして、モナドの教説――とりわけそれを観念として構成する（そして「開かれた」作品と「閉じた」作品に関する昨今の議論とは哲学的になんら関係のない）窓のない閉塞という教説――は、芸術の社会性と歴史性についての、もっとも包括的な断言を可能にする。

芸術作品を構成するものは歴史的契機である。もっとも真正なる芸術作品は歴史的素材に対して留保なしで、またそれより高みにあるという様子を見せることなしに、身を任せる。この意味で芸術作品は、無意識のうちにその時代の歴史記述となる。歴史は少なからず、芸術作品が媒介する知識の形式をなすのである。まさにこのことによって、芸術作品は歴史主義にとって理解しがたいものとなるが、それは歴史主義が芸術作品の真正な歴史内容を追うことをせず、芸術作品をそれにとって外的である歴史へ還元しようとするからである。（AT 272/261）

だがここで但し書きが必要となる。つまり、モナドに、深い意味で、歴史と社会それ自体と同じくらい歴史的で社会的となる能力を授ける世界から、芸術作品を切り離すことに対する代価が支払われなければならないのである。芸術作品は政治的となることはできない。これはアドルノの社会主義リアリズムに対する（あるいはサルトル的社会参加《アンガージュマン》に対する）見解、さらにはブレヒトに対する反感を熟知している読者にとっては驚きとはならない。「実践」は、今ではおなじみとなった思考形象の中で片づけられてしまう。「実践は芸術作品の影響下にあるのではなく、その真理内容に包み込まれているのだ」（AT 367/350）。いずれにせよアドルノは歴史的、社会的、政治的という三つのレベルの分離については明快である（逆説的なことにそれは『政治的無意識』における三段階の図式を裏づけることになる）。

> 社会闘争と階級関係は芸術作品の構造の中に表現され、刻み込まれている。それとは対照的に、芸術作品の取る政治的な立場は、たんなる付帯現象であり、芸術作品の形式的精密化を一般に妨げ、その社会的な真理内容を損ないさえするものなのである。（AT 344/329-30）

こうしたアドルノの言葉と立場が、左翼において引き起こした政治的な激しい反応（この引用は明らかな挑発である）ゆえに、正しく政治的な美学の可能性、あるいはその望ましさに関する、あるいはもっとも「参加的」な芸術作品の直接的な政治的有効性に関する、いかなる種類の左翼的合意もいまだかつて存在していないことを忘れてはならない。その一方で、アドルノが、自分が好むブレヒトのいくつかの言葉を使ってしばしばそうしたように、「政治的」であることをみずから申し立てている作品を、もうひとつの、より尊敬すべき作品のカテゴリーに移し代えることがいかに簡単にできるかということを認識すれば、この論争がどんなに不毛であるかということが明らかになる。

　しかし、こうした言い方の精神、またそれが要求する方法論は十分明確である。芸術と言語における社会の充溢した存在は、それが間接的で目に見えないものであればあるほど大きなものとなる。「自我と社会の表象が主題化されることが少なくなればなるほど、また、みずからがそうした表象を結晶化させるのであればあるほど、それは完全なものになる」（NL 55）。

　この文化的政治学の根本にあるのは、なぜこうした見解が、個人と社会を対立させる紋切り型のロマン主義的対立に落ち着くことがないのかという問題である。そうできないのは、社会がすでに「個人」の中に存在し、社会自体が責任の一端を担っている個別化、あるいは個人性を蝕み、侵食しているからである。これが、奇妙なことに、また逆説的なことに、よきにつけ悪しきにつけ、公然と政治的な芸術に対する非難の理由として与えられるものである。

> というのは、現在流通しているような参加の芸術の理論は、交換社会における生活の基本的な支配的事実――つまり、人間がお互いに、また客観的精神とそれが表現し、判断も下す社会とも疎外されていること

——を無視した優越性、超越性を前提としているからである。参加の理論は、あたかも媒介性が支配する世界において、無媒介なものが媒介なしに自分自身を実現できるかのように、芸術が直接人々に話しかけることを要求するのだ。（NL 120）

五　生産諸力

しかし、この状況でアドルノは同じく挑発的な、もうひとつのやり方で状況を反転させる。「美学における社会的思考は通常、生産諸力という概念をないがしろにしてきた」(AT 69/62)と驚きを装いながら彼は述べている。たしかにそれは事実であり、マルクス主義に立つ美学者たちが経済的生産の概念——階級統合、階級闘争、イデオロギー、政治的位置づけ等の伝統的な概念ではなく——を真剣に問題にしたことは、一九六〇年代と一九七〇年代に「生産」に関わる修辞法が広く用いられていたにもかかわらず、皆無に近い。とりわけ、スターリン主義の文化研究者たちの中には、純粋な経済生産力に基づくいっそう粗雑な唯物論(すなわち生産諸力——機械と技術——に対する生産関係——階級の位置づけと階級意識、労働現場における集合的組織と権威づけられた組織のどちらに軍配が上がるか等々の問題——の優越)が美学に対してもつ有効性に言及する大胆な学者は、ひとりもいなかった。しかし、アドルノにとって芸術作品の歴史的および社会的次元の両者を包摂するのは、他でもない、この生産の概念なのである。すなわち芸術作品と歴史との関係は、いわば生産過程の高度な性質によって刻印され、歴史に位置づけられていると同時に、その本質的な社会性は生産それ自体がもつ集合的、社会的性質によって、あらかじめ与えられているのである。

さしあたりこの生産諸力という要素をできるだけ強調しておきたい。それはたんにアドルノの美学においてこれまでもっとも知られておらず、また彼の特徴とされてこなかった要素であるからというだけではない。それによってモダニズム全般の中核にある「新しさ」(Novum)という概念を形成する可能性が開けるからでもある。この「新しさ」の概念については、これまで、それは決して時間的概念や現象学的概念であってはならないというたんなる否定命令に基づいて、あえて議論に足を踏み入れることが避けられてきた主題である。今やそれは明らかに近代化の問題と関わってくる。すなわち資本主義の黎明期この方、新しく、より生産的な機械によって先発の生産手段が駆逐され、消されていったという事実がそれである。それはまたアドルノ自身が提示した、新しいものが古い形式や伝統を無慈悲に駆逐するといった類の芸術の「進歩」史観、科学的、技術的発明といったものが——とりわけ音楽の歴史において——芸術的構成と一体となって進むという「進歩」史観とも酷似した歴史的パラダイムである。

このパラダイムは決して目新しいものではなく、ロシア・フォルマリストからパウンドを経由し、モダニストのイデオロギーを通じて基本となった大きな物語《マスター・ナラティヴ》を構成するものであり、さらに、とりわけ芸術的にそれぞれ個性的な前衛運動の高度に多様化した芸術宣言にまで行き渡っている。そうした中でアドルノの試みが独特なのは、様式上の変化であるとか、ファッションのダイナミックな動きなどの、途方もない物語になってしまいかねないものに適切な土台を提供することができる唯一の経済理論——すなわちそれがマルクス主義そのものなのだが——に訴えるその哲学的なやり口である。

近代を表現する多くの真正な作品にあっては、機械的芸術のもつ疑似的変容という特性に対する不信感のせいで、工業的素材レベルの内容は論ずるに値しないものとして厳しく避けられてきた。しかし、それでもその工業的内容は、そうした変容の中で——そしておそらくここが肝心だが、（たとえばクレーがそうだが）その変容の中でこそ！　——許容可能なものの還元によって、また組成自体の高度化によって、つまり否定を通して、逆にその抵抗しがたい動力学を感じさせたと言える。こうした近代の特性は、人々の日常生活における力としての工業化が日常化したという事実と同様、ほとんど変化してこなかった。変化が見られなかったことによって、近代における美学的観念が定数化してしまうという特異な状況が生ずる。ここでたしかに言えるのは、定数としての美学領域は、工業的生産それ自体に劣らず、歴史的動力学の発達の余地を大きく確保することになるという点である。その工業生産は、ここ一世紀の間に古典的な十九世紀型の工場生産から大量生産の時期を経てオートメーションにいたっている。芸術におけるモダニズムの形式的過程は、その歴史的内実の力を以下の事実から、すなわち物質的生産とその組成に関わる任意の歴史的契機における最先端の処理過程は、それらが生みだされる直接的な領域に限られないという事実から得ている。今日なお社会学はその適切な分析にいたっていないのだが、最先端の材料生産・組成処理の影響は、それらからもっとも遠い生活の領域にまで浸透しているし、そうした影響に気づかないまま、そうした影響からは守られていると考えられている純粋に主観的な経験領域の奥深くにまで入り込んでいるのだ。芸術が固有の経験様式によって、またその経験の危機状況の表現という形式で、その時代における優勢な生産関係のもとで工業化がなしとげた最先端のものを取り入れるとき、そうした芸術だけが近代的なのである。しかし、この過程には否定的規範《カノン》、すなわちそうしたモダニズムがその処理過程と技術的観点から否認したものに対する禁止命令が含まれる。そしてこうした特定の否定命題こそが、実のところ、何が成し遂げられるべきかという規範命題となるのである。（AT 58/49-50）

引用の最終部にとりわけ注目したい。芸術における「新しさ」のもつ謎めいた性質——「目の前にある事物のもつ〈ここ〉と〈今〉という直接性のように空虚な」（AT 38/30）近代の「盲点」ともいうべきもの——への鍵がさりげなく置かれているからである。アドルノはこの問題について科学技術の修辞法を用いながら、偉大な芸術の永続する新しさはまさに流線形や未来主義風の機械のもつ金属光のうちに求められるべきだと、あえて一歩踏みだした発言をしている。しかし、その印象は、かつて「最先端」と謳われた機器ほど急速に色褪せるものはないという記憶によって瞬時に錆ついてしまうのだ。

　問題は次のような事実によってもまた複雑にされる。すなわち美的現象——それはみずからを全体と同等であり、その代替をもつとめるものと任じるが、実はその機能の一部でしかない上部構造が作り上げた構成物であるという点で文化的なものである——は、同時にイデオロギー的なものでもあるという事実によって。それゆえ「新しさ」というのは美的価値であり、資本主義的生産上の歴史的に独自なカテゴリーであるのと同じく、イデオロギー上の代償概念でもある。こうしてアドルノは唐突のように見えるが、『ミニマ・モラリア』の切れ味鋭い一節で、「新しさ、すなわち近代主義の観念への崇拝」を「今や新しいものなど何もないという現実への反抗」（MM 316/235）と同じだと、ベンヤミンのお株を奪うかたちで述べることになる。近代というもののすべてが今や、（ベンヤミンのエッセイ「ボードレールのモチーフについて」のひそみにならって）「経験の衰弱への最初の意識」(MM 316/235) となる。ここでは「新しさ」はメディアの派手好みの精神に乗るかたち(「最初のユダヤ人虐殺の際の声明文で宣伝相ゲッベルスは、少なくとも国家社会党(ナチス)はひとを飽きさせないと自慢した」[MM 319/237]) でセンセーショナルなものとなる。そして近代芸術に対して近代政治が投げかけた不吉な光は、今日近代芸術の「真理内容」を実質的に退色させ、人工刺激一般のように、新規な経験でありたいと願う一個の反復にしてしまっている。「ポーやボードレール、ワーグナーには麻薬中毒の傾向があったのはそれなりの理由があってのこと」(MM 320/238) なのである。しかしながらこの麻薬はもはや、前衛によって求められた芸術、「化学者の蒸留器の中で生まれた新しい物質のように作曲家を驚かせる音楽」[10] のかたちを取ることはない。

それでもなお、では「新しさ」をどうやって「想起する」のかという問題が、この美的価値問題の核心にあって私たちを悩ます。徹底的に時間的概念のように見えるものを非時間化するためには、よりあからさまには現象学的でないやり方、より経験に基づかないやり方で対応するべく、その問題を再構成する必要がある(それが可能ならばだが)。ここでの困難は過去において「新しい」作品であったものをどう位置づけるかにある。それによって、「歴史主義」という用語にまつわるおびただしい数の問題を、ふたたび呼びさますことになる。この用語の直接の意味をどう案配して制限するかは別であるが。しかし、実にしばしばそうであったように、過去の問題を理解(Verstehen) するという秘儀に対して、デカルト的方法を用いるのはまちがいである。デカルト式に、すなわち演繹的にゼロからスタートするかのように、先験的な可能性を再構成すること、過去がいまだ存在しない想像された出発点から始め、われわれをいわばまだ記憶をもたないものとして仮定するというやり方はまちがっている。そうではなく、われわれはときに過去をもっと強力なやり方で「理解する」ことがあるという事実と前提から始めるべきである。つまりわれわれは、さまざまな歴史的介入の場におけるレーニンの考えを「知っている」のだという確信にいたる場合もあるのだ。また、生活世界として、一八三〇年代のパリの様子がわかったり、魯迅の初期著作がどのように同時代の読み手の心を打ったかを知ることも可能である。同様にヨーロッパ各国の首都における第一次世界大戦勃発時の興奮や、最初の俗語によるカンツォーネの作り手が感じた知的活気を感じることもできる。

過去の事象がわかるという確信のこうした瞬間は、決して証明できるものではなく、永続性もない。また絶えず知的な再考や新たな疑いにさらされるわけであり、それは形而上学上の幻影であるかもしれない。しかし、それらは、そこに何が含まれているのか、またそこで何が起きているのかについて、それなりに検討することはできる。わたしは以前に別のところでコリングウッドを援用して、そうした確信の瞬間にはそのときの状況や問題、あるいは設問の再構成が含まれることを論じたことがあるが、そうした設問への「解答」は、われわれがどうやら再参加することになる行為の価値と新鮮さに関わるものなのである。(11) アドルノの美学は、そうした歴史主義あるいは理解そのものの問題点を提示はしないが、生産としての芸術という概念は、この観点と見事に軌を一にしており、そのさらなる発展の可能性を新たに提供してくれる。

たとえば先の引用が示唆するのは、過去の事象の中に「新しいもの」を見いだそうとするわれわれの真剣な取り組みの仕方には、禁忌《タブー》と束縛、否定、制約、禁令、やる気のなさ、嫌悪を即座に直観する能力が含まれるということである。しかし、これらの否定的反応は継承されてきた教理でも美的倫理でもなく、いわゆる公共圏で慣習になっている高尚な趣味や素朴な美的振る舞いとの関わりもない。それらは新たな禁忌なのだ。すなわち「新しさ」における新しさとは、その作品自体について（それがもつ晴れがましく自己意識的な先端的革新技術が、かわいそうなほど時代遅れに見えてくるというのはおおいにありうる）というよりは、これらの新しい禁忌についてなのである。これについては、禁忌は人々に何々するなかれというかたちではなく、何がもはやなされえないのか、何をもうすることはできないのか、何を蒸し返すと古臭いことになってしまうのかというかたちで命令を伝えるのだと言う方が、実状に近い。つまり、完全には理解もされなければ、理解自体も不可能なある理由によって、それはとにかく正しくないし、避けるべきだと、（ソクラテスのダイモンよろしく）何者かによって警告が発せられることになるのだ。

こうした禁忌は広範囲の美的素材を包含しうる。たとえば、今ではもう使わない方がよいようなある種の文章であったり、現実感がありたしかに広く用いられてはいるが、これからは用いないほうがよい感情なり情感がそうである（そうした感情をもたなかったり、そのことを想像もできない人物を考えうるかどうか、面白いところである）。また退屈な音の配列や耐えられない構成の物語、たとえ真実であっても繰り返すのが恥ずかしくなるような哲学的議論などもある。すると「新しさ」とはそうした禁忌が取り除かれたときに生れでるものとなる（それによってもたらされるものが沈黙の場合を除いての話ではあるが）。これはもちろん、その内的な勢いそのままにミニマリズムに通ずる論理であり、そこにはミニマリズム的な価値が、多少とも構造的に刻印されている。しかし、近代芸術の歴史において、より頻繁に起こったのは、過去の美的技術の価値が引き下げられ、現在では禁じられている内容と形式が一律に老廃化することが、逆に解放のように感じられるということだ。そしてこの解放感に対して、きわめて豊かに見える新しい形式のもつ輝きをもって、芸術作品は創造されていく。

それゆえ、ベートーベンには楽曲の中でもはや許されていなかった楽器の音色を推測することは決してできない話ではない。むしろ問題はその逆なのだ。ベートーベンがその楽曲において発見したことを、最高度の主観性や「天才」ぶりに帰することなく考えるということが難しいのである。「作品の中の主観的部分は、それ自体が客観的部分である」（AT 68/61）。これを証明すること、主観性への傾斜を断ち切ること、それも説得力をもち有無をいわさぬ語り口でそうすることで実証主義に屈しないこと――これが冒頭で述べたように、『美の理論』の根本命題のひとつである。

芸術作品の原材料が徹頭徹尾歴史的なものであることは、実際その歴史性が完全に保証されることはないにしても、何度でも再認識したい有益な教訓である。一例を挙げると、プルーストからモダニズムの歴史性を学んだわれわれは、その理論がアドルノによっていかに矯正され書き直されたかをじっくりと理解することができる。

プルースト（そして後にカーンワイラー）は絵画が、われわれがものを見る様式を変容させ、さらにその様式に準拠することで対象自体も変容させるという立場を取った。この理論に対応する経験は真正なものであるかもしれないが、この定式化はあまりに観念的すぎると言ってもよいだろう。この定言は次のように逆さに言い換えてもそれなりに通るほどである。歴史的に変化したのは対象の方であり、それにより人間の感覚器官が変化に対応するようになり、絵画は究極的にはその変化に適合する手がかりを創造するのだと。その意味でキュビスムは社会的世界自体における新たなレベルの合理化に対する反応として解釈されうる。すなわち、新しい形式の平面配置法によって、その世界の性質を幾何学的に構成するものであり、それ以前に印象主義が、すべてが平面配置化される以前の工業化の段階において行ったように、こうした状況（本質的に経験則とは相容れないものだが）を経験に対応させる試みであったととらえることができる。さらにキュビスムにおいては、それに先立つ印象主義に比べて質的に新しくなった部分について、次のように特徴づけられる。すなわち印象主義が、それ自体の内的力動性によって商品世界の中で麻痺した生命力をふたたび目覚めさせ、救出しようとしたのに対し、キュビスムはそうすることは断念するのであり、美的経験に対する客観性を新たに保証するために新しい法、新しい秩序としての、世界の不等分割による幾何学世界を構築するのだと。（AT 447/418-9）

しかし、この視覚芸術の例においてさえ、描かれる対象とその形態変化を記録すべく創造された「技術」との間には、さまざまな差異化が入り込む余地がいまだに大きく開いているのである。だがそれはプルーストの美学が追い求めた当の区別であるが、逆説的なことに、彼はそれを抹消すべく、新奇さと勢いをもって追い求めたのだ。その際、彼がこれまでにない概念として作りだしたのが「異化」の概念であり、その最初の効果がまさしく知的側面における異化である。アドルノにおいては、主観と客観の特有の区別がいまだ明確には機能しておらず、その代わりとして、やはり音楽がその機能をより適切なかたちで果している。以下にアドルノによるフーガの講義を例として挙げる。

フーガは調性関係に束縛されており、旋法的様式が脇におかれ、調性が模倣的な音楽的実践を支配するようになる変容の目的によって、その存在が呼びだされるものである。そのときフーガの主題によって構成される実質的、あるいは調性的主題応答のような特殊な過程が音楽的に成立するのは、過去のものとなった多声形式が、より以前の単声による調性の中心点を変容させること、また調性を多声の空間に統合すること、さらに音楽的思想における多声的で調和的進行のための余地を作ることといった新しい作業に直面させられる状況においてのみのことである。この新たな形式――フーガ――のすべての特徴は、作曲家には決して意識されていないような、こうした客観的必然性から演繹されるものである。フーガとは、多声形式が調性的で完全に理性的にとらえられるようになった特殊な組織的形式のことであり、形式というものを個々の実現を超えて全体的にとらえるときの意味であるが、こうした個別的な実現がなければそもそもフーガは存在しなくなる。フーガの枠組みが厳正な展開をしない傾向、さらにその枠組みさえ無視しようとするのは、このようにフーガの枠自体にあらかじめ刻み込まれたものなのである。調性が非束縛的になれば、フーガの根底にある諸カテゴリー――先行主題《ドゥックス》と応答《コーメス》の区別、フーガ的応答のもつ典型的構造、なかんずく主調音への帰結をうながすレプリーゼ調のモチーフなど――はその機能を失い、技術的に見れば欠陥品となる。しかし、個々の作曲家がフーガ（それ自体、後代の音楽的自由のイデオロギーが想定しようとしたものとははるかに複雑なやり方で差異化されている）を、自分の表出欲求にアーティキュレーションを加えデュナーミクを施すための手段としてはもはや求めなくなる瞬間に、この形式はそれ自体として客観的に不可能なものになったのだ。（AT 297-8/286）

それゆえ、作曲する主観は、作品の生産の場における歴史的状況を、そのものとして意識する必要はない。ちょうど資本主義の特定の段階において、偉大な発明家であり企業家とされる人間（エジソン）が、全体としての体系そのものをとくに気にかける必要がなかったように。しかし、作曲家-発明家が作曲することによって、体系の客観的要求――アドルノはここで欲望［begehren］という単語を使っているが、彼のために「欲望」行為を行うのは、作曲家としての感受性、すなわち彼の「表出の欲求」、それも最高度に洗練され高められたレベル（「アーティキュレーションを加え」、「デュナーミクを施された」段階）の欲求なのである――を刻印するという点において、「創造する主観」における受容性は、自分が歴史のどこに位置するかをより意識的に「知ろう」とする理性の、たんに非合理的反対物であるばかりではない。それはまた、自己意識の異なった形式、より知的な形式と対置された創造的「直観」における何らかの形式でもない。そうではなくて、「創造する精神」の内在的な技術的活動というのはそれ自体、ヘーゲルであれば「客観的精神」とでも名づけたであろうものなのである。しかし、ここの文脈においては、その発達の一段階における社会の集合的生産性とでもとらえておいた方がよい。

芸術上の選択と決定における無限の細分性と分節性によって、個々の芸術家は実際に集合的な客観的精神そのものの実行者という役割を担う。そのとき、彼の個人的役割はその過程において客観性の中へと消え去ってしまう。それは受け身的な受容者としての伝統的な天才概念において、暗黙のうちに想起されるものである。（AT 402-3/ 381）

これはおそらくアドルノの生産性理論が、ベンヤミンの立場との類似と差異に関して投げかけた、新しく生き生きとした光を記す契機である。ベンヤミンは、以下の比較的明瞭な二つの視点から、アドルノと同様に「生産性論者」と見られるかもしれない。すなわち、技術を強調する視点と、精神の変容に関して都市の中の機械装置の変化が有する、ほとんど寓意的といってもよい価値の強調（ボードレールに関するエッセイに見られるように）である。これと並ぶもうひとつの視点は、先鋭的な芸術家の作品における「生産性」の役割への、ひとつめとは異なる（よりブレヒト的な）強調であり、それは基本的に「生産者としての芸術家」で展開されている。しかし、このベンヤミンのエッセイ「生産者としての芸術家」の主張は、芸術作品の内部に最前衛の社会的生産形式を同定しようとしたアドルノの試みとは別ものである。なぜならベンヤミンの求めているのは、前衛モダニスト的芸術家と工場プロレタリアートをつなぐような、階級間連帯のための関連づけとその形式なのだ。彼はこれら二つの生産形態の同一性ではなく、それぞれを別個にとらえた上で、両者に存在する先鋭的な性質を確認することによって、そのつながりを発見する。こうして、工場労働者の価値と態度に対する芸術家の階級的連帯意識は、両者が具現する高い生産性に流れ込む。そこから両者の共感も生じることになる。こうした比較からは多かれ少なかれ、予想されてきたような結果が導きだされてくる。すなわち、アドルノの視点からすれば、ベンヤミンの弁証法は外部を向きすぎている（寓意的な機械論）か、あまりに多くの媒介項を含みすぎているように見えるし、ベンヤミンからすれば、アドルノの弁証法は工業的生産と内的形式を媒介もなく同一視する点で観念論的すぎるものと映る。

しかし、生産諸力だけのモデル（それはマルクス主義において、「俗流」もしくは還元主義的な生産概念である）は、その正統的な補完要素である生産関係の概念をもって、ようやく完成されるのだ（これは階級間の関係から、分節化された部分の立場同士の関係までを含むもので、労働過程における場合もあれば、芸術家と一時代前の起業家との類比において言及した、ビジネスの世界にもつながる、行為主体をめぐり拡大・縮小する空間における関係性の場合もある）。マルクスにおける生産性の概念は、個別的な事態に戦術的にのみ適用されるのだが、同じようにこうした「諸レベル」の間をも媒介するのである。そこでは、「先進的」というのは最新の機械を指し示す場合もあれば、逆にブルジョア思想が一般的に、専門的な科学的、技術的知識と見なすものや、熟練労働者のもつ経験のことを指す場合もある（これが正しい認識論的資本というものであり、それがなければ戦争による物質的生産施設の完全な破壊の後で、さまざまな「先進」工業国が見せた奇跡的な復興は説明できない）。いわゆる創造的主観もまた、こうした集合的能力がもたらす基金あるいはその水準を取り込んでいく。それ以下のレベルでは端的にいって、美学的な危機に陥るだけなのだ。しかしまた、こうした用語――機械との関係ではなく労働との関係において読み取られた、社会的に平均化された先進的生産性という用語――によって芸術の生産を類比的に説明することは、同時にこれまで視野に入ってこなかった複雑で矛盾に満ちた問題――それもやはりアドルノ美学の中心なのだが――を導入することになる。

六　生産の諸関係

なぜなら、生産諸力という概念から生産関係の概念に進むとき、伝統的にマルクス主義に結びつけられてきた否定的で診断的な主題が、ふたたび現われるからだ。たとえば分業それ自体が最初に挙げられるが、これは生産諸力の状態と同様に、個々の芸術作品にも深く刻印されているものである。まさにこの点で、これまで緩やかに「創造的主観性」と呼ばれてきたものが、実は二つのかけ離れた事物を包摂したものであることがわかる。それは、ひとつには作者の心の働きであり、もうひとつは切断され縮小した「自己」のかたちを取るものであり、今日の断片化された主観性の中のある部分であって、作者の心の働きとはかなり異なったものである。この自己は作品を通じて主観的苦しみを「表出」しようとするが、それは、その苦しみと当の「主観」そのもの（意識と不安定な個人的同一性への感覚をすべて含めて）が、現実に作品の原材料と内容物の一部をなす状況においてのみである。これが「作品の中の主観的部分は、それ自体が客観的部分である」（AT 68/61）ということのもうひとつの意味であり、芸術における「主観的なもの」はそれが社会的、歴史的客観性の一部として見えてくるような視点に到達しない限り、本当に把握することはできないという意味である。ここで、その客観性とは後に見るように、アドルノがやや不適切な言葉で「第二の反省」と呼んだ「方法」である。（主観性をめぐるこうした観点の意味づけについては後の章でまとめて行うのがより適切と思われる。）

ここではそこに含まれる矛盾点だけ――そのさまざまな形成様式はマルクス主義に立つ社会科学ではおなじみだが、アドルノがここで挙げている美的形式においてはそうとは言えない――を、簡単に列挙しておく必要がある。たとえば、分業はあるひとつの過程を決定づけるものであるが、その過程は個人と集団の対立という旧来のブルジョア的形式として考えるよりも、集合化への傾向として考えた方がよいものである。その集合化において、従来の個体化の形式が再形成され、問題化され、断片化されるのであり、またその形式自体がしばしば脅かされる事態も生ずる。(『啓蒙の弁証法』はそのシステム形式を通してこうした状況に何度も立ち返るが、『ミニマ・モラリア』では主観の立場から取り上げている)。しかし、この過程は客観的で弁証法的なものであり、決して保守的な哀感の修辞法に流されてはならないし――なぜなら個性の喪失は必ずしもそのこと自体は何か悲しむべきことではないからである――集合化がつね・・にいかなるときもマルクスの信じた意味での真の助け合い精神の再生を意味するかのように、社会主義リアリズムの勝利をやたらに喧伝するものであってもならない。この過程は第一に社会的労働の集合的性質が増大し、より複雑になった事態を示している(まるで原初の「分業」はそれ自身ほとんど無限の運動力でルーマン風に自己を再分割し再分節化する地獄の機械であるかのように)。そのとき初めて、それはヴェーバーが官僚化――われわれの社会における官僚化とは基本的に私企業や多国籍企業という集合的組織を指し示す――と呼んだ、社会的な問題となる。この過程はまた、一対立しあう集団にとって政治的な日々の現実、つまり、一九七〇年代以降一般化された現実であり、そこでは孤立したロマン主義的な反逆者だとか孤独な一個の匿名的な犠牲者といった、きわめて文化的なイメージは事実上消えさり、結局、実質的にはいわゆる「周辺的」もしくは対抗的なすべての集団が一団となって、何らかのかたちで制度的枠組みを勝ち取ることとなったのである。

しかし、近代社会におけるこうした緊張関係や矛盾は、すでに述べたように、先鋭的な芸術技法の集合的性格と、個人の孤立性と主観性の残滓――この残滓は主観が主体的表現を行おうとする最後の可能性として作品を要求するように見えるその瞬間に、芸術技法の内容や原材料になる――の間の差異というかたちで、個別の芸術作品の中にふたたび刻印されている。実際、ポストモダニズム――そういうものがあるとしての話だが――とは、現在では完全に集団意識化されている旧来の主観性が完全に消え去る契機として、そのとき理論化されるものかもしれない。その結果、シェーンベルクの表現主義的契機――苦痛の沈黙の叫び――と同様、ベケットのミニマリズムを十分に構成したあの緊張は霧消し、後には先進的な集団生産性と技術が残され、自分自身を自由に「表出」することになる。その過程の結果として生みだされるものは、もはや芸術作品ではなく商品である。

しかし、生産諸力と生産関係の区別はまた、それ自体が弁証法的であり、かつ相互に矛盾するものとして、強調点を反転させたかたちでも繰り返される。すなわちまさに生産諸力の優勢が、生産関係において、つまり階級社会において、抑圧的なものすべてに対する一時的な美学的勝利を約束するのだというように。

芸術作品の中に移された集合的諸力のひとつひとつの知的単位——［それが個々の芸術家のノウハウを具現している限りにおいて］主観的に見える単位——は、社会的な平均的生産性の程度に応じて、作品の中に自己の潜在的存在感を刻みつける。モナドはそのすべてを包含するが、そこに窓はない。このことは芸術家の批評への反応というかたち、また、それに対して彼が行う訂正というかたちで、典型的に観察される。こうした改良はたいてい強制的に行われ、しばしば自作の当初の衝動や霊感と考えるものからずれてしまうのだが、それを通じて彼は意識的であれ、無意識的であれ、社会の機能を果す一個の代理人となる。芸術家は社会における生産諸力を具現し、それによっていかなる意味でも生産関係によって投げかけられる非難に束縛されると感じることはない。そうした非難には自分自身の技量［métier］を根拠にし、批判で対抗できると自分でも感じている。……このため真の芸術家はだれもが技術と方法の問題を自分の問題と考えているのだ。ここにいたって手段への盲目的物神化の正統化が成就する。（AT 71-2/64-5）

それゆえ、引き裂かれた主観性に対する哀感にもかかわらず——そしてその苦しみというのは弁証法的に見てそれ自体が社会や階級システム一般の不正義と、すなわち生産の諸関係と同列のものであるため——技術と生産諸力に全幅の信頼をよせる芸術家は——たとえばしばしば技術上の理由を優先して作品の元来の内容を変更することもあるため——それだけ真正なものとなる。

しかし、生産諸力はまた、突き詰めればヴェーバー的な意味で、あるいはフランクフルト学派が「道具的理性」と新たに命名した意味で、合理化が行われる場所となる。われわれはすでにある程度この弁証法が物象化と商品形式に関わる場合をとらえ、そこに注目してきた。

他のどの分野でもそうだが、手段の合理化にこそ芸術における盲目的物神化の目的がある。手段に対する制御が絶対的なものになれば、それに応じて客観的

に見て手段自体が目的となる可能性が強い。(AT 439-40/412)

このように、アドルノによる生産諸力に対する価値づけは、その中心に「道具的理性」ないし悪意ある「啓蒙の弁証法」が含まれる場合には、毒入りの贈り物、すなわちトロイの木馬になる。しかし、ここで明らかにしようと試みたように、この立論は現代批評をその主観主義的傾向から解放し、形式的側面と社会・歴史的側面が、矛盾でも敵対でもなく、同じひとつのものであるという新たな種類の分析を可能にする良性の理論である。どうやら生産性の理論が完全に実証的かつ脱弁証法的になって初めて、迫りくる「芸術の終焉」の意味であるもうひとつの弁証法的幻影をも共振させ始めると言うべきだろう。

それゆえ、当面の問題については否定的に終わっておくのが適当であり、逆説的に反転したかたちでその本質的な成果をあらためて定式化するのがよい。なぜなら、生産諸力の理論が実際に現代批評に教えるべきことは、いかに美学上の成功を確認するかではなく、むしろいかに美学上の失敗をこそ診断するかの問題だからである。「芸術作品においては、技術上の誤りや未熟さによって形而上学的な虚偽が確認されることを示す多くの指摘がある」(AT 195/187)。しかしながら、この発言——伝統的なイデオロギー分析と技術あるいは形式に基づいた解釈との間の橋渡しをするもの——は、アドルノが『美の理論』の中では決して直接「悪しき」芸術を取り上げることはなかったことを想起しなければ、十分に理解されえないだろう。そこで彼が想定する技術上の瑕疵とは、むしろ野心がある前衛的な美的作品に認められるようなものである(もっともしばしば言及される例はリヒャルト・シュトラウスの音楽である[AT 319/306])。その命題は以下のような別種の覚書によってさらに強化され、また逆説的に変容され、もとのかたちもわからないほど弁証法的なものになる。すなわち

完璧に作られた芸術作品という観念にまつわるイデオロギー性と「肯定的」評価は、芸術作品にはその意味では完成も「成功」もないという事実によって訂正され、反駁されねばならない。もしもそれらの作品が本当に存在することができるとしたら、それは芸術にその使命をあたえる調停[Versöhnung]というものが一様に存在しない状況で、その調停がまさに可能であったということを意味するだろう。(AT 283/271)

「完璧」な芸術作品は、その最奥の真理をそうした矛盾か

ら、また矛盾への積極的な関わりから引きだす。それは実際その定義からして、伝統的な規範美学の情感的な意味では作りえないもの、完成されないもの、成功しえないものであることを保証している。しかし、突然現われたようなこの、すべての真正な作品は必然的に失敗作であるとする考えは、実は生産性の理論につねに内在していたものであり、そこに内在される「新しさ」の考えの中にも含まれていたのである。かつてガートルード・スタインはこう述べた。「すべての傑作は何らかの醜悪な面をもって生まれてきた。……その前に立って、醜悪な面を探り当てるのがわれわれ批評家の仕事である(12)」と。以下は同じように「新しさ」を醜さ、傷痕としてとらえるアドルノ流の表現である。

> すべての意義ある作品はその材料と技術のうちに刻印、あるいは痕跡を残す。いわゆる論理的必然性として近代を構成するものはその刻印、あるいは痕跡を追い求めるという責務であって、最新の動向を見分けようと嗅ぎまわることではない。この責務が具体的に表わされたとき、それは近代芸術における批判的契機であると言える。材料と芸術的作業――それに対してすべての質的に新しい作品が続いて身を委ねることになる――に現われるこれらの刻印とはまさに傷痕であり、それらは先行する作品が失敗したその地点を表わす。新しい作品が先行作品に対して働きかけることで、ついにはそうした痕跡を残していった先行作品と決別するのである。（AT 60/52）

アドルノ美学の特徴を、一言で傷痕の美学と呼びたい衝動にかられるのは、この意味においてである。それは真正性――芸術と同様哲学的思想においての――とそのもっとも先鋭的で解決不能なかたちの矛盾関係を同一視しようとする熱心さとともに、苦しみへの特別な執心においてそうなのである。それにもかかわらず、これら二つのもの――すなわち個人の苦しみと体系的な矛盾――がつねに同じひとつのものなのかどうかという問題が開かれたまま残る。そしてその問題を『美の理論』は、初期に書かれた個別論文や批評的分析よりも、執拗に取り上げているように見えるのだ。以下における『美の理論』の中の主観主義に対するさまざまな論議のさらなる検討は、必ずしもその問題に答えることにはならないだろうが、それをアドルノの思想における、より深い問題として最終的に確認することでその務めを果すことになるだろう。

七　主観、言語

　ここまで見てきたように、アドルノによると、生産力とは「技術の処理過程に深く埋め込まれた真の主観であり、技術として凝固したものである」（AT 69/62）。その一方でアドルノはアドルフ・ロースの「装飾物は発明することができない」（AT 46/39）という発言を肯定的に引用して、美的革新は発明――「創造」でないのは言うまでもなく――ではなく、より正確には発見と見なすべきであるという、さらに踏み込んだ定式を示唆している。すなわちそれは自然科学との類推だが、物それ自体――ここでは芸術作品の材料の中にあるもの（すぐ後に見るように、それは芸術家の意図という概念に対して非常に興味深い意味合いをもっている）――に対する、これまで思ってもみなかったような新しい性質を特定し登録するような作業である。

　こうした立場は今ではおなじみのものであるが、それはまたテクストの再読・再記述の可能性というよりも、義務を示唆するとともに、それによって作品中の主観的に見える部分が、劇的な視点の拡大を通じて、より深い本質部分で客観的なものとして露わにされるような、一種の異化効果（ostranenia）を要請するのだ。そのため、作品の客観的論理に関与しているというその主張にもかかわらず、彼の美学においては、批判的身振りやテクストの批判的変容行為のための空間が開かれているということになる。これは彼がわずかに断片的に、そしてどうやら不承不承といった様子で、「第二の反省」として理論化したものである。

　それゆえ、ここで概略を述べることになる主観性に関する位置づけの問題には、ある種の曖昧さが伴うことになる。その位置づけは、しばしば主観性とは何かという問題、また主観性はみずからをどう考えるかという問題、すなわちその客観的幻影（さらに言えば、そのイデオロギー）の歴史的で哲学的な分析として表わされる。しかし、それと同時に、その位置づけは作品自体をわれわれが読解する際に、こうした一見したところ主観的である部分（ヘーゲルの用語を用いれば、「契機」）を、いかにして客観化するかという問題への、方法的手がかりおよび示唆として読み込むことも可能である。

アドルノの最初の著作はキルケゴールをあつかったものだが、たしかにそこではブルジョアの精神をビーダーマイヤー様式のインテリアと重ねたよく知られた一節[13]において、挑発的な調子でブルジョアの「内向性」の概念と経験が弾劾されていた。これもまた、明らかに美的判断であり、ある種の「精神浄化志向」の芸術に下された文章と取ることができる。しかし、そうした作品は、高度の内容をもっている場合には、おそらく別の意味で再客観化されうるものであり、より客観的な「真理内容」が歴史的、哲学的に開示されることになる。ここでもやはり自我の一種の消滅という理念はさまざまに位置づけられる。たとえばそれは客観的傾向として作品自体の中に見られるし、あるいは作品とわれわれの関係の中にもある。さらにそれはヘーゲル美学の客観化志向の精神が、構成主義を、その語が使われるかなり以前から予期するかたちで、「それはまさに主観がそこから消えるその契機において芸術作品の主観的成功を位置づけた」（AT 92/85）として言祝ぐ場合も同様である。

しかし、先に示したように、アドルノの哲学的な手続きは、より古い、あるいはときに虚偽とさえ言えるカテゴリー（および何らかのこれまで存在しなかったユートピア哲学の用語あるいは言語の投影）の破壊を含むわけではない。そうではなくて、その反対物である真理を投影するために、古いカテゴリーのもつ非真理さえも動員して処理しようとするのである。たとえば「表出」というカテゴリーは哲学的、歴史的な問題（主観性の社会的位置づけ）であるとともに、また美的価値でもあり、ミメーシスや構成のような同族ではあるが両立不可能な他のカテゴリー、とりわけ仮象すなわち美的仮象とは、不安定で対立する緊張関係にある。アドルノにとって、表出とは何よりも苦しみの表出であることを想起すれば、このことはより切実に理解されるだろう（苦しみの表出は不協和音のような美的形式を取る場合もあれば醜さという新しく、激しいかたちを取る場合もあり、それ自体、美的仮象の価値と、前に見たように近代自体と軌を一にする美的仮象に内在する危機の根本的性質とは対立する傾向にある）。

表出と仮象は根本的に対立関係にある。表出が苦しみの表出以外のものとしては想定しえない——なぜなら喜びは表現されることに抵抗をしめし、幸せはご承知のようにそもそも表現不可能である――のであれば、芸術における表出は、芸術に内在する契機となり、それを一構成要素とすることで、芸術は形式の法則によって展開される内在性に対して自分自身を擁護する。

（AT 168-9/161-2）

それゆえ、表出の直接性とその感情の切迫感のおかげで、作品は純粋な美的対象に閉じ込められる（そしてそれによりまったく芸術であることをやめ、商品となる）ことをまぬがれる。芸術は、現実と真理への参与という反-美的要求を掲げることでのみ、芸術に留まる。しかし、この真理は主観的表出への関与によって確実なものとなる一方で、美的な仮象を台無しにしてしまう恐れを多分にもっている（これはすでに技術上、表現主義の音楽が細切れの瞬間へと縮小してしまうケースとして見たところである）。

しかしながら、これは芸術作品における主観的表出が、作品中の異分子あるいは異質な衝動としてみずからを主張するということではない。それはまた、ベンヤミンのアウラの概念（アウラについては『美の理論』が賛成と反対の両面から際限のない議論を底流で続けている）を、アドルノ流のやり方で解釈した独特の方法で、変容され客観化されている。「表出とは芸術作品の眼差しである」（AT 172/165）。しかし、この定式におけるもっとも美しい部分は、いまだ言葉にはなっていないが、窓のないモナドとの比喩から演繹できるように、この凝視が盲目である（AT 174/167）ということだ。それは、われわれがそれを客体として見るためであり、また、それがわれわれを見返すことができない、さらに実際にいかなる経験的現実をも見ることができないという理由ゆえに盲目なのである。

しかし、表出はまた時間の弁証法と結びついている。それはその内容物――これら特定の感情、強力だが、古びた思いなど――が、つねに歴史的であるというだけではない。表出が、すべての個別的内容（この内容は、事実上すでに、純粋なる苦しみ一般への同化作用によって――逆説的に響くかもしれないがそもそも決して「表出」されえないものにまで――縮小し、脱-差異化されているのだが）を超えて、心的主観そのものの歴史的状態、圧縮化する傾向、より面倒な歴史的な制約と不自由さを特徴づけるという性質をもつ限り、その程度に応じて、表出のすべての契機は、それ自体のうちに共時的なかたちで歴史を所有しているのである。

表出の言葉は何かを意味する言葉と対比した場合、それより古いが、両者の関係はいまだに未解決である。それは芸術作品がその構造上の主観に自己を同化することで当の主観が生まれる過程、またそれからの解放の過程を繰り返しているかのようである。芸術作品は主観性を伝えるときに表出能力をもつのではなく、むしろ主観の原初の歴史（Ur-history）、魂と命を与えられる原初の歴史と震えあうときに表出能力をもつのであり、主観性の意志を表出する表現の震え《トレモロ》などはこの原初の歴史性に比べれば耐えがたい代用物である。この状況は芸術作品と主観性との親和関係を定立させるものであり、その親和関係は途切れることなく継続するが、それは原初の歴史が主観自身の中において生きており、歴史を通じて、絶えることなく始まりを繰り返しているからである。主観のみが表出を入れる容器を構成するが、それは考えられうる限りもっとも直接的に題材を表現している場合でさえ、やはり何らかの媒介によって仲介されている。表出されたものがいかに心的主観に類似していようとも、また感情の衝動が通常の意味でいかに「主観的」であろうとも、そうした衝動は非人格的であり、その自己統合過程に参与するのであって、それと一体になるわけではない。芸術作品における表出は、その主観自体の非主観的次元でのことがらであり、主観の表出というよりはその写しである。その意味では、客観的に自分たちが人間ではないという事実を悼んでいるように見える猿の目ほど表出的なものはない。（AT 172/165）

ここには、表出と心的主観それ自体という二つの極の間を行き来する、主観性に関する特殊な弁証法が見られる。そこでは、どちらの側も相手の動きに対応して、それぞれが主観になったり客観になったりしている。この弁証法は抒情詩とその代名詞用法（客観、主観とさまざまに用いられる［AT 249-52/239-41］）を詳述した部分で非常に劇的かつ公式に表現されているが、それはこの問題についてのアドルノの初期の（基本的でもある）エッセイ「抒情詩と社会についての講義」[14]を補完している。

実際、言語と文体についてのアドルノ特有の観察の独創性は、客観性が、あらゆる現象の中でもっとも主観的なものである抒情詩を通して語るということを強調した点にある（それはまたポスト構造主義によって前景化された言語の没人間的あるいは非人間的次元とも、またバフチンの集合的発話とも区別される客観性である）。以下の引用では、概念と社会の全体性から切り離された言語的な次元が、事実上それ自体に反発するかたちで用いられ、別方向に導かれている。

ここで抒情詩の内容が個人の主観性を通じて働く客観

的な何ものかとして捕捉されうるとしたならば――さもなければ明らかにそれ自体をジャンルとして定義づけるもの、すなわち独白する詩人以外のひとにそれが与える効果というものが説明できない――それは抒情的な作品の自分自身への沈潜、内在化、社会的表層からの引き離しといったものが作者の知らないところで社会的に動機づけられているからなのである。しかし、そうした場合の媒体がまさに言語なのである。……偉大な抒情詩とはたんなる内容物を事実上排除した上で、言語自体が聞こえるようなやり方で言葉を通じて主観が鳴り響いてくるように構成された作品である。主観がみずからを何か客観的なものへと渡すように、言語へと引き渡す場合の主観の自己忘却、およびその表出における直接性と無意識性は互いに同じことを語っている。それは発話がそれ自体の中でいかにして抒情詩と社会を媒介するかということである。(NL 56)

ベンヤミンの影響を色濃く受けたこの考えは、さらに二つの方向に敷延される。第一にそれは明白で劇的なやり方で弁証法的かつユートピア的「方法」を提供しており、アドルノの読みによれば、メーリケとゲオルゲの主観的表出は、彼らの実社会での体験の陰画《ネガ》として立ち現われることになるとともに、その流れを反対方向に読み解くこともできるのだ。しかし、第二の道は主観的言語における客観的なものの形式へと、つまり最終的に近代という時代区分そのものから外へはみでる形式へと向かっている。

言語は、自分自身を主観へと結びつける筋道を切断し、もはやみずからは言葉を発することのできない主観の代わりに語るのだ――おそらくヘルダーリンの芸術こそが、初めてこのことを感知したのだ。(NL 478)

しかし、ヘルダーリンの新古典主義は、叙事詩と並列語法《パラタクシス》へと遡及し、さらに『啓蒙の弁証法』で描かれるそれらの消失の契機の中にすでに銘記されている、社会的および言語的経験の形式へと到達する。

「『オデュッセイア』における六歩格という」このつぶやきがまさに、叙事詩の発語における声であり固有の音である。その発語において、固定されたもの、単一で同一の声は、移ろいゆくもの、多義的なものと混合し、その後ふたたびみずからをそれらと切り離すことに成功する。神話の未分化状態の流れは、つねに単一のものとして自己確認が可能である。しかし、叙述の

> 目的は複数性であり差異をはらんだものであるため、自己が自己であること、すなわち叙事詩の対象の固定性に執拗にこだわる態度は、その対象が非同一であること、すなわち悪しき同一性や、分節化や分化を受けていない同一性とは異なっているという事実を明らかにする。（NL 34）

しかし、これはまたアドルノの断続的な文学分析が、当時の弁証法的美学の大半がそこに結晶化したと言える根源的な仕事、すなわちルカーチの『小説の理論』と切り結ぶことになる重大な場所である。『小説の理論』では、文学形式自体の歴史的な運命の説明が、フランクフルト学派が鮮やかに探求することになる他の弁証法的軌跡——概念、抑圧、主観、技術、五感——を予兆するものとなっている。したがって、ここではリアリズムの可能性それ自体が、「主観性によって変容されないような素材をもはや許容せず、それにより客観性そのものという叙事詩の要請の根底を突き崩す純粋な主観主義によって、作者の視点から」（NL 41）取り除かれるという傾向を示す。

だが、ここにおいて歴史を遡及的に書き直すこと、それも抒情詩と社会、言語と主観の関係の歴史を書き直すという問題が、前面にでてくるのである。アドルノは、自己の本質的なモダニズムを確立し明確にする方向に踏みだした驚嘆すべき一節で、抒情詩とその言語は近代の現象（これはルカーチがその根源的な仕事で小説について述べた議論である）でしかありえないと述べ、次のように主張することになる。

> 抒情詩の概念は、それがわれわれに直接的につながり、事実上「第二の自然」になっているがゆえに、本質として近代的である。同様に風景画とそれが提案する「自然」の観念もまた、近代期において初めて自律的な展開を知ることになった。もちろんこれは誇張した説明なのかもしれないし、反対の事例もたくさんあるだろう。その中でも強力な事例はサッポーであろう。中国や日本、アラビアの抒情詩については語らないことにする。そもそも原文で読むことができないし、翻訳者が西欧読者の十分な理解を損なうような脚色をしていると仮定せざるをえないからだ。しかし、過去の時代から伝えられてきた本物の抒情詩の文章は、いかんせん断続的で断片的なものとなっている。それは昔の絵画の背景が、ときおり今の風景画の要素を先取りしているようなものである。こうした抒情がきらめく瞬間を蓄積しても、形式を構成することはない。文

学史で抒情詩に区分されるさらに遠い時代の偉大な詩人——たとえばピンダロスやアルカイオスだけでなく、ヴァルター・フォン・デア・フォーゲルヴァイデの作品の大部分まで——であっても、今日の一義的な意味における抒情とは距離が大きく隔たっている。彼らは現在のわれわれが、ことの正否は別にして、当たり前のように抒情詩の核にあると考えている、直接性と、実体のないものという性質を欠いている。それはまた厳密な学問によって初めて超越できるものなのである。(NL 52-3)

こうした本質的に歴史主義的な位置づけ——近代以前の音楽についての一群の考察を除いて他のどの箇所でもアドルノはここほど詳細に展開していない——は、マルクスが生産様式の理論のために仮定した遡及的効果を示唆する。すなわち過去の時代に内在した「真理」が明るみにだされるのは、社会的組成がさらに進んだ段階(とりわけそれは資本主義であるが)でしかないのである。しかし、もちろん前の時代の社会的組成の真理(ここでは抒情詩の断続的な存在)というものは、それがたんに内在しており顕在化していなかった前時代の形式を完了し廃止することによって明るみにでてくるのだが。

言語の客観性に関わる、こうしたさまざまな角度からの考察は次に、ある種の理論的頂点とコード化の段階に到達し、それにより、『美の理論』で展開された芸術作品の「発話的性格」[Sprachähnlichkeit]という特殊な概念において、明らかにベンヤミン的な霊感へと戻っていく。その「発話的性格」の概念は逆説的にだが、個別の言語作品を言語そのもののたんなるひとつの事例としか見ない言語理論への、また、「より新しい芸術形式はコミュニケーション伝達の発話をミメーシス的なものに変える」(AT 171/164)という事実を無視したコミュニケーション論的モデルへの対立物として導入されたものである。発話(この観点では模倣されるものである)とそれを模倣する特定のテクスト——マルクスの言う「一般資本」と「さまざまな種類の資本」の有名な対立を想起させる——との対立はこのように、一般と特殊の関係を考察する上で別種のやり方を提供してくれる。そして、それはあながち予期できないことでもなかった。

言語は特殊なものを敵対視するが、その救済も図ろうとする。言語は普遍性を通じて、また普遍的なものの星座配列のうちに、特殊なものを媒介する。だが、言語がそれ自身の普遍的概念を正当に評価するとしても、それはそうした普遍的概念が静的で本質的存在の外観を呈している場合ではなく、むしろ特殊なやり方でしか表現されないことがら［すなわち特殊なもの］を、極端に凝縮したかたちで表わしている場合にのみそうなのである。それゆえ言語の普遍的特性はその真理を、自己の内的論理とは対立する過程を通じて得ることになる。（AT 304/292）

その一方で、実践的批評一般に対してアドルノの美学的立場がもつ意味合いは概して、こうした文学的方法に関する重要だが局所的な探求に比べて、はるかに大きな広がりをもっている。すでに明らかにされてきたことだが、先験的な主観性という概念によって、いわば前もって定義され限定されたこうした批評的方法が、ここでは組織的に排除されている。たとえば、受容の問題は作品形成に道を譲るかたちで括弧に入れられてしまった。またさまざまな種類の心理学的研究は、一方的に文化産業の対象を操作する技術に委ねられ、アリストテレスのカタルシス理論は放棄される（これについては、カントにおける「心理学的」アプローチのように見えるやり方もそうだが、アドルノによるフロイトのあつかいには、より微妙なものが感じられる[15]）。

ここでさらに興味深いのは、意味に対するさまざまな批判的方法の運命である。そうした方法はアドルノ自身も――哲学的美学の歴史的批判と同じ方向で――哲学的美学の主張を新たなやり方で再演し、芸術的経験に対する哲学の新たな優位性を再確立したいと願う以上、それだけ戦略的なものになる。しかし、全体的には、意味に関する、より限定された文学的・批評的な教理は、意味を芸術作品の内容としてその内部に移送しようとする作業によって、弁証法的にその土台が切り崩されている。それにより、象徴に対する要求が歴史的に放たれる。

芸術は象徴から、それが「象徴」していたものを取り去ることで象徴を吸収するのであり、先覚的な芸術家はみずから象徴の哲学的批判を具体的に完成させてきた。近代の指標ならびに特徴は、その意味が自分にとっても忘れられた記号であることによって、それ自体において絶対性を獲得してきた点にある。この象徴や記号が美学上の媒体にまで浸透したことと、あらゆる形式の意図に抵抗したことは、同じひとつの過程の二つの側面である。（AT 147/141）

ここで注目すべきは「意図」という語である。それは意味に対する争論の第一段階を画している。しかし、アドルノの立場は、この問題に関する最近の批評の動向、とりわけ「意図」は果してテクスト（それに対しては、推定された定式化はたんに解読される副次的テクストを提供するだけであり、より深い真理が明かされるわけではない）を基礎にして決定できるのか、またたとえ意図が決定されたとしても、それは理解にむけての最終的な岩盤や基盤になりうるのかという一対の問題とは鋭く差異化されるべきものである。アドルノの立場は、その意味で、理解することを目指す理論ではなく、ある作品における意味の捕捉可能性について、より歴史的な観点からの柔軟な接近を図るものである。この問題に関わる彼の議論の転回点は、意図が決定できるとしても、それはテクストの外部あるいはその背後にあって、われわれにその正しい使用法についてのヒントを与えてくれる何かとして把握されるのではないという点である。意図はむしろテクスト自体の重要部分であり、美学における「理性の狡智」の一部として、同じように作品に引き入れられていく創造的な伝記的主体と同様のものなのである。事実、任意の作品における意図の出現は、一般に否定的徴候としての役割を十分に果す。

芸術作品における真理と意図の差異は、批判的意識にとって、とりわけ作者の意図の対象が非真理の場合、すなわち、現実には神話の反復でしかないような永遠の真理に向けられた場合にとりわけ明らかである。（AT 195/187）

ここで示されているのはまぎれもなく、偉大な芸術と、死と存在の永遠の謎との対立についてのハイデッガー的な主題（さらにそれはガダマーによって追認される）である。しかし、そうした永遠の真理は、「人間の条件」によって催眠術をかけられた人文主義的批評によってもまた、通俗的なレベルで永遠性を与えられる。ここでは意図というものが、意味それ自体の伝統的なかたちへと取り込まれているが、それに関してアドルノはたゆむことなく、それが何であったとしても、「真理内容」と彼が呼ぶものとは決して同じではないと述べている。「理解と意味と内容は同義ではない」（AT 516/476）。「イプセンの『野鴨』における主観的な道徳化作用の本質的な罪意識のような」（AT 515/475）伝統的な意味での作品の概念においてさえ、意味と意図は「真理内容」ではない。というのは、それはそれを判断すべきさらなる方法を講ずることなく、作品の特定の部分をたんに同定するだけだからである。その判断が形式的言語（その意図は現実化されるのか）によってなされる場合でも、哲学的言語（それは「真理」か「虚偽」か）によってなされる場合でも、歴史・社会的言語（状況に関わる言語）によってなされる場合でも、そのことは当てはまる。意味やメッセージというカテゴリーが不適当なのであるが、それは、ベケットの場合のように、意味の不在こそが作品の意味となり、さらにはその不在が「意味の歴史そのものを包含し展開するような、意味の性質そのものに対する判断」（AT 230/220）に類するものを構成する可能性を考慮に入れていないからというだけではない。

　それらのカテゴリーは伝統的な使われ方においてもまた、形式的に不適当なのである。しかし同じ理由で、徴候を示すものとしては欠くことのできないものでもある。

> ある作品の内容がどれだけその意図に還元できないものであれ――いかに慎重にそれが考えつくされているとしても意図は決して完全に表象において実現することはないという単純な理由に基づく議論であっても――だからといって芸術作品の契機としての意図のカテゴリーを不適格とするのは、よほど厳密な独断論を当てはめる場合にのみ起こることだろう。意図は、芸術作品のミメーシス的な極と、その歴史的「啓蒙」［あるいは道具的理性］の動力学への参画《メテクシス》という極との弁証法の内部に固有の場所を占める。また意図は、作品自体で消費しつくされる主観的で流動的な構成要素としてだけでなく、それらに固有の客観性という形式であつかわれる。……芸術作品の物質性が、物質を欠くことで純粋であろうとする同一性への抵抗を構成するならば、その根源的な過程には本質的に物質性と意図との間の弁証法が包含される。意図がなければ――それは同一性原則の本質的な形態である――形式は模倣的衝動の不在の場合に存在できないように、ここでも存在することができなくなる。したがって、意図の余剰は、作品はたんにミメーシスへと還元できないことを明らかにしている。また、そうした美的意志の客観的運搬者であり、それをたがいに同調させるものがいわゆる意味なのである。（AT 226-7/217）

こうして、意図のカテゴリーは、「意味」のカテゴリーと同じく、伝統的な美的カテゴリー（その相互作用と互いに相手を無化する批判なしでは芸術作品の議論は空虚なものになる）の多様性のひとつとして保持される。すなわち、アドルノのこの部分において、フロイトが重層的決定と呼んだものと似た状況が現われる。フロイトはそれによって、夢の最終的な形式の同時的かつ重層的な決定という性質を規定しただけでなく、そうした「道筋」は、どれもが等しく夢自体の中心核にいたることを、分析的解釈の過程において発見した。アドルノにおいてそうした核として機能するものは、もちろん「真理内容」である（それはこれまで正面きって分析されたことはないのだが）。しかし、ここでは明らかにフロイト的解釈学のもつ比喩的な空間性は適切ではない。なぜなら作品の真理内容は、解釈学のイメジャリーにおける「精髄」（substantificque moelle）の原型のように、作品の背後のどこか、あるいはその深奥にあるものではないのだ。

しかし、部分的カテゴリーの遊戯作用を超越し、最終的な真理内容へ導いてくれる「分析的方法」が、『美の理論』のところどころに顔をだし、そこでそれは「第二の反省」と呼ばれている。どうやらアドルノはその用語によって、第二の読解、すなわち再帰性の高級な形態ということ以上の何かを伝えようとしたようだ。というのは、作品に内在する第一順位の「反省」は、たしかにその技術的で生産的なエネルギーを指し示しており、それが集合的知識と労働の投資を表わしているのである。これは技術と社会的生産性のレベルだが、それが歴史的に作品の原材料と生産者の意図との間の原動力へと差異化されるのである（先に見たように、これは主観自体の歴史的地位を除外するものではない）。

すなわち、「第二の反省」とは、こうしたことからの後退を意味することだと言える。それはそうすることで、たんに芸術作品の内部の特性やエネルギーとしてだけでなく、芸術作品自体として直接目に見えるものになるのだ。アドルノがこの「方法」――単純に言うと、これは別の意味で、美的思索の領域における弁証法そのものである――に付したいくつかの興味深い注記が示唆するのは、それが作品において主観的に見えるものを客観的な何かに変容させ、客観性という外観を原初の生産段階における動力学に変容させるという、二重の能力を備えているということである。

これまで何も占めていなかった空間と場所を占めるという意味での「新しさ」の真理は意図の欠如という点に定立される。このことによって真理は、新しさの原動力である反省とは対立した位置に追いやられ、反省は第二の力へと引き上げられる。第二の反省は、こうしてシラーの「感傷性」理論のような、伝統的哲学による具現化とはまったく別の概念となり、芸術作品に対して意図の読み込みを大量に与え続けることになる。第二の反省は芸術作品の生成過程と言語を、最大限分節化され、十分意識化されたやり方で把握することを目指すものであるが、本質的には盲目性を目指すもの

である。（AT 47-8/39-40）

したがって、この「方法」は、芸術作品の代わりになるような概念的定式化を避けることをよしとする。むしろ、この方法は、作品自体との恍惚的同一化のうちに自己を失うことなく、何とかして具象的であり続けようとする高次の哲学思考タイプ（アドルノは明らかにヘーゲルにおける「概念」（Begriff）を引き合いにだすことになる）を目指す。それは作品から距離を置いて、（私の言葉で言い直すと）より広い視座から直観的に作品を引きだそうとする。それによって、「方法」はある種の新しい意味を与えることになるが、その定式化は細心の作戦と微妙な心の動きを必要とするものである。そうした暫定的な試みのひとつを引いてこの章を閉じよう。

> 芸術作品において媒介されているもの、すなわちそれをたんに地上の一物体としての存在から別の存在に変えるものは、「概念」［ヘーゲルでいうところのBegriff］を経由し、反省を通して、ふたたび媒介されねばならない。しかし、それはその概念が作品の細部と距離を置き、一般性へといたることによってではなく、その細部へと個々に目を向けることで初めて成功したと言える。ベートーベンのソナタ『告別』の第一楽章のほぼ終わり、消えゆく三小節の音が重なり馬のひづめの音をかきならすように響くとき、どんな知的認識による理解の試みに対しても恥じ入るように身を隠すこのはかない一節は、楽章の流れの中でほとんど分別がつかないほどの消失の音楽的表現となっているが、この音の性質（移ろうものと永遠なるものの混合）についての一般的な反省に比べ、はるかに多く、最終的な帰還への期待を歌い上げている。全体的な美的世界の構築での内奥の精神における、そうした微細論理的な細部を確保できる美学的哲学だけが、ひとりその努めを果していると言いうる。しかし、そうした哲学はまたそれ自体が、自己完結した分節性と媒介性を備えた独立した思考形式である必要がある。（AT 531/490）

八　自然

死後出版の『美の理論』の巻末に付されている、生前に破棄された序論の草稿の中では、芸術的形式に関する手の込んだ、歴史的であると同時にしばしば技術的な反省という観点と、芸術的形式について語ることを可能にする思想とをようやく獲得することで、美学——その矛盾と歴史的不可能性について『美の理論』は幾度となく証言してきたように見えるのだが——が自己を主張し、哲学がふたたび美学的問題の全領域に対する優位性を要求している。それゆえ、われわれは結論として、そうした哲学的思考のもつ具体的内容について考察を進める必要がある。なぜなら哲学的思考の孤立した謎の合言葉——「真理内容」(Wahrheitsgehalt)——は、真正性の理論の言い換えにすぎないのではないかという疑問を必然的に招くからであり、その空虚さとイデオロギー的性質こそ、アドルノが仇敵のハイデッガーにおいて飽くことなく糾弾したものだったからである。

さらに厄介な状況——そしてもうひとつの予想もしていなかった哲学的仇敵との接近——は、芸術作品の性質を規定しようとするアドルノの哲学的探求の試みの核心には、どうやら存在論がふたたび現われてくるということである。つまり、芸術作品は非同一的なものとの接点、あるいは自然（という言葉）——悪名高い「存在」という言葉はその耳ざわりな言い換えにもならない——との接点として現われるのである。ただし、それは宗教それ自体に戻ったとまでは言わないにせよ、ショーペンハウエルへ、さらに神秘主義へ再回帰したがゆえに、アドルノを責めるという問題ではない。もっともマックス・ホルクハイマーはどうやら晩年に宗教を体験したようだが（「この世界よりほかのまったく別の世界へのアピール……が最終的に、ある形而上学的傾向をより積極的に評価する後押しとなった」[16]）。それにもかかわらず、『美の理論』を全体として見た場合、芸術作品の存在論的説明は、その社会的・歴史的矛盾との関係――それについてアドルノは先に見たようにテクストを通じて強い調子で強調しているのだが――と、おさまり悪く共存しているように見える。

逆説的に響くが、アドルノを存在論へと導くのは、唯物論および実証主義という美学的一元論を無効にする弁証法の使命の再強調と並んで、純粋な観照という美学言語から芸術的経験をもぎ取ろうとするまさにその意思である。その存在論において、美学的な自律性と反美学、あるいは深遠な社会性と歴史性をもつ何ものかとしての芸術作品の特殊な性質が哲学的に性格づけられることになる。

それによって作品が経験的なものと対照的に存立することを可能にする、精神による作品の媒介は、適度の論証的次元との統合なしには実現されえない。芸術作品が純粋に観照的［Anschauung――「直観」――には疑似視覚的観照の意味合いがある］だとすると、それは感覚的・直接的与件という偶発性の中に閉ざされてしまう。しかし、これに対し、現実世界の作品はそれ自身の特有の論理を対立させる。芸術作品の質は、その具体性および分節化された展開と内的分化が、まさにそうした偶発性をどれだけ捨て去ることができるかによって決定される。視覚的観照と現実の観念化とを、純粋主義的に、またその意味で深遠な合理主義的な立場から対立させることは、実際には社会自体がそのイデオロギー的目的のために永続させている合理性と物質的感覚性という二項対立の枠組みを強化することである。逆に芸術はそれが実際に具現する客観的批判精神をもって、その対立とみずから戦わねばならない。なぜなら万一芸術が、一方の極である感覚性へと追いやられるなら、その対立自体がそこで承認されてしまうからである。すべての芸術の最大の批判的対象である非真理は、合理性そのものではなく、むしろ合理性が特殊に対してもつ硬直した対立である。芸術がたんなる観照の対象として特殊性の契機を抽出するのなら、それはまさに物象化された硬直性を承認し、社会的合理性が遺棄し排斥しようとする廃棄物の地位を維持することになり、そうすることで社会的合理性からの注意を逸らすのである。それゆえ、伝統的な美学の指針に従い、作品がますます完璧に観照の対象になればなるほど、純粋な仮象の外側で、また仮象という、より真に美学的な事象をはるかに超えて、その精神性は物象化されることになる。(AT 151/144)

それゆえ、芸術作品が美学的観照理論の矮小化美学から救済されるのは他者性、自然、あるいは存在自体との関係としてなのである。そのとき芸術はもはや、技術的な合理性との対立状況に身をおく必要はなく、むしろ集合的な社会知識の形態を、その過程においても同様に取り込むものとして見られるという、予想外の得点を加えることができる。

事実、こうした双子の結果は、美学がもつ、相反する二つの誘惑――ひとつは非同一的なものとの形而上学的関係であり、もうひとつは高度な社会的生産性としての芸術の承認――を逆説的に接合するように見えるものであり、芸術作品の神秘とそれが提起する哲学的問題の範囲を画定するのである。

今日の芸術が提起する形而上学的な問いは「精神的」なもの、すなわち作られたもの――哲学用語では、たんに「仮定された」もの――がいかにして真理になりうるのかという問題に関わっている。ここで問題になる重要な点は、直接的に個々の芸術作品に関わるのではなく、その内容（Gehalt）であるということである。作られたものがもつ真理の可能性についての問いは、しかしながら、まさに美的仮象と、真理自体の仮象として前者を救済する可能性についての問いと同じである。しかし、真理内容は作られたりこしらえ上げたりできるものではないのだ。芸術における創作過程とは、その作品の非同一性を言葉にすること、芸術自体が決して知りえないものを言葉にしようとする長い戦いである。これが美学において精神（Geist）が意味するものである。そうなのだ、ここにおいて、歴史の動力学に埋もれ抑えつけられた自然を回復するものとしての芸術の観念が問題となるのだ。芸術がその似姿となることを切望するような自然はいまだ存在しない。ゆえに芸術での真理は非-存在なのである。存在しない真理は、同一性に縛られて、芸術を純粋な物質性へと還元しようとする理性が〈自然〉と呼ぶところの例の「他者」の内部で芸術と一致するようになる。その他者はしかし、統一体でも概念でもなく複数性をもつ。それゆえ芸術の真理内容は複数のかたちを取り、個々の芸術作品がそのもとに包含される究極の抽象という形式は取らない。それゆえまた、芸術の真理内容が個別作品においてのみ実現されるあり方と、理性があのように多くの同一性へと還元しようと試みるすべての現実の多数性との間には、切り離せない関係がある。芸術がかかえる逆説の中でおそらく最も深遠なものは、芸術が作られざるもの、すなわち真理に遭遇するのは、個別かつ特殊な構造体である個別作品の制作や実作を通してのみであり、何かもっと直接的なアプローチを取ることは決してないという点にある。しかし、作品のひとつひとつは真理内容に対して極度の緊張関係にある。それゆえ真理は概念的形式をもたずに制作された対象のうちにのみ現われる一方で、同時にその制作物を否定することになる。すべての芸術作品はそれ自体の真理内容のうちに表象として消え去っていく。真理内容が芸術作品そのものを無関係性そのものへと沈めるのであり、それこそ偉大な芸術作品の経験のみに与えられる何かなのである。（AT 198-9/191）

この文章における『啓蒙の弁証法』との共通底音は、歴史と自然との関係――どうやらここに現われているのは形而上学（あるいは存在論）とマルクス主義との不一致である――が、『啓蒙の弁証法』では歴史と自然の交代として、大きな哲学的才知によって調整されていたことを想起させる。その題名によって示された過程は、初期の敵対的で脅威的な自然への反作用として描かれており、その反作用は自然をしだいに支配していき、そして歴史を通じて徐々にその支配手段が浮上してくるというかたちを取っていた。その手段として「啓蒙」あるいは理性、道具的理性、「悪い」合理性あるいは（「理性」［Vernunft］）と区別しての）「悟性」（Verstand）があり、アドルノとホルクハイマーはそれを、自然を管理し支配するためのもっとも初期の魔術的呪言、儀礼、供犠、ミメーシス的行為まで遡って求めた。彼らはそれらの形式を「啓蒙」の初期の形式として、「啓蒙」と同一のものとしたのである（ただしここで最後に挙げたミメーシス的行為の科学への変容における弁証法的ひねりが、作られた偶像に対する反ミメーシス的禁忌の契機におけるミメーシス自体の葛藤を示している点は除かねばならない）。抑圧され、損傷をうけ、犠牲を強いられる主観という主題さえ、〈理性〉すなわち「啓蒙」もまた、みずからの優位性を確保するために人間の内的性質の支配（つまり本能の抑制）を要求するという前提によって、あらかじめ与えられていたのである。

先に引用した箇所に明らかなように、『美の理論』の文脈においてこのことが意味するのは、「抑えつけられた自然を回復するものとしての芸術の観念」は、社会的意味のあらゆる歴史的矛盾と同時結合的な星座配列の中心付近に、自然あるいは存在の場所を同定することができるだろうということである。なぜなら自然の支配は、そうした矛盾や星座配列の内部にその究極的な原動力として、深く刻みつけられているからである。その一方で、この意味において、時代が下ったさらに複雑な人間の動因と動機――商品化とほとんど同じ規模の生産性（あるいは交換価値自体の確立において働く「同一性にしばられた理性」）――の社会的形式は、すべてそれ自体のうちに、この自然との関係の第一の契機における原初の動因（あるいは原罪）を伴うことになるだろう。それはたんなる恐れではなく、自己保全の「本能」なのである。しかし、人類の歴史としての、このまさしく無限の「啓蒙の弁証法」は始まりをもたない――それゆえ〈自然〉と呼ばれる邪悪で恐ろしいものは、それに対する人間の恐怖によって最初に作り上げられたのだ――という意味において、アドルノとともにわれわれも、「自然はいまだ存在しない」と言うことができる。だが、それは、とりわけ『美の理論』においては、アドルノらしくないブロッホ風の発言である。というのは、『美の理論』では、芸術のユートピア的性格と〈希望〉と「いまだ・存在・せざるもの」への参与は決定的に後退し、いくつかの醒めた限定的な言及に限られているからである。

アドルノ美学における存在論的モチーフとわれわれが呼んできたものが、今や巧みにこれらの主題の多くを要約しているが、それはとりわけ美学的主観と主観性・主観主義に向けられた問題提起に明らかである。しかしこれらの対象はここでは若干異なる意味と外観をもつ。というのは、美的経験における主観の真の位置は、その純化（アリストテレスのカタルシス）によっても、対象との「和解」によっても、特徴づけられることはないからだ。いわんや、この最後の客観的な偶発性に対する創造的統御（たとえばサルトル）によって特徴づけられることもない。それはむしろ主観自体の暴力的な捨象において特徴づけられる。しかし、その捨象は破壊、抑圧あるいは主観を超越するものに主観を委ねること（ハイデッガー、およびカントによる崇高の概念の解釈にあるようなそれ）とは、明白に区別されねばならない。もちろん、人間の文字通りの気絶や一時的忘却と区別されることとは言うまでもない。

ともかく「美的経験の衝撃」［Erschütterung］は、伝統的な美的経験の概念とは反対の極にあるのだが、それは自我の個別的満足には関わりをもたないし、まして自我の快楽とは無縁である。むしろそれは自我の融解への警告として見るべきものであり、そうした美的衝撃によって、自我は自己の制約と有限性を自覚するようになる。その経験はまた、文化産業によって永続的になされている自我の切り崩しや弱体化とも、明確に区別されねばならない。文化産業にとって、美的衝撃などという概念は怠惰な絵空事であり、そこにこそ文化産業は、芸術の破壊的な「脱美学化」(Entkunstung)というルサンチマンに発する深い動機を正当化することができる。しかし、自我が、その実、監獄である自己を超えて外を見るという可能性をほんの少しでも取り戻すために必要なのは、放心ではなく最高度に緊張した努力の形式であり、これが美的衝撃——何にせよ自分ではどうにもならない行為であるが——を退行への道から守ってくれるのだ。実に正確にもカントは、主観の強さを、彼の崇高に関する美学を理解するための必須要件として挙げている。(AT 363/347-8)

しかし、この不慮の破壊の瞬間に同時に発生する主観の強さ、あるいは肯定——ファシズムから神秘主義、さらにそのさまざまな美学的変形にいたるまで、フランクフルト学派が徹底的に数え上げた退行的行為に堕すことなく、主観を経験に対置させるところの強さ——はまた、一時的に啓蒙の弁証法、とりわけ「自己保存」への情動によって、自我に残されたすべての傷跡を放棄することでもある。

ショーペンハウエルがよく理解していたように、美的経験は硬直した自己保存の呪縛を逃れることが可能であり、そこでは、自我が自己の生き残りといった私的な利益関心などには満足を見いだすことのない意識状態のイメージが投影されている。(AT 515/475)

ここで簡単にではあるが、美的経験が心的主観に対してもつ関係に対するこの新たなユートピア的説明が、いかにして決定的にカントの二つの偉大なモチーフを取り込んでいるかを見ておく必要がある。すなわち利益追及の一時停止および崇高の理論が、存在論的にアドルノ美学の中心をなす〈非-私〉あるいは〈他者〉とのまさしく遭遇として、アドルノの文章のいたるところで読み直され、書き直されているのである。彼の説明は、さまざまな伝統的意見を弁証法的に読み解き、それらの批判(とりわけ美的経験は快楽あるいは欠乏の充足に同化されうるという見解に対して)を通して力を引きだし、さらに肯定的なやり方でそれらを修正することもある。

その有効性はともかく、芸術に関わりをもつ伝統的な様態は「快楽や楽しみではなく、むしろ」賞讃というかたちであった。それはある芸術作品がそのかたちを取っていることに対する賞讃であり、たんに鑑賞者のためのものではなかった。そうした作品にあふれていると感じられたもの、鑑賞者を圧倒したものが作品の真理であり、それはたとえばカフカの作品のような、その他すべての部分をしのぐような何かである。芸術作品は高級なタイプの快楽の道具と考えられてきたことはなかった。その関係は鑑賞者が料理のように対象を食べるようなものではなかった。ことはその対極である。鑑賞者がそのもの自体の中に消え去ってしまうのだ。それは映画の銀幕から機関車が飛びだしてきたように、われわれに向かって飛びだす近代的表象においてのみ実現される何ものかなのである。（AT 27/19）

この芸術作品の他者性は、こうした文脈では、真理内容の他者性として定式化される方がより正確かもしれない。それはここで最終的に――ありきたりだが、とくに中心的位置を占める章において、アドルノは「自然美」という伝統的題材を取り上げる必要を感じている――「それ自体」（Ansich）、つまり存在あるいは自然の即自的現象として同定される。「自然美は、普遍的同一性によって支配された世界において、事物の上に残された非同一的なものの痕跡である」（AT 114/108）。

　ここでは複数の衝動を解きほぐす必要がある。第一に、自然のもっともはかない経験でさえ謎であるのだが、それはたんなる〈非-私〉や同一性に抵抗するもの（自我-論理的、あるいは合理化-商品化の意味で）の謎であるというだけではなく、とりわけ主観によって作られなかったもの（これは先に挙げた例で言うと、定義上「作られ」、「制作され」るとされる芸術作品が――作られることのない――「真理内容」をもつという逆説に当たる）がかかえる謎でもある。

自然の経験は外見［あるいは現われ（Erscheinung）、仮象行為、幻影の事象といった方が近い］の経験であるにすぎない。それは作品の原材料や生の再生産の経験ではない、ましてや科学知識の基層としての経験では決してない。（AT 103/97）

自然は人間的なものからも、また実践からも本質的な距離を取るというこうした事実によって、自然自体を哲学的に性格づけるというアドルノの試みが不満足な出来ばえに終わった理由が説明できる。「というのは、自然美は幻影と同じくすでにそれ自体が形象［Bild］であるからだ」（AT 105/99）。これはアドルノが否定しようとする、自然と芸術に対するわれわれの観照的関係の説明に陥ってしまっているが、どうやらそれを防ぐのは困難である。ここにおいて、われわれはおそらく、アドルノとさまざまな実存主義哲学がもっとも近接した状況に立ち合うことになる。自然の仮象あるいは幻影が一種の出来事であるという説明は、ハイデッガーの、生起する何かとしての〈存在〉自体の理論を想起させる。もっとも、この出来事に否定性の力を与えようとする努力と、根本的に主観ではないものの衝撃が並置されているという事態は、基本的にサルトル的であり、そのことは同じくおおいに強調しておかねばならないのではあるが。

しかし、アドルノは間髪をおかず、こうした形而上学的もしくは存在論的な意味で、すべての自然の経験は歴史的・社会的に媒介されていることを想起させようとする。たとえば、彼の自然的風景の議論はほとんど即座に揺れ動き始め、まるで内部の重力によるかのように、彼が「文化的風景」(AT 101-3/94-7) と呼ぶ、まったく異なるものに近づいていく。その風景では自然的知覚が、文化的・歴史的知覚と、ややもすると分離できないものになっている。「歴史的記憶あるいは記念 (Eingedenken) がなければ美は存在しない」(AT 102/96)。なるほど、ここには自然に対する存在論的説明から自然的なものの概念と経験の歴史へという一八〇度の転換があり、それによってこの緊張状態 (その中でたとえばわれわれは資本主義によるその破壊を通じて自然自体を直観する) に対する、もっと見慣れた弁証法的解決が即座に可能になる。

それでも、イメージ (あるいはより適切にはそうした眼差しのもつ純粋な概念的可能性) として観照的に自然を見るというこのモチーフが、アドルノと仇敵ハイデッガーの間の哲学的友好関係《ラプロシュマン》を論じようとするあらゆる最近の試みの重要な口実になっているので、アドルノの自然史の概念において、ハイデッガーの実存主義の「存在の疑問」(Seinsfrage) と両立しないものを想起することは意味がある。アドルノによる「自然史」の概念 (危機にあたり、ハイデッガーの「死・に向かう・存在」に対する、より崇高で「形而上的な」相当物となるであろう何か) によって明かされた有機的・ダーウィン的な視点に対する目がまわるような恐怖は、もちろん彼らの差異を物語るが、その他に幸福の観念へのアドルノのこだわりとユートピアへのはかない希求に含まれる肉体の唯物論は、初期ハイデッガーに見られる英雄的ファシズムの雰囲気とも、『芸術作品の根源』における「都市国家」の導入に関するすばらしい文章に見られるような儀礼的な荘厳性とも、基本的に大きく異なっている。事実、ハイデッガーの『芸術作品の根源』はアドルノのどの作品よりも (語のあらゆる意味で) はるかに政治的であり、アドルノの身体性はここで、少なくともスープと葉巻へのこだわりに見られるような、偉大なブレヒト的唯物論と比較してみる必要性がある。
また、この美学と「真理内容」の関係という決定的な問題を取り上げる前に、最後に少し異なる見方からこの問題――本質的には歴史と自然の緊張関係――を検討したい。その歴史と自然のジレンマが劇的に表現された箇所として、美的経験の歴史的記号論と偉大な芸術の「真理内容」の社会的・歴史的性格に関して、アドルノがもっとも直截に表現した部分を引用したい。

ベートーベンの交響曲は、そこにフランス革命の残響を聞き取ることができない者には接近不可能であるのと同様に、交響曲の中の純粋に音楽的、すなわち技術的な事象と呼ばれるものを把握できない者にとっても接近不可能なのであるが、その二つの契機が互いに媒介しあっていることは、あらゆる哲学的美学が直面する、厄介だが避けては通れない問題のひとつとして、認識されねばならない。（AT 519/479）

この例は、先に挙げたベートーベンに関するいくつかの注釈によって補強されたとしても、一筋縄ではいかないと思われるだろう。ここには美学思想家として、また、文化的および政治的知識人として取りうるひとつの具体的な姿としてのアドルノの偉大な点が、あますところなく描かれている。しかし、われわれの当面の問題意識は、ベートーベンの歴史的「真理内容」に対するこの説明と、先に略述した形而上学的あるいは存在論的な美学上の非同一性との間の首尾一貫性にある。すなわち、フランス革命の偉大な歴史的〈新しさ〉を体現したこの美的直観が、どのように自然的なものの経験に含まれる他者性によって、再定形化されるのかということだ。ここにおいて、形式的方法と歴史的方法を媒介するという、アドルノによる先の哲学的課題に関する補足的な問題が、第三の項目として付け加えられる。その一方、すでに何らかの媒介の糸は、美学史についてのアドルノの歴史的説明によって与えられている。その説明は社会的・歴史的理由によって美への注目（依然として最終的にはカントの枠組み）から、芸術と自由の間の構成的関係（シラー、ヘーゲル）へと、関心の方向を変化させている。おそらくベートーベンにおける存在論的モチーフは、ここでは政治的解放と自然それ自体における自由という新たな意識との間の、より深い関係において把握されねばならない。しかし、解決の要素がいかなるものであれ、アドルノの多元的な変動項は、尋常ではない複雑性と対象範囲を分析することを要求する。それについては、最新の批評がもつ野心さえをもたじろがせるほどの力をもって、そうした分析の理想像を予測したにもかかわらず、彼自身は首尾一貫した理論化には失敗したのである。

九　真理内容と政治的芸術

しかし、真理内容について言うなら、それが哲学的に記述されえないことには、少なくとも最低限の可能性があるようだ。なぜなら、それはほとんど唯名論的複数性の状況に銘記されているのであり、そこでは〈芸術〉自体ではなく、個別作品だけがさまざまな真理内容をもつため、その内容は抽象的な哲学的普遍化とは、比較不可能かつ通分不可能であるという点で相容れないのである。哲学的普遍化には作品と作品自体の特殊な概念［Begriff］との照応が含まれると語ることは、どうやら多くのことを語ることにはならない（ヘーゲル主義者にとっては別だが）。それよりも、次のように、美学的な判断および説明が、厳密に哲学的な判断形式と融合することを強調する方が、おそらくより大きな意味をもつ。

作品の真理内容とは作品が意味するところのものではなく、作品がそれ自体真理かそうでないかを決定する何かである。また、作品それ自体の概念だけが、正式に哲学的な解釈と両立し、哲学的真理と一致するのである（少なくとも〈観念〉上は）。（AT 197/190）

この最後のもの（死と存在）の内容の空虚さを、アドルノの読みの歴史的特殊性と比較することで、この種の真理判断とハイデッガー流の「真正性」との相違を、その両者の批判的実践において読み解くことができる。しかし、「真理内容」の概念は、アドルノをしてあらゆる範囲の伝統的解釈と解釈学的図式の限界を超えさせ、それらが歴史的に把握されるようなやり方で、美学的意味の外側に踏みだすことを可能にさせるものであることは明らかなのだ。歴史的なやり方で意味を前景化させる「第二の反省」がもつこのより大きな能力は、とりわけイデオロギー分析を包含しており、作品のさらに大きな「真理内容」の内部に、「虚偽意識」のための哲学的に革新的で原型的な場所を確保するのである。もしベートーベンが形式的歴史についてのある種の真理の特権的な例であり、シェーンベルクとベケットがより極端なかたちでの形式的解決の例であるならば、ここでアドルノの原型的核心に当てはまるのは、リヒャルト・ワーグナーの姿である。

芸術作品が具体的に実現される過程においてみずからを超越するということは、それ自体、その真理を保証するものではない。偉大な質をもつ作品の多くは、それ自身が虚偽意識であるものの表現としての真理である。これはニーチェがワーグナーに対して行ったような、超越的批判の立場からのみ把握できることである。ニーチェの批判の限界は、彼が作品自体の質についてその批判を行うのではなく、高所から作品を判断しているという事実のみにあるのではない。実のところ、真理内容自体の生成についての彼の考えはあまりに狭いものである。それは一種の文化-哲学的概念であり、美学的真理に内在する歴史的契機はまったく考慮に入っていない。それ自体真理であるものと、虚偽意識による適切な表現であるだけのものとの区別は立てられない。というのは、今日にいたるまで、そうした高所よりの区別を可能にするような真理意識といったようなものが存在しなかったのである。虚偽意識を余すところなく表象することは、同時に正当にも真理内容と名づけられるものを名づけることである。それゆえ芸術作品の理解は、解釈と批判を通じた釈義に加えて、回復の視点から追求されねばならないし、それは正確には美学的な仮象における虚偽意識の真理を探し当てることである。その意味で偉大な作品は嘘をつくことがない。その内容がたんに仮象［Schein］である場合でも、それが歴史的必然性を伴う場合には、正真正銘の真理を伴うのだ。ひとり失敗作のみが真理を語れないのだ。（AT 196/188）

その当否はさておき、アドルノは自分のワーグナー論が、この問題に対するもっとも基本的な分析を提供したと感じていた。それは、はっきりとした反動ではないにしても、保守のしるしをもった古典に対して、知的、文化的、あるいは教育的な折り合いをつけることを人々に要求するような貢献であった。私見では彼の解決——それは、虚偽でかつイデオロギー的なものと作品の中のユートピア的な要素を同時に主張することを要求するため、もっとも困難なものであった――は、反動的作家を勝手に進歩的作家に変えるような、あるいはその規範《カノン》をまるごと破砕してしまうような他の解決法よりも優れたものに思われる。
すでに明らかなように、作品のもつ哲学的な「真理内容」は――少なくとも「偉大なブルジョア」音楽および芸術においては――どうやら技術的な革新に参画していると言える。しかし、こうした革新は、それ自体がきわめて根本的な意味での「矛盾」なのである。こうしてワーグナー音楽の顕著な半音階的色合いは、その音楽の中にある古典的な音楽的材料の解体（さらに彼自身の技術的な不器用さまでも加えて）と深いところでつながっている。しかし、その技術的な挫折の輝きそのもの――その輝きがもつ原子的論理があらゆる種類の新たな「生産諸力」を解き放つ傾向にあるのだが――は、それ自体が彼の「真理の契機」と、すでにその限界を予期し始めたブルジョア社会における主観の後進的位置との関係の比喩である。しかし、注意しておかねばならないのは、この特殊なイデオロギーと真理の弁証法は、いかさまやリベラリズム的粉飾とものほしげな思考を排斥するということである。なぜならワーグナーの性格（「感傷的なマラー」）は、もちろん、つねにエゴイズムと怯懦から始まり、恥ずべき変節者、信頼できない社会的おべっかつかいにいたるまでのあらゆる欠点と不完全性の地雷原を示してきたのだ。しかし、こうした好ましくない特徴が、音楽劇の形式と細部において、これほど容赦なく追及され結晶化された例は、アドルノにおいてほかはない。この苛烈さ、イデオロギー上の判断における厳しさは、同時にそれが含む真理の弁証法的承認のために払わねばならない代価なのである。

かたちあるものとしての無への不吉な予感に言及したトリスタンの台詞「いかにして幻影はわれを去りしや」は、完全な否定性がユートピアの怪物（キマイラ）を完成させる瞬間をとらえている。それは覚醒の瞬間である。『トリスタン』第三幕における楽節、すなわちオーケストラのホルンがトリスタンの身じろぎに応じ、羊飼いのメランコリックな歌にかぶさり、無を有とへだてる境界線のはるか頭上まで鳴り響くその楽節は、ブルジョア時代の根本的経験が依然として人類に感じられている限りにおいて残っていくだろう。ブリュンヒルデの覚醒の場面というもう一方の楽節とともに、それは、それなくして無の概念の創造が不可能であるような――あるいはそのようにワーグナーの音楽はわれわれを信じさせようとしているのだが――ゆらめく意識の証拠である。もしも共感という感

> 情が動物にも割り当てられているならば、動物にもそうした瞬間がおとずれるのは理にかなっている。ブリュンヒルデの馬はたしかに悠久の時を超え、この現在の意識の瞬間にたどりついているようだ（悠久の時というのはショーペンハウエルによれば無そのものの時間である）。（W 192/151）

（ここでアドルノの本の題辞が「馬は英雄時代を生き残ってきた」であることを付け加えておくのは決して言わずもがなのことではないだろう）。しかし、ワーグナーの「事例」はつまるところ、たとえ形式的にであれ「真理内容」の理論は、解釈の方法へと一般化されたり変容されたりすることはできないことを示唆している。すなわち、アドルノのワーグナーに対する視点はすべて、われわれをこの作品の個別で特殊的な契機に実際に連れ戻すのである。そこでは「成熟」に達しなかったドイツ・ブルジョアジーの一部が、すでに荒廃の道を転げ落ちはじめ、さらにそのタイミングのずれが、同時に形式的革新と生産性を体現する後進性を生成する場となっている。しかし、この特徴的分析を、まるでそれのみがアドルノの「方法」を体現するかのように、近代の他の特徴に転移させるのは、たんなる批評的なマンネリズムだと言えるだろう。たとえ少なくとも原則的にという限定つきであれ、その方法は、すべての歴史的状況は独特なものであることを示唆している。それは、あらゆる事象が、全体的システムの魔術的縛りのもとで凍りついているとしてもそうなのである。

　それゆえ、アドルノの美学はイデオロギー分析と不可分であり、イデオロギー分析における歴史的「契機」の必要性が繰り返し強調されている。それはつまるところ、われわれをすでにこの同じ美学の反政治的性格として特徴づけられたものへと引き戻してくれる何かなのである。アドルノは、この立場が生まれる特定の歴史的状況について、とりわけ鮮明に述べている。

> 社会的実践と芸術の関係はつねに変動するものだが、この四、五十年間で深いところで変わったようだ。第一次世界大戦とスターリン以前にあっては、芸術的前衛と政治的前衛はつねに精神的に結ばれていた。その当時に成年に達したものはいずれも、先験的なかたちでは歴史的には事実上存在しなかった見方、すなわち芸術はその定義からして政治的に左翼であると感じる傾向にあった。（AT 376-7/359-60）

このことは銘記しておくとよい。なぜなら、英米的な文化風土においては、芸術のモダニズムと革命的政治の形成的親近関係はめったに強調されたことはないからだ。実際、たいていの場合、それはイデオロギー的な目的のために逆転され、否定される。その一方で、そうした意見が生みだされ、反応する場としての歴史的状況を強調することは、それらの歴史的変動性をほのめかすことであり、同時に、そうした対立状況がもはや維持されず、またそれらの両極の関係が区別のつかないほど変容されてしまうくらいに異なる状況が出現する可能性をほのめかすことでもある。

しかし、原則的にここで押さえておかねばならないのは、アドルノが政治的な芸術作品の可能性をしばしば激しい言葉で排除するように見えて、実は彼が対決しているものはむしろ政治的美学として同定されるもの、直接性の状況内における芸術作品の機能を強調し、それに高い価値を設定するものに対してなのだということである。それもそれらの、より深い社会的闘争表現や歴史的矛盾状況（逆に、先に挙げたような『美の理論』につねに明らかだったもの）ではなく、日常性の闘いの領域、〈出来事〉の領域においての話なのである。これが意味するのは、個別作品はひとつのカテゴリーから別の場所へとさまよいでることが許されるということである。一般に「政治的芸術」と呼ばれるものが「偉大な芸術」という、一見それとは違い両立不可能と思えるものだったと判明するときに、すべてが変化する。これは彼の偉大な敵であったブレヒトに対するアドルノの巧妙な評価を見ればはっきりする。

> 主観的ニュアンスと四分音を、概念的な硬度をもった客観性で叩き壊そうとしたブレヒトの努力はまさにいみじくも美学的方法であり、彼の最良の作品の中では、それは説教というよりは様式化への原則となる。たとえば『ガリレイの生涯』や『セチュアンの善人』では、再現の客観性と主観的意図の間の距離と非一致を強調する以外に、作者が何を「意味」したのかを示すのは難しい。ブレヒトの表出的価値へのアレルギー、すなわち実証主義的な「プロトコル命題」の誤解にもとづいた結果だった可能性のある、独特の文章への傾倒は、それ自体、限定された否定のかたちでのみ言語におとずれるある種の表出のかたちなのである。（AT 55/47）

（さらに後では、『マホガニー』からの鶴の歌が、この特殊で独特なブレヒト流美学の最高の実例として取り上げられることになる）。

どうやら、いかなる特定の政治的美学についてもアドルノが許容できないと感じるのは、それが政治性というよりは、芸術一般——モナドとしての個別の芸術作品ではなく——を強調する点である。個別の作品は、過程または制度としての芸術一般とは異なるものであってほしいというのが、アドルノの根本的な希望であった。とりわけホッブズ的な表現が、『美の理論』に、実際にしばしば現われて、さまざまな個別作品相互の関係を特徴づけている。「万人の万人に対する闘争」（AT 67/60）という表現がそれである。さらに別の箇所では「それらは比較されることを拒否する。互いに相手を殺し合おうと望む」（MM No. 47, 92/75）とある。またヘーゲル風の表現がこれに加わることもある（これは異なる秩序において、フランス実存主義にとって非常に意義深い変更である）。すなわち「個々の芸術作品は互いの死を望む」（AT 60/52; 313-14/301）。しかし、そうした言い方は、「真理内容」の唯名論と、偉大な作品が埋め込まれた唯一無比の歴史的状況の還元不可能性を性格づけるものの、美学的モナドが多くの天体のようにきらめきわたるこの広大な歴史的蒼穹を描きだすには必ずしも適当ではないようだ。それらはなぜかお互い本能的にはねつけるというのが、より適切かもしれない。それぞれが絶対者として、その意味で他者の存在は決して容認できないという立場での存在形式を要求するのであり、そのため、ベートーベンは正確にはワーグナーやギリシア悲劇と争っているのではなく、それぞれが互いに相手を消すことでのみ、自己の絶対的真理を明らかにすることができるのである。それと同様にそれぞれの歴史的状況は絶対的現在——闘争、実践、苦しみの現在——であり、現実に対するその要請は、年代記的歴史主義あるいは集積庫の相対主義によって打ち崩される。政治的美学はまた、現在と出来事のもつこの優位性を確定しようと願う。しかし、アドルノにとってそれは、モナドを両側に、またチーム別に整列させ、作品自体に関与する代わりに、様式の一般的要求と芸術一般の議論を突きつけることを意味する。このことが示唆する「政治的芸術」の敵意は、前衛芸術とプログラム志向のスローガンへの敵意の性格を与えられるのだと言ってもよいだろう。

しかし、アドルノの作品の探求を美学そのものの内部で結論づけたりしたら、みずから敗北を認めたことになってしまう。それは多くの読者が、そこから外へとヘリ輸送でもしてもらいたいと願う領域であるし、またその美学的領域は、この哲学が究極的には無用の長物であるとの印象を刻み込むであろう。それは依然として明らかに「目的なき合目的性」を演出しようしたものである。（結論の章で見るように、意義深いことに、今日のドイツでは、アドルノをたんなる美学の領域に位置づける試みは、今や弁証法のこの特殊な生き残りをあつかう正統的な方法となっている。）さらに美的経験は、そもそもその定義からして、どこにも到達しないものである。例外は、それが道具的な動機に基づかないようなユートピア的存在の比喩として屹立する場合であり、それゆえ自己保存という究極的「目的」からまぬがれている場合である。他方、アドルノの読者ならだれでも、美的経験が必然的に個別で具体的であること、それもたんに「定義上」だけではなく実際にもそうであることを、想起するであろう。事実、芸術一般の罪――正当化できない「美的経験」一般の特権と贅沢という罪――はそれ自身では解決不可能であり、個別作品そのものの中においてのみ酌量されうるとアドルノが述べるのを、われわれは見てきた。しかし、これはまた、美的経験はつねにわれわれを歴史に引き戻すことを意味してもいる――つまり、作品がそこで生まれた資本主義の歴史へと、階級の星座配列へと、その意味論的内容でありユートピア的次元を可能にする道具的合理化へと、われわれを引き戻すのである。こうして、美学はつねに歴史自体へと戻っていくのだと述べることも、芸術にとって「非同一的なもの」は社会であると述べることも、同様に正当なのである。

一方、アドルノと政治的思考の重大な関係は、彼の思想の内容よりもその形式にある。それは政治そのものというよりむしろ、美学的形式あるいは哲学的内容を概念化することで、政治分析や社会史の領域で通例達成されるよりも明るい輪郭でくっきりと、それらの内部に歴史的弁証法の複雑な流動性を探り当てることができるのである。

結論　ポストモダンにおけるアドルノ

一

アドルノの作品と立場に対する異議申し立ては、通常の状況では互いに排除しあう二つの陣営に分かれていると感じられることがある。ひとつは、アドルノの作品はマルクス主義に傾きすぎているというもので、もうひとつ（ただしこちらの数は少ないのだが）は、彼がマルクス主義者として十分ではない、もっと言えばマルクス主義者を名乗るのもおこがましいというものである。さらに隠れヘーゲル主義者である（あるいはそう見える）という噂、すなわちどちらの側にも破門必至となるであろう非難が加わることで、話はさらに深刻になる。反マルクス主義陣営にとっては、それはマルクス主義自体がもつ消すことのできないヘーゲル的基礎を認めることになり、マルクス主義者から見れば、多くの点で唯物論、政治、マルクス主義美学、その他もろもろの主義と両立しない観念論を掲げたことになる。

これらの異議申し立てと遠いところでつながっているように見える次なる異議申し立てによっても、これらの戦線は明確にされることはなく、むしろ統一もなくすべての線引きが混乱してしまっている。その申し立てとは、アドルノに「モダニズム」のラベルを貼りつけるものである。ポストモダンを経験した現在における「モダニズム」の意味とは、近代芸術に対するどんな美的肩入れをも越えて、旧態依然とした哲学的習慣や手続き全般を特徴づけるようなものとなっている（それは「ポストモダン」の哲学、社会学、政治学、歴史、美学理論が今日規定される仕方とは対照的である）。それぞれマルクス主義とモダニズムに傾斜するこれら二種類の批判の主題論をあらかじめ結びつけようとする作業は、私にはそれほど有効性があるとは思えない。それはマルクス主義がモダニズムかどうかを問う形式を取るような努力であり、必ずしも答えの期待できる試みではない。しかし、ここで私は「ポストモダン」のためのアドルノではないとしても、少なくとも今日のポストモダンの時代と一致し、それに適合したアドルノ像を述べることで、このマルクス主義とモダニズムという議論に、ある種の対称関係を描いてみようと思う。

第一の異議申し立てについて私は、アドルノがマルクス主義に傾斜しすぎるという弾劾に全面的に賛成するものである。そもそも彼のマルクス主義的性格を強調することが、本書の眼目のひとつであった。しかし、ここでもジャン＝フランソワ・リオタール(1)とユルゲン・ハーバーマス(2)という、画然と異なる二つの哲学的、イデオロギー的立場からその告発が行われたという事実の前に、われわれは再考せざるをえない。それゆえまず（「マルクス主義者として十分ではない」云々の立場への返答として）私の検討した問題、および私がこの思想家の本質的なマルクス主義的性格を論じる可能性に確信をもった理由を要約してみよう。

本書で挙げた基本的な例は、明らかすぎるほどに、根本的なマルクス主義の価値の法則および「全体性」と呼ばれる全能の概念装置を表わしている。そのどちらもすでにあつかわれているので、ここではごく簡潔にそれらを再説してみよう。価値の法則――あるいは少なくとも資本主義の動力学とその展開と歴史を流れる一定の法則に対する一般的なマルクス主義的理解――は、つねにアドルノの解釈において前提とされているものである。私はまた、『啓蒙の弁証法』――そこではどうやら価値の法則が「道具的理性による社会の統合を企画する諸原理のうちのひとつ(3)」となっている――の歴史的パラダイムが、つまるところマルクス主義のパラダイムをそのまま保持した自然史の用語によって、社会史の代替案としての書き換えを行う試みであることを示そうとしたのである。

また、私は簡単にではあるが、アドルノの哲学的前提はたんにマルクス主義者的であるだけでなく、非常に旧式のマルクス主義を反映していることがあることを示した。これはとりわけ文化とイデオロギーの分野において顕著である。『啓蒙の弁証法』の中の「文化産業」という章題そのものが、アドルノには、後期レイモンド・ウィリアムズらの、より新しい理論家たちがその考えを展開したようなかたちの文化の概念がなかったのだという事実をわれわれに教えてくれたはずである。いささか悪名高いその章におけるアドルノの関心は大衆娯楽産業にあり、彼がそもそも受け入れようとはしなかったであろう文化圏理論には、関心をもっていないのである。（芸術ないしは美的なものがそうした圏を構成しているわけだが、それに対するアドルノの評価は、これまで見てきたように、どうしようもないほど否定的である。美的なものそれ自体の地位は絶対的に拒絶される。しかし、個別の芸術作品は、それぞれの基準に従って、別の脆弱で暫定的な地位との交換が許される。）

同じように、容赦のない、しばしば階級意識に裏づけされたイデオロギー的テクスト分析とその「真理内容」への喚起を並列させようとする特殊な批評的足さばきは、たんなる「虚偽意識」——アドルノはそれを多くの同世代人（年長のゆえ、ルカーチは除き、また別の関心を反映していたゆえ、サルトルも除く。グラムシについては、アドルノはあまり知らなかったようである）と共有していた——としての比較的伝統的で旧式のイデオロギー概念によって、それを説明しようとした行為であると思われる。こうした特徴は、もちろんここでも哲学自体の入る余地を提供するものだが、アルチュセールが主体の位置による「イデオロギー」の書き換えを行った後では、もはや不要であろう。しかし、そうした特徴が対応する問題、すなわち反動的作品がどうやって価値をもちうるのか、さらにいかに反動的思想が「真理内容」をもちうるのかという問題（ハイデッガー！）は、依然としてわれわれにとって十分意味をもつ。イデオロギー自体の概念を放棄してしまえば、われわれはそれを手放すことになってしまう（しかし、それを行うことがポストモダンの根本的な前提なのだ）。

一方、もうひとつ明らかなことは、マルクス主義がその時間的次元——すなわち哲学的問題への解決を将来の秩序（ラクラウとムフ[4]）に委ねることを可能にするもの——ゆえに非難されるならば、アドルノはむしろ伝統的マルクス主義者よりも、さらにマルクス主義者だと言える点である。なぜなら彼の哲学全体はまさにそうした遅延と延滞、延期と将来における和解の展望を軸に展開するものであるからである。しかし、この未来志向の哲学——それは大破局を予言し、救済を布告する——は、ポストモダニズムと後期資本主義の状況における日常生活である「永遠の現在」とは、ほとんど両立しないものであることが認められるだろう。

さて、この異議申し立てでは「全体性」の問題を最後の話題として残しておいた。最終的にこの語が社会や経済システムのような何かを示すものとして理解される場合、しだいに明らかになってきたのは、その使用法を避ける唯一の道はラクラウとムフが行ったように「社会」という概念そのものに負の烙印を押し、それに対する注釈や分析を、もっと穏便な「社会性」（必ずしも彼らはそれに成功しているというわけではないが）とでもいうものに限定してしまうということである。私はこれがアドルノにおける、個人を越えた概念、あるいはまさに超越的概念かどうかという問題に関しては、彼が百科事典の中の「社会」の項目に書いた文章にすでに言及している。そこではアドルノの社会学的思想の本質が簡潔に表明されている。[5]
しかしながら全体性については、読者はまた彼のいわゆる「ドイツ社会学における実証主義論争」に付した異例の「序論」に注意を向けられる。そこでは『否定弁証法』よりもう少し直接的にこの問題と取り組んでいる。

そもそも全体性は、概念として事実から距離をおくのであるから、事実を示すのと同じやり方では全体性の概念を示すことができないというのは、ほとんど同語反復と同じことである。[6]

ここでの誤った前提は、ひとが何かについて何度も述べるのであれば、彼はそれが好きに違いないという考えに基づいているようだ。使者はつねに悪い知らせを運んでくる(そしてその結果痛い目にあう)という原則そのままに、何かを熱心に指摘することが、それを擁護することにすり替わっている。しかし、アドルノにおいて全体性は――たとえその概念の批判的な使用はよしとされるとしても――賞讃されているわけではない。ヘーゲルに対する反論である「全体は非真理である」というよく引用される文章は全体について話すことをやめねばならないという意味ではない。その逆である。

全体性は肯定的ではなく、批判的カテゴリーである。弁証法的批判は全体性に従わないもの、それに反旗をひるがえすもの、あるいはまだ存在しない個体化の可能性としてまずみずからを形成するものを救いだし、その擁立を助けることを目指す。事実の解釈は、解釈自体が事実になることはなく、全体性へと向けられる。みずからの全体性のうちに場所をもたないような社会的事実の存在はありえない。社会的事実は、あらゆる個別的主観のうちにあらかじめ確立されているのだ。なぜなら個別的主観は自分自身の中でさえ、またそのモナド論的構成の中でさえ、その「束縛」に従い、ここではとくに全体性を概念化するのであるから。ことほどさように、全体性とはかくも現実的なものなのである。全体性は個人から自身を遮蔽する、個人間の社会的関係の総和であるため、それはまた幻影、すなわちイデオロギーでもある。解放された人類は決して全体性と同一になることはない。人類の自己内存在はその真の社会的基層としての自己を偽る程度において隷属化している。たしかに言えるのは、これが全体性の概念の論理的分析の目的を成就しないことである。なぜならアルバートがハーバーマスに対抗してもちだしたように、矛盾をもたないものの分析のための分析は、全体性にある客観的矛盾の中で終了するからである[7]。

結局、これまでの過程で描きだしていると願うのだが、矛盾という批判的装置は、全体性の概念と切り離すことはできない。私の印象では、これらの概念装置は、今日では本来のマルクス主義にのみ残存しているものであり、それゆえ、私見では、アドルノがマルクス主義ではないという批判に対する論駁は、大枠で支持されることになる。次にヘーゲル主義的であるという汚名について述べてみたい。

二

しかしながら、マルクス主義に関わるアドルノへの非難は、さらに複雑な様相を呈している。そこにはそれぞれはっきりとした、いくつかの種類の懸念が含まれているように私には思われるが、それらの懸念は、今日のドイツ連邦共和国における進歩的（あるいはハーバーマス的な）潮流がとらえたアドルノの位置の分析によって、もっともよく解明することができる。ここではヘルベルト・シュネーデルバッハによる見事な要約を挙げておく。

これ以降、アドルノのテクストと今日のわれわれとの直接的な交感を不可能にするものは、私の考えでは、理論の歴史における三つの展開である。まず、最近の二十年間に哲学の舞台において根本的な場面の転換があった。そして、他の前線が構成されたが、それは〈批判理論〉がかつてそこに屹立しようと求めたものとは大きく異なっていた。われわれの問題は、観念論的なさまざまな種類の体系構築と随伴するような論理実証主義では、もはやない。それよりも非合理性［ここではさまざまな種類の、フランスにおけるポスト構造主義が明らかに意味されている］と随伴する、多元性の画一的な礼賛が問題なのである。しかし、そこでもまた、その馬車は［フランクフルト学派タイプの］「道具的理性批判」へとつながれることになる。

さらにまたわれわれは、あるときはみずからの意志に反してでも、［西］ドイツにおける分析哲学の受容が教えてくれた新たな種類の厳密な区分立てを尊重せねばならない。この哲学はおそらく多くの問題を解決してはいないのだが、確実に言えるのは、問題をよりうまく定式化してくれたということである。

三番目には、言語の一形式としての唯心論

（mentalism）の問題がヴィトゲンシュタイン、ライルその他大勢の考察を駆り立て、それはさらにドイツのアカデミックな「意識の哲学」に対して、自己の伝統的パラダイムの再考を促したということがある。(8)

これでもまだ足りないかのように、シュネーデルバッハは後の箇所で、いずれにせよ「有名な「虚偽状況の存在論」[Ontologie des falschen Zustandes]（ND 22/11）としての否定弁証法は回復不可能な概念である」と付け加えている。

たしかなことは、より進んだ英米の哲学的流行を取り入れ、自分自身のより高度な段階の成就のしるしとして、哲学における国民的伝統の最後の痕跡を解消したことに満足の表情を浮かべる、この西ドイツにおけるおおいに皮肉な状況の存在である。それは、シュネーデルバッハの第一の指摘は必ずしも正確ではないのではないか、また昔の仇敵——特筆すべきは広い意味での実証主義——はまだ健在なのではないか！　という結論に人々を導く。その結果、この特殊な「分析」は、立場を鞍替えしたのだという宣言に他ならないという印象を与える。もちろんその皮肉は、最近の英米の領域における分析哲学の全般的消耗、およびそこで（まさしく啓蒙の弁証法の精神に基づいて）古臭く旧式であるとして放棄された大陸哲学自体を用いてみずからを更新しようと模索しているという事態によって倍加される。

シュネーデルバッハの興味深い評価の第二の逆説は、一番目と三番目の要点を意図的に分離している点にある。まるで、主観と意識（もちろんそれに限定されるわけではないものの、それらは現象学を中心としていた）の哲学批判が最初に舞台に上げられたのは、当初その非合理性と反啓蒙を指弾された当のポスト構造主義によってであることに、どうやら自分では気づいていないかのようだ。最初の部分で〈理性〉の放棄として否定されたものが、三番目の箇所では意識の哲学の歓迎すべき批判として、賞讃されているのだ。

しかし、引用文中の論争点には目をつむり、また明らかに必要ではあるものの（そして少なくともそれだけで優に一冊の書物が要求されるだろう）ポスト構造主義の再評価へは踏み込まないようにするとしても、(9)アドルノとこれらの潮流との関係について、若干の考察を行うことはできるだろう。思想と言語の関係について言うと、アドルノが伝統的な、すなわち前構造主義的哲学者であること、あるいは別の言い方がお望みならば、彼は新たなもの、ポストモダンなるもの、すなわち理論家への大転換を遂げるよりは、哲学者であり続けたことは明白である。文化の政治学という特有の形式を伴うポスト構造主義の勝利とその言語的曖昧性は、基本的にひとつの確信に由来するが、それは、言語と区別できる思想はありえないし、また「思想」と確認され、指定されたものはすべて、すでにより深い次元で原-言語的（proto-linguistic）出来事であるという確信である。この「発見」が行うのは、哲学的「体系」は一冊の書物あるいは「表出」（Darstellung）以上のものでありうるという幻影を追い払うことである（そしてそれはいかにその言葉を用いようと〈真理〉を表わす形式ではない）。それはまた意識のカテゴリー、とりわけいわゆる自己意識の概念とはあまり調和しないだけでなく、下位概念においても、旧来の感覚や知覚概念（さらにまた直接的なやり方で行われる身体的関係）とも良好な関係にない。

言語自体に対して、また修辞法、物質的および言語的「表出」に対する哲学の近代的関係（これらはまず『否定弁証法』に付された「序論」の末尾に見いだされる）についての、アドルノのそれらしい意見にもかかわらず、彼はポスト構造主義者の場所まで「遠路たどり着く」ことはないと断言できる。また同様に、言語における物質的な具体化――それによって十分効果的に超越、意識、真理の最後の痕跡が消え去ってしまうという意味でも、その具体化は彼にはおそらく実証的なものに映っただろう――を越えて、ある種の思考概念が保持されるということも断言できる。本来の否定弁証法がもつ、アルキメデス的問題がいかに歪曲されようとも、それらは、さらに精巧な、アルキメデス的な脱構築のジレンマとたんに類似しているだけで、決してそれと同一であるわけではない。どちらも体系を批判するために、体系の外部の何かを必要とするが、アドルノの場合にはそれは観念であり、デリダの場合は理想的には言語的な可能性でなければならない。両者の類似性は、どちらの場合にも精巧な形式的ごまかしがなければ、この緊急の必要性が満たされることがないという点にある。

他方、ここで追記しておく必要があるのは、アドルノにおける「概念」は、ポスト構造主義における言語そのものに似て、鉄の厳しさをもった収束的な物象化の体系として機能するという点である。概念は――体系と同一性の内的特性とならんで――われわれがそれを離れて、またそれを意識せずには何かを考えることがほとんどできないものである。すなわち概念は、フランスの哲学批判にとって「西洋形而上学の言語」がまさにそうであるように、理解不能なものとして、われわれとどこかユートピア的な思想の再創造との間に場所を占めている。結局、概念も西洋形而上学の言語も、新しい種類の思想（あるいは新しい種類の言語）は、古い思想がその一部をなしている社会システムが、見分けがつかないほどの変容を遂げるまでは、可能にならないという前提を共有しているのである。

〈理性〉について言えば、[10] たとえハーバーマスによるコミュニケーションの概念がそれを巧妙なやり口で復権したとしても、今日のわれわれの闘争を支える、もっとも重要な支柱を与えてくれると感じることはできない。しかし、そうしたハーバーマスの方法は、やはりひとつの跳躍であり、現代の言語哲学の収穫を、歴史のマニュアルあるいは革命博物館臭がぷんぷんするブルジョア的な過去の哲学的理念と、隠喩的にふたたび同一化するようなものである。そうした同一化は、政治的および文化的決断であるが、私はそうした戦略的決断に関わる公の議論がなされたのを見たためしがない。ひとはこうした偉大なブルジョア革命の理念のユートピア的内容に関するハーバーマスの判断を喜んで受け入れるだろうが、それは彼がこれまで述べてきた理由が、依然として付け加わっているという条件においてのみである。言い換えると、こうした理念の継続的な活力は、それらが元来実現されたためしがないということに由来するのだ（アドルノ自身を遠く彷彿とさせる考え）。しかし、こうした議会民主主義と自由市場の理念が、実際はそれらの歴史的帰結であった経済的平等の概念よりも高次の価値として、いたるところでもてはやされるとき——すなわちわれわれが現在ポストモダンと呼ぶ時代において、ということだが——〈理性〉という啓蒙概念の再生はつねに曖昧になる可能性があり、それが容易に敵から奪還されうるかどうかも明らかではない。

しかし、理性の擁護における重要な戦術的弱点は、道具的理性自体の批判の成功そのものにある。理性は、普遍的シニシズムの時代においては、もはやもとの意味を取り戻すことはできないのだ。しかし、われわれはまたポスト構造主義——フロイトの後を受けて、ポスト構造主義はさまざまなやり方でわれわれが「非合理」と呼んできたものがそれほど非合理的ではなく、他の方法による意図性の実践と等しくなることを示す企てに乗りだした——と結びついた思想の潮流のいくつかの注目すべき業績に触れておかねばならない。こうした論証は延々と継承され、フロイト自身の深遠な啓蒙プログラム、「イドは意識へと変容していく」（"Wo Es war, soll Ich werden."）へとたどり着いたのである。無意識であったものが海より再生されるのだ。こうして感情からファシズムまで、広告から宗教、神秘主義まであらゆるものが、それらがもっとも初期の上品な中産階級（彼らは自身の無意識の情動を押さえようとして、より強力な非合理の概念を必要とした）にとってそう見えたものよりも、はるかにもっと透明なものにわれわれには見える。こうして従来非合理的と考えられていたすべてのものの、より深い意図性に対する理解がこのように増大したという事実――理性ではないにしても、より柔軟な意味の概念の場のこうした拡大――はまた、先に述べた虚偽意識としてのイデオロギーという古典的なマルクス主義的発想における変容を説明することにもなる。またその立場からしても、〈理性〉は、旧来のマルクス主義的な「科学」（かつてよき同胞として「イデオロギー」に随伴していたもの）の概念よりも、それほどすぐれて現代的であるようには見えない。

それは、ソシュールのコミュニケーション的円環《ループ》と同じように、より新しい理性の概念とも関わる。そこでは、われわれが送り手について語っているのか、受け手について語っているのかが重要である。この場合、理性は送り手の視点、つまりつねに理性的で合理的である行為を行うことを意味するのではない。むしろ受け手の視点、すなわち行為者の理由がどういうものであり、そもそもそれがなぜなされたのか（あるいはあれこれの位置や価値がなぜ擁護されるのか）を、つねに理解することである。しかし、フロイト（実際はマルクスが最初だが）やニーチェ以降、あるいは狂気について発言したフーコー以降、すなわち人々の行為に対するわれわれの共感（しかし、この語はルソーでは理解の意味であり、それも積極的な意味づけではなかった）が一挙に拡大して以降、われわれの理性の観念そのものが、その本来の領域をはるかに越えて、厳格で上品な中産階級が「非合理」と見なしていたものの多くを取り込んでしまったと想定されるかもしれない。（カント的な普遍性を検証するために言語における「さまざまな理性」を炙りだすということに関して言うなら、「シニカルな理性」の時代にはもっとも「非合理的な人々」でさえ、なぜ彼らがやろうとしていることをやりたいと思うのかを、微に入り細に入り喜んで話してしまうだろうという恐れを私はいだいている。）

実際、あらゆる悪魔的形式を備えた〈非合理〉そのものを、〈理性〉に対する唯一の対立項と考えるような伝統とは若干異なった伝統に立つ概念性によって、こうした新しい解釈の様式を包摂することが可能に思える。実のところ、このもうひとつの伝統がまたフランクフルト学派の伝統でもあった。ハーバーマスの非難――『啓蒙の弁証法』に含まれた批判は、その批判の出発点ともなり支えともなる真理の座を提供していないという一見激烈な議論――が奇妙に平板に流れてしまうのは、そうした理由による。というのは、（迷信の洗練された道具として弁証法という用語をカントは残しておいたわけだが、そうしたものとしてではなく）真理の上級様式としての弁証法をヘーゲルが回復するとき、カント的な機能が再配列を受けるからである。すなわちそれは、悟性（Verstand）を超越かつ包摂するものとして立ち現われる理性（Vernunft）ないし弁証法的理性であり、それを表わす術語として分析的理性（あるいはフランクフルト学派が再命名した語を借りれば、道具的理性）という表現が、取っておかれねばならないのである。いまだに存在しない社会組織に対応する弁証法的理性は、いまだいかなるヘゲモニー的な形式においても、存在するにいたっていない。集団としてまた個人として、ポスト構造主義者たちは、それぞれハーバーマス自身と同様に弁証法の理念に敵対していた。だが、その一方で、文化的なものと「非合理的なもの」に関する彼らのさまざまな解釈学は、弁証法的思考の力を将来拡大する一助となると考えられねばならない。

それゆえ、〈理性〉の概念にまつわる問題は、理性自体というより、それに対置されるもの、すなわち「非合理」ないし「非合理性」という私的な用語ということになる。それは今や、ひとが除外したいと思うものすべてのゴミ捨て場であると言えるまでに拡大している。これは今日西ドイツで見られる、アドルノに対する第二の異議申し立て――それは少なくともシュネーデルバッハの文章では潜在的でハーバーマス自身にあっては疑いようがないのだが――へと、われわれを導いていく。すなわち、道具的理性批判は、〈理性〉のいかなる概念――哲学そのもの――をも不可能にするがゆえに危険であるという結論に、われわれを導いていくのである。アドルノの「哲学」はこうして最終的に美学の問題として見ることができる。[11] しかし、そうだとすると、アドルノ哲学において「生きているもの」は、つまり「死んでいるもの」と同じであると理解するには、哲学に精通した見識は必要ない――実際、哲学と関わりのない人文主義者であってもその含蓄は理解できるであろう。というのは美学――ハーバーマスの近代性概念の三番目の領域であり、彼の議論はこの点に関してはきわめてカントに近い展開をする――は一種の鋳型であり、そこには上に挙げたようなさまざまな曖昧な事物が、非合理なるものという題目のもとに委ねられる。しかし、そこがそれらにとってふさわしい場所なのだ。なぜならそこでこそ、それらは監視され、必要時には管理できるからである（美学はどちらにせよ非合理的衝動に対する安全弁のような働きをするものと考えられる）。しかし、その非難が些細なものを――たとえばアドルノが取り上げた他のすべてのものに対する有効性をたんに否定することでアドルノの思想の美学性を主張するといったこと――でないとしたら、それはその力を抽象的思考と、本来そういうものとして議論されるべき（そして、たとえば、ポスト構造主義においてその地位を追われる）「たんなる」美的表象との乖離から得ているのだ。この点でシェリングを引き合いにだすことは示唆的であるが、決して決定的ではない。実際のところ、ロマン派に対するアドルノの敵意と、カントならびにヘーゲルへの関わりを見れば、その図は逆転することがしだいに明らかになるだろう。

ハーバーマスは、ミメーシスが絶対的に必要でかつ定義されえない概念である限り、それがアドルノ哲学におけるこの美学化の傾向の源泉であるとして、より興味深い議論の端緒を開いた[12]。ミメーシスとは「真理の意図からはずれたこの原初的理性の代行役《プレースホルダー》」なのである。この概念が現在の中心的位置を占めるためには、「ホルクハイマーとアドルノはミメーシス理論をさらに前進させねばならなかったのだが、それは彼ら自身の考えによれば不可能なのだ」。しかし、先にわれわれが示そうとしたように、ホルクハイマーとアドルノは、ミメーシスを、芸術における場合とまったく同様に、思想と哲学においても十全に作用している衝動ととらえている。つまり、ミメーシスを芸術だけに限定した、いかなる特権的関係も想定されていないのだ。

これを正反対の視点から見ると（というのは私見ではそれだけ反対の方向へと誤解が進んでいるので）、アドルノ美学において芸術作品の真理内容の概念が存在するということは、芸術作品だけが真理への橋渡しを提供するのであり、それによって哲学に取って代わるのだという主張とは、何ら同じものではないのはたしかである。ここで哲学に取って代わる云々は、ビュブナーが激しい口調で述べたように、「芸術と哲学とがヘーゲルにおけるように互いに対等な立場に立つという関係を逆転する[13]」とも言い換えることができる――これはルカーチにこそ当てはまる特徴であるが、アドルノには該当しない。なぜなら、ルカーチにとって本来の「哲学」はすでに実現されていたが、アドルノにおいてはからくも「生きながらえていた」というだけなのだから。（ビュブナーはさらにアドルノが脱自然化された芸術自体に詰め込みすぎた哲学的要求について嘆いているが、これはまたまったく別の問題であり、アドルノ哲学のいわゆる「美学的」性格というより、彼のモダニズムに関わる問題である）。哲学者ではなく、「文化労働者」であるだれかが、美学的言及の割合が異常にかつ理解できないほど高い書物を書く哲学者に接した場合、こうした懸念が文化ないし日常生活（美学は言うまでもなく）を正面から取り上げることのなかった社会科学者や哲学者の困惑を反映しているのではないかという疑念が湧いても仕方ないだろう。

しかし、実のところアドルノは、カントやルカーチと違って、美的経験の「特殊性」についてはほとんど語ることがない。彼にとって特殊性は自明であるが、それを基礎づけ、擁護しようという関心はない。アドルノの美学が提起した問題――彼の美学が提起しようと願う問題、美学にとってもっとも緊要で興味深い問題――は、それとは反対に、つねに歴史的なものである。それは近代の性質、唯名論の危機、形式の運命である。アドルノにあるすべてがこの美学につながるとすると、アドルノ美学のすべては、ふたたび歴史の方向に流れだしていく。私は、彼の哲学への貢献はすべて、抽象的・哲学的問題は根本的には歴史的問題であり、社会的で経済的なことがらに「参加」（プラトン的なメテクシスの意味で）するものであると示した点にあると述べてきた。同様に、われわれが何度も彼の美学についての文章で出会うのは、まさにこの教訓である。これまで見てきたように、これらがまさに形式的問題を実質的な社会経済的問題に書き換え、コード変換する真の方法論的原則である。その場合、アドルノの哲学が「たんに」美学であるにすぎないと見事に示したからといっても、それは長期的に見てなんら気休めにはならないだろう。

今日、西ドイツの進歩的思想においてすら行われる第三の異議申し立てが、多くの点でもっとも興味深いものである。しかし、それはまさにその申し立てが本書では詳しくあつかえない新しい種類の探求を志向するという理由からである。これは有名なスローガン「虚偽状況の存在論」［ND 22/11］に対する、一見するとおざなりな否認の裏にうごめくものであり、もっと大きな意味では、より基本的な（美学的ではない）やり方で哲学を「修めている」というアドルノの主張を明確にする。このスローガンで暗黙のうちに了解されているのは、実は後に資本の論理という名で知られるようになったもの、すなわちアドルノその人に鼓舞された若い哲学者たちの、経済と資本から派生した論理的カテゴリーによって伝統的論理を批判しようとする試みである。資本の論理の強力な「一章」は、すでにアドルノが定立した概念の「同一性」と交換の構造の同一視において展開（さらにそこで検討も）されている。しかし、この新しい哲学的アプローチを十全に展開させれば、さらに多くの問題が生じることになるだろうし、そこではすでに言及したマルクスにおける二つの明白な段階が明確に規定される必要がある。ひとつは商品の論理であり、もうひとつは大きく異なり、さらに複雑で弁証法的な資本、あるいは資本の上に発展する価値の論理である。

実際、交換の契機からの派生物が一般に「同一性」と呼ばれるものであり、その背後にわれわれがすでに展開した主題や分析群を従えるとすると、資本そのものの、より複雑な出現に基づいた派生物は、それとは区別されなければならない。（地域的な変奏を含む）交換はおそらく大昔からのものであり、同一性や論理的比較の概念は人類の誕生以来そこにあった。しかし、資本はその上に積みあげられた後代の独自な歴史的構築物である。それはそれ自身の独自の論理的派生物を引きつれており、その大部分は、個人的な力の複合でもあり、かつ単一の全体的な力としても存在するという、資本の逆説的運動のまわりに集中している。マルクスの『資本論』全三巻のまさに骨格をなすこの運動は、ロスドルスキーが『資本論綱要』に付したその注解[14]において確認され、詳細に説明されたものである。そこで、たんなる同一性の形式ではない、論理的形式が生成されることが期待されるわけである。実際、われわれはアドルノのもうひとつの大きな主題的モチーフ、普遍と特殊の間の緊張という文脈において、それらを確認することになる。というのは、そうした複合的な主題とは、（遍在する「非同一的なもの」とともに）「同一性」の手近にある都合のよいスローガンではないのだ。むしろ、その機能が、より歴史的な危機の用語である「唯名論」のまわりに集中する様子を見る方が都合がよい。それゆえ、より体系的に資本論理を解明するためには、それぞれ交換と資本の派生物である同一性と唯名論という二つのモチーフを、注意深く区別しなければならないのである。

しかし、この探求の路線をハーバーマスがややおざなりにして踏み込まなかったために、この本来は水と油と言うべき二つの契機は混同されてしまっている。

マルクスは商品の自然形態から価値形態への変容を論ずるとともに、商品の使用価値と交換価値という二重の形態を分析している。この目的のために、彼はヘーゲルの抽象の概念を援用し、本質と仮象との関係に対するのと同じように、使用価値と交換価値の関係をあつかっている。このことが今日われわれに困難な状況をもたらすのだ。われわれは、ヘーゲルの論理から再構築の作業をすることなしに、このような基本概念を取りだすことはできない。マルクスの『資本論』とヘーゲルの『論理学』の関係に関する徹底した議論は、これらの困難を解消するというよりは、逆に困難をはっきりと浮き彫りにしている。それゆえ私はここで商品形態の分析に踏み込もうとは思わない。ルカーチも同じくその手前で踏み留まっている。彼は、製造者の労働力が商品となる程度に応じて生ずる物象化の効果に対する興味しか見せていない……。[15]

この文章は重要な分岐点、今回はいわゆる物象化理論との分岐点を示すものであり、マルクスの生産論に対するハーバーマスの批判（マルクスはハーバーマスが論じるほど十分に生産論者ではないため、マルクスとマルクス主義はほとんど痛手を被らなかった）よりも、おそらく大きな意義がある。ルカーチそのひとへの言及は、適切であるが焦点がずれている。なぜなら資本論理はむしろアドルノからきているものであり、必然的に単純な商品形態に対応する論理カテゴリーの問題をはるかに越えているためである（単純な「物象化理論」に対するアドルノ自身の苛立ちはそこに含まれる論理的問題の複雑性のとらえ方を証拠立てている）。

ポストモダンの時代において、はずみがつくといった考え方は、一般的に効果的ではない。たとえば、これらの事実は十分否定されたことがはっきりしたので、次に何か別のものを目指すことができるといったような主張がそれである。その点カントは賢明であった。彼は（何にもまして決定的な）神の存在論的証拠に対する彼自身の「反証」は、いかなる「実際的結果」も招かないだろうと理解していた。しかし、たとえば、多様なポスト・マルクス主義の文脈において、ハーバーマスであれ、デリダであれ、あるいはもっと平板なヒンデスやハーストであれ、彼らによって事物の見方の様々な様式がもう完全に時代遅れになったと主張される場合には、われわれは絶滅が推定された種が、近い将来このリストの中に復活することを、自信をもって予想できるだろう。（分析哲学がわれわれをさまざまな「疑似問題」ないし「形而上学的生き残り」から解放すると見なされていた状況についても、まさに同じことが言える）。しかし、肝心な点は、ポストモダンは伝統や規範《カノン》を回避するがゆえに、この種のものは、決して自明のものとしてとらえることはできないということである。何かが証明されたとか反証されたと言明することはだれにもできない。さらに理論の運動はあらゆる瞬間に再生されねばならないのだから、それは伝統的なやり方で「はずみをつける」ことはできない。

ともあれ、時代精神《ツァイトガイスト》（あるいは「われわれの時代の精神的状況」）についてのハーバーマスの次の予測は単純にまちがっていると私は考えている。すなわち、風に舞うわらくずのいずれもが迫りくるヘーゲル主義の再生を指し示している。それは新しい種類のものでおそらく資本論理の再生を引き連れてやってくるのであり、現在それが栄えている場所（基本的にはいわゆる国家に由来するタイプの政治理論[16]）には留まらないという予測である。この再読から現われるヘーゲルは、見なれない唯物論的数学者としてのヘーゲルであり、『資本論綱要』以降にやってきたヘーゲルである。それはマルクスの最初の重要な未刊作品である、『法哲学』への注解の文章に先立って存在した、観念論的保守主義者としてのヘーゲルとは似ても似つかない。一方、日常生活と「文化」の研究（アドルノがその語を使おうとした範囲よりも広い意味での）という全面的に新しい領分における資本の抽象的ないし論理的形式の影響についての探求は、例の悪名高い、しかし、独創性に富んだ「文化産業」の章の含意のいくつかを矯正するものと期待されてもいいだろう。

三

ここで、先に示唆したようにアドルノの思想において推定される本質的な「モダニズム」という文脈から、アドルノの思想におけるもうひとつの異議申し立ての星座配列を定式化することができる。それは、彼とわれわれ自身の「ポストモダン」という時代との関係について、最終的ないくつかの考察へと導いてくれる主題である。しかし、それはここではアドルノと本来の美的モダニズムの関係とは若干異なる問題であって、作家として――すなわち本質的に哲学者として――の彼自身の近代性《モダニティ》に関わってくる。実際、いかなる文化的ないし美学的共感によってもまったく汚されていない「近代的」哲学の企てを想像することはそれほど困難ではないだろう。

こうした探求にさいして、チェックリストから始めるというのは、どうやらそれほど効果的とは思えない。われわれはすでにアドルノの作品のうちに、「近代」をもっともよく特徴づける、徴候や標識の候補になりそうな膨大な痕跡を目撃してきたし――たとえば私はすでに彼の作品に漂う自動言及性について、とりわけ作品が解体し、消失していく過程の中で、価値を保存する独特な機能と言語をみずからに規定する際の自動言及性の息づかいを取り上げてきたのではあるけれども。そこで視点の問題が重要な点として浮上してくるが、それは一九六〇年代の思索における、さらに切迫したアルキメデスの点にはまだいたっていない（「歴史の主体」は学生なのか？　あるいは下層階級なのか？）。また、それは決闘を求めて投げつけられる手袋のような『ミニマ・モラリア』の冒頭部分と同様、階級特権という視点からしばしば答えが返されている。あるいは同じように直截な『否定弁証法』（ND 51/41）の議論でも、それは明らかである。「『管理された世界によって』完全なかたちで鋳型にはめられなかったものだけがその世界に抵抗できるのだ」。これは不労所得をもつ知識人の弁証法において、ホルクハイマーが望んだ地点よりもさらに先をいくものであるが、その種の人々が事実上ひとりもいなくなってしまった一九六〇年代においては、明らかに問題となってくる。熱狂的に見者や予言者の衣装をまとっていた近代のカリスマ的な芸術家たちが、自分たちを支えている手足の性質をはっきりと認識できていたのかどうかは、明らかではないが、（哲学者の問題に代わって）詩人の問題が首をもたげるときにはいつでも、ある程度の自動言及性がそこに見られるのである。

アドルノの手中にある主題の直接的な歴史性は、次の明白な段階とともに、根本的なモダニストたるべき資質に関する万人にとっての第一の候補をとりわけ示唆する。すなわち時間と時間性、およびある種の哲学的歴史性であるが、おそらくはもっと具体的にこのモチーフを、歴史を把握するための様式としての時間的広がりへの注目というかたちで特定すべきであろう。すなわち、ともすると「事実」と個々の事例の集積でしかなくなる外部的・集合的歴史の原動力を把握する手段としての、実存主義的な時間の延長と保留の使用として特定すべきであろう。こうなると、歴史主義者としての情熱、あるいは日記作者や自叙伝作家に珍重される「内的感覚」というどちらの視点も、本質的には「近代的」ではないことになる。他方、近代における主観性の、膨大で技術的な――お望みならば科学技術的と言ってもよいが――拡大には、一時的登録と銘記のための目覚ましいまでに新しく、建増しされた実験所とでもいうべきものが含まれているが、そうした拡大は、想像を絶するような形成中の歴史的な痙攣、および世界の終わりと始まりを示唆するような路上からのかすかな声に対する気もそぞろの警戒と、手に手を取って展開していくように思われる。

近代にまつわるこの第二の歴史的・社会的次元が、主に「時間」と「自己」という分類のもとにモダニストの神体を収集する北アメリカの人々の間では失われてしまったとしたら、それは――アドルノが教えてくれているように――アメリカ政体の成員が危機や激動、革命、世界の滅亡――古い貴族政体からの終焉であれ、いかなるかたちでの「世の終わり」であれ――を悪い意味もしくは非難すべき意味で、色濃くヨーロッパ的であると考えているからである（「歴史」とはアドルノが「臭い」[MM 259-61/195-6] の中で北アメリカ人の特性として挙げた金銭にまつわる単純な無作法さとは逆に、ヨーロッパ人がそれを恥じるべき何かということになる）。

アドルノにおける時間性がもつ特定の近代的機能を特徴づけるものについて、われわれはすでにそれを特定し始めている。とくにそれは、逸した機会と時期外れの生存に対する個人的かつ個性的な意味と、今やたんなる非共時的歴史パラダイム以上のもの——後者において、社会的・生産的発展の「段階」は積み重なり、崩れ落ち、私たちを待たせたあげく、すでに起こってしまったものとなり、やはりすでに忘れられていってしまう——との間の調整の中に特定できるのだ。

しかし、私の意見では、この種の個別の主題は、たとえ時間性のような根本的な主題であっても、ある種の思想（ないし形式的表現）のモダニスト的鋳型を説明するには十分ではない。その理由はすでに、ベンヤミンとアドルノの（きわめてモダニスト的な）「星座配列」論そのものへの傾倒において与えられている。それは流動的で展開的な要素の集まりであり、それらの全体としての構造を示すものは、実質的な内容ではなく、要素同士の純粋な関係の方である。すなわち、星座配列にあっては、すべての内容同士の関係以外には「根本的な」特徴も、中心も、「究極的な決定審級」も、最重要事項も存在しないのだ。この概念は、まさしくアルチュセールを先取りしたものになっている。それはまた依然として、デリダがレヴィ＝ストロースのこれと関連した構造概念についての重要な論文で示したように[17]、中心性や統一的（有機的とまでは必ずしも言えないとしても）な形式へのノスタルジーじみたものを抱え込んでいる。この論文は、いわゆる現在のポスト構造主義への始まりと見なされているが、実際、そこでのデリダによるレヴィ＝ストロースの隠れたモダニズムの暴露こそが、遊戯と恣意性に基づいた（手短に言えば、何のことはない「美学」そのものに基づいた）ポストモダニズムの始まりに向けての第一歩を形成したと言ってもよいのだ。

私見ではここが、アドルノによるモダニズムの説明の出発点である。とりわけ、それが、現下の読解においてアドルノの「中心」となっている「全体性」と「普遍と特殊」という、あらゆる問題含みの概念へ回帰することを要求しているからである。しかし、デリダによる分析は、当然のことながら発生期のポストモダンの言葉で行われ、その未来志向あるいは草創期的視点から書かれたものであり、近代という視点から見れば、事態はまったく違ったものと見えるだろう。また、表象自体に対して危機と関与という二つの視点から内容を書き直せば、さらに妥当性が増すであろう。というのは、アドルノが教えていること——それはまたポストモダンにおいて現在は封印された近代の神々の古典へと戻ることである——は、表象の問題が興味をそそり、身を切られるほど苦しく重要になってくるのは、全体性の概念がたんなる「統制的観念」を越えたものとして、その位置が維持される場合だけだということなのだ。

個々の事物の表象はせいぜいのところ美的鑑賞か純文学的興味の問題である。また表象は、社会的全体性への現実的な接近が当たり前のこととされ、前もって与えられたものである場合には、それ自体として懸案やジレンマのかたちで表面に現われることもない。全体としての社会の把握可能性に対する根本的な美学的、認識論的疑惑が感じられ始めるのは、せいぜい資本主義の第二の段階である独占段階であるか、またさまざまな国家主義的な枠組みを越えた古典的な帝国主義的システムの勃興期にすぎない。そして当のモダニズムを導入し、それに特有の表象というドラマを構築するのは、まさにこの根本的疑惑なのである。その一方で、ポストモダンであり多元国家的である時代において、「全体性」がもはや有効性をもたない問題に見えてしまい、その喪失が諦観をもって受け取られ、道徳的・政治的理由からそれを回復しようとだれも思わなくなるとき、もっとも差し迫った表象に関わる諸問題（形式的自然および哲学的自然のそれ）が抜け落ちていく。

しかしながら、アドルノの著作における中心的緊張はまさに、社会的全体性とその内部の個々の主観との間の客観的緊張と軌を一にした、普遍と特殊の関係性のもつ緊張であった。それゆえ、とりわけモダニスト的なこの緊張は、それが哲学的表出の様式としての否定弁証法自体がもつ特別な建築術的解決を決定づけるかたちで、個々の文章に刻まれている。その緊張は先に述べたように、形式としての「エッセイ」の擁護論においてふたたび救出されることになるわけだが、その価値は現在もっと見なれたものとしてのポストモダン的価値と容易に見紛うばかりである。最後に言うべきことは、アドルノによる表象に関するモダニスト的問題系についての議論は、今日のわれわれの中心的な興味の問題を含んでいると言えるほど、未来を先取りしたものだったということである。そのため、われわれは原則的に、自分たち自身の現在の外部から、近代の古典へと興味を移さなければならないのだ。それは、近代そのものの消滅とその喪失の理由、さらには否定性もしくは「批判理論」を明確に過去のものとするであろう知的風景についての迫りくる懸念について省察し、それを主題化するということである。

四

われわれは、国家間の不平等を依然として保持したままの、不均等な横断的国家領域におけるポストモダニズムの最終的発展段階にいるわけだが、そうしたわれわれにとってのアドルノの価値を確定しなければならない地点にきているようだ。（おそらくこれには限定字句が必要であろう。たとえば先進資本主義国家の知識人たるわれわれとか、さらにいうと北アメリカ知識人としての「われわれ」というように。）

ここでの出発点は、アドルノがポストモダニズム的でもあると申し立てる、あるいは少なくともある種のポストモダン的なアドルノが存在することを申し立てる可能性を認めることである。しかし、この申し立ては規範的な著作、たとえばシェーンベルクやストラヴィンスキーを相手に『新音楽の哲学』が築き上げた巨石建築のような、近代の高級芸術に関する威厳のある懐古的な構築物ではなく、もっとなじみのうすいテクストに基づいたものでなければならないだろう。とりわけ論文「無形音楽について」[18]には、ケルンのラジオ局を中心に組織された新しい戦後音楽の制作と、現在ではよく知られたブーレーズやシュトックハウゼンといった名前につらなるクラニヒシュタインやダルムシュタットにおける実験的音楽のコンサートに対する、彼の共感と支持の気もちが豊富に収録されている。マーラーやベルクに関する著作においても同じであるが、そうした共感によってシェーンベルクの中心的意義に対するアドルノの歴史的評価を、このウィーンの作曲家兼理論家への特別に個人的な好みあるいは傾倒と混同するのはまちがいであることが判明する。彼はシェーンベルクの行き詰まりを率直に何度も描きだしているのだから。

一方、分析の修辞法を文字通りに取ることはまちがっているし、音楽体系における最終的矛盾に見えるもの――しかし、同様の判断は他の芸術に関しても下されている、なぜならそれらがもつ類似の矛盾は歴史的時間の性質自体のうちに障害を構成するからである――を力強い筆致で述べている点をとらえて、もはや作曲をやめるべきだとアドルノが示唆していると想定することもまたまちがっている。またアドルノ自身も作曲活動を放棄することはなかった。「無形音楽」という概念はすでにきわめつけのポストモダンであるが、それは、その概念が、随時性ないし偶然性の形式――（音楽の）歴史から落ちこぼれようとする努力とともに、ただ一回使われるために作られる規則――におけるシェーンベルク的なタイプに対する予測可能な反応とともに、モダニズムの美学的時間、変化、進歩という不可逆的な必然性に対する反抗をも内包しているという意味においてである。（ジョン・ケージに対する優しい言葉さえあり、これらすべてはイタリア語の「弱い思想」（pensiero debole）の一部を、音楽領域に移し替えたのだと思わせるほどだ。）この歴史論理の弛緩は、同様に矛盾の多い状況でベンヤミンが提起し、企画しようとした新しい美学とは、当然のことながら、おおいに異なっている。

しかし、それはアドルノの思想において、彼がときおり自分の作品の重要なプログラムとして繰り広げるある種の流れと一致している。とりわけ論文「形式としてのエッセイ」[19]における体系の拒絶の強調と、断片的で随時的なものへの関わり、および傑作や建築術的真理への伝統的なゲルマン的思慕を避ける瞬間の自由への傾倒がそれである。この特殊な修辞法はどこかイエナ・ロマン派[20]を想起させるが、私には格別アドルノにおいて説得力があるものだとも、ルカーチにおいて説得力があるものだとも思えない。この修辞法を始めたのはルカーチであるが[21]、彼はあらゆる誘惑からの陽気で無責任で気まぐれな解放を表明（ニーチェのように）しているというよりも、アドルノと同じように、自分自身の強力な体系の精神（esprit de système）に反して、だらだらと際限もなく議論を続けているのだと見なすことができる。

たしかにアドルノは「断片」的（とりわけ『ミニマ・モラリア』の中で）な文体で軽く書かれた非常に多くの掌編を生みだし、非常に破壊的で的確な種類のアフォリズムを量産した。だが、肝心な点は、偉大な体系の終焉という状況における哲学化という概念そのものにある。『否定弁証法』の「モデル」はリチャード・ローティが提起し、ときに「ポストモダン」と呼ばれる「非形式的な哲学」（philosophie informelle）というタイプの実践を示唆しているのだろうか。これはおそらく随時的な事象、臨時の問題解決、さらに一種の「開かれた思考」――彼の言葉を使うと、「恣意性への転落に対する何の防備もなく、またそのような危険を排除してくれる主題の最終的浸透をなんら保証することもない開かれた思考」(ND 45/35) ――の哲学化を含意しているのだろう。開かれたものと閉じたものという修辞法は、今ではもう瞬時に重大な疑惑をよび覚まし警報を鳴らさねばならないもので、きわめて不吉な様相を呈している。しかし、私はこうした無作為で偶然的なやり方では『否定弁証法』を読まなかったし、彼を「後期ロマン派」と規定することに劣らず、彼をポストモダンと規定することがふさわしいとは思わないことを明らかにせねばならない。しかしながら、彼がポストモダンの勃興の可能性においてしかるべき位置を占めていたことは、疑問の余地がない。

しかし、文化的主流という強い意味でのポストモダンにおけるアドルノの今日性は、別のところで、つまり哲学的、社会学的論争において、追求されねばならない。実際、アドルノが実証主義と呼ぶものは、われわれがまさに今日ポストモダニズムと呼ぶものであり、その違いは前者がひとつ手前の段階にあるというだけである。用語における変化はたしかに重大なことである。たとえば息の詰まるプチブルの共和主義的な科学哲学という言葉が、そのタイムカプセルの繭から起き上がり、超大国、多国籍的資本主義の小春日和における消費主義的日常のまぶしい輝きを意味するようになる。同様に、真理は最新の商品となり、ブルジョア的上品さと「気品」はスーパーハイウェイと海岸になり、旧家のもつ権威主義的家族と髭をたくわえた教授は、寛容の精神および、権威(これはしかしながら今でも権力をつかんでいる)への尊重の喪失へと姿を変える。アウシュヴィッツ以後に詩が書けるかという問題は、プールサイドに寝そべりながらアドルノとホルクハイマーを読むことに我慢ができるかという問いに、置き換えられてしまったのである。

それゆえ、実際にアドルノとホルクハイマーがわれわれに提供してくれる最初のサービスとは、すなわち、ショッピングモールの汚染された日の光の中で、ぞっとするような、切迫した何かの意識を回復させてくれることなのである。それは、より古い古典的ヨーロッパ風の運命と危機の意識であり、EU域内共通市場諸国でさえ、サナギから蝶への変態で脱ぎ捨ててしまったものなのだが、今では年配のおんぼろ社会となったアメリカは、その意識をうまく使うことができるのである(これはつまりサルトルがかつて言ったように、自分の父親の年を越えるということと似ている)。しかし、それは表象に関わる問題である――すなわち三〇年代に見られたような、錆びついたレールや廃棄された工場の写真であり、消費社会と、われわれが五〇年代にいだいていたそのイメージ（白い歯と笑顔）に対する批判なのだ。これらは、たとえ思いがけない構造的な結びつけられ方をしたとしても、今や過去のことがらである。真の問題は、おそらく先に述べたように、表象自体、すなわちこの全体性の表象にまつわるものであり、それがかかりに存在するとしても表象不可能だし、知ることもできないという点で、あらゆる種類のポストモダニズムは意見を一致させている。おそらく弁証法――例のこちらを苛々させ、むかつかせる否定弁証法でさえ――とは、われわれがいまだ試みたことのないこの不可能事に挑むことである。それは少なくとも、頭の内部とその固定観念へと、一瞬たりともそれらが個人的であるとか主観的であるとか信じることなく、さかのぼることから始まるのである。そうした思考が最後になんとかはい上がり、眼窩のひとつから外を見る（『勝負の終わり』の登場人物のように）ならば、はしごが崩れる前に、何かリアルなものを一瞬だけ目にするかもしれない。

実証主義は、より古いパラダイムに関する哲学のように、自己を実現することで自己を廃棄したときにポストモダニズムになる。アドルノはその使命の一面について力説し、それによりひとつの有用な説明を加える。実証主義は、主観的なものが思想、解釈、意見の形式を取る場合に、主観を廃絶しようとする（おそらくそれはまた詩的、感情的、修辞的なものなどに呼応する言語も廃絶したがっている）。すなわちそれは唯名論であり、唯名論の特性としてわれわれを経験的現在（あるいは他の状況や他の時間的契機を想像するための唯一のパターンとして経験的現在を使うこと）に還元しようとするのだ。実証主義は価値自体、および目的の問題（いわゆる「道具的理性」の定式化）を提起するあらゆる思考を廃棄しようと願う。その際、弁証法そのものもその中に含まれ、また「終焉」を約束する他の幻視的なイデオロギーもすべて含まれる。

その意味で、ポストモダンとはまたリベラリズムの成就であるとともに廃棄でもある。リベラリズムは、伝統的保守主義と同じように、もはやイデオロギーとしても価値としても維持されず、イデオロギーとしての死の後にたんなる常識となり、もはや政治的日程にのぼらない市場システムへの関与としてのもっとも伝統的形式において自己を実現することで、より力を発揮する。そうした実証主義のすべての批判は当を得ていると同時に役に立たないものである。なぜなら、それらは時代遅れの表象と手垢のついたイデオロギーだけを動員しているからである。この時点で、思想の不在について語ることさえが意味をもたなくなるが、そのことは最初から望まれていた事態である。もはやそこにないものは、一度もなかったものと同様に、あるいはこれからも存在の見込みも希望もないもののごとく不在である。存在だけが残されているが、われわれはそれをその名前で呼ぶことができない。なぜなら存在という言葉そのものが、その反対物である不在がなければ意味がないが、不在はそうした循環からこぼれ落ちてしまっているからである。

アドルノは、強力な反体制的な流れがまだあり、彼の気まぐれでつむじまがりの静観主義が政治に参加しようとしない読者をその流れから引き離していたときは、信頼できない仲間であった。現在、こうした流れそのものが静止状態にあるとき、彼の毒は「現状」の表面に塗布すべき喜ばしい解毒剤、腐食性溶剤となる。彼の古めかしい経済学でさえが、今の状況に妥当した時宜を得たものとなる。とりわけ彼自身の時間構築の展開に沿った、独占資本に関する、まるで大時代的な教説が、自己イメージ不在の状況にあっては、まさにわれわれにとって必要なイメージなのだ。なぜなら、それに駆り立てられて、彼はシステムを奥底の細かい裂け目にまで追い込んで追跡できたからである。それもパラノイアに陥ることなく、また現在の潮流――それは、われわれが探していたと思っていた、いかめしい窓のない司令部の代わりに同じ顔をした商品（あるいはその様式を変えた類似物）を大量に送りだす――の脱中心化によって混乱した人々に、今なお範例を与えることができるほどの成果を上げている。

不均等な発展という初期段階の状況では、アドルノの弁証法（およびいわゆる西欧マルクス主義全般）は、特殊で局所的な第一世界のマルクス主義として理解することができた。それは知識人の所有物であり、低開発体制、あるいは社会主義的構築が要求するものとは大きく異なる特別な知的道具であった（とはいえ適切な状況で適切に使用されればそれは以前に劣らず有効である）。等しく不均等なやり方で起きた急激な世界システムの新たな膨張により、従来の不平等は無効にされ、われわれがいまだよく理解できない別のものによって取って代わられてしまった。新たな植民地状況下にある第三世界の解放運動は、一夜にして干乾びてしまった。かたや、現実に存在する社会主義体制は、日向の雪もさながらに溶けてしまっているようだ。しかし、マルクスが描きだした人類と社会関係の社会主義的変容は、その可能性の条件を高度の生産性と発達した技術の体制に求めており、これは希望的観測によって実現できるものではなかったのだ。スターリン主義が舞台から姿を消したのは、それが失敗したからではない。成功し、低開発国での急激な産業化促進という使命を果したからである（また、それにより第三世界の多くの国々に適応されるモデルになった）。ゴルツが示したように、その意味で共産主義は社会主義への「第一段階」なのだ！（ポーランドにおいていかに単一の全体的統制――国家――が全国的労働運動の台頭を導く前提条件であったかを想起すれば足りる。）ここでの問題は――どこでもまだ解決を示されていないが――いかにして第二段階の到来を確実なものにするかである。

実際、〈党〉による、社会主義モデルの展望の再創造、展望の提示というイデオロギー的責任の放棄に続くのは、国家における真空状態であり、それは同時に、暫定的ではあるが、権力を握った知識人あるいは知識階級の登場によって埋められる。未来のマルクスならば、『ブリュメール十八日』の類似の部分を焼き直し、この階級がそれ自身の職業組合的価値（言論の「自由」と「自由」な選挙）の獲得を言祝いで強固なものとし、その後で漫然とその生産体制の危機に直面して不満をもらし始め、偉大な同盟者で「自由」の擁護者たるアメリカに金銭的援助を仰ぐために再結合するときの幸福な体制を皮肉るだろう。そのアメリカといえば、ご親切にもソビエト連邦を骨抜きにしたあと、パナマを再征服し、そうした局所的「防衛」作戦を世界中でさらに繰り広げようと身構えているのだ。

この空位期間の間隙をぬって、大企業だけが、自律的国民国家の完全な破綻によって国際市場に投げだされた安価な労働の利潤を買い叩き、国有産業を買い占めることで、満ち足りた状態にある。旧第二世界がいきなり第三世界の地位に転落したことは、それゆえこの現代史における目的であり、それが向かう機能的な目的地なのだ。疲弊した状況という古い皮を脱ぎ捨てた、新たな、より真正な世界的資本主義の勃興は、（第三世界における自律的発展の終了を告げ、弔鐘を鳴らすのと同様に）東側陣営における社会主義の構造的弱点の無慈悲な暴露を決定的なものにする。そこでは理想的で革命的な姿勢は、人民に対する国家の敵へと位置をずらされている。だがそれも、国家の敵が消費者あるいは外国資本のための「悲惨でない」労働者へと完全に変容するまでの間なのだ。

これらはどれもマルクス主義を「反証」するものではない。その逆にマルクス主義はわれわれの注意を、上部構造という幻想に冷水を浴びせかける危険を承知で、あらたな「大変容」のもつ経済的影響に向けようとする、現在唯一の思想様式であり続けている。資本と労働（および両者の対立）はこの新たな体制において消え去ることはないし、過去にそうであったように、将来においても、資本主義と社会主義の間に、実行可能な「第三の道」は存在することができない。官僚によって「第三の道」をお定まりのように詰め込まれた人々にとって、社会主義の修辞法や概念性がいかに汚れたものに見えるかもしれないとしても、やはりその道は存在しないのだ。しかし、政治——左翼政治のことだが——に対する、より深いイデオロギー的関与がそこに欠けているような未来は考えることができない。明らかにそうした関与の源泉は無意識であり、階級と経験によってだけでなく、家族と幼児時代によって重層的に決定されている。また、十全にポストモダンの段階にある第一世界の社会にあってもそこには、その気質と価値が真正に左翼的であり、ビジネス社会の規範によって抑制された社会の根本的変化の展望を描いている若者にはこと欠かないであろう。そうした肩入れの原動力は「マルクス主義の古典」を読むことでは得られない。それはむしろ社会的現実と、孤立した原因ないし問題、ある特定のかたちの不正義が、最終的に相互に関わる社会レベルの網の目をひとつの全体にまとめ上げることなくしては成し遂げられないし、矯正できないのだということ——それゆえ、これは社会的変容の政治というものの発明を要求する——を、客観的に経験することから得られるのだ。マルクス主義のテクストの特権——そして彼の名前が、おそらく濫用と言えるのだが、他の社会思想家との対立においてそうした政治学と今でも結びつけられている理由——は、マルクスが活動のそもそもの初めにおいて、最初期の未刊行のものを含めた一連の論文の軌跡が示すように、この全体的経験を作り上げたという点にある。それゆえ、マルクス主義という言葉が、新たな暗黒時代においてテープが消去されるように消えさるにせよ、そうでないにせよ、マルクス主義の考え自体は、必ずやふたたび現われることになるのだ。

しかし現在の状況について言うなら、かなり以前にコルシュは、マルクス主義の著作それ自体の内部において、いかに分析の雰囲気と方法論が、主意主義と宿命論（あるいは決定論）という大きな内的両端極の間のすべての領域にわたって、変化するかを示した。そしてその変化は、客観的な社会状況の変化に応じて、また約束と変化（いわゆる「前革命的」なそれ）の状況から、非常に巨大であるためにどんな変更の見通しもたたないような（少なくともわれわれのようなはかない生物的主体にとっては）閉ざされた社会的地質学の状況へと交代する偉大な循環的リズムに応じて、起こるのである。われわれの状況は現在この前者（主意主義）というよりは後者（宿命論）の状況により近づいており、われわれにとって有用な思想もそれに従って変化している。

これが、私がアドルノを一九九〇年代における弁証法のモデルとして提出する際の核心である。彼の内観的ないし反省的弁証法は——新たなグローバルな世界秩序の広がりとその不均一性のために――個人と体系の関係が流動化し、解体してしまっているとまでは言わずとも、少なくとも適切に定義されていないように見えるこの状況にふさわしいものなのである。アドルノが理論と呼ぶもの――意識あるいはその生産物のアポリアの内部に全体性という不在の存在を見つけだすことと定義される――を過大に強調することは、永遠の否定性とか容赦のない社会批判というような批判理論の古い概念の方が、ポストモダン思想家の理念よりも、たとえばサルトルのような実践をより的確に特徴づけるように思える現在、今日の知識層にとって悪い教訓ではない。「現在の状況」は弁証法理論以外にも緊急の多くの要求をかかえているのはたしかだが、それでもやはり「理論が大衆をとらえるとき、理論の存在だけでなくその不在までもが物質的な力と化す」のである。

注

使用した版と翻訳に関するノート

（1） ヴァルター・ベンヤミンによる引用。'The Task of the Translator', in *Illuminations*, transl. Harry Zohn, New York, 1969, p. 81.

（2） *Telos*, no. 65, Fall 1985, pp. 143-52 所収。

序論

（1） 本のカバーにあるような略歴をしるせば次のようになるだろう。一九〇三年九月一一日、フランクフルト・アム・マインに生まれ、一九六九年八月六日、スイスにて死亡。一九二四年、（フッサールに関する）論文によりフランクフルト大学にて博士号を取得。一九二五年、ウィーンにおいてアルバン・ベルクのもとで作曲法を学ぶ。一九二七年より、ベルリンにてベンヤミン、ブレヒト、ブロッホ、ヴァイル、その他の人々と頻繁に交流を持つ。一九三一年、フランクフルト大学の哲学科助教授として公開就任講義を行うが、まだこの時点では、ホルクハイマーの社会科学研究所と深く関わってはいない。オックスフォード大学に職を求めるも成功せず、一九三八年、アメリカ合衆国への移住を敢行。プリンストン・ラジオ・リサーチ・プロジェクトに参加。ホルクハイマーと、より親密な交流をもつようになり、南カリフォルニア大学に転出。一九五三年、フランクフルト大学の哲学・社会学教授として西ドイツへの帰国を果たす。一九六四年、ホルクハイマーの後を受けて社会科学研究所長に就任。より詳しい文献目録と歴史的背景に関しては、Rolf Wiggershaus, *Die Frankfurter Schule*, Munich 1987 を参照。この本には未公開の資料と手紙が多く含まれ、ハーバーマスの協力もあって、その発生から最近の変化に至るフランクフルト学派の歴史的な姿が、もっとも詳細に記されている。マーティン・ジェイの先駆的著書（*The Dialectical Imagination*, Boston, MA 1973）が、ホルクハイマーの視点から（ドイツへの帰国までの期間のみを）語っているのにたいして、ヴィガースハウスは、この機関の中心人物であるホルクハイマーをはっきりと批判的にとらえた視点を提示している。

（2） スーザン・バック＝モースは、後に『否定弁証法』において展開される内容のすべてが、'The Actuality of Philosophy' と題され、*Gesammelte Schriften*, vol. I, Frankfurt 1983, pp. 325-44; transl. in *Telos*, no. 31, Spring 1977, pp. 120-33 に再掲載された、いわゆる一九

三一年の公開就任講義にすでに存在していたとしている。スーザン・バック＝モースの *Origins of Negative Dialectics*, New York 1977, pp. 24-5, 63-5 を参照。

（3） Wiggershaus, pp. 688-9.

（4） Wiggershaus, pp. 503-8. さらにこの著作では、移住の前後（と移住の間）のさまざまな「経験的」プロジェクトが、詳細に論じられている。

（5） Axel Honneth, 'Communication and Reconciliation: Habermas's Critique of Adorno', in *Telos*, no. 39, Spring 1979, pp. 45-61 を参照。また、当然のことながら、ハーバーマス自身の著書、とくに、*Theorie des kommunikativen Handelns*, vol. I, (Frankfurt 1981, ch. 4, esp. pp. 489-534 と *The Philosophical Discourse of Modernity*, transl. Frederick Lawrence, Cambridge, MA 1987, ch. 5, pp. 106-30 を参照。

（6） たとえば、カントに対する「彼の、無秩序を忌み嫌うブルジョア特有の臆病さと、他人の保護のもとにおかれるのを嫌悪するブルジョア特有の高慢さは、まったくお似合いだ」（ND 248/250）という評価を参照。また、次の引用に見られるように、ワーグナーの「社会的性格」の分析でも、そうした判断が多く見られる。「それは、親は自分がそうしたいから、ものわかりが良くて何でも言うことを聞いてくれるのだと、自分にも言い聞かし、他人にも触れまわる卑屈な甘えん坊やのそれである」（W 15/16）。

（7） たとえば、H. Mörchen, *Macht und Herrschaft im Denken von Heidegger und Adorno*, Stuttgart 1980、あるいは、R. Bubner, 'Kann Theorie aesthetisch werden?' in *Materialien zur Aesthetischen Theorie*, ed. Lindner and Ludke, Frankfurt 1979, esp. p. III を参照。

（8） *Gesammelte Schriften*, vol. 19, Frankfurt 1984, p. 638.

（9） ジェラール・ロレとのインタヴュー（'Structuralism and Poststructuralism', *Telos*, no. 55, Spring 1983, pp. 195-211 [in Wiggershaus, p. 12]）を参照。

（10） 'Immanence and Nominalism in Postmodern Theory', in *Postmodernism, Or The Cultural Logic of Late Capitalism*, Durham, NC 1990 を参照。フランスのポスト構造主義とさまざまなドイツの伝統とを比較したものの中でも、もっとも刺激的で示唆に富むものとしては、Peter Dews, *Logics of Disintegration*, London 1987 がある。デリダとアドルノに関しては、Rainer Nägele, 'The Scene of the Other', in *Literature*, vol. II, nos 1-2, Fall-Winter 1982-3, pp. 59-79 を参照。ペリー・アンダーソンは、*Considerations on Western Marxism*, London

1976, pp. 72-3 の中で、アドルノとアルチュセールをきわめて興味深い視点で比較している。

第一部

（1）ザビナ・ヴィルケは、並列語法《パラタクシス》において作用する根本的な構造上の曖昧さを鋭く指摘している。'Kritische und Ideologische Momente der Parataxis: Eine Lekture von Adorno, Heidegger und Hölderlin', *Modern Language Notes* 102 (3), April 1982, pp. 627-47, esp. p. 646. また、エンプソンによる古典的な並列語法――「そして」(and) が来るだろうと予想するところに現われるホメロス的な「しかし」(but) ――に関する同様の分析も参照（*Some Versions of Pastoral*, New York 1960, p. 136.）。

（2）*Marxism and Form*, Princeton, NJ 1971, p. 307.

（3）Lévi-Strauss, *Structural Anthropology*, vol. I, New York 1963, pp. 341-78.

（4）これまでわれわれは、フランクフルト学派の「フロイト的マルクス主義」の側面をあまりに強調しすぎたようだが、実のところ「フロイト的マルクス主義」は、マルクーゼにおいて初めて実現されているにすぎない。たしかに、そこでのフロイトは、その「療法」と、必須とされる健康、きれいな歯、そして、絶えまない笑顔とが仲良く歩調を合わせる、まさに「アメリカ的」思想家と見なされているのだが、それにしても、『ミニマ・モラリア』におけるフロイト攻撃はすさまじいものがある（たとえば、一三六番を参照）。こうしたフロイト評価と、'Sociology and Psychology', Part II, *New Left Review*, no. 47, 1968（又は *Gesammelte Schriften*, vol. 8, Part I, Frankfurt 1972, pp. 42-85）における注目すべき積極的なフロイト評価とを並べてみる必要があるだろう。

（5）アドルノによるそうした著述形式としてのエッセイの価値づけが、社会科学の領域ではまったく異なった結果をもたらすということは、ふまえておく必要があるだろう。社会科学においてそうした価値づけは、（表象にたいする信仰の社会科学版である）経験に基づく細部の徹底に対する信仰を浸食し、それに代わるものとして暫定的モデル、あるいは、局所的仮説を導入する。そうしたエッセイは、完全な歴史と抽象的社会学にくさびを打ち込み、いわば、この両者がお互いを矯正し、異化することを可能にする。ただし、本書の結論注19と注20を参照。

（6）Le Président de Brosses, *Du Culte des dieux fétiches*, Paris 1760. ただし、本書の第二部注13も参照。

（7） したがって、「（ヘーゲルの）論理学は特殊性のみを論ずるのだが、それはすでに概念的なものと化しているのである」（ND 322/328）という一節につながる。

（8） ポロックの仕事は、Martin Jay（*The Dialectical Imagination*, ch. 5）や Helmut Dubiel（*Theory and Politics*, transl. B. Gregg, Cambridge, MA 1985）など数多く論じられている。なお、私の知る限り、グロスマンとの関係を論じているのはジャーコモ・マラマオのみである。マラマオの 'Political Economy and Critical Theory', *Telos*, no. 24, Summer 1974 を参照。後で私なりの考えを披露するつもりではいるが、フランクフルト学派の経済的側面に関する研究は、今後の課題ということになろう。付け加えるならば、ポロックが呼ぶところの「後期資本主義」と、われわれもまた「後期資本主義」という表現で表わしている世界システムの現段階ないしポストモダンの段階とはまったく無関係である。

（9） Gilles Deleuze, *Cinéma I: L'Image-mouvement*, Paris 1983, chs 2 and 3 を参照。

（10） Karl-Heinz Bohrer, *Plötzlichkeit*, Frankfurt 1981, p. 14 に引用されたもの。

（11） Dolf Oehler, 'Charisma des Nicht-identischen', in T. W. Adorno, special issue, ed. H. L. Arnold, text + kritik (1977), p. 155. たしかに、こういう見方をするなら、アドルノはベケットについての卓越したエッセイの中でもこうしたこと以外についてはほとんど述べていないと批判するのも可能だろうが、知的読者ならアドルノを読んでこうした印象を持つはずは絶対にないのだ！（NL 281-321、あるいは、'Trying to Understand *Endgame*', *New German Critique*, no. 26, Spring-Summer 1982 を参照。）

（12） 「資本論理学」と呼ばれることになる次の段階のこと（本書の結論を参照）。

（13） 'Gesellschaft', in *Gesammelte Schriften*, vol. 8 Frankfurt 1972、あるいは、'Society', *Salmagundi*, nos 10-11, Fall 1969/Winter 1970, pp. 144-53 を参照。『全集』に含まれるこの巻には、アドルノの社会学に対する関心を示した文章が、もっとも豊富に収められている（ただし、そのうちのいくつかの英訳に関しては、以下の注23を参照）。また、［ホルクハイマーとの］英語による有益な共著である *Aspects of Sociology*, Boston, MA 1972 も参照のこと。

（14） 'Society', p. 145.

（15） 'Society', p. 146.

（16）'Sociology and Psychology', *New Left Review*, no. 46, November-December 1967, pp. 67-80; no. 47, January-February 1968, pp. 79-97; 引用部分は no. 46, p. 69.
（17）同号、p. 69.
（18）同号、p. 70.
（19）同号、p. 73.
（20）同号、p. 74.
（21）同号、pp. 77-8.
（22）同号、p. 78.
（23）*The Positivist Debate in German Sociology*, ed. G. Adey and D. Frisby, New York 1976, p. 84.
（24）そのもっとも劇的な対立の記録に関しては、前出書を参照。
（25）'Society', p. 148.
（26）「歴史は、たんに言語に影響を与えるのではなく、言語の中で生起するのだ」（MM 293/219）。しかし、「抒情詩と社会」［『文学ノート』］によれば、歴史は言語の中で否定的に「起こり」うる（以下を参照）。
（27）T. W. Adorno, *Prismen*, Frankfurt 1955; transl. S. and S. Weber: *Prisms*, London 1967, p. 50/49.
（28）Manfredo Tafuri, *Architecture and Utopia*, Cambridge, MA., 1979.
（29）ピエール・ブルデューは、*Distinction*（London 1985）といった著書における強力な反文化的かつ反知的脱神秘化によって、今日におけるこの立場を更新している。
（30）*Prismen*, p. 82/75.
（31）同書、p. 18/26.
（32）*Origin of German Tragic Drama*, Walter Benjamin, *Ursprung des deutschen Trauerspiels*, *Gesammelte Schriften*, Frankfurt 1980, vol. I, Part I; transl. J. Osborne, London, 1977: 'Epistemo-Critical Prologue', p. 207/27. 以後の同書からの引用はすべて、ＯＧＴと略記する。
（33）本書の結論注20を参照。
（34）本書の序論注２を参照。『パサージュ論』に関しては、Susan Buck-Morss, *Dialectics of Seeing: Walter Benjamin and the Arcades Project*, Cambridge, MA 1990 を参照。
（35）*In These Great Times: A Karl Kraus Reader*, ed. Harry Zohn, Montreal 1976, p. 70.
（36）Benjamin, *Gesammelte Schriften*, vol. 4, p. 142.
（37）「アウラ」という用語は「非合理主義」哲学者ルードヴィヒ・クラーゲスに端を発するようである（Wiggershaus, pp. 224 ff を見よ）。ミメーシスの起源は、とりわけアドルノによるこの概念の使い方がベンヤミンによる使い方とほとんど共通点がないため、さらに曖昧である。しかしながら、Michael Cahn, 'Subversive Mimesis: T. W. Adorno and the Modern Impasse of Critique', in *Mimesis in Contemporary Theory*, vol. 1, ed. M. Spariosu, Philadelphia 1984 を参照。ハーバーマスはこの概念の中心性を、〈理性〉がいかなる肯定的意想をも持たないことに対する代償と解釈している。

真理の企図からはずれたこの原初的理性の代行役《プレースホルダー》として、ホルクハイマーとアドルノはミメーシスという一つの能力を指名しているが、彼らはこれについて、理解されていない性質について好き勝手に語るように語りうるのみである。彼らは、ミメーシス的な能力――これによって道具化された自然は無言の非難を行う――をひとつの「衝動」と特徴づけた。ならば、道具的理性に対する批判が巻き込まれ、きわめて柔軟な弁証法にさえ強硬に抵抗する逆説の本質はここにある。すなわち、ホルクハイマーとアドルノはミメーシス理論をさらに前進させねばならなかったのであろうし、これは、彼ら自身の考えによれば、不可能なのだ。(*The Theory of Communicative Action*, vol. 1. trans. Thomas McCarthy, Boston, MA 1984, p. 382.)

『啓蒙の弁証法』については以下で論じることにする。しかしながら、私の意見ではミメーシスはむしろ伝統的な主観–客観関係の代替物である。

(38) *Figuren des Scheins*, Bonn 1984 においてライナー・ホフマンはアドルノの文体・統語論的分析の端緒を築いた。フリードマン・グランツの貴重な *Adornos Philosophie in Grundbergriffen*, Frankfurt 1974 はアドルノにおける二つの基本的な文章形態を提起している(両者とも「歴史哲学的」である――p. 12)が、これらは、一方では「観相学的」否定であり、他方ではより知られているヘーゲル的な「限定された」否定である(pp. 180, 202, 203)。一方、ジリアン・ローズが示唆するところによれば、アドルノにおいては、

伝統的哲学から取られた[議論]が……交差対句法という修辞的技法の使用によって、社会批判の原理へと変換される。哲学における不正な抽象を暴露する議論は社会における抽象の原理を暴き、哲学における主観による不正な支配は社会支配の様式を暴く。(*The Melancholy Science*, New York 1978.)

これは、交差対句法が概してマルクス的ないし唯物論的弁証法の根幹をなす深層の修辞的技法であることを考えれば、一層適切である(これはヘーゲルにはほとんど現われないと私は信じている)。

(39) David Bordwell, Janet Staiger and Kristin Thompson, *The Classical Hollywood Cinema*, New York 1985, ch. 31, 'Alternative modes of film practice' を参照。

(40) F・ポロックのそれ。本章注8を参照。

(41) R. Bubner, 'Adornos Negative Dialektik', in *Adorno-Konferenz 1983*, ed. Friedeburg and Habermas, Frankfurt 1983, p. 36.

(42) I. Kant, *Critique of Pure Reason*, transl. J. M. D. Meiklejohn, Chicago 1952, p. 43.

(43) J. P. Sartre, *Search for a Method*, transl. H. Barnes, New York 1963, pp. 8 ff.

(44) Georg Lukács, *History and Class Consciousness*, transl. R. Livingstone, Cambridge, MA. 1971. 特に、'Reification and the Consciousness of the Proletariat'.

(45) 例えば、*The Differentiation of Society*, New York 1982 を参照。

(46) ほぼ同時期の作品としては、リチャード・M・ウィーヴァーの *Ideas Have Consequences*, Chicago 1948 を参照。これは現代の退廃についてのある古典的な冷戦の悲話に関して唯名論的な分析を用いている。この言及に関して私はリチャード・ローティとガヤトリ・スピヴァックに感謝する。概して、社会秩序の崩壊に関する上部構造的（ないし「精神的」）分析は右翼的なものとなる（とりわけハイデッガー自身も見よ）のに対し、下部構造的分析は左翼的なものとなろう。

(47) 本書の序論注2を参照。

(48) 「手段ではないような言葉は無意味に見えるし、そうでない他の言葉は虚構か非真理のように見える」（DA 132/147）。

(49) この文章が修正を受けずに後のテクストに受け継がれた唯一の箇所であることは重要である（*Gesammelte Schriften*, vol. 1, pp. 354-5 を参照）。

(50) 'Sociology and Psychology' からの以下の省察は非常に意味深いと私には思われる。

恐怖は客観的合理性の比較的重要な主観的動機を構成する。恐怖は媒介されている。今日、経済の諸規則に従えない者が直ちに破滅することは滅多にない。しかし、落ちぶれた者の運命は地平線にかすかに見えている。前方には反社会的、犯罪的な存在への道が存在する。ゲームに加わることを拒絶することは疑念をかき立て、違反者たちを社会に対する復讐へと誘う。彼らがいまだに飢え、橋の下をねぐらにするところまではいたっていないにせよ、である。しかし、見捨てられる恐怖、つまり、経済行為の背後に存在する社会的是認が他の禁忌とならんで内面化されて久しいし、そのしるしを個人に残してきたのである。歴史の流れのなかで、この恐怖が第二の本性と化した。哲学に汚染されていない用法において、「存在」という語が生きているという事実と経済過程における自己保存の可能性を等しく意味していることは、理由のないことではないのである。

(*New Left Review*, no. 46, 1967, p. 71)

(51) Marshall Sahlins, 'The First Affluent Society', in *Stone Age Economics*, Chicago 1972, ch. 1.

(52) 「世界が労働の掟の支配を逃れ、わが家に帰ってくる人々を待っている務めが休日の遊び同様に気軽なものになるとき、世界はその日、前と変わらず、絶え間ない祝日気分の光に満たされることだろう」(MM 144/112)。

(53) ヴェーバーについては、拙論 'Vanishing Mediator', in *The Ideologies of Theory*, vol. 1, Minnesota 1988 を参照。

(54) ギリシアの労働概念については、J. P. Vernant, 'Travail et nature dans la Grèce ancienne', in *Mythe et pensée chez les Grecs*, Paris 1965 を見よ。本章注37におけるカーンの言及も参照のこと。

(55) このような仕方で、メディアに対する焦点はポロックの国家資本主義の理論――この時期に流行していたジェイムズ・バーナムの管理社会テーゼの一種の左派版――を再屈曲させ転置する。この二つの理論はその収斂的特徴によって、その直後に冷戦の弁護を支配するようになった、より単純な「全体主義」の観念に堕さずにすんでいる。しかし、先進諸国を通じて、とりわけルーズベルト時代の合衆国とヒトラー時代のドイツの間で共有されていた新興技術をここで強調していることは、メディア理論における今日の傾向を先取りしている(私の近著、*Signature of the Visible* を見よ)。

(56) ゆえに私は、フランクフルト学派はマルクス主義に徐々に幻滅していったとするマーティン・ジェイの考えに与しない(しかし、彼の重要な *Dialectical Imagination* と *Marxism and Totality* を見よ)。個人的見解(ないし臆病)と知的研究を特徴づける、より深遠な原則を区別しなければならない。ヘルムート・ドュビエルに関して言うならば、彼は(*Theory and Practice* において)次のような路線をとる。

一九四〇年代のこの一派の著作を読む者たちの多くがマルクス主義的な理論伝統の意識的な放棄に気づいていないという事実は、彼らの基本的立場がマルクス批判として展開されるものではないという事実から説明されるであろう。彼らが文献学的にマルクスとは距離があること――この距離はこの一派が理論を多様に発展させた時期を通して保たれてきた――は、読者が、一旦生じてしまったマルクス主義的な理論との乖離を認識する助けとならないことは言うまでもない。『理性の腐蝕』の視点からのマルクス批判が最初に展開されたのは、ホルクハイマーとアドルノの弟子たちによってである。しかし、ホルクハイマーと、とりわけアドルノがマルクス主義的な立論を維持していたため、乖離はその後何年も認識されずにいた……。（p. 93）

いつ乖離が乖離でなくなるのだろうか。賢い弁護士だったらこの曖昧な分析を完全に論破するであろう。というのは、言及された「弟子たち」がハーバーマスとヴェルマーときているのだ。彼らはマルクスに対する「ひとつの批判」を展開したのかもしれないが、ホルクハイマーとアドルノに対してはさらに痛烈な批判を行ったことは間違いない！

(57)『ミニマ・モラリア』はさらに明白である。建物、空間および住居について語りながら、次のように述べている。「居住の可能性は社会主義社会の可能性によって消えさるが、社会主義社会は、その実現の機会が一度は逃されたものの、ブルジョア社会の土台を切り崩すことになる」（No. 18, 41/39）。

(58) しかし、常に公平無私とは言えない思索と解放の擁護がアドルノの至るところに存在していることは確かである（例えば、『ミニマ・モラリア』の八二番「三歩下って」を参照。ここでは「距離」の比喩と戦略が強力かつ内的にさまざまな実証主義の「悪しき直接性」と結びつけられている）。

(59) 加えて、『ミニマ・モラリア』（143/111, 157/121, 224/170）も参照。

第二部

(1) 本書、第三部第七章を参照。

(2) もっとも有名なものとしては、'Interieur,' *Kierkegaard, Gesammelte Schriften*, vol. 2 (1979), pp. 38-69 に関するアドルノのコメント、および『ミニマ・モラリア』（一〇六番）を参照。

(3) T. S. Eliot, 'Tradition and the Individual Talent,' *Selected Essays*, New York 1950, pp. 10-11.

(4) 「自然とその生という限られた領域においては芸術がその過去（*before*）をもつように、それは未来（*after*）をもつのである。つまりそれは、〈絶対〉を捕捉し表象する芸術を超えていく、ひとつの循環なのである……」（G. W. F. Hegel, *Aesthetik*, vol. 1 1955, p.110）。

(5) さらに『美の理論』（465/433）も参照。

(6) Joseph Horowitz, *Understanding Toscanini*, Minnesota 1987 と、トスカニーニに関するアドルノ自身の「マエ

ストロの巨匠性」（'Die Meisterschaft des Maestro,' in *Gesammelte Schriften*, vol. 16, Frankfurt 1978, pp. 52-67）と題されたエッセイを参照。

（7）Raymond Williams, *Marxism and Literature*, Oxford 1977, p. 110.

（8）拙論 'On Negt and Kluge,' *October* 46, Fall 1988, pp. 151-77を参照。

（9）*Against the Grain*, London 1986におけるテリー・イーグルトンの不満。「笑いを自分の側に引きつけた者は証明を必要としない」というアドルノの言葉（MM 280/210）も参照。

（10）文化産業は「幸福への欲求をつくりだし、それを搾取する。したがって、社会によって要求され、しだいに増大してゆく否認から生成した実質的な欲求をそれが満足させるその仕方に、それがもつ真理への契機があるのだ。しかし、それは、それが満足を提供するその仕方において、絶対的に非真理となってしまう」（AT 461/430）。

（11）じつのところ、この公式の見事さは翻訳者に負っているのだ！

（12）序論注5を参照。

（13）アンドレアス・ヒューゼンスは、ワーグナー論と文化産業に関するアドルノの理論の密接な関係を指摘している（Andreas Huyssens, *After the Great Divide*, Bloomington, IN 1986）。実際アドルノの文化産業論は自家受粉的なもの、つまり、帝国主義時代における芸術の自己解体において芸術がそれ自身に対して行う何かであるということが現在ではわかっている（アドルノは芸術作品の総体という観点から、ニーチェはそのワーグナー論を「音楽の精神からの映画の誕生」と名づけるべきであったと示唆している）。ベンヤミンの思想においては、「複製芸術」の段階は、ボードレールの言語と形式の成熟したモダニズムの出現の後に続くものである。アドルノにおいては、どちらもワーグナーと同時的なものである。それに加えて、「魔術幻灯《ファンタズマゴリア》」に関する内容豊富な議論（『ワーグナー試論』第六章）は、美の領域における商品の物神主義というマルクスの概念を存続させ、継続させるという権利を主張している。

第三部

（1）アドルノは次のようなことを認めて書いている。「まさに今日まで、音楽はブルジョア階級の生産物としてのみ存在してきた。音楽は定式化の試みの成功と失敗の両方において、この社会を具象化し、その美的な証拠記録となってきたのだ……。既存の社会秩序においてブルジョア音楽以外の音楽が存在するかどうかは疑わしい」(*Philosophy of Modern Music*, Frankfurt 1958; New York 1973)。

(2) たとえば『戦争と平和』第八巻、第九章の次の場面のように。

第二幕では墓石が立ち並ぶ墓地の場面があった。月を表わすために背景の布幕には穴が空けられ、脚光には覆いがかけられた。そしてホルンとコントラバスから低い音色が流れ、黒衣を着て手に剣のようなものを握ったたくさんの人々が左右から現われた。彼らは手を振り始めた。するとべつの一団が駆け入ってきて、最初は白、今は薄い青の服を着た乙女を引き立てて動きだした。彼らは彼女を一気に引っぱっていったわけではなく、彼女とともに長い間歌を歌った。それから彼女を連れ去った。幕の背後で何か金属的な音が三度打ち鳴らされ、みなはひざまづき、祈った。これら一連の出来事は観客の熱烈な叫びで繰り返し中断した。(transl. Louis and Aylmer Maude, New York 1942, p. 622)

(3) 「偉大な建築というものは機能を超えた声をそこに見いだす。そこでそれは、それ自身の道具的な目的を、その内容として内側からミメーシス的に表出するのだ。シャロウンの［ベルリン］フィルハーモニック・ホールが美しいのは、——オーケストラ音楽にとっての理想的な空間的条件を満たすために——オーケストラ音楽へのプログラム的な引喩をもちいることなしに、それがオーケストラ音楽のようになっているからである」(AT 72/66)。

(4) *Mahler*, Frankfurt 1960, p. 127.

(5) その著作、*Theory of the Avant-garde*, Minnesota 1984 の中で。

(6) 『ミニマ・モラリア』(一四四番)における芸術における「無関心」なものの意味と起源に関する美しい考察も参照のこと。

(7) これに関しては本書三五–六頁および二二三–四頁を参照。

(8) *What is Literature?* と *L'Idiot de la famille* の第三巻において。

(9) しかしながら、『音楽社会学序説』の第一章における音楽を聞くことに関する均衡の取れた、穏当な議論も参照のこと。そこでアドルノは、音楽の聞き手のタイプ分け——専門家、よい聞き手、文化の消費者、情緒的な聞き手、ルサンチマンから音楽を聞くひと、ジャズの専門家とジャズファン、そして無関心なひと、非音楽的なひと、反音楽的なひとを含む娯楽としての音楽の消費者たち――をした後で、音楽教育の問題は社会の全体性の媒介を経るべきであると賢明にも示唆している。

全体のもつ敵対的な条件は、音楽的に正しい行為形式でさえも、全体性の内部の構造的な位置を経由することによって、全体性のもつ相対的に否定的な側面を具現化することができるという事実によって表出される。……専門的な聞き手はそれまでは考えられなかったタイプの分化を要求するわけだが、たんなるよい聞き手が同程度に退化するのも、おそらくは専門化の作用なのである。……しかしながら、文化の存在にもかかわらず起こるこの失敗は、人間以前の文化の失敗に関する、そして世界はそもそもそこから何を作ったのかに関する問題へのさらなる考察へわれわれを導く。（*Einleitung in die Musiksoziologie*, in *Gesammelte Schriften*, vol. 14, Frankfurt 1973, pp.197-8.）

（10）「無形音楽について」（*Gesammelte Schriften*, vol. 16, p. 523.）

（11）拙論 'Marxism and Historicism', in *The Ideologies of Theory*, vol. 2 を参照。

（12）Gertrude Stein, *Four in America*, intro. Thornton Wilder, New Haven, CT 1947, p.vii.

（13）本書、第二部注2を参照。

（14）*Telos*, no. 20（Summer 1974）, pp.56-66 に翻訳がある。

（15）しかしこの点については、本書、第一部注4を参照。

（16）M. Jay, *The Dialectical Imagination, Boston*, MA 1973, p. xii の序文参照。

結論

（1）Jean-François Lyotard, 'Adorno como diavolo', in *Des dispositifs pulsionnels*, Paris 1973, pp. 115-33.

（2）本書、序論注5を参照。

（3）Dubiel, *Theory and Politics*, p. 93.

（4）Ernesto Laclau and Chantal Mouffe, *Hegemony and Socialist Strategy*, London 1985.

（5）本書、第一部注13を参照。

（6）*The Positivist Dispute in German Sociology*, p. 10.

（7）Ibid., p. 12.

（8）'Dialektik als Vernunftdkritik', in *Adorno-Konferenz 1983*, ed. Friedeburg and Habermas, Frankfurt 1983, pl. 69.

（9）しかしこの点については Peter Dews, *Logics of Disintegration* を参照。

（10）本書、序論注5のハーバーマスの言及を参照。

（11） とくにBubner, 'Kann Theorie aesthetisch werden?' in *Materialien zur Aesthetischen Theorie*, ed. Lindner and Ludke, Frankfurt 1976を参照。アドルノは『否定弁証法』（26-7/24-5）において哲学の「文学的」あるいは「美学的」概念を退けている。

（12） *Theory of Communicative Action*, vol. 1, Boston, MA 1984, transl. T. McCarthy, pp. 382-3.

（13） *Materialien*, p. 132.

（14） Roman Rosdolsky, *The Making of Marx's Capital*, London 1977. さらにEnrique Dusselによる『資本論綱要』と一八六〇年代の手稿についての卓抜な注解を参照（*La producción teórica de Marx*, Mexico City 1985; and *Hacia un Marx desconcido*, Mexico City 1988）。

（15） Habermas, *Theory of Communicative Action*, vol. I, p. 357.

（16） この伝統の専門的で完全な要約についてはBob Jessop, *The Capitalist State*, New York 1982, ch. 3を参照。さらに*Value, Social Form and the State*, ed. Michael Williams, New York 1988も参照。この冒頭で編者が以下のようにコメントしている。

以下に続く諸章はすべて、実証主義、分析、個人主義、自然主義といった正統的社会科学の方法的なこだわりへと、現代マルクス主義が大がかりな先祖返りをしたことに対する異議申し立てが端緒となっている。この自称「分析的マルクス主義」において近年明らかにされたこの回帰現象……は、マルクス主義理論におけるヘーゲル的弁証法の重要な位置、ブルジョア社会を統制する上での意識の形式の役割、および国家、市民社会、法哲学批判に関するマルクスの初期著作の洞察の暗黙の（あるときにはあからさまな）拒絶に基づいている。（p. 1）

（17） J. Derrida, 'La Structure, le signe et le jeu dans le discours des sciences humaines', *L'Ecriture et la différence*, Paris 1967, pp. 409-28.

（18） *Gesammelte Schriften*, vol. 16, Frankfurt 1978, pp. 493-540.

（19） 『文学ノート』, pp. 9-33. 彼はまた自分のフッサールに関する書への序をこの同じ観点からの一種の宣言であると考えた（*Against Epistemology*, transl. Willis Domingo, Cambridge, MA 1983, pp. 3-40を参照）。「形式としてのエッセイ」で見逃されているのは文化ジャーナリズム、文芸欄その他、すなわちそのジャンルに推定される「自由」を減少しその神秘性をはがす決定因子における「エッセイ」の包括的、制度的な下部構造の考察である。

（20） P. Lacoue-LabartheとJ. L. Nancyによるイエナ・ロマン派の、今や標準ともなった著作（*The Literary Absolute*）における「断片」の章を読むと、非常に大きな差異が想起される。たとえイエナ・ロマン派を山師と考えないにしても、彼らの、あらゆる表出の性質に必然的にともなう不完全な自然という自滅的主張はアドルノが、彼にとっても「全体性」の表象の必然的ジレンマであったものと向き合ったときのやり方とは本質的に非常に遠いものである。

（21） 'On the Nature and Form of the Essay', in *Soul and Form*, transl. Anna Bostock, London 1974を参照。

訳者解題

本書は、Fredric Jameson, *Late Marxism: Adorno, or, The Persistence of the Dialectic*, New York: Verso, 1990の全訳である。著者のフレドリック・ジェイムソン（一九三四年生）は、現在デューク大学の教授であり、マルクス主義の立場から文学・文化批評に関する膨大な著作を刊行している。邦訳があるものだけでも、以下のようなものがある。

・*Sartre: the Origins of a Style*, Yale University Press, 1961.（『サルトル――回帰する唯物論』、三宅芳夫・太田晋・谷岡健彦・松本徹臣・水溜真由美・近藤弘幸訳、論創社、一九九九年）

・*Marxism and Form: Twentieth-century Dialectical Theories of Literature*, Princeton University Press, 1971.（『弁証法的批評の冒険――マルクス主義と形式』、荒川幾男訳、晶文社、一九八〇年）

・*The Prison-house of Language: A Critical Account of Structuralism and Russian Formalism*, Princeton University Press, 1972.（『言語の牢獄――構造主義とロシア・フォルマリズム』、川口喬一訳、法政大学出版局、一九八八年）

・*The Political Unconscious: Narrative as a Socially Symbolic Act*, Cornell University Press, 1981.（『政治的無意識――社会的象徴行為としての物語』、大橋洋一・木村茂雄・太田耕人訳、平凡社、一九八九年）

・*The Ideologies of Theory: Essays 1971-1986*, 2 vols., Routledge, 1988.（『のちに生まれる者へ――ポストモダニズム批判への途1971-1986』、鈴木聡・篠崎実・後藤和彦訳、紀伊國屋書店、一九九三年）

・*The Seeds of Time*, Columbia University Press, 1994.

（『時間の種子――ポストモダンと冷戦以後のユートピア』、松浦俊輔・小野木明恵訳、青土社、一九九八年）

・*The Cultural Turn: Selected Writings on the Postmodern 1983-1998*, Verso, 1998.（『カルチュラル・ターン』、合庭惇・河野真太郎・秦邦生訳、作品社、二〇〇六年）

・*A Singular Modernity: Essay on the Ontology of the Present*, Verso, 2002.（『近代という不思議――現在の存在論についての試論』、久我和巳・斉藤悦子・滝沢正彦訳、こぶし書房、二〇〇五年）

・*Archaeologies of the Future: The Desire Called Utopia and Other Science Fictions*, Verso 2007.（『未来の考古学』第1・2巻、秦邦生・河野真太郎・大貫隆史訳、作品社、二〇一一年、二〇一二年）

本書はジェイムソンによるアドルノの「解説書」である。だが、ジェイムソンのような独自の立場をもつ理論家・思想家が書く「解説書」が一筋縄ではいかない、個性的なものであることは容易に想像できるだろう。本書の読者の主要な関心は、ジェイムソンとアドルノという二人の強烈な個性をもつ思想家の何が共鳴し合うのか、そしてそれらが――アドルノが好む音楽の比喩を使わせていただくなら――どのような和音（もしくは不協和音）を奏でるのかということであろう。それを聴取するためには、当然のことながら、読者はジェイムソンの批評的立場――とくにその中心にある「政治的無意識」（political unconscious）という概念――について、ある程度の知識をもつことが望ましいだろう。

本書『アドルノ――後期マルクス主義と弁証法』は一九九〇年に刊行されている。彼の一連の著作のテーマの変遷からも明らかであるが、この時期、ジェイムソンの主要な関心は、狭い意味での文学批評の問題から、いわゆるポストモダンと呼ばれる広範な文化現象の問題に移っていった。本書が、批評家としてのジェイムソンの関心の転換期に書かれたという事実は、その内容を理解する上で重要なことと思われる。ジェイムソンはイギリスのテリー・イーグルトンと並んで、一九七〇年代以降の「西側の」マルクス主義文学批評を牽引する存在であったし、現在もそうである。ということは、彼が理論家として主要な仕事を展開し始めた時期は、構造主義からポスト構造主義、そしてその他のさまざまな「理論」が隆盛した時期と重なっていたことを意味する。マルクス主義の理論家としての彼の仕事は、一方では文化の歴史的・政治的な決定要因を無視するかに見える構造主義・ポスト構造主義の文学理論を批判しつつ、他方では文化や政治といった「上部構造」を経済という「下部構造」の反映としてとらえる「俗流マルクス主義」を批判するという、二正面作戦を展開していたのである。そして、一九九〇年代以降に、ポスト構造主義に代表される「批評理論」が衰退し、それと前後して、俗流マルクス主義と結びついていた東欧の社会主義国家が崩壊していった後も、ジェイムソンはポストモダンという名の新しい文化現象と後期資本主義という社会構造を対象として、旺盛な批評活動を継続しているのである。こうしたジェイムソンの批評のもつ強靭な生命力を支えているのが、さまざまな種類の社会理論・文学理論との対話であることは、言うまでもない。彼は、自分が批判するポスト構造主義の理論的成果も貪欲に取り入れながら、マルクス主義的批評理論を絶えず活性化してきたのである。サルトル研究から出発したジェイムソンは、ルカーチ、アドルノ、ベンヤミンら、いわゆるフランクフルト学派とその周辺の思想家たち、フロイトやラカンといった精神分析の思想家たち、あるいはアルチュセールやサルトルから大きな影響を受けている。ジェイムソンは『弁証法的批評の冒険――マルクス主義と形式』（一九七一年）でもアドルノを論じていたが、本書でふたたびアドルノを取り上げたのである。一九九〇年の段階で彼がアドルノと正面から向きあった理由は、おそらく、ポストモダンという文化現象の問題に取り組むにあたって、それに先立つモダニズムの問題を再考する――アドルノはモダニズムの美学の理論家として知られている――と同時に、みずからの理論的な代表作である『政治的無意識』（一九八一年）で練り上げた「政治的無意識」の概念を彫琢し、その射程を確認するためであったろうと思われる。そのことを理解するためには、ここで「政治的無意識」という、ジェイムソンの中心概念を手短に説明する必要があるだろう。

マルクス主義者ジェイムソンの文化理論の基本的姿勢は、「たえず歴史化すること」であるが、それは、文化はつねに歴史的に決定されているという彼の揺るぎない信念からきている。しかし、ジェイムソンにおいて「歴史」という概念が何を意味しているのかを理解するのは、簡単なことではない。彼にとっての歴史とは、たとえば、年表に書けるような「出来事」や「事件」の連続体のことではないし、歴史資料から直接に読み取れる「事実」でもない。後代のわれわれは、資料やテクストといった「表象」を通してしか、過去の出来事や事件にアプローチできないわけだが、ジェイムソンにとって、歴史とは、そうした一連の知覚可能な表象の背後にある触知不可能な「全体性」なのである。全体性としての歴史は、表象もしくはテクストを通して間接的にしか知りえないものなのであり、その全体性を彼は「政治的無意識」と呼ぶのである。

ジェイムソンによれば、近代社会は、文化、イデオロギー、司法、政治、経済といった複数のレベルから構成されている。そのさい、上部構造としての政治や文化が、下部構造としての経済を単純に反映すると考えるとき、いわゆる俗流マルクス主義が生まれる。しかし、アルチュセールに代表される西欧マルクス主義の影響を受けたジェイムソンは、そうした俗流マルクス主義の単純な反映理論を拒否し、文化、イデオロギー、司法、政治、経済といった諸レベルは、ある程度の自律性をもっていると考える。しかし、それはあくまで相対的な自律性であって、完全に自律しているわけではない。マルクス主義者としてのジェイムソンの大前提は、これらの諸レベルの出来事を最終的に決定する「最終審級」はあくまでも経済のレベルだということである。この「最終審級」を、生産力の向上とともに歴史的に変貌してゆく「資本主義」と言い換えてもよい。相対的に自律している文化、イデオロギー、司法、政治の諸レベルを最終的に決定する経済もしくは資本主義を基底にもつ全体的な構造性こそ、ジェイムソンの言う「歴史」なのである。そして、この歴史の構造性を記述する言葉が「政治的無意識」なのである。

では、「政治的無意識」とは何か。無意識という言葉からわかるように、それはあきらかに精神分析——とくにラカン——の概念を援用したものである。だが、この言葉自体をタイトルにした『政治的無意識』では、この基本概念に関するわかりやすい解説は提供されていない。それを理解するには、むしろ「ラカンにおける想像界と象徴界」("Imaginary and Symbolic in Lacan" in *The Ideologies of Theory*, Vol. 1) といった論文が参考になる。ラカンによれば、生後間もない幼児はバラバラで無秩序な身体的感覚の世界に生きている。彼らを突き動かすのは、欲望のみである。この幼児が、一人前の社会的人間として成長するさいには、自らを統一した主体として想像的に形成してゆく「鏡像段階」をくぐり抜けなければならない。(この段階で形成されるのが「想像界」である)。さらに子どもたちは、その後に言語を習得することによって、法や慣習といった社会的な象徴秩序の中に自らを位置づけてゆくのである。(この段階で形成されるのが「象徴界」である)。しかし、言語的な象徴秩序は世界のすべてを覆い尽くすわけではない。人間の心的な機構の中には、象徴化できず、指し示すこともできず、抹消することもできない「何か」が残滓として存在し、その何かは折にふれて人間の行動に決定的な影響をおよぼすのである。無意識の中に抑圧された、表象不可能なその何かをラカンは「現実界」と呼ぶ。このラカンの「現実界」がジェイムソンの「政治的無意識」の概念のモデルなのである。つまり、「政治的無意識」とはラカンのいう「現実界」のようなものである。それは、物質的な起源をもってはいるが、直接的には意識化することも表現することもできないかたちで文化やイデオロギーの背後に存在し、むしろ言語的・記号的表象——象徴界——がふくむ亀裂や矛盾の中にその姿を垣間見せるような何かなのである。ジェイムソンにとって、社会の全体性は、無意識のように構造化されているのである。つまり、物質的な経済もしくは資本主義はひとつの「全体性」として文化やイデオロギーの背後に存在し、精神分析における「現実界」のように、文化やイデオロギーを触知不可能なかたちで——しかしながら絶対的な「最終審級」として——決定しているのである。このメカニズムを記述・分析するためには、精緻かつ強靭な分析装置が必要である。そして、そうした分析装置を提供してくれる思想家の一人がアドルノなのである。『アドルノ——後期マルクス主義と弁証法』は、ジェイムソンという稀有な文学批評家が、アドルノの難解なテクストに、「精読」という文学批評的な方法で立ち向かった、その記録である。

『アドルノ——後期マルクス主義と弁証法』は、アドルノの三つの主著『否定弁証法』、『啓蒙の弁証法』、『美の理論』を「精読」することで、アドルノ思想の「解説」を試みたテクストである。その解説の内容を簡単に要約するのは不可能なので、本書に登場するアドルノの特殊な用語からいくつかのキーワード——「啓蒙」、「ミメーシス」、「同一性」、「文化産業」、「美」、「自然史」——を選び出して、ジェイムソンがそれらをどのように説明しているのか、またジェイムソンの思想がそれらとどのように共鳴しているのかを概観してみたい。

まず、「啓蒙」から始めよう。啓蒙は一般的には十七〜十八世紀に始まる、ある種の思想運動を指す。それは、前近代的な宗教的迷信や非合理的な封建制度の遺構に対して、科学と理性に基づく合理主義的な考え方と社会制度を広めようとしたのである。しかし、アドルノの啓蒙の概念ははるかに射程が広い。本書でも言及される『啓蒙の弁証法』の中のオデュッセウスの挿話にあるように、アドルノ（と共著者であるホルクハイマー）にとっては、啓蒙はすでに古代文明とともに始動しているのである。啓蒙とは、巨大で無慈悲な自然の力を前にした人間が、その力を何とか制御しようとする行為である。つまり、啓蒙は文明の開闢以来、人間とともにあるのだ。自然の力を前にした人間が行うのは、自然を人間的な技術で模倣することを通して自然を制御しようとする試みである。すなわちそれが「ミメーシス」である。ミメーシスは、最初、自然の抗いがたい力を何とかして治めようとする呪術や祈祷のかたちであらわれるが、それらはやがて人間の思考の抽象化の過程――その過程をアドルノは「偶像崇拝の禁止」と呼ぶ――を経て、合理的な科学に姿を変えてゆく。従来の常識によれば、祈祷や魔術に科学が取って代わることが啓蒙であるが、アドルノにあってはそうではない。魔術や祈祷も、自然支配を目指す人類の企画の一部であるという意味では合理的な科学と同様なのであり、換言するなら、「神話はすでに啓蒙」なのである。

啓蒙と結びついて出現するのが「同一性」である。本来、自然の中には同じものは何ひとつない。すべての事物、すべての経験は、ひとつひとつ異なっている。啓蒙は強力な抽象化の作用によって、本来は異なる事物の間に同一性を措定してゆくのである。アドルノの独自性は、同一性の誕生の背後に、交換関係の誕生を見ることである。交換関係とは、本来まったく異なる事物を等価関係に置くことで成り立つ。たとえば、個別的経験としてはまったく異なる「一着の上着」と「二〇ヤードのリンネル」が等しいと見なされるのは、それらの間に（等価関係という）同一性が措定されるからである。だが、こうした同一性（交換価値）が、個別的経験における非同一性（使用価値）を抑圧することによって生まれるものである以上、同一性の中にはつねに非同一性が（抑圧されたかたちで）含まれているのであり、その非同一性を認識することが「弁証法」という思考運動を始動させることになる。アドルノの同一性の思想において注目すべきことは、抽象的な同一性に基づく科学的思考は、市場における等価交換の発生――個別的な使用価値が抽象的な交換価値によって取って代わられること――にその起源をもっているという指摘である。それは、アドルノの同一性批判の背後にはマルクス主義的な唯物論的歴史観が、厳然として存在していることを意味する。

この同一性と非同一性の弁証法という動力学は、ミメーシスの中にも働いている。ミメーシスは、本来同一性をもたない、永遠に転変する自然を模倣し、模倣することによって同一性を生み出してゆく。このミメーシスの機能は、呪術や祈祷だけでなく、合理的科学の中にも見出すことができるが、それはとくに「美的なもの」もしくは「芸術作品」の中で作動しているのである。芸術作品は、その時代を特徴づける「生産関係」の中で生み出され、生産関係を自らの中に刻印する。だが、逆説的なことであるが、真正な芸術作品は、生産関係に拘束されると同時に、それを突き破る「新しさ」をもつのである。それゆえ、芸術作品は啓蒙の産物として、差異と非同一性を抑圧する支配の動力学と同時に、同一性を打ち破ろうとする非同一性の動力学の両方を内在させているのである。アドルノによれば、芸術は、歴史的に支配階級の専有物・贅沢品として、消し難い罪を内包している。しかし、同時に、芸術作品は歴史と社会の真実を写し取ることによって、同一性の鉄の檻を打ち破る方途を示唆するユートピア的な潜在力もまたもっているのである。その潜在力を引き出す思考法が弁証法なのである。アドルノが美学の問題にこだわるのは、芸術作品がもっているそうした潜在的な力に、未来を託しているからにほかならない。

芸術作品の罪という問題系から、アドルノに関してもっとも有名かつ悪名高い、あの「文化産業」の議論が生まれてくる。周知のことであるが、アドルノは亡命先のアメリカ合衆国で見聞きしたジャズやラジオ・ドラマやハリウッド映画の中に、近代の産業社会の中で生きる生活者の精神を麻痺させ、画一的な労働と画一的な生活に適合させるためのイデオロギー的な抑圧効果を見出し、それを告発した。そして、そうした麻痺状態から目覚めさせるシェーンベルクやベルクらの前衛的な音楽に代表されるモダニズム芸術を称揚したのである。このエリート主義的なアドルノの文化産業論は、文化研究が隆盛している現代では、おおいに評判が悪い。しかし、アドルノを歴史的に位置づけ、彼の議論が文化論というよりはむしろ近代の産業に関する議論であることを理解するなら、そこから大きな示唆を得ることは可能なのである。ジェイムソンによれば、アドルノの文化産業の理論は、芸術を食い物にするビジネス・モデルに関する理論なのであって、民衆文化の潜在的な力を否定するものではないのである。

しかし、何よりジェイムソンが本書で強調するアドルノの功績は、「自然史」という大きな枠組みをマルクス主義的な唯物論的歴史観と接合したことなのである。ロマン主義的に考えれば、自然は永遠かつ普遍的なものであって、歴史をもたない。歴史は人間に固有なものなのである。しかし、アドルノにとって、そもそも啓蒙とは、生物学的な制限をもつ人間が自然の中で生き延びるための手段としてのミメーシス的な活動にその起源をもっている。そうした啓蒙と合理主義の起源を考えれば、人類史は自然史の一部として書き換えることが可能なのである。しかも、エコロジーや動物の権利といった問題系が、さまざまな局面で人文諸科学の課題として日程表に上り始めた現代という時代から振り返ってみると、アドルノの発想はまさに時代を先取りしていたのである。だが、それだけではない。マルクス主義を始めとする社会科学は、論理性や合理性を自らの道具として、人間社会の諸問題を分析し、それに対する処方箋を書いてきた。しかし、アドルノが指摘するように、理性の道具である論理性や合理性が、人間という種が生き残るために自然に投げかけた「等価性」もしくは「同一性」に依存しているものである以上、マルクス主義的な理論やそれを支える「科学的思考」も「同一性」の罠に最初からはまっているとも言えるのである。それは、ポスト構造主義が啓蒙と合理主義に向けた批判とも深く関連している。もし、ポスト構造主義が理性の力に対して疑問符を突きつけた後に、マルクス主義——ユートピア的な未来を展望する歴史的唯物論——がその信憑性を回復する道があるとしたなら、合理的思考そのものの発生と発展をもその射程に収めるような思考法——換言するなら「全体性」をふたたび想像可能にするような思考法——が必要となるであろうし、アドルノの自然史という発想は、そうした思考法を構築するための大きな一歩となる可能性があるのである。自然史の中のある段階として人間の歴史を記述し、分析できる理論がなければ、どのように精巧な理論を駆使しても、われわれはイデオロギーの中に留まらざるをえないし、理論自体も物象化してしまうのである。人間が用いる理論的な言語は、どうしても同一性を基盤とせざるをえない。しかし、同一性の背後には、当の同一性によって抑圧された非同一性がつねに存在している。その非同一性の声に耳を傾け、その非同一性を飽くことなく掘り起こし続けること、それがアドルノの否定弁証法の精神であり、またジェイムソンの批評の方法なのである。ジェイムソンによれば、アドルノの企画は、ある意味でマルクス主義的な唯物論を自然史の用語で書き換える試みにほかならないわけだが、それは資本主義の全面的勝利もしくは社会主義の全面的な敗北と見える歴史的な情勢の中で信憑性を失っているマルクス主義を、もう一度、現代の理論として復活させるために有効かつ必要な視点なのである。

　こうしてジェイムソンが語るアドルノの思想を概観してゆくと、なぜアドルノがジェイムソンにとって有効な参照点であり続けているのかが見えてくる。アドルノにとっての「全体性」は、ジェイムソンにとっての「歴史」と同様の構造をもっている。それはジェイムソン流に言うなら「政治的無意識」なのであって、概念の網の目を逃れてゆくものであり、直接的に観察することのできないものであるが、それは物質的に存在しており、そのはっきりとした効果と痕跡を、文化の目に見える現象——象徴界——のいたるところに残しているのである。ジェイムソンはそうした観察不可能な「全体性」を「月の裏側」に喩えている。

今や……概念の裏側、外側、向こう側を思考することがわれわれに要請されているのだが、これらは、月の場合と同じように、決して直接に見たり経験したりすることはできない。だが、旧来の仕方で概念の内部に留まり、これを使用したり思考したりするときでも、用心を怠らず、われわれの概念に対する感覚の中にこの側面を含めなければならない。（本書四〇頁）

触知不可能な社会の全体性について考える思想の必要性は、一九九〇年にジェイムソンが本書を出版した時点よりも現在の方がむしろ切迫しているように思われる。一九九〇年代に東側諸国の社会主義体制が崩壊した後、いよいよ「歴史が終焉」して、自由主義・自由経済という人類史の最終段階がやってくるかのように語られたこともあった。しかし、その後も資本主義はますますラディカルに、予測困難なかたちで変貌し続けているし、それにともなって、文化のあり方や価値観も急激に変化している。われわれは以前にもまして資本主義と市場経済の不安定性に直面しているのであり、そうした意味で、今ほど「全体性」を思考するための道具が必要なときはないのである。現在、文化を理論的に考えるための道具であるはずの批評理論は衰退し、「理論の死」についてささやかれるほどである。だが、歴史とともに転変する文化現象を深く考察し、それらの歴史的意味を思索するために、文化や文学の理論的研究は今こそ行われなければならない。アドルノやジェイムソンの思想は、そのための手掛かりを与えてくれるのである。

最後に本書の翻訳についてであるが、翻訳の分担は序論と第一部第一～六章が齋藤靖、第一部第七～十二章が箭川修、第二部と第三部第一～四章が大河内昌、第三部第五～九章と結論が加藤雅之である。最終的に加藤と大河内が訳文全体に目をとおし表現を統一した。また、加藤はアドルノからの引用に関して、ドイツ語の原文、英訳、現在入手可能な邦訳を比較検討した。巻末の付録（相互参照リスト）はその結果である。なるべく「読解可能」な日本語にする努力はしたが、ジェイムソンの英語が例のごとく「読解困難」であったために、多くの困難に突き当たったことは、正直に告白しておく。アドルノに関するきわめて個性的な「解説書」である本書が、文学における「批評理論」と社会科学における「批判理論」――どちらも英語ではcritical theoryと訳される――に関心をもつ幅広い人々に読んでいただければ、訳者としては望外の喜びである。

訳者を代表して　大河内昌

I	12	MM	258 n57	**314**	*4*	*42*	39		41	The possibility of residence	
I	12	MM	258 n58	**314**	*4*	*143-5*	126-8		187-90	NA	No. 82「三歩下って」
I	12	MM	258 n59	**314**	*4*	*125*	111		160	NA	
I	12	MM	258 n59	**314**	*4*	*137*	121		178	NA	
I	12	MM	258 n59	**314**	*4*	*193*	170		257f	NA	
Ⅱ	1	K	258 n2	**314**	*2*	*38-69*				NA	"Konstitution der Innerlickeit"
Ⅱ	2	AT	258 n5	**314**	*7*	*465*	433	313f	*102f	NA	*『補遺』。商品化
Ⅱ	4	MM	258 n9	**315**	*4*	*239*	210		328	He who has laughter on	
Ⅱ	4	AT	258 n10	**315**	*7*	*461*	430	311	*98f	builds the need for	*『補遺』
Ⅲ	1	PNM	259 n1	**315f**	*12*	*123*	96f		184f	Music down to this very	
Ⅲ	2	AT	259 n3	**316**	*7*	*72f*	66	44	77	Great architecture finds its	原文72を訂正
Ⅲ	3	MM	259 n6	**316**	*4*	*255f*	224f		353f	NA	No.144「魔笛」
Ⅲ	4	EM	259 n9	**317**	*14*	*197f*			49, 51	The antagonistic condition	
結論	2	ND	260 n11	**317f**	*6*	*26f*	14f		23	'literary' or 'aesthetic'	原文24fを訂正。文学的あるいは美学的哲学への批判
結論	4	MI	260 n18	**318**	*16*	*493-540*				NA	「無形音楽について」
結論	4	NL	260 n19	**318**	*11*	*9-33*	3-23 vol 1		3-33 vol 1	"The Essay as Form"	「形式としてのエッセイ」

Ⅲ	8	AT	216	**263f**	*7*	*363*	347f	245	416	Erschütterung [the shock	原文 364 および Erschüttering を訂正
Ⅲ	8	AT	216	**264**	*7*	*515*	475	346	*162	As Schopenhauer well knew	*『補遺』
Ⅲ	8	AT	216f	**264f**	*7*	*27*	19	13	26	The traditional mode of	
Ⅲ	8	AT	217	**265**	*7*	*114*	108	73	124	Natural beauty is the trace	
Ⅲ	8	AT	217	**265**	*7*	*103*	97	65	113	The experience of nature	
Ⅲ	8	AT	217	**265**	*7*	*105*	99	67	115	For natural beauty, as	
Ⅲ	8	AT	218	**266**	*7*	*101-3*	94-7	64f	110-3	cultural landscape	原文 101-2/94-6 を訂正。「歴史的景観について」
Ⅲ	8	AT	218	**266**	*7*	*102*	96	65	112	without historical	
Ⅲ	8	AT	218	**267**	*7*	*519*	479	349	*167	That a Beethoven	*『補遺』
Ⅲ	9	AT	220	**269**	*7*	*197*	190	130f	224	The truth-content of a work	
Ⅲ	9	AT	221	**270**	*7*	*196*	188	129f	222	That works of art transcend	
Ⅲ	9	W	222	**271f**	*13*	*140f*	140		181	Tristan's 'How could that	
Ⅲ	9	AT	223	**272**	*7*	*376f*	359f	254	430f	The relationship between	原文 373-7 を訂正。最後の部分（art was…）は本書 176 に既出
Ⅲ	9	AT	223f	**273**	*7*	*54*	47	32	58	Brecht's efforts to smash	
Ⅲ	9	AT	224	**274**	*7*	*67*	60	41	49	a bellum omnium contra	
Ⅲ	9	MM	224	**274**	*4*	*84*	75		100	they refuse to be compared	
Ⅲ	9	AT	224	**274**	*7*	*59*	52	35	64	each work of art seeks the	
Ⅲ	9	AT	224	**274**	*7*	*313f*	301	211	359	each work of art seeks the	
結論	2	ND	233	**284**	*6*	*22*	11		18	negative dialectics as the	本書 290 に再出
結論	2	ND	239	**290**	*6*	*22*	11		18	Ontologie des	本書 284 に既出
結論	3	ND	242	**294f**	*6*	*51*	41		55	Only those not completely	
結論	3	MM	243	**295**	*4*	*222f*	195f		302-5	"Olet"	「Olet（臭い）」
結論	4	ND	247	**299f**	*6*	*45*	35		47	unprotected against the risk	

注

序		ND	254 n6	**307**	*6*	*248*	250		305	His timid bourgeois	
序		W	254 n6	**307**	*13*	*15*	6		14	It is the fawning stance	
I	2	ND	255 n7	**308**	*6*	*322*	328		397f	logic deals only with	
I	2	NL	255 n11	**309**	*11*	*281-321*	241-75 vol 1		353-415 vol 1	NA	「『勝負のおわり』を理解する試み」
I	3	MM	255 n26	**310**	*4*	*250*	219		345	History does not merely	
I	11	DA	257 n48	**312**	*3*	*170*	147	118	302	The words that are not	
I	11	SP	257 n50	**312f**	*8*	*46f*	71			*Fear* constitutes a	
I	11	MM	257 n52	**313**	*4*	*127*	112		163	No differently will the world	

Ⅲ	5	MM	191	235	4	271	237		374	in a statement at the time	
Ⅲ	5	MM	191	235	4	272	238		376	not for nothing were Poe	
Ⅲ	5	MI	191	235	16	523				a music that astonishes	
Ⅲ	5	AT	193	237	7	68	61	41	73	The subjective compoment	原文 69 を訂正。本書 242 に再出
Ⅲ	5	AT	193	237f	7	447	418f	301f	*79f	Proust (and after him	*『補遺』。原文 418 を訂正
Ⅲ	5	AT	194	238f	7	297f	286	200	342f	The fugue is bound to tonal	
Ⅲ	5	AT	195	239	7	402f	381	270	*20	By virtue of the infinitely	*『補遺』
Ⅲ	6	AT	197	242	7	68	61	41	73	The subjective compoment	本書 237 に既出
Ⅲ	6	AT	198f	244	7	71f	64f	43f	76	Every intelligible unit of	原文 65 を訂正
Ⅲ	6	AT	199	244f	7	439f	412	296	*69	In the rationalization of	*『補遺』。原文 439 を訂正
Ⅲ	6	AT	200	245	7	195	187	129	221	There are many indications	
Ⅲ	6	AT	200	245	7	319	306	215	366	NA	リヒャルト・シュトラウスの音楽
Ⅲ	6	AT	200	245	7	283	271	189f	324	what is ideological and	
Ⅲ	6	AT	200	246	7	59	52	35	63f	Every meaningful work	
Ⅲ	7	AT	202	247	7	69	62	42	74	is, deeply embedded within	
Ⅲ	7	AT	202	247	7	46	39	26	48	that ornaments cannot be	
Ⅲ	7	AT	203	248	7	92	85	57	99	it sought the subjective	
Ⅲ	7	AT	203	248f	7	168f	161f	110	188	The antithesis of expression	原文 169 を訂正
Ⅲ	7	AT	204	249	7	172	165	112	191f	Expression is the gaze of	
Ⅲ	7	AT	204	249	7	174	167	114	194	(this gaze is blind)	
Ⅲ	7	AT	204f	249f	7	172	165	112f	192	The language of expression	
Ⅲ	7	AT	205	250	7	249-52	239-41	166f	284-7	NA	「言語特性と集団的主観」
Ⅲ	7	NL	205	250f	11	56	43 vol 1		60 vol1	If in fact lyric content is to	
Ⅲ	7	NL	206	251	11	478	137 vol 2		196 vol 2	In so far as language cuts	
Ⅲ	7	NL	206	251f	11	34	24 vol 1		34 vol 1	This murmur [of the	
Ⅲ	7	NL	206	252	11	41	30 vol 1		42 vol 1	from the narrator's	
Ⅲ	7	NL	206f	252f	11	52f	40 vol 1		56f vol 1	its concept, as that is	
Ⅲ	7	AT	207	253	7	171	164	112	191	more modern forms of art	
Ⅲ	7	AT	207	253f	7	304	292	204	349	Language is hostile to the	
Ⅲ	7	AT	208	254	7	147	141	95	163	Art absorbs symbols by	原文 140-1 を訂正
Ⅲ	7	AT	209	255	7	195	187	129	221	The distinction between	
Ⅲ	7	AT	209	255	7	516	476	346	*164	understanding, meaning and	*『補遺』
Ⅲ	7	AT	209	255	7	515	475	346	*162	such as the inherent guilt	*『補遺』
Ⅲ	7	AT	209	256	7	230	220	153	261	judgement on the very	
Ⅲ	7	AT	209f	256	7	226f	217	151	257f	No matter how irreducible	原文 "mimetic pose" を "mimetic pole" に訂正
Ⅲ	7	AT	210f	257f	7	47f	39f	26f	50	The truth of the new, or in	
Ⅲ	7	AT	211	258	7	531	490	358	*182	What is mediated in the	*『補遺』
Ⅲ	8	AT	213	260	7	151	144	98	166f	The spiritual mediation of	
Ⅲ	8	AT	214	261f	7	198f	191	131f	224f	The metaphysical questions	

Ⅲ	2	AT	167f	**206**	*7*	*39f*	31f	21f	40f	Baudelaire neither	
Ⅲ	2	AT	169	**208**	*7*	*168*	161	110	188	Schein versus Ausdruck	
Ⅲ	2	AT	169	**208**	*7*	*72*	65	44	76	the mimetic versus the	
Ⅲ	2	AT	169	**208**	*7*	*231-3*	221-3	154f	263-5	montage versus meaning	
Ⅲ	2	M	170	**209**	*13*	*241f*			124f	The reprise is the very	
Ⅲ	2	AT	170f	**209f**	*7*	*164*	157	107	183	how a making can disclose	
Ⅲ	2	AT	172	**211**	*7*	*329*	315	222	377	whose music is no less	
Ⅲ	2	AT	172f	**211f**	*7*	*154f*	148f	100f	173f	The power of the crisis of	
Ⅲ	2	AT	173	**213**	*7*	*233*	223	155	264	against the art work as a	
Ⅲ	2	AT	173	**213**	*7*	*233*	223	155	264	The aesthetic constructional	
Ⅲ	2	AT	174	**213**	*7*	*320*	307	215	367	How intimately related	
Ⅲ	2	AT	174f	**214**	*7*	*276*	264f	185	316f	Beethoven confronted the	
Ⅲ	2	AT	175	**215**	*7*	*450*	421	303	*83	death wish	*『補遺』
Ⅲ	2	AT	175	**215**	*7*	*450*	421	304	*84	in fact, Constructivism has	*『補遺』
Ⅲ	2	AT	175	**215**	*7*	*452*	423	305	*86	NA	*『補遺』
Ⅲ	2	AT	175	**215**	*7*	*62*	54	37	66f	NA	
Ⅲ	3	AT	177f	**217**	*7*	*93*	86	59	101	denn wahr ist nur, was	
Ⅲ	3	AT	178	**218**	*7*	*335*	321	225	384	Art is social, not merely by	
Ⅲ	3	AT	178f	**219**	*7*	*24*	16	11	23	The shadow of the most	
Ⅲ	3	AT	179	**219**	*7*	*396*	375	266	*11	NA	*『補遺』。芸術に関心のない人
Ⅲ	3	AT	179	**219**	*7*	*25f*	17	12	24	As soon as the art work	
Ⅲ	3	AT	179	**219f**	*7*	*321*	308	216	368	The Kantian notion of	
Ⅲ	3	AT	180	**221**	*7*	*96*	89	60	104	What is called reification	
Ⅲ	3	AT	180	**221**	*7*	*153*	146	99	168	reification is essential to	
Ⅲ	3	AT	180f	**221**	*7*	*201*	193	133	228	works of art are negative	
Ⅲ	3	AT	181	**222**	*7*	*274*	263	183	314	which specifically includes	
Ⅲ	3	AT	181	**222**	*7*	*335*	321	226	385	art remains alive only	
Ⅲ	4	W	184	**225**	*13*	*32*	25		37	moment of uncontrolled	
Ⅲ	4	W	184	**225**	*13*	*35*	27		40	the problem is compounded	
Ⅲ	4	AT	185	**227**	*7*	*17*	9	6	16	if the work of art is	本書164に既出。英訳の仕方は少し異なっている。
Ⅲ	4	AT	186	**228**	*7*	*268*	257f	179f	307f	The work of art	原文257を訂正
Ⅲ	4	AT	187	**228f**	*7*	*350*	335	236	401	That society 'appears' in	
Ⅲ	4	AT	187	**229**	*7*	*272*	261	182f	312	It is the historical	
Ⅲ	4	AT	188	**229f**	*7*	*367*	350	247	419	Praxis does not lie in the	
Ⅲ	4	AT	188	**230**	*7*	*344*	329f	232	394	Social struggles and class	原文329を訂正
Ⅲ	4	NL	188	**230**	*11*	*55*	42 vol 1		59 vol 1	all the more complete, the	
Ⅲ	4	NL	188	**230f**	*11*	*120*	103 vol 1		145 vol 1	For the theory of committed	
Ⅲ	5	AT	189	**232**	*7*	*69*	62	42	74	the social thinking on	
Ⅲ	5	AT	190	**233f**	*7*	*57f*	49f	34	61f	In many authentic	原文50を訂正
Ⅲ	5	AT	191	**234**	*7*	*38*	30	20	39	as empty as the immediate	
Ⅲ	5	MM	191	**234**	*4*	*269*	235		372	cult of the new, and thus	
Ⅲ	5	MM	191	**234f**	*4*	*269*	235		372	the first consciousness of	

I	12	MM	114	**145**	4	140	123		183	Society seems intent, by	
I	12	ND	114	**146**	6	366	373		456f	What metaphysical	
I	12	MM	115	**146**	4	201	177		271	When a guest comes	「ヘリオトロープ」
I	12	MM	115	**147**	4	178	156		237	that no one shall go hungry	
I	12	MM	115	**147**	4	179	157		238	Rien faire comme une bête	
I	12	ND	116	**148**	6	363	370		452	after the decline	
I	12	ND	116	**148**	6	364	371		454	the idea of absolute death	
I	12	ND	117	**149**	6	364f	372		454	Kant's epistemological	
I	12	ND	117	**149**	6	388	395		487	The indifference of	
I	12	ND	117	**149f**	6	377	385		473	Even if it were a fact	
I	12	ND	117	**150**	6	380	388		477	a system of stop signals	
I	12	ND	117f	**150**	6	381f	389		478	Socially there is good reason	
I	12	ND	119	**151**	6	203	203		247f	the last epistemological	
I	12	ND	119	**152**	6	206f	207		252f	Consciousness that	原文 207 を訂正
I	12	NL	120	**153**	11	60	46 vol 1		65 vol 1	the poem as s sundial of	
I	12	PNM	120	**153**	12	126	99		189	A message in a bottle	
I	12	NL	120	**153**	11	388	58f vol 2		82 vol 2	From the very beginning I learned	
Ⅱ	1	AT	123	**156**	7	135	129	87	150	The spirit of works of art	
Ⅱ	1	MM	125f	**159**	4	77f	69f		91f	The notions of subjective	
Ⅱ	2	AT	129	**162**	7	272	261	182	311	Art can never be completely	
Ⅱ	2	DA	129f	**162f**	3	51f	34	26f	74f	The first he prescribes for	
Ⅱ	2	AT	131	**164**	7	17	9	6	16	Where art is experienced	本書 227 に再出
Ⅱ	2	DA	133	**167**	3	157	135	107	279	"Light" art as such	
Ⅱ	2	DA	133	**167**	3	157	135	107f	279f	Light art has been the	
Ⅱ	2	MM	133	**168**	4	233	204		319	are those of masters and	
Ⅱ	2	MM	133f	**168**	4	233	204		319	The film has a retroactive	
Ⅱ	2	AT	135	**169f**	7	183	177	120	207	It is quite impossile	
Ⅱ	2	DA	136f	**172**	3	161	139	111	286	Such closures	本書 137 に一部既出
Ⅱ	3	AT	141	**176**	7	377	360	254	431	art [read: modern art	本書 272 に再出
Ⅱ	4	DA	145f	**181f**	3	158f	137	109	282	Amusement under late	
Ⅱ	4	DA	146	**182f**	3	167	144	116	297	pleasure [Vergnügen]	
Ⅱ	4	DA	147	**183**	3	163	141	112	290	Delight [Lust] is austere	
Ⅱ	4	DA	147	**183**	3	162	140	111	287	The secret of aesthetic	
Ⅱ	4	DA	147	**184**	3	171	148	119	303	Not Italy is offered, but	
Ⅱ	4	DA	148	**184**	3	145f	124	98	259	Kant's formalism still	本書 138 に一部既出。その部分の英訳は異なる。
Ⅱ	4	DA	149	**185**	3	29	12	9	38	excises the	
Ⅱ	5	AT	152	**189**	7	273	262	183	313	What our manipulated	
Ⅱ	5	AT	152	**189f**	7	28	20	13	27	The increasing spirituality	
Ⅱ	5	DA	153	**190f**	3	196	172	141	359f	The rights of man were	
Ⅲ	1	AT	157	**194**	7	398	377	267	*14	NA	*『補遺』。クローチェへの言及
Ⅲ	1	AT	158	**195**	7	354	339	238	405	NA	アリストテレスのカタルシス
Ⅲ	1	AT	163	**201**	7	69	62	42	73	Were the atomic structure	

I	9	ND	83	**109**	*6*	*263*	266		323	operating not so much	本書82に既出
I	9	ND	83f	**109**	*6*	*264f*	267f		324f	Causality has similarly	
I	9	ND	84	**110**	*6*	*267*	270		328	In it [affinity as critique]	本書88fに既出。ただし、英訳の仕方は異なっており訳文にはその違いを反映した。
I	9	ND	84	**110**	*6*	*282*	286		346f	acquittal would be	
I	9	ND	85	**110f**	*6*	*292*	297		360	If we dared to confer	
I	9	ND	85	**111**	*6*	*294*	299		362	try to live in such a way	
I	9	MM	85	**111**	*4*	*33*	31		28	are precisely those in	
I	9	MM	85	**112**	*4*	*43*	39		42	a loveless disregard for	
I	9	MM	86	**112**	*4*	*196*	172		262	The love…which, in the	
I	9	MM	86	**112**	*4*	*43*	39		42	wrong life cannot be lived	
I	9	MM	86	**112**	*4*	*197*	173		264	no emancipation without	
I	9	MM	86	**112**	*4*	*34*	32		29	The universal is revealed	
I	9	MM	86	**112**	*4*	*40*	36		37	emancipated tact…meets	
I	9	MM	86	**113**	*4*	*207*	182		279	Wherever immediateness	Jephcott訳では引用部の末尾はinsertedではなくassertedになっている。
I	9	MM	86	**113**	*4*	*204*	180		275	not without relevance to	
I	10	ND	88	**115f**	*6*	*317*	323		391	what corresponds to the	
I	10	ND	91	**118**	*6*	*299*	304		369	because society's law of	
I	10	ND	91	**118f**	*6*	*301*	306		371	one is tempted to associate	
I	10	ND	91	**119**	*6*	*303*	308		374	a reminder, in its	
I	10	ND	91	**119**	*6*	*304*	310		376	conscience will consider	
I	10	ND	91	**119**	*6*	*306*	312		378	to look the supreme power	
I	10	ND	91	**119**	*6*	*311*	317		384	the positing of an	
I	10	ND	92	**119**	*6*	*314*	320		388	No universal history leads	
I	10	ND	92f	**120f**	*6*	*336*	342f		415f	Hegel saw through the	原文342を訂正
I	11	DA	96	**124**	*3*	*285*	247	205f	510	every animal suggests some	
I	11	DA	96	**124f**	*3*	*289*	251	208f	516	The masses, having been	
I	11	DA	96	**125**	*3*	*290*	253	210	519	Goethe's aversion to apes	
I	11	DA	96	**125**	*3*	*292*	254	211f	522	Nature herself is neither	
I	11	ND	98	**126f**	*6*	*353*	359		436	If the question of	
I	11	DA	101	**130**	*3*	*20*	4	2	24f	NA	自己意識
I	11	DA	102	**132**	*3*	*56*	38	30f	82	the enforced power of the	
I	11	DA	102	**132**	*3*	*40*	24	18	57	deterninate negation	
I	11	DA	102	**132**	*3*	*58*	40	32	85	(anamnesis)	
I	11	DA	102	**132**	*3*	*59*	41	33	87	true revolutionary praxis	
I	11	DA	105	**135**	*3*	*61*	43	35	104	prototype of the bourgeois	
I	11	MM	106	**137**	*4*	*222*	195		302	in Europe the pre-bourgeois	
I	11	DA	106f	**137**	*3*	*161*	139	111	286	the slow-witted, who are	本書172に再出
I	11	DA	107	**138**	*3*	*145f*	124	98	259	the Culture Industry has	本書184に再出
I	11	MM	109	**139**	*4*	*278*	243		385	Mind arose out of existence	
I	11	ND	110	**141**	*6*	*361*	368		450	even where it takes itself	
I	12	ND	113	**144f**	*6*	*15*	3		8	Philosophy lives on	本書66に既出
I	12	ND	113	**145**	*6*	*356*	363		441	Shaw on his way to the	

I	6	ND	60	83	6	222-5	223-6		271-5	NA	「決裁実験」(「自由」)
I	6	PNM	61	84	12	58	40		84f	Now, in association with	原文 57 を訂正
I	7	ND	65	88	6	267	270		327	Consciousness knows	
I	7	ND	65	88f	6	267	270		328	In it thinking fulfills	本書 110 に再出
I	7	ND	66	89	6	50f	40f		54f	administered	
I	7	ND	66	90	6	26	14		22	To represent the mimesis	
I	7	ND	66	90	6	29	17f		26	The freedom in a thought	
I	7	ND	67	91	6	33	22		31	Whenever something that is	
I	7	ND	67f	91f	6	33	22		32	This system [rationalism]	
I	7	ND	68	92	6	342	349		423	if the lion had	原文 348/342 を訂正
I	7	ND	69	93	6	62	52f		69	no matter how hard we try	
I	7	DA	69	93	3	153	132	104	272f	Once his particular	
I	7	MM	69f	94	4	152	134		200	No wrestling match	
I	7	DA	70	94	3	176	153	123	313	the possibility of becoming	
I	7	DA	70	94	3	224	198	164	406f	When the big industrial	
I	7	DA	70	94	3	228f	202f	167f	414-7	NA	独占資本主義について
I	7	MM	70	94	4	136	120		177	The Utopia of the	
I	7	W	70	95	13	71	63		87	The more reification	
I	7	MM	70	95	4	89	79		107	historically, the notion	
I	7	ND	70	95	6	362	369		450f	NA	
I	7	MM	71	95	4	72	64		84	The individual has been	
I	7	MM	71	95	4	262	229		362	the will to live finds itself	
I	7	MM	71	95f	4	262	229		361f	thinks of him as	
I	8	NL	76	100	11	21	13 vol 1		16 vol 1	is comparable only to	
I	9	MM	77	101	4	104	93		130	the shame that overcomes	
I	9	ND	78	102	6	153f	150f		184	Emphatically conceived	
I	9	ND	78	102f	6	211f	212		257	the topics to be discussed	
I	9	ND	79	103	6	213f	214		259f	Since the seventeenth	原文 214 を訂正
I	9	ND	79	104	6	215	215		261	determinism sound archaic	
I	9	ND	79	104	6	215	216		261f	Indifference to freedom	
I	9	ND	79	104	6	216	216f		263	The identity of the self and	
I	9	ND	80	104	6	226f	227		276	a faculty to make oneself	
I	9	ND	80	105	6	228	228f		278	The impulse, intramental	
I	9	ND	80f	106	6	231	232		282	Like the idealists who	
I	9	ND	81	106	6	235	236		287	there still survives in it	
I	9	ND	81	106	6	236	237		288	Freedom needs what Kant	
I	9	ND	81	107	6	245	247		300	follows in line with a rule	
I	9	ND	82	107	6	247	249		303	what is distinguished from	
I	9	ND	82	107	6	252	255		309f	NA	
I	9	ND	82	107	6	254	257		312f	the distinction between	
I	9	ND	82	107f	6	261	264		320	The subject need only pose	
I	9	ND	82	108	6	261	264		321	The antimony between	
I	9	ND	82f	108	6	262	265		322	Freedom is however, so	
I	9	ND	83	109	6	262	265		322	what happened to the idea	

I	2	NL	33	50	11	28	19 vol 1		25 vol 1	[The essay] sinks itself into	
I	3	ND	35	51	6	184	183		224	a thoroughgoing critique	
I	3	ND	36	52	6	184	183		224	owing to the inequality in	
I	3	ND	36	52	6	172f	170f		209f	In what are, at the present	
I	3	ND	37	53	6	166f	164f		201f	in fact, philosophical	
I	3	G	38	55	8	10	145			cannot be grasped in any	
I	3	G	38f	55	8	11	146			society is both known and	
I	3	SP	39	56	8	44	69			succumb to the temptation	
I	3	SP	39	56	8	44	69			a society whose unity	
I	3	SP	39	56	8	46	70			rationality of self-	
I	3	SP	39	56	8	50	73			scars inflicted by society	
I	3	SP	39	56	8	50	74			the dimension of split-off	
I	3	SP	39f	56f	8	56	77f			which have today become	
I	3	SP	40	57	8	57	78			The separation of sociology	
I	3	G	41	58f	8	13f	148			The first objective	
I	3	ND	42	59f	6	141	137		167f	Whenever philosophy	
I	4	P	43	61	10-1	46	49		60	the sociology of	
I	4	P	44	62	10-1	72	75		99	With respect to aesthetics	
I	4	MM	45	63	4	48f	43-5		49-51	'Baby with the Bath Water'	「角を矯めて」
I	4	MM	47	66	4	48	43		49	the illusion of	
I	4	MM	47	66	4	48	43		50	demand that	
I	4	MM	47	66	4	48	43		49	this notion, like	
I	4	MM	47	66	4	49	44		50	Emphasis on the material	
I	4	MM	47	66	4	49	44		51	If material reality is called	
I	4	ND	48	66	6	15	3		8	lived on because the	本書 144f に再出
I	4	P	48	67	10-1	20	26		22	Cultural criticism is	
I	5	•OGT	49	68	1	207	27		5	It is an innate peculiarity	•ベンヤミン著。ちくま文庫判：上 17
I	5	•OGT	53	73	1	213f	33		13f	Phenomena do not	同上：上 30f
I	5	•OGT	54	74	1	214	34		14	Through their mediating	同上：上 31
I	5	•OGT	54	74	1	209	29f		8	Knowledge is possession	同上：上 22
I	5	•OGT	54	75	1	214	34		15	Ideas are to objects as	同上：上 32f
I	5	•OGT	54	75	1	215	35		16	ideas are not present	同上：上 36
I	5	•OGT	55	76	1	216	36		17	The structure of truth	同上：上 37f。最後の部分が本書 79 に再出
I	5	•OGT	55	76	1	217	37		18	Ideas are displayed, without	同上：上 39
I	5	•OGT	56	77	1	215	35		15f	NA	同上：上 34。一般的なものと極端なもの
I	5	•OGT	55	76	1	216	36		17	words possess the	同上：上 37f。本書 76 に既出
I	5	•OGT	58	79	1	217f	37		18f	These latter can stand	同上：上 39f
I	6	ND	59	81	6	163-8	161-6		197-204	NA	「個別的なものも究極的なものではない」「布置関係」「科学における布置」
I	6	ND	59	81	6	166	163		200f	Cognition of the object	
I	6	ND	59	81f	6	168	166		203	But the capitalist system's	
I	6	ND	60	82	6	263	266		323	probably operate not so	本書 119 に再出

2005）（原著で言及されている英語版は1981年版であるが、その後シジェクの序文を配して出版された。）

邦訳　『ヴァーグナー試論』高橋順一訳（作品社、2012）

M　全集版　*Mahler, Gesammelte Schriften*, vol. 13

邦訳　『マーラー——音楽観相学』龍村あや子訳（法政大学出版局、1999）

EM　全集版　*Einleitung in die Musiksoziologie, Gesammelte Schriften*, vol. 14

邦訳　『音楽社会学序説』高辻知義、渡辺健訳（平凡社ライブラリー：平凡社、1999）

MI　全集版　"Vers une musique informelle", *Gesammelte Schriften*, vol. 16

【参考：ベンヤミン】

OGT　ドイツ語版　*Ursprung des deutschen Trauerspiels*（*Gesammelte Schriften*, vol. 1-1, Frankfurt, 1980）

英語版　*Origin of German Tragic Drama*, transl. J. Osborne（London, 1977）

邦訳　『ドイツ悲劇の根源』川村二郎／三城満禧訳（法政大学出版局、1975）

邦訳2　『ドイツ悲劇の根源』（上・下）浅井健二郎訳（ちくま文庫：筑摩書房、1999）

＊数字が次ページにわたるときは"f"を付加した（例　144f=145-6）。該当箇所がない場合はNAとした。参照頁の訂正箇所には下線を付した。

部	章	アドルノ著作	ジェイムソン原書	本書	全集版		英語版	英語版2	邦訳	引用文冒頭	備考
					巻	頁					
I	1	ND	17	**31**	*6*	*144*	141		171	Thought need not rest	
I	1	ND	19	**33**	*6*	*145n*	142n		173注	In the history of modern	
I	1	ND	21	**35**	*6*	*50*	40		53	Ideology by no means	
I	1	ND	22	**36**	*6*	*18*	6		12	must unquestionably pay	
I	1	ND	22	**36**	*6*	*20*	8		14	to non-conceptuality	
I	1	ND	22	**36**	*6*	*66*	56		73	who consider the body of	
I	1	ND	23	**37**	*6*	*22*	11		17	what is called in Marxian	
I	1	ND	24	**39**	*6*	*132*	126		157	Society precedes the subject	
I	2	ND	26	**42**	*6*	*17*	5f		11	What is differentiated	
I	2	ND	29	**45**	*6*	*199f*	199f		243f	The dialectical mediation of	
I	2	ND	29	**45**	*6*	*18*	6		12	the difference between the	
I	2	NL	32	**48f**	*11*	*101*	86 vol 1		119 vol 1	What is self-defeating	
I	2	NL	32	**49**	*11*	*203* *206* *206ff* *207ff* *209ff*	174- 184 vol 1		250- 265 vol 1	The whole is the untrue bourgeois society non-identity of the ego the breakdown of experience impossibility of love	「プルースト小解」 （Dolf Oehlerからの引用）

	邦訳	『否定弁証法』木田元、渡辺祐邦、須田朗、徳永恂、三島憲一、宮武昭訳（作品社、1996）
AT	全集版	*Ästhetische Theorie, Gesammelte Schriften*, vol. 7（注　ジェイムソンの使用した1970年版とは47-68頁で異同がある。）
	英語版	*Aesthetic Theory*, transl. Christian Lenhardt（London: RKP, 1984）
	英語版2	*Aesthetic Theory*, transl. Robert Hullot-Kentor（Minneapolis: Univ of Minnesota Press, 1997）
	邦訳	『美の理論』大久保健治訳（河出書房新社、1985）
		『美の理論・補遺』大久保健治訳（河出書房新社、1988）
G	全集版	"Gesellschaft", *Gesammelte Schriften*, vol. 8
	英語版	"Society", transl. Fredric Jameson, *Salmagundi*, nos10-11, Fall 1969/Winter 1970, pp. 144-53.
SP	全集版	"Zum Verhältnis von Soziologie und Psychologie", *Gesammelte Schriften*, vol. 8
	英語版	"Sociology and Psychology", *New Left Review*, no.46 1967, pp. 67-80 and no.47 1968, pp. 79-97.
P	全集版	*Prismen, Gesammelte Schriften*, vol. 10-1
	英語版	*Prisms*, transl. S. and S. Weber（London, 1967）
	邦訳	『プリズメン』渡辺祐邦、三原弟平訳（ちくま学芸文庫：筑摩書房、1996）
NL	全集版	*Noten zur Literatur, Gesammelte Schriften*, vol. 11
	英語版	*Notes to Literature*, transl. Shierry Weber Nicholsen, Vol 1（Columbia Univ. Press, 1991）
		Notes to Literature, transl. Shierry Weber Nicholsen, Vol 2（Columbia Univ. Press, 1992）
	邦訳	『アドルノ　文学ノート　1』三光長治、恒川隆男、前田良三、池田信雄、杉橋陽一訳（みすず書房、2009）
		『アドルノ　文学ノート　2』三光長治、高木昌史、圓子修平、恒川隆男、竹峰義和、前田良三 、杉橋陽一訳（みすず書房、2009）
PNM	全集版	*Philosophie der neuen Musik, Gesammelte Schriften*, vol. 12
	英語版	*Philosophy of Modern Music*, transl. Anne G. Mitchell and Wesley V. Blomster（New York: Continuum, 2007）
	邦訳	『新音楽の哲学』龍村あや子訳（平凡社、2007）
W	全集版	*Versuch über Wagner, Gesammelte Schriften*, vol. 13
	英語版	*In Search of Wagner*, transl. Rodney Livingstone（London: Verso,

付録　引用箇所相互参照リスト

本書には、ジェイムソンによるアドルノの引用が300箇所近く、縦横に「布置」されている。それらは既存の英訳を使っている場合もあるが、「使用した版と翻訳に関するノート」に述べられているように、ほとんどはジェイムソンが訳しなおしたものである。一筋縄ではいかないアドルノの文章が、さらにジェイムソンを経由してさらに複雑に織りなされていくさまは壮観と言ってもよい。

このリストでは、ジェイムソンが引用したアドルノの著作のドイツ語版・英語版・邦訳の相互参照頁を一覧に編むことで、その全体像を一望するとともに、ジェイムソンによるアドルノとの緊張に満ちた力仕事を英・独の原文をとおして再構築したいと考える読者の一助となればと考える。なお、本リストには、上記「ノート」にあげられた出典に加えて、別の訳者による英語版2および既存の邦訳を追加した。ときに、英訳や邦訳と、ジェイムソンの訳文の間で解釈の違いがみられることがあったが、その場合はジェイムソンによる解釈を優先した。なお、明らかなまちがいや、参照頁の異動などについては、訳者の判断で訂正している。

アドルノの全集からの引用頁はズールカンプ社stw版（Suhrkamp Taschenbuch Wissenschaft, 1997）に拠っており、本文の言及とずれている場合がある。また、「ノート」に挙げられた翻訳だけでなく、『プリズメン』等その他全集版で確認できた作品および、ベンヤミンの『ドイツ悲劇の根源』（OGT）を追加した。（加藤雅之）

K	全集版	*Kierkegaard, Gesammelte Schriften*, vol. 2
DA	全集版	*Dialektik der Aufklärung, Gesammelte Schriften*, vol. 3
	英語版	*Dialectic of Enlightenment*, transl. John Cumming（New York: Herder & Herder, 1972）
	英語版2	*Dialectic of Enlightenment: Philosophical Fragments*, transl. Edmund Jephcott（Stanford: Stanford Univ Press, 2002）
	邦訳	『啓蒙の弁証法—哲学的断想』徳永恂訳（岩波書店、2007）
MM	全集版	*Minima Moralia, Gesammelte Schriften*, vol. 4
	英語版	*Minima Moralia*, transl. E.F.N.Jephcott（London: Verso, 1974）
	邦訳	『ミニマ・モラリア—傷ついた生活裡の省察』三光長治訳（法政大学出版局、1979; 2009［新装版］）
ND	全集版	*Negative Dialektik, Gesammelte Schriften*, vol. 6
	英語版	*Negative Dialectics*, transl. E. B. Ashton（New York: Continuum, 1973）

索　引

【訳者】

加藤　雅之（かとう　まさゆき）
1958年生まれ。現在、神戸大学教授　専門は英語教育。論文に「パワーポイントのVBA機能を利用したデジタル教材による授業活性化の試み」（『神戸大学国際コミュニケーションセンター論集』No.8、2011年）など、訳書にクリバンスキー他『土星とメランコリー』（共訳、晶文社、1991年）、J・ヒリス・ミラー『イラストレーション』（共訳、法政大学出版局、1996年）など。

大河内　昌（おおこうち　しょう）
1959年生まれ。現在、東北大学教授　専門は英文学。訳書にポール・ド・マン『理論への抵抗』（共訳、国文社、1992年）、エドマンド・バーク『崇高と美の起源』（研究社、2012年）、論文に"Governing Imagination: The Aesthetic Moment in the Works of Hume, Adam Smith, and Burke," *Poetica* 53（2000年）、「『フランケンシュタイン』と言語的崇高」『英文学研究』第88巻（2011年）など。

箭川　修（やがわ　おさむ）
1959年生まれ。現在、東北学院大学文学部教授　専門は初期近代イギリス文学。著書に『挑発するミルトン――「パラダイス・ロスト」と現代批評』（共著、彩流社、1995年）、『新歴史主義からの逃走』（共著、松柏社、2001年）、訳書にパトリシア・ファマトン『文化の美学――ルネサンス英文学と社会的装飾の実践』（共訳、松柏社、1996年）など。

齋藤　靖（さいとう　やすし）
1963年生まれ。現在、熊本大学准教授　専門はアングロ・アイリッシュ文学、英文学。論文に"In the Shadow of Napoleon Bonaparte: *The Absentee* and Pax Britannica,"『試論』第35集（1996年）、"The Censored Heroine in Maria Edgeworth's *Belinda*," *Enlightened Groves: Essays in Honour of Professor Zenzo Suzuki*（松柏社、1996年）など。

フレドリック・ジェイムソン（Fredric Jameson）
1934年生まれ。アメリカ合衆国オハイオ州クリーブランド出身の比較文学者、文学理論家。イェール大学で博士号を取得し、現在はデューク大学の教授。最初の著作はサルトル研究だった。その後、フランクフルト学派やアルチュセールなどの西欧マルクス主義の成果を積極的に取り入れ、英語圏を代表するマルクス主義の理論家として文学批評・文化批評に関する多くの著作を刊行している。現在は、ポストモダン・アートなども研究対象として、幅広い分野で批評活動を展開している。

アドルノ——後期マルクス主義と弁証法

2013年3月20日　初版第1刷印刷
2013年3月30日　初版第1刷発行

著　者　フレドリック・ジェイムソン
訳　者　加藤雅之　大河内昌　箭川修　齋藤靖
発行者　森下紀夫
発行所　論 創 社
東京都千代田区神田神保町2-23　北井ビル
tel. 03（3264）5254　fax. 03（3264）5232　web. http://www.ronso.co.jp/
振替口座　00160-1-155266
装幀／奥定泰之
印刷・製本／中央精版印刷　組版／フレックスアート
ISBN978-4-8460-1209-0　©2013 printed in Japan

論　創　社

サルトル◉フレドリック・ジェイムソン

回帰する唯物論　「テクスト」「政治」「歴史」という分割を破壊しながら疾走し続けるアメリカ随一の批評家が、透徹した「読み」で唯物論者サルトルをよみがえらせる。（三宅芳夫ほか訳）　本体 3000 円

植民地主義とは何か◉ユルゲン・オースタハメル

歴史・形態・思想―これまで否定的判断のもと、学術的な検討を欠いてきた《植民地主義》。その歴史学上の概念を抽出し、他の諸概念と関連づけ、近代に固有な特質を抉り出す。（石井良訳）　本体 2600 円

省察◉ヘルダーリン

ハイデガー、ベンヤミン、ドゥルーズらによる最大級の評価を受けた詩人の思考の軌跡。ヘーゲル、フィヒテに影響を与えた認識論・美学論を一挙収録。〈第三の哲学者の相貌〉福田和也氏。（武田竜弥訳）　本体 3200 円

民主主義対資本主義◉エレン・M・ウッド

史的唯物論の革新として二つの大きなイデオロギーの潮流を歴史的に整理して、資本主義の批判的読解を試みる。そして、人間的解放に向けて民主主義メカニズムの拡大を目指す論考。（石堂清倫監訳）　本体 4000 円

力としての現代思想◉宇波 彰

崇高から不気味なものへ　アルチュセール、ラカン、ネグリ等をむすぶ思考の線上にこれまで着目されなかった諸概念の連関を指摘し、〈概念の力〉を抽出する。新世紀のための現代思想入門。　本体 2200 円

パフォーマンスの美学◉エリカ・フィッシャー＝リヒテ

パフォーマティヴに変容するパフォーマンスの理論をアブラモヴィッチ、ヨーゼフ・ボイス、シュリンゲンジーフ、ヘルマン・ニッチュなど、数々の作家と作品から浮かび上がらせる！　中島裕昭他訳　本体 3500 円

ベケットとその仲間たち◉田尻芳樹

クッツェー、大江健三郎、埴谷雄高、夢野久作、オスカー・ワイルド、ハロルド・ピンター、トム・ストッパードなどさまざまな作家と比較することによって浮かぶベケットの姿！　本体 2500 円

好評発売中